turkiyā
al-yūnān
qubruṣ
ḥalab
al-mawṣil
karkūk
ṭahrān
'afġā-
nistān
sūriyā
lubnān
al-furāt
diǧla
al-'abyaḍ
al-mutawassiṭ
bayrūt
dimašq
baġdād
al-quds
ᶜammān
al-ᶜirāq
'īrān
binġāzī
al-'iskandariyya
'isrā'īl
al-'urdunn
al-qāhira
as-
suways
al-ᶜaqaba
al-kuwayt
madīnat
al-kuwayt
miṣr
as-saᶜūdiyya
al-baḥrayn
al-ḫalīǧ
al-ᶜarabī
qaṭar
ḫalīǧ ᶜumān
an-nīl
al-'uqṣur
al-madīna
ar-riyaḍ
ad-dawḥa
abū ẓabī
masqaṭ
al-'imārāt
ᶜumān
ǧidda
al-ǧazīra
al-ᶜarabiyya
makka
al-baḥr
al-'aḥmar
as-sūdān
ar-rubᶜ al-ḫālī
ṣanᶜā'
ḥaḍramawt
baḥr
al-yaman
al-ᶜarab
al-ḫurṭūm
muḫā
mukallā
ᶜadan
ḫalīǧ ᶜadan
an-nīl
al-'azraq
aṣ-ṣūmāl
N
W
O
S
an-nīl
al-'abyaḍ
'aṯyūbiyā
0
500
1000
1500 km
Kartographie: Ing.-Büro Bernhard Spachmüller, 91126 Schwabach

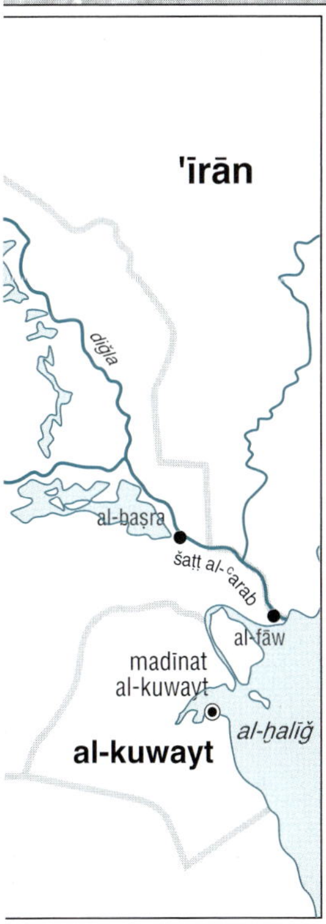
'īrān
diǧla
al-baṣra
šaṭṭ al-ᶜarab
al-fāw
madīnat
al-kuwayt
al-ḫalīǧ
al-kuwayt

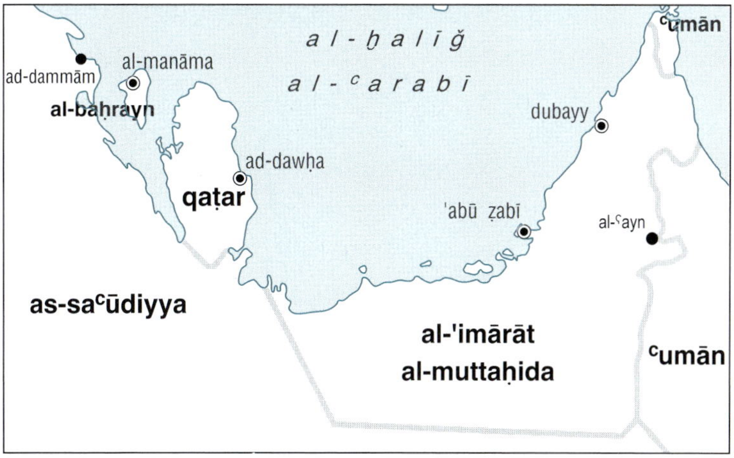
ᶜumān
al-ḫalīǧ
al-ᶜarabī
ad-dammām
al-manāma
al-baḥrayn
dubayy
ad-dawḥa
qaṭar
'abū ẓabī
al-ᶜayn
as-saᶜūdiyya
al-'imārāt
al-muttaḥida
ᶜumān

Katharina Bobzin

Arabisch – Schritt für Schritt

Sprachkurs für das moderne Standard-Arabisch

Alle Vokabeln, Texte und Übungen auch als MP3-Download

Harrassowitz Verlag · Wiesbaden · 2022

Alle Vokabeln, Texte und Übungen als MP3-Download unter
https://www.harrassowitz-verlag.de/isbn_9783447119191.ahtml

Bibliografische Information der Deutschen Nationalbibliothek
Die Deutsche Nationalbibliothek verzeichnet diese Publikation in der Deutschen Nationalbibliografie; detaillierte bibliografische Daten sind im Internet über https://dnb.dnb.de abrufbar.

Bibliographic information published by the Deutsche Nationalbibliothek
The Deutsche Nationalbibliothek lists this publication in the Deutsche Nationalbibaliografie; detailed bibliographic data are available on the internet at https://dnb.dnb.de.

Informationen zum Verlagsprogramm finden Sie unter
https://www.harrassowitz-verlag.de

Gedruckt auf alterungsbeständigem Papier
Druck und Verarbeitung: Memminger MedienCentrum
Printed in Germany

ISBN 978-3-447-11919-1

Inhalt

VORWORT

Zur sprachlichen Situation in der arabischen Welt – Aufbau des Lehrwerks XI
Zum Audio-Material – Hinweise für Lernende und Lehrende – Danksagung XII

ABKÜRZUNGSVERZEICHNIS XV

Schrift und Aussprache

TEIL 1

1.A Grundlagen 1
1.B Allgemeines zur Umschrift 2
1.C Vokale 3
1.D Halbkonsonanten und Diphthonge 4
1.E Konsonanten 5
1.F Aussprache verdoppelter Konsonanten 8
1.G Konsonantischer Stimmabsatz (= Hamza) 9
1.H Die 28 Buchstaben des arabischen Alphabets 10

TEIL 2

2.A Grundlagen des Schreibens – wichtige Schreibregeln 11
2.B Auswahl der Buchstabenformen – erste Wörter 12
2.C Druck- und Schreibschrift: bāʾ ب, lām ل, mīm م, nūn ن 13
2.D Vokalisierung 14
2.E Der Buchstabe ʾalif ا 15
2.F Die Buchstaben tāʾ ت, ṯāʾ ث 16
2.G Die Buchstaben dāl د, ḏāl ذ u. hāʾ ه 17
2.H Der Buchstabe fāʾ ف – Satzzeichen 18
2.I Die Buchstaben wāw و, yāʾ ي 19
2.J Die Buchstabenverbindung lām-ʾalif لا 20

TEIL 3

3.A Die Buchstaben sīn س, šīn ش 21
3.B Hamza auf der Zeile ء – Hamza am Wortanfang ا، أ، إ 22
3.C Besonderheiten beim Schreiben mit der Hand 23
3.D Der Buchstabe kāf ك 24
3.E Der Buchstabe qāf ق 25
3.F Die Buchstaben rāʾ ر, zāy ز 26
3.G ʾalif maqṣūra (Schlußbuchstabe) ى 27
3.H Der Buchstabe ʿayn ع 28
3.I Der Buchstabe ġayn غ 29
3.J ʾalif mamdūda آ – Bindezeichen وصلة 30

TEIL 4

4.A Die Buchstaben ǧīm ج, ḫāʾ خ 31
4.B Der Buchstabe ḥāʾ ح 32
4.C Die Buchstaben ṣād ص, ḍād ض 33
4.D Die Buchstaben ṭāʾ ط, ẓāʾ ظ 34
4.E tāʾ marbūṭa (Schlußbuchstabe) ة 35
4.F Die Schreibung der Endung -an 36
4.G Hamza im Wortinneren und am Wortende أ، آ، ؤ، ئ، ء 37
4.H Betonungsregeln 38
4.I Verdoppelte Konsonanten – Sonnenbuchstaben – Alphabet 39
4.J Die Regeln der gebundenen Aussprache 40

Lektionsteil

1. LEKTION 41

Die Wörter (Teil 1) 41
Die Zahlen von 0 bis 10 – Übersetzung des Lektionstextes 42
Lektionstext: Fragen und Antworten 43
Grammatik und Sprache 44
§1 Substantiv: Grammatisches Geschlecht
§2 Substantiv: Singular, Dual, Plural
§3 Fragepartikel „hal“ und „ʾa-“
§4 Adjektiv: Grundlagen
§5 Gebrauch von Adjektiven als Substantiv – Nisben-Endung -iyyun
Die neuen Wörter (Teil 2) – Zahlen und Nummern –
Wie lautet der Plural? – Wie lautet die Telefonnummer? 46
Übungen 1, 2, 3, 4 47
Die neuen Wörter (Teil 3) – Nichtarabische Namen, auf Arabisch geschrieben 48
Aus der Geographie (1) 49
Wiederholung: Lektionstext (unvokalisiert) – Fragen zur Lektion – Sprichwort 50

2. LEKTION 51

Die neuen Wörter (Teil 1) 51
Ordnungszahlen 1. bis 10. – Übersetzung des Lektionstextes 52
Lektionstext: Fragen und Antworten (Fortsetzung) 53
Grammatik und Sprache 54
§1 Deklination der Substantive und Adjektive
§2 Substantive mit Artikel und Adjektiv
§3 Allgemeines zum Verb und Perfekt-Konjugation
Die neuen Wörter (Teil 2) – Ausspracheübungen – Verb in der Vergangenheit 56
Übungen 1, 2, 3, 4 57
Die neuen Wörter (Teil 3) – Ausspracheübungen 58
Aus der Geographie (2) 59
Wiederholung: Lektionstext (unvokalisiert) – Fragen zur Lektion – Sprichwort 60

3. LEKTION 61
Die neuen Wörter (Teil 1) 61
Zahlen von 11-19 – Zehnerzahlen 20-100 – Übersetzung des Lektionstextes 62
Lektionstext: Fragen und Antworten (Fortsetzung und Schluß) 63
Grammatik und Sprache 64
§1 Personalpronomen und Personalsuffixe (Verbundpronomen): Singular
§2 Zum Gebrauch der Präpositionen
§3 Genitiv-Verbindung (Teil 1)
§4 Präsens-Konjugation
§5 Stellung des Verbs im Satz – Nominalsatz und Verbalsatz
Die neuen Wörter (Teil 2) – Arabische Namen (1) – Ausspracheübungen 66
Übungen 1, 2, 3, 4 67
Die neuen Wörter (Teil 3) – Ausspracheübungen – Verb in der Gegenwart 68
Aus der Geographie (3) 69
Wiederholung: Lektionstext (unvokalisiert) – Fragen zur Lektion – Sprichwort 70

4. LEKTION 71
Die neuen Wörter (Teil 1) 71
Wochentage – Ausdrücke zum Auswendiglernen – Übersetzung des Lektionstextes 72
Lektionstext: Wie geht's? – Zwei kurze Gespräche 73
Grammatik und Sprache 74
§1 Personalpronomen und Personalsuffix: Dual und Plural
§2 Demonstrativpronomen „hāḏā/hāḏihi" *dieser/diese*
§3 Nominalsätze, die mit „hāḏā/hāḏihi" *dieser/diese* beginnen
Die neuen Wörter (Teil 2) – Aussprache, Schreibung und Gebrauch von „'allāh" . 76
Übungen 1, 2, 3, 4 77
Die neuen Wörter (Teil 3) – Ausspracheübungen 78
Verschiedenes 79
Wiederholung: Lektionstext (unvokalisiert) – Fragen zur Lektion – Sprichwort 80

5. LEKTION 81
Die neuen Wörter (Teil 1) 81
Zahlen von 21-99 – Gebrauch der Grundzahlen – Übersetzung des Lektionstextes 82
Lektionstext: Die Reise nach Amman (1) 83
Grammatik und Sprache 84
§1 Genitiv-Verbindung (Teil 2)
§2 Wörter auf -an und -in
§3 Grundlagen der Wortbildung – „Wurzel" – Wurzelkonsonanten (Wk)
§4 Grundverb und abgeleitetes Verb – „Stämme"
§5 Konjunktiv
Die neuen Wörter (Teil 2) – „kam?" *wieviel?* – Arabische Namen (2) 86
Übungen 1, 2, 3, 4 87
Die neuen Wörter (Teil 3) – Wiedergabe von *„müssen"* – Ausspracheübungen 88
Verschiedenes 89
Wiederholung: Lektionstext (unvokalisiert) – Fragen zur Lektion – Sprichwort 90

6. LEKTION 91
Die neuen Wörter (Teil 1) 91
Ordnungszahlen von 11-100, 1000 – Uhrzeit – Übersetzung des Lektionstextes .. 92
Lektionstext: Die Reise nach Amman (2) 93
Grammatik und Sprache 94
§1 Genitiv-Verbindung (Teil 3)
§2 Imperativ (Befehlsform)
§3 Apokopat (= Jussiv) – Verneinter Imperativ
§4 Futur (Zukunft)
Die neuen Wörter (Teil 2) – Arabische Namen (3) – Um wieviel Uhr? 96
Übungen 1, 2, 3, 4 97
Die neuen Wörter (Teil 3) – Ausspracheübungen 98
Verschiedenes 99
Wiederholung: Lektionstext (unvokalisiert) – Fragen zur Lektion – Sprichwort 100

7. LEKTION 101
Die neuen Wörter (Teil 1) 101
Monatsnamen – Übersetzung des Lektionstextes 102
Lektionstext: Die Reise nach Amman (3) 103
Grammatik und Sprache 104
§1 Abweichende Formenbildung – Unregelmäßige Verben
§2 Hohle Verben: 2. Wurzelkonsonant = „wāw" od. „yā'"
§3 laysa *nicht sein* – Akkusativ nach „laysa" und „kāna"
Die neuen Wörter (Teil 2) – Begrüßungsformeln – Datum (Tag und Monat) 106
Übungen 1, 2, 3, 4 107
Die neuen Wörter (Teil 3) – Ausspracheübungen 108
Verschiedenes 109
Letzte Seite: Lektionstext (unvokalisiert) – Fragen zur Lektion – Sprichwort 110

8. LEKTION 111
Die neuen Wörter (Teil 1) 111
Zahlen ab 100 – Übersetzung des Lektionstextes 112
Lektionstext: Die Reise nach Amman (Schluß) 113
Grammatik und Sprache 114
§1 Genitiv-Verbindung (Teil 4)
§2 Zum Gebrauch von *„beinahe, kaum"* und *„immer noch"*
§3 Geminierte Verben: 2. und 3. Wurzelkonsonant sind gleich
§4 Relativpronomen und Relativsatz
Die neuen Wörter (Teil 2) – Datum (Jahreszahlen) – *In welchem Jahrhundert?* 116
Übungen 1, 2, 3, 4 117
Die neuen Wörter (Teil 3) – Ausspracheübungen 118
Verschiedenes 119
Wiederholung: Lektionstext (unvokalisiert) – Fragen zur Lektion – Sprichwort 120

9. LEKTION 121
Die neuen Wörter (Teil 1) 121
Islamische Monate, Hidschra-Jahr, Feste – Übersetzung des Lektionstextes 122
Lektionstext: Ägypten – ein Geschenk des Nils 123
Grammatik und Sprache 124
§1 Verben, deren 1. Wurzelkonsonant „wāw“ و ist
§2 Die Substantive „ʔab“ *Vater*, „ʔaḫ“ *Bruder*, „ḥam“ *Schwiegervater*
§3 Adjektiv: Steigerungsform (Elativ)
Die neuen Wörter (Teil 2) – Kleiner Witz – Noch ein kleiner Witz 126
Übungen 1, 2, 3, 4 127
Die neuen Wörter (Teil 3) – Ausspracheübungen 128
Verschiedenes 129
Wiederholung: Lektionstext (unvokalisiert) – Fragen zur Lektion – Sprichwort 130

10. LEKTION 131
Die neuen Wörter (Teil 1) 131
Meere, Meerengen, Inseln – Übersetzung des Lektionstextes 132
Lektionstext: Im Norden Afrikas (Teil 1) – Marokko 133
Grammatik und Sprache 134
§1 Verben, deren Wurzel Hamza enthält
§2 Farb-Adjektive
§3 Passiv
§4 Partizipien
§5 Deklination der Wörter auf -in
Die neuen Wörter (Teil 2) – Wer ist Ṭāriq ibn Ziyād? – Fragen eines Kindes 136
Übungen 1, 2, 3, 4 137
Die neuen Wörter (Teil 3) – Ausspracheübungen 138
Verschiedenes 139
Wiederholung: Lektionstext (unvokalisiert) – Fragen zur Lektion – Sprichwort 140

11. LEKTION 141
Die neuen Wörter (Teil 1) 141
Satzzeichen – Wetter – Übersetzung des Lektionstextes 142
Lektionstext: Im Norden Afrikas (Teil 2) – Tunesien 143
Grammatik und Sprache 144
§1 Defektive Verben: 3. Wurzelkonsonant = „wāw“ و od. „yāʔ“ ي (Teil 1)
§2 Zum Gebrauch von „lākin“ bzw. „wa-lākin“ *aber*
§3 Zum Gebrauch von „ʔinna“ *siehe*, „ʔanna“ *daß*, „li-ʔanna“ *weil*
Die neuen Wörter (Teil 2) – Rechts, links, geradeaus – Zwei kleine Witze 146
Übungen 1, 2, 3, 4, 5 147
Die neuen Wörter (Teil 3) – Ausspracheübungen 148
Verschiedenes 149
Wiederholung: Lektionstext (unvokalisiert) – Sprichwort 150

12. LEKTION ... 151

Die neuen Wörter (Teil 1) ... 151

Etwas Mathematik: Wie liest man diese Zahl? – Übersetzung des Lektionstextes... 152

Lektionstext: Auf der Arabischen Halbinsel – Oman ... 153

Grammatik und Sprache ... 154

§1 Defektive Verben: 3. Wurzelkonsonant = „wāw“ و od. „yā’“ ي (Teil 2)

§2 Zusammengesetzte Zeiten: „kāna + Präsens“, „kāna + Perfekt“

§3 Doppelter Akkusativ

§4 Zum Gebrauch von „kull“ *jeder, ganz, alle*

Die neuen Wörter (Teil 2) – Dschuḥa, der arabische Till Eulenspiegel ... 156

Übungen 1, 2, 3, 4 ... 157

Die neuen Wörter (Teil 3) – Ausspracheübungen ... 158

Verschiedenes ... 159

Wiederholung: Lektionstext (unvokalisiert) – Sprichwort ... 160

Anhang

Schlüssel

Schlüssel zu Aussprache und Schrift ... 162

Schlüssel zu den Lektionen 1 bis 12 ... 163

Grammatischer Anhang

Bildemuster und typische Bedeutungen der Stämme I-X ... 167

Konjugationstafeln ausgewählter unregelmäßiger Verben ... 169

Regeln der Hamza-Schreibung ... 173

Vornamen und ihre Bedeutung ... 174

Register

Personen- und Sachregister ... 175

Grammatik- und Sprachregister ... 177

Geographisches Register ... 179

ARABISCH-DEUTSCHES WÖRTERVERZEICHNIS ... 181

Vorwort

Zur sprachlichen Situation in der arabischen Welt

„Arabisch – Schritt für Schritt" vermittelt solide Grundkenntnisse in der modernen arabischen Standardsprache, dem sog. „Hocharabisch". Mit dieser Sprachform kann man sich im gesamten arabischen Sprachraum (siehe Karte im Inneneinband) mühelos verständigen, denn es ist die für alle arabischen Länder einzig gültige und im wesentlichen einheitliche Sprachform, so wie sie in Presse und Literatur, in Radio und Fernsehen und im Schriftverkehr üblich ist. Mündlich wird die Standardsprache fast nur in „offiziellen" Situationen benutzt, z.B. bei Vorträgen und öffentlichen Diskussionen, als Schul- und Unterrichtssprache sowie im religiösen Bereich. Nur am Rande sei vermerkt, daß Hocharabisch für Muslime auch religiöse Bedeutung hat, da in dieser Sprachform die in ihrer Schönheit als unübertrefflich geltende Sprache des Korans weiterlebt.

Ähnlich wie in der deutschsprachigen Schweiz wachsen arabische Kinder zunächst in und mit einem bestimmten regionalen bzw. lokalen Dialekt auf; die Hochsprache erlernen sie dann in der Schule. Durch den Einfluß von Radio und Fernsehen, aber auch durch die wachsende Mobilität ist die Kenntnis des Hocharabischen heute, unabhängig von Schulbesuch und Bildungsstand, wesentlich weiter verbreitet als noch vor wenigen Jahrzehnten. Jedenfalls werden Sie bemerken, daß sich Ihre arabischen Gesprächspartner auf Standardarabisch einstellen, wenn Sie von Ihnen in dieser Form angesprochen werden.

Mit den in diesem Buch vermittelten hochsprachlichen Grundkenntnissen wird es Ihnen auch möglich sein, sich relativ schnell in jeden der zahlreichen regionalen bzw. lokalen Dialekte einzuarbeiten.

Aufbau des Lehrwerks

In „Schrift und Aussprache" (4 Teile) werden zunächst – anhand einfacher Wörter und Sätze – alle arabischen Laute, Schriftzeichen und deren Umschrift vorgestellt. Die dann folgenden 12 Lektionen (jeweils 10 Seiten) sind einheitlich aufgebaut: Dem Wortschatz des Lektionstextes folgen wichtige Übersichten, wie z.B. Zahlen, Wochentage, sowie die dt. Übersetzung des Lektionstextes, der sich jeweils einem landeskundlichen Thema widmet. Auf den beiden folgenden Seiten sind die wichtigsten Grundlagen zu Grammatik und Sprachgebrauch zu finden, mit zahlreichen Übersichtstafeln zu Deklination und Konjugation. Die nächste Seite enthält einen zweiten, kleineren Wortschatz; außerdem gibt es dort Beiträge zum Sprachgebrauch und zunehmend auch kleine Anekdoten. Es folgt ein ganzseitiger ausführlicher Übungsteil, der das bis dahin Gelernte festigen soll. Danach kommt ein dritter, ebenfalls kleinerer Wortschatz; die sich daran anschließenden Übungen sind vor allem der Aussprache gewidmet. Die vorletzte Seite enthält Texte und Aufgaben, die auf unterhaltsame Weise mit verschiedenen landeskundlichen Informationen vertraut machen sollen. Auf der letzten Seite läßt sich anhand des in kleinerer Schrift und ohne Hilfszeichen („Vokalisation") abgedruckten Lektionstextes und einiger Fragen dazu testen, ob man den Stoff der Lektion beherrscht. Ganz am Schluß folgt noch ein arabisches Sprichwort oder eine gängige Redewendung. Im Anhang finden Sie ergänzende Verbtafeln, einen ausführlichen Registerteil (z.B. Grammatik-, Personen- und Sachregister), die Schlüssel zu allen Übungen sowie ein arab.-dt. Wörterverzeichnis, jeweils mit Angabe zum erstmaligen Vorkommen der Vokabel.

Audio-Material

Das zum Herunterladen bereitgestellte Audiomaterial, eingesprochen von Dr. Dergham Al Saffan/Syrien, umfaßt ca. 8 Stunden und enthält das gesamte arabisch abgedruckte Textmaterial des Lehrwerkes, d.h. alle Beispielwörter u. -sätze aus „Schrift u. Aussprache“ und den 12 Lektionen. Ebenfalls eingesprochen sind die Übersichtstafeln (z.B. Zahlen, Deklinations- u. Konjugationsmuster), alle Übungen sowie alles, was sich auf der vorletzten und letzten Seite des Lektionsteils befindet, wie z.B. kleine landeskundliche Texte, Aufgaben und Fragen zur Lektion, Sprichwörter und Redewendungen. Jeweils zweimal gesprochen ist das Vokabular: Zuerst sind alle Wörter mit klassischer Endung zu hören, dann in der üblichen Kurzform. Auch der Lektionstext ist am Schluß jeder Lektion nochmals zu hören.

Hinweise für Lernende

Da „Arabisch – Schritt für Schritt“ hauptsächlich für den Selbstunterricht konzipiert ist, finden Sie im Buch alles, was Sie für das selbständige Lernen brauchen. Auf jeden Fall sollten Sie Kontakte zu arabischen Muttersprachlern suchen, denn unmittelbare Rückmeldungen sind von großem Vorteil, besonders beim Erlernen der nicht gerade leichten Aussprache. Nachfolgend einige Tipps für das selbständige Lernen:

➢ Laden Sie sich als erstes das Audio-Material herunter, und zwar nicht nur auf PC bzw. Notebook, sondern auch auf Ihr Smartphone bzw. iPhone. Dort finden Sie auch eine Reihe von Apps, mit deren Hilfe sich die Sprechgeschwindigkeit verändern läßt. Da man als Anfänger Fremdsprachliches meist als zu schnell gesprochen empfindet, kann eine zeitweise „Verlangsamung“ eine große Hilfe beim Lernen sein.

➢ Konzentriertes Zuhören ist anstrengend, nehmen Sie sich also immer nur kleinere Abschnitte vor, um sich diese zu erarbeiten. Als erstes sollten Sie aufmerksam zuhören und dabei auf Betonung, Satzmelodie und alle fremdartigen Laute achten. Wenn Sie zu den mehr optisch ausgerichteten Lerntypen gehören, können Sie von Anfang an auch mitlesen. Erst nach *mehrmaligem* Hören sollten Sie nachsprechen bzw. später auch mitsprechen.

➢ In Teil 1 von „Schrift und Aussprache“ finden Sie einen Überblick über den arabischen Lautbestand. Ziel ist es, anhand einfacher Wörter und Sätze die in der Orientalistik übliche Umschrift zu erlernen. Daß alle Beispiele dort auch noch in arabischer Schrift abgedruckt sind, ist nur für späteres Wiederholen gedacht. Ignorieren Sie also zunächst alles Arabische, bis Sie – nach dem Durcharbeiten der Teile 2 bis 4 – alle Schriftzeichen erlernt haben.

➢ In den Teilen 2-4 finden Sie neben den Schreibmustern auch ausführliche Hinweise zum Erlernen der schwierigen Laute. Dabei ist es wichtig, geduldig und fortlaufend zu üben – und zwar laut (!) und möglichst mit Rückmeldung durch arabische Muttersprachler.

➢ In den Lektionen 1-12 ist das Vokabular sowohl in Arabisch als auch in Umschrift abgedruckt. Letztere können Sie bequem mit dem Lesezeichen abdecken, damit Sie sich, sobald Sie mit Klangbild und Bedeutung der zu lernenden Vokabel vertraut sind, auch im Lesen des Arabischen üben können. Bei wenig Zeit läßt sich die Umschrift auch zum schnellen Wiederholen nutzen.

➢ Das Vokabular wird stets zweimal gesprochen: zunächst mit voller Endung und danach noch einmal in der üblichen Kurzform. Das soll Ihnen einen (späteren!) Einstieg ins literarische bzw. klassische Arabisch erleichtern.

➢ Bei schwierigen Wörtern empfiehlt es sich, diese zunächst – ähnlich wie dies Musiker bei komplizierten Stellen tun – abschnittsweise zu üben.
➢ Nutzen Sie das Audio-Material auch zum Schreiben nach Gehör. Beim Vergleich mit der schriftlichen Vorlage werden Sie immer wieder – anhand Ihrer Fehler – auf Probleme aufmerksam, die sich beim Hören und Schreiben ergeben.
➢ Ebenfalls empfehlenswert ist das Rückübersetzen aus dem Deutschen – allerdings erst, wenn Sie alles gut gelernt haben bzw. bei späteren Wiederholungen. Machen Sie zunächst immer selbst einen Versuch, hören Sie sich dann die „Lösung" an und wiederholen Sie diese anschließend laut. Das wird Ihnen helfen, Arabisch aktiv zu benutzen.
➢ Üben Sie nach Möglichkeit immer laut – so hört und lernt Ihr Ohr mit. Und denken Sie daran: Aussprache lernt man nur durch (lautes!) Aussprechen. Und nun: Viel Vergnügen beim Arabischlernen!

Hinweise für Lehrende

Da „Arabisch – Schritt für Schritt" vor allem für den Selbstunterricht konzipiert ist, sollte das selbständige häusliche Vor- und Nachbereiten des zu erarbeitenden Stoffes von Anfang an fester Kursbestandteil sein. Im Unterricht selbst bleibt somit viel Zeit für praktisches Anwenden und Üben sowie für Wiederholungen.

Sprechen Sie im Kurs so oft wie möglich Arabisch. Im Lehrwerk wurde ein Teil des Beispielmaterials absichtlich so ausgewählt, daß es auch im Unterricht anwendbar ist, z.B. *Lesen Sie bitte! Übersetzen Sie! Wie lautet der Plural? Ist das richtig?* Als Methode hat sich die sog. „Sandwich"-Technik bewährt: Dabei formuliert der Lehrende seine Aufforderung oder Frage zunächst auf Arabisch, wiederholt sie dann auf Deutsch und danach noch einmal auf Arabisch. Durch das Einfügen des Deutschen („Sandwich") ist gewährleistet, daß die Frage bzw. Aufgabe von allen verstanden wird. Durch das häufige Wiederholen prägen sich die arabischen Wendungen leicht ein. Diese sind auch außerhalb des Unterrichts von Nutzen, nämlich immer dann, wenn sich der Lernende mit Muttersprachlern über Sprachliches unterhalten bzw. diese um Auskunft oder Rückmeldung bitten will. Es ist also wichtig, daß auch die Lernenden während des Kurses so oft wie möglich Arabisch sprechen, z.B. *Ich habe eine Frage. Ich habe nicht alles verstanden. Noch einmal bitte und langsam!* Auch diesbezügliche Sätze und Redewendungen sind im Lehrwerk zahlreich enthalten.

Die sicherlich größte Schwierigkeit ist das Erlernen einer gut verständlichen Aussprache. Daher enthält das Lehrwerk ausführliche Hinweise und „Tricks", abgestimmt auf die Probleme, die für Deutschsprachige typisch sind. Zu diesen gehört z.B. die Unterscheidung zwischen ر und غ , die deshalb besonders schwierig ist, weil es im Dt. völlig gleichgültig ist, ob man das „r" gerollt ausspricht, d.h. wie ر , oder als Gaumen-r, d.h. wie غ .

Einigen Lernenden fällt es auch schwer, lange und kurze Vokale zu unterscheiden; hier hilft es, auf einschlägige dt. Wortpaare zu verweisen, z.B. *kam* und *Kamm*, *Miete* und *Mitte*. Schwierig ist auch die Verdoppelung (شَدّة), da man im Dt. einfache und verdoppelte Konsonanten gleich ausspricht und die dt. Verdoppelungen nur anzeigen, daß der vorausgehende Vokal kurz ist, z.B. *Pollen* und *Polen*.

Eine besondere Herausforderung stellen die 7 Konsonanten dar, für die es weder im Dt. noch in anderen indoeuropäischen Sprachen Entsprechungen gibt. Das sind die drei „Kehl"-Konsonanten ع – ق – ح und die vier die „emphatischen" Konsonanten ظ – ط – ض – ص.

Diese Laute müssen immer wieder im Kontrast zu den Konsonanten, die für Deutschsprachige ähnlich klingen (ء –ك –خ bzw. ذ –ت –د –س), vorgesprochen und geübt werden.

Da eine gute Aussprache großen Einfluß darauf hat, ob man später mühelos verstanden wird oder nicht, sollte lautes Lesen fester Bestandteil jeder Unterrichtsstunde sein. Dafür ist es am besten, den Kursteilnehmern einen bestimmten, nicht zu langen Text zu nennen, den sie zu Hause – mit Hilfe des Audiomaterials – vorbereiten sollen. Für die Lernenden wichtig und hilfreich ist es, bei Aussprachefehlern direkte Rückmeldung zu bekommen. Als Methode hat sich das Chorsprechen bewährt: Man spricht das schwierige Wort noch einmal langsam und deutlich vor und fordert die ganze Gruppe zum lauten Nachsprechen auf. So üben alle mit, keiner muß sich genieren, wenn es mit dem Aussprechen nicht gleich klappt.

Da das Erlernen der Aussprache ein längerer Prozeß ist, sollten Sie die Lernenden immer wieder ermutigen, mit dem Üben der für sie schwierigen Laute nicht nachzulassen.

Danksagung

An erster Stelle möchte ich dem früheren Leiter des Harrassowitz-Verlags, Michael Langfeld danken. Ohne sein fortlaufendes Mitlesen, seine wertvollen Rückmeldungen und auch seine Ermutigungen hätte ich „Arabisch – Schritt für Schritt“ möglicherweise nicht zu Ende gebracht. Ebenfalls großen Dank schulde ich zwei früheren Gasthörern für ihr sorgfältiges Korrekturlesen: Walter Doerfler, Prof. em. für Genetik, und Kathrin Walter, staatl. geprüfte Übersetzerin für Französisch. Beiden verdanke ich auch so manche Anregung, vor allem hinsichtlich der Verständlichkeit grammatischer und sprachlicher Erklärungen. Letzteres gilt auch für Johanna Greiner, ZSL (Zentrum für selbstbestimmtes Leben) Erlangen, die den Einleitungsteil „Schrift und Aussprache“ genauestens gelesen hat.

Für die kritische Durchsicht der *arabischen* Texte möchte ich mich bei Omar Al-Kafri, Dipl.-Übersetzer für Arabisch und Englisch, bedanken, ebenso bei Dr. Khaireddin Abdulhadi, Prof. für Arabisch an der Universität Nizwa/Oman. Besonders intensiv aber wurde ich von Dr. Dergham Al Saffan unterstützt, der fortlaufend und mit großer Sorgfalt das gesamte arabische Textmaterial durchgelesen und auf sprachliche Korrektheit überprüft hat. Dankenswerterweise hat er auch – mit großem Einsatz und viel Geduld – das gesamte arabische Textmaterial eingesprochen. Für die deutschen Zwischentexte übernahm dies Luis Fensel, dem dafür ebenfalls mein Dank gilt. Ganz besonders bedanken aber möchte ich mich bei David Opoku-Pare, der als Tontechniker nicht nur die Aufnahmen mit großer Kompetenz und viel Geduld geleitet hat, sondern auch – mit außergewöhnlicher Sorgfalt und Umsicht – das gesamte Audio-Material überarbeitet und fertiggestellt hat. Ebenfalls danken möchte ich Stanley Schäfer, dem Leiter des Erlanger Tonstudios „Klangarchitekten“, der das ganze Projekt in großzügiger Weise begleitet und unterstützt hat.

Schließlich möchte ich mich aber vor allem bei meinem Mann bedanken, der mich in vielerlei Hinsicht unterstützt und durch sein sorgfältiges Korrekturlesen vor so manchem Druckfehler bewahrt hat.

Erlangen, im Juli 2022 Katharina Bobzin

Abkürzungsverzeichnis

A, Akk.	Akkusativ
Abb.	Abbildung
abbassid.	abbassidisch
Abschn.	Abschnitt
Adj.	Adjektiv
Adv.	Adverb
Äg.	Ägypten
Anm.	Anmerkung, Fußnote
ar., arab.	arabisch
ausführl.	ausführlich
bibl.	biblisch
bzw.	beziehungsweise
chr., christl.	christlich
dipt.	diptotisch
d.	der, die, das, des, dem, den
dt., Dt.	deutsch; Deutsch
Dtschld.	Deutschland
e-m	einem
e-n	einen
e-r	einer
e-s	eines
engl.	englisch
etw.	etwas
etc.	et cetera, und so weiter
f., fem.	femininum
franz.	französisch
G, Gen.	Genitiv
gramm.	grammatisch
griech.	griechisch
Grundf.	Grundform
H	Hidschra
hebr.	hebräisch
indoeurop.	indoeuropäisch
islam.	islamisch
ital.	italienisch
j-d	jemand
j-n	jemanden
Jh.	Jahrhundert
klass.	klassisch
koll.	kollektiv; Sammelbegriff
Konj.	Konjunktiv
koran.	koranisch
L	Lektion
LT	Lektionstext
m, mask.	maskulinum
mündl.	mündlich
muslim.	muslimisch
N, Nom.	Nominativ
n. Chr.	nach Christi Geburt
Namensf.	Namensform
natürl.	natürlich
osman.	osmanisch
österr.	österreichisch
p	pausal; Kurzform
pers.	persisch
pl., Pl.	Plural
reg.	regierte
russ.	russisch
s.	siehe
S.	Seite
schiit.	schiitisch
semit.	semitisch
sg., Sing.	Singular
sog.	sogenannt
span.	spanisch
sprachl.	sprachlich
Subst.	Substantiv
sunnit.	sunnitisch
tript.	triptotisch
tschech.	tschechisch
türk.	türkisch
u.	und
u.a.	unter anderem
Ü	Übung
ÜzA	Übung zur Aussprache
ugs.	umgangssprachlich
usw.	und so weiter
vgl.	vergleichen Sie
w, wörtl.	wörtlich
wg.	wegen
Wk	Wurzelkonsonant
z.B.	zum Beispiel

*	Hinweis
⇨	Zielform, entstehende Form
⇦	Ausgangsform, ursprüngliche Form
⇔	Gegenteil; Gegenbegriff; Gegensätzliches
[ ]	im Dt. zu ergänzen, damit man die arab. Struktur besser versteht
﴿ ﴾	Koranzitat

Schrift und Aussprache – Teil 1

1. A Grundlagen

Arabisch gehört zu den **semitischen** Sprachen[1]. **Geschrieben** wird von **rechts nach links**, die Buchstaben werden miteinander **verbunden** – auch im Druck.

mina‿l-yamīn(i) ˀila‿l-yasār(i)[2]
wörtlich: von der-rechten bis zu der-linken [Seite] ⇦ من اليمين إلى اليسار
von rechts nach links

Um Ihnen einen Eindruck von der Vielfalt arabischer Schriftstile zu vermitteln, ist nachfolgend die Begrüßungsformel ˀahlan wa-sahlan! *Herzlich willkommen!*[3] abgedruckt – in den klass. Schriftarten **Naskhi**, **Thulth**, **Farisi**, **Diwani**, **Ruqˁa**, **Kufi**[4].

Naskhi
ḫaṭṭ 'an-nusḫ
خطّ النسخ
أهلاً وسهلاً!

Thulth
ḫaṭṭ 'aṯ-ṯulṯ
خطّ الثلث
أهلا وسهلا!

Farisi
'al-ḫaṭṭ 'al-fārisiyy
الخطّ الفارسيّ
أهلا وسهلا!

Diwani
'al-ḫaṭṭ 'ad-dīwāniyy
الخطّ الديوانيّ
أهلا وسهلا!

Ruqˁa
ḫaṭṭ 'ar-ruqˁa
خطّ الرقعة
أهلا وسهلا!

Kufi
'al-ḫaṭṭ 'al-kūfiyy
الخطّ الكوفيّ
أهلا وسهلا!

Beim **Schreiben mit der Hand** orientiert man sich in den Ländern des Maghreb meist an der eckig wirkenden **Kufī**-Schrift, im ostarabischen Raum und in Ägypten hingegen an der **Ruqˁa**-Schrift; letztere wird auch hier im Lehrbuch für die Handschriftmuster benutzt. Im Druck wird das leicht lesbare **Naskhi** verwendet.

1 Zu dieser Sprachfamilie gehören z.B. auch *Hebräisch, Aramäisch, Amharisch* – nicht aber Türkisch od. Persisch. Typisch für semitische Sprachen ist unter anderem die Art der *Wortbildung* durch sog. *Wurzeln* (vgl. L5 §2).
2 Umschrift: r = *„gerollt"*, s = „ß" (yasār = yaßār), blau = *betonte* Silbe, – weitere Erklärungen ab nächster Seite.
3 ˀahlan wa-sahlan wörtl. *[wie] Familie und-leicht [sei es]!* – Umschrift: h = stets *hörbar*, w = kurzes *unbetontes u.*
4 *Naskhī:* gerundete Formen, entstanden im 10. Jh. – *Thulth* (wörtl. *Drittel*, vgl. 2.F Anm. 3): gerundete Formen, oft höhenversetzt – *Farisi* (wie: „Faarißi", w: *persisch*): einzige Schriftart, die sich leicht *nach rechts* neigt, entstanden in Persien – *Diwani* (von: dīwān *Amtsstube*): im Osman. Reich übliche Kanzleischrift, galt als fälschungssicher, heute gern zu dekorativen Zwecken benutzt, z.B. Schilder, Buchtitel, Logos – *Ruqˁa*: Gebrauchsschrift, entstanden im Osman. Reich – *Kūfī:* geometrische Formen, entstanden in der Stadt *Kufa* (ar. 'al-kūfa(tu), heutiger Irak).

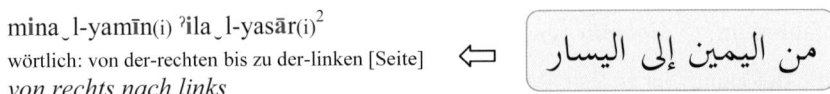

1. B Allgemeines zur Umschrift[1]

1. **Lange Vokale** haben einen **Dehnungsstrich**, **kurze Vokale** sind unmarkiert, z.B.

   mā (wie dt. *„Mahnmal“*) *nicht; was (Kurzform)* ما

   man (wie dt. *„Mann“*) *wer* مَنْ

2. Die **Betonung** wird durch **Fettdruck in Blau** hervorgehoben.

   fahimtum. *Ihr habt verstanden.* فَهِمْتُمْ.

   hal[2] fahimtum? *Habt ihr verstanden?* هَلْ فَهِمْتُمْ؟

   Für die Betonung gibt es feste Regeln, sie werden in Abschnitt 4.G erläutert.

3. **Bindestriche** zeigen eine **Wortzusammensetzung** an – auf arabisch werden solche Kombinationen in *einem* Wort geschrieben, z.B.

   min *von* ⇨ min-kum *von euch (mask. pl.)* مِنْ ⇦ مِنْكُمْ

   man *wer* ⇨ li-man? *für wen? von wem?* مَنْ ⇦ لِمَنْ؟

4. **Kleingedruckte Schlußbuchstaben** zeigen eine **Endung** oder **Teilendung** an, die man *nicht* mitsprechen muß. So ergeben sich oft *zwei* Aussprachemöglichkeiten, z.B.

   fahimtu *ich habe verstanden* ⇔ mā fahimtu *ich habe nicht verstanden*

   1. fahimtu ⇔ mā fahimtu (= **Langform** od. **Vollform**)
   2. fahimt ⇔ mā fahimt (= **Kurzform** od. **Pausalform**)

   فَهِمْتُ ⇔ ما فَهِمْتُ

   Nach **klassischer Norm** darf die **Pausalform** nur in der Sprech**pause** (lat. **pausa**), d.h. am **Ende** eines Satzes od. Verses, gebraucht werden. Im heutigen Standardarabisch sind jedoch – entgegen dieser Norm – überwiegend *Kurzformen* zu hören, vor allem bei Substantiven und Adjektiven. Näheres dazu folgt in Teil 4.I.

5. **Kleingedruckte Schlußbuchstaben in Klammern** bleiben normalerweise **stumm**, man spricht sie nur bei sehr „gehobenem“ bzw. literarischem Gebrauch mit, z.B.

   lubnān(u) *Libanon* 1. **Langform** od. **Vollform** (nur sehr „gehoben“): lubnānu
   2. **Kurzform** od. **Pausalform** (übliche Aussprache): lubnān لُبْنانُ

   Eigennamen sind im heutigen Standardarabisch praktisch immer in der **Pausalform** zu hören[3], daher wird auch in der Umschrift meist nur die **Kurzform** angegeben, z.B.

   lām(un) od. lām *(= arab. Name für den Buchstaben „l“)* لام

1 Sie entspricht weitgehend der in der *orientalistischen* Fachliteratur üblichen Umschrift; diese wurde auf dem 19. Internationalen Orientalistenkongreß (Rom, 1936) angenommen und findet seitdem allgemein Verwendung.

2 „hal“ (mit *kurzem* /a/, wie z.B. dt. *Halle*) leitet *Ja-Nein-Fragen* ein, genauso wie *französisch* „est-ce que“ (L1 §2).

3 Nur beim Rezitieren von Gedichten, Koran oder in religiösen Formeln sind auch *Namen* in der Vollform zu hören, z.B. muḥammad(un) *Mohammed*, von dem es im zweiten Teil des muslim. Glaubensbekenntnisses heißt: „... wa-muḥammadun rasūlu‿llāh(i)“ *„... und Mohammed ist der Gesandte Gottes“* (arabisch in L10, Lektionstext).

1. C Vokale

Wie im Dt. können Länge und Kürze eines Vokals bedeutungsunterscheidend sein. **Lange Vokale** müssen stets deutlich **gedehnt** ausgesprochen werden, auch wenn sie **unbetont** sind, wie z.B. das zweite /ā/ in den beiden Beispielwörtern

māmā *Mama* ماما – bābā *Papa* بابا

Um-schrift	Aussprache	arabisches Beispielwort		
ā	langes a, wie in „lahm"	lā	*nein; nicht, kein*	لا
a	kurzes a, wie in „Lamm"	man	*wer*	مَنْ
ī	langes i, wie in „schief"	fī	*in*	في
i	kurzes i, wie in „Schiff"	min	*von; aus*	مِنْ
ū	langes u, wie in „Huhn"	nūn	*arab. Name für „n"*	نُون
u	kurzes u, wie in „Hund"	hum	*sie (mask. Pl.)*	هُمْ

Die **Klangfarbe** der Vokale kann schwanken – zum Teil ist dies regional bedingt, zum Teil aber auch durch die benachbarten Konsonanten. Achten Sie beim Hören auf solche Vokalverfärbungen, sie sind in der Umschrift *nicht* zu erkennen.

Übung 1: Lang oder kurz? Betont oder unbetont?

Ergänzen Sie die fehlenden Vokale und markieren Sie die Betonung:

1	f_h_mtu. ⇔	*Ich habe verstanden.* ⇔	١ فَهِمْتُ. ⇔ ما فَهِمْتُ.
	m_ f_h_mtu.	*Ich habe nicht verstanden.*	
2	h_l f_h_mt_m?	*Habt ihr verstanden?*	٢ هَلْ فَهِمْتُمْ؟
3	l_, m_ f_h_mtu.	*Nein, ich habe nicht verstanden.*	٣ لا، ما فَهِمْتُ.
4	h_m m_n l_bn_n.	*Sie (3. P. Pl.) sind[1] aus dem Libanon.*	٤ هُمْ مِنْ لُبْنان.
5	m_n m_n-k_m m_n l_bn_n?	*Wer von euch ist[1] aus dem Libanon?*	٥ مَنْ مِنْكُمْ مِنْ لُبْنان؟

[1] Das Präsens von *(zu) sein (bin, bist, ist, sind, seid)* wird nur in besonderen Fällen gebraucht, vgl. L4 §2.

1. D Halbkonsonanten und Diphthonge

Die beiden **Halbkonsonanten „w"** und **„y"** bilden innerhalb der **28 Konsonanten** eine eigene Untergruppe. Wenn ein arabisches Wort **Halbkonsonanten** enthält, kann es zu Abweichungen in der **Wort- und Formenbildung** kommen.

Umschrift	Aussprache	arabisches Beispielwort		
w	kurzer u-Vorschlag, wie engl. *w* („*we*")	h**u**wa	*er*	هُوَ
y	dt. *j*, wie in „*j*a"	h**i**ya	*sie (fem. Sg.)*	هِيَ

Die beiden **Diphthonge „ay"** u. **„aw"** kommen auch in **gedehnter** Aussprache vor.

Umschrift	Aussprache	arabisches Beispielwort		
aw	dt. *au*, wie in „H*au*s"	**nawm**un[1]	*Schlaf*	نَوْمٌ
āw	gedehntes *au*, wie in „M*ao*"	'al-f**āw**	*Fao (irak. Ölhafen)*	الفاو
ay	dt. *ai*, wie in „M*ai*"	b**ay**tun	*Haus*	بَيْتٌ
āy	gedehntes *ai*, wie in „M*aj*a"	š**āy**un (š = dt. *sch*)	*Tee*	شايٌ

Übung 2: Sprechen Sie **englisches „w"** – die Lippen dürfen sich nicht berühren!

1 walīd(un) wa-widād(u) — *Walid m. und Widad f.* — وَلِيدٌ وَوِدادُ

2 huwa wa-hiya — *er und sie* — هُوَ وَهِيَ

3 man huwa? wa-man hiya? — *Wer ist er[2]? Und wer ist sie?* — مَنْ هُوَ؟ وَمَنْ هِيَ؟

4 'al-fāw wa-lubnān(u) — *Fao und der Libanon* — الفاو وَلُبْنانُ

1 Die Endung -un entspricht dem *unbestimmten* Artikel *ein/e,* für *ein/e* gibt es kein eigenes Wort, vgl. L1 §1.
2 Das Präsens von *(zu) sein* (d.h. *bin, bist, ist, seid, sind*) wird nur in besonderen Fällen gebraucht, vgl. L4 §2.

1. E Konsonanten

Stets wird genau zwischen **stimmhaft** („weich“) und **stimmlos** („hart“, „scharf“) unterschieden. **Stimmhafte** Konsonanten bleiben auch **im Auslaut „weich“**, z.B.

baladun *Land* **1.** baladun (volle Wortform) بَلَدٌ **2.** balad (Pausalform) بَلَد

Die folgende Übersicht enthält nur Konsonanten, die es auch in indoeuropäischen Sprachen gibt. Jedoch fehlen **b, d, f, k, l, m, n, t**, da man sie wie im Dt. ausspricht. Prägen Sie sich die Umschriftbuchstaben und deren Bedeutung ein.

Umschrift	Aussprache	arabisches Beispielwort		
ˀ *od.* '	Stimmabsatz („Knacklaut“), wie in „Film'ende“, „'Ur'ahn“, arab. Name: *Hamza*	fuˀādun 'ibnun, ˀabun	*Herz (poet.); Fu'ad m.* *Sohn, Vater*	فُؤَادٌ اِبْنٌ، أَبٌ
ḏ	engl. *th*, stimmhaft („weich“) gelispelt, wie engl. *th* in „mo*th*er“	māḏā?	*was? wie bitte?*	ماذا؟
ǧ	*dsch*, stimmhaft („weich“), wie engl. *j* in „*J*im“	ǧabalun	*Berg; Gebirge*	جَبَلٌ
ġ	*r*, nicht „gerollt“ (Gaumen-r), wie französ. *r* in „me*r*ci“	baġdād(u)	*Bagdad*	بَغْدادُ
h	*h*, stets hörbar, wie in „*H*aus*h*alt“	hunāka	*dort;* *dort ist, es gibt*	هُناكَ
ḫ	*ch*, sehr „kratzig“ („a*ch*-Laut“), wie in „Fa*ch*bu*ch*“ (nie wie: i*ch*)	ḫālidun	*ewig; Khalid m.*	خالِدٌ
r	*r*, „gerollt“ (Zungenspitzen-r), wie ital. *r* in „p*r*onto“	mabrūkun	*gesegnet;* *Gratulation!*	مَبْرُوكٌ
s	*s*, stimmlos, „scharfes“ s, wie *ß* in „rei*ß*en“ (nie wie: rei*s*en)	salāmun	*Friede(n);* *Salam m.*	سَلامٌ
š	*sch*, stimmlos („scharf“), wie in „Fi*sch*“	šukran	*danke*	شُكْراً
ṯ	*s*, stimmlos („scharf“) gelispelt, wie engl. *th* in „ba*th*“	maṯalan	*zum Beispiel*	مَثَلاً
z	s, stimmhaft „weich summend“, wie in „rei*s*en“ (nie wie: rei*ß*en)	zamzam(un)	*Zamzam* *(heilige Quelle in Mekka)*	زَمْزَمٌ

Abschnitt A: Konsonanten, die besonders geübt werden müssen

/ḫ/ spricht man stets „kratzig" wie dt. *ch* in „a*ch*" – nie wie in dt. *ch* in „i*ch*", z.B.

    ḫālun   *Onkel (mütterl. Linie)*   خَالٌ

    šayḫun   *alter Mann; Scheich*   شَيْخٌ

    mīḫāʔīl min myūniḫ.   *Michael ist aus München.*   مِيخَائِيل مِنْ مْيُونِخْ.

/s/ spricht man stets „scharf" wie dt. *ß* in „rei*ß*en" – im Gegensatz zu stimmhaftem /z/, was immer weich summend wie *s* in „rei*s*en" klingt, auch im Auslaut, z.B.

    mumtāzun   *ausgezeichnet; hervorragend*   مُمْتَازٌ

    mawzun   *Banane(n)*   مَوْزٌ

/r/ wird stets „gerollt" (wie ital. p*r*onto) – im Unterschied zu /ġ/ (wie französ. me*r*ci). Zwischen beiden *r*-Lauten wird keinerlei Ähnlichkeit empfunden; sie sind bedeutungsunterscheidend und können auch direkt nebeneinanderstehen, z.B.

    raybun ⇔ ġaybun   *Zweifel ⇔ Abwesenheit; Verborgenes*   رَيْبٌ ⇔ غَيْبٌ

    ʾal-maġribu   *der Maghreb (w: das Westland); Marokko (Kurzf.)*   اَلْمَغْرِبُ

Übung 3: Stimmhaft oder stimmlos? Gelispelt oder nicht?

1. __aynab(u)   *Zainab f.*   زَيْنَبُ
2. __alāmun   *Friede(n); Salam m.*   سَلَامٌ
3. tūni__(u)   *Tunis; Tunesien*   تُونِسُ
4. ham__a(tun)   *Hamza (ar. Name für den Stimmabsatz)*   هَمْزَةٌ
5. mumtā__(un)   *ausgezeichnet; hervorragend; vorzüglich*   مُمْتَازٌ
6. mā__ā?   *was? wie bitte?*   مَاذَا؟
7. ma__alan   *zum Beispiel*   مَثَلاً

Übung 4: „Gerolltes" *r* oder Gaumen-*r*? Ergänzen Sie nach Gehör!

1. ba__dād(u)   *Bagdad*   بَغْدادُ
2. ku__distān   *Kurdistan*   كُرْدِسْتان
3. ʾaf__ānistān   *Afghanistan*   أَفْغَانِسْتان
4. bin__āzī   *Benghasi*   بِنْغَازِي
5. mab__ūk(un)!   *Gratuliere! Gratulation!*   مَبْرُوكٌ
6. šuk__an!   *danke!*   شُكْراً

Abschnitt B: Konsonanten, die es in den indoeurop. Sprachen *nicht* gibt

Vorerst genügt es, diese „exotischen“ Laute *hörend* wahrzunehmen; die genauen Ausspracheanleitungen folgen bei Einführung der zugehörigen Schriftzeichen.

Kehlkonsonanten

Diese Laute erkennt man an ihrem „kehligen“ Klang. Sie werden von weit unten, aus dem „Schlund“, hervorgepreßt. Dabei verengt sich die Stimmritze spürbar.

Umschrift	Aussprache	arabisches Beispielwort		
ḥ	h, stark behaucht	ḥ**a**lab(u)	*Aleppo*	حَلَبُ
q	kehliges k (wie „hartes“ g)	f**u**nduqun	*Hotel*	فُنْدُقٌ
ʕ	kehliger Stimmabsatz	n**a**ʕam	*ja*	نَعَمْ

Emphatische Konsonanten

Diese Laute erkennt man an ihrem „dumpfen“ Klang. Sie entstehen durch Hebung des Zungenrückens und kräftigen Druck („Emphase“) gegen Vordergaumen bzw. Schneidezähne. Bei /ṣ/ und /ẓ/ werden darüber hinaus die Lippen etwas vorgewölbt.

Umschrift	Aussprache	arabisches Beispielwort		
ḍ	verdumpftes d, stimmhaft	ramaḍ**ā**n(u)	*Ramadan (Fastenmonat)*	رَمَضَانُ
ṭ	verdumpftes t, stimmlos	baṭ**ā**ṭā	*Kartoffel(n)*	بَطَاطَا
ṣ	verdumpftes s (ß), stimmlos	ṣ**ā**mitun	*schweigsam; Samit m.*	صَامِتٌ
ẓ	verdumpftes s, stimmhaft	niẓ**ā**mun	*System; Regime*	نِظَامٌ

Zur Aussprache: Lautverfärbungen

Kehlkonsonanten und **emphatische Konsonanten** beeinflussen die **Klangfarbe** ihrer Nachbarlaute, besonders deutlich zu hören ist dies bei langem /**ā**/. Solche Verfärbungen sind in der Umschrift *nicht* bezeichnet, man kann sie also nur *hörend* wahrnehmen. Zum Vergleich zwei Wortpaare, die mit den Silben **kā** ⇔ **qā** bzw. **sā** ⇔ **ṣā** beginnen:

kāf(un) *kāf (arab. Name für k)* ⇔ **qāf**(un) *qāf (arab. Name für q = „kehliges“ k)* كاف ⇔ قاف

sālimun *unversehrt; heil; Salim m.* ⇔ **ṣāmit**un *schweigsam; Samit m.* سالِم ⇔ صامِت

1. F Aussprache verdoppelter Konsonanten

Alle arabischen Konsonanten und Halbkonsonanten können auch **verdoppelt** vorkommen. Anders als im Dt. sind Verdoppelungen **hörbar**. Der „verstärkte" Klang entsteht durch verlängertes Aushalten auf dem zu verdoppelnden Konsonanten.

1 m**a**kka(tu) *Mekka* مَكَّة 2 ǧ**a**yyidun *gut* جَيِّدٌ

3 ǧ**a**yyidun ǧ**i**ddan *sehr gut* جَيِّدٌ جِدًّا 4 ˀ**a**wwalan *erstens; zuerst* أَوَّلاً

Die Verdoppelung ist **bedeutungsunterscheidend** – vergleichen Sie:

1 mat**ā**	*wann*	مَتَى	⇔	m**a**ttā	*Matthäus (Evangelist)*	مَتَّى
2 ˀ**i**lā	*bis, bis zu; nach (Ort, Land)*	إِلَى	⇔	ˀ**i**llā	*wenn nicht; außer*	إِلَّا
3 h**u**nā	*hier*	هُنَا	⇔	h**u**nna	*sie (3. P. Pl., fem., nur weibl. Personen)*	هُنَّ

Verdoppelungen entstehen auch durch **Assimilation** (z.B. Sonnenbuchstaben, vgl. 4.I) od. wenn in einer Wortzusammensetzung **zwei gleiche Konsonanten** aufeinandertreffen, wie z.B. nachfolgend **/yy/** bei „ˀil**ay**-ya" *zu mir*. Sprechen Sie auch solche Verdoppelungen in *einem* Zug, d.h. **ohne Zwischenpause** aus, damit sie deutlich *hörbar* werden.

ˀil**ay**-nā *zu uns* ⇨ ˀil**ay**-ya *zu mir* إِلَيْنا ⇦ إِلَيَّ

lad**ay**-nā *bei uns* ⇨ lad**ay**-ya *bei mir; bei mir ist; ich habe* لَدَيْنا ⇦ لَدَيَّ

Aussprache von /ḷḷ/: Dieser **Doppellaut** kommt nur im arab. Wort für „Gott" vor und klingt „dunkel", wie „l" z.B. im Kölner Dialekt und in vielen slawischen Sprachen, vgl.

'il**ā**hun *(ein) Gott* ⇨ 'aḷḷ**ā**h(u) *(der) Gott* (entstanden aus: 'al-'il**ā**h(u) الإِله) إِلَٰهٌ ⇦ الله

lā ˀil**ā**ha[1] ˀ**i**lla‿ḷḷ**ā**h *Es gibt keinen Gott außer Gott (w: kein Gott [ist] außer dem-[einen] Gott = 1. Teil des muslim. Glaubensbekenntnis).* لا إِلَهَ إِلّا الله

Übung 5: Doppelt oder einfach? Hören Sie zu und ergänzen Sie!

1 hum fī m**a**____a(ta). *Sie (3. Pers. Pl. mask.) sind in Mekka.* ١ هُمْ فِي مَكَّة.

2 wa-h**u**____a h**u**____ā. *Und sie (3. Pers. Pl. fem.) sind hier.* ٢ وَهُنَّ هُنا.

3 ˀ**i**____ā m**a**____ā? *bis wann?* ٣ إِلَى مَتَى؟

4 ˀ**i**____ā m**a**____ā *außer Matthäus* ٤ إِلّا مَتَّى

5 ǧ**a**____idun, ǧ**a**____idun ǧ**i**____an! *Gut, sehr gut!* ٥ جَيِّدٌ، جَيِّدٌ جِدًّا!

1 lā (+ Akk. auf -a) *kein*, ebenso z.B. lā b**u**dda *kein Ausweg* لا بُدَّ – lā m**u**škila(ta) *kein Problem* لا مُشْكِلة

1. G Konsonantischer Stimmabsatz (ar. Hamza[1] هَمْزَة)

Im Dt. gibt es für den Stimmabsatz keinen Buchstaben, doch wird dieser Laut automatisch ausgesprochen, wenn das Wort mit Vokal beginnt, z.B. *'Er 'ißt 'ein 'Ei.* Beim **Flüstern** hört man den Stimmabsatz als „**Knack**", vgl. Sie z.B. *'Ur'ahn – 'Uran*. Im Arabischen kann der Stimmabsatz auch im Wort*ende* vorkommen.

nabdaˀu	*wir beginnen; wir fangen an*[2]	نَبْدَأُ
li-nabdaˀ!	*Beginnen wir! Fangen wir an!*[3]	لِنَبْدَأْ!
kaˀsun	*(Trink-)Glas; Pokal*	كَأْسٌ
māˀun	*Wasser*	مَاءٌ

Der Stimmabsatz kann **bedeutungsunterscheidend** sein – vergleichen Sie:

mā *nicht; was* ما   aber: māˀ(un) *Wasser* مَاءٌ

yā *oh (Anredepartikel)*[4] يا   aber: yāˀ(un) *yā' (Buchstabenname)* يَاءٌ

Üben Sie Hamza **flüsternd**, am besten zuerst die Vollform, dann die Kurzform:

māˀun, māˀ(un) *Wasser* مَاءٌ، ماء – yāˀun, yaˀ(un) *yā' (Buchstabenname)* يَاءٌ، ياء

Übung 6: Achten Sie auf den Stimmabsatz und sprechen Sie nach:

1 li-nabdaˀ! li-nabdaˀ min hunā!
Fangen wir an! Fangen wir (w: von) hier an!
١ لِنَبْدَأْ! لِنَبْدَأْ مِنْ هُنا!

2 man ˀantaˀ[5]? – ˀanā fuˀād.
Wer bist du/sind Sie m.? – Ich bin Fu'ād.
٢ مَنْ أَنْتَ؟ – أَنا فُؤادٌ.

3 wa-man ˀanti[5]? – ˀanā hanāˀ.
Und wer bist du/sind Sie f.? – Ich bin Hanāˀ.
٣ وَمَنْ أَنْتِ؟ – أَنا هَناءٌ.

4 ˀahlan, yā hanāˀ! ˀahlan, yā fuˀād!
Willkommen, Hana'! Willkommen, Fu'ad.
٤ أَهْلاً، يا هَناءُ! أَهْلاً، يا فُؤادُ!

5 ˀanā min ˀalmāniyā.
Ich komme (wörtl. bin) aus Deutschland.
٥ أَنا مِنْ أَلْمانيا.

6 wa-ˀanta? min ˀayna ˀanta?
Und du/Sie m.? Woher kommst du/kommen Sie?
٦ وَأَنْتَ؟ مِنْ أَيْنَ أَنْتَ؟

7 wa-ˀanti? min ˀayna ˀanti?
Und du/Sie f.? Woher kommst du/kommen Sie[5]*?*
٧ وَأَنْتِ؟ مِنْ أَيْنَ أَنْتِ؟

1 Die englische Bezeichnung für den konsonantischen Stimmabsatz, ar. hamza, lautet „glottal stop".
2 Das *Pronomen* fügt man beim Verb nur hinzu, wenn es besonders *betont* ist, z.B. *wir* beginnen (d.h. nicht *ihr*).
3 Wörtlich: *auf daß-wir beginnen!* Nach der Aufforderungspartikel *li- auf daß!* folgt der Apokopat, vgl. L6 §3.
4 Beim Anreden setzt man vor *Namen* od. *Titel* meist die Partikel yā, z.B. yā fu'ād(u) *[oh] Fu'ad*, vgl. 3.F, Anm. 2.
5 Die Anrede mit *du* ist allgemein üblich, auch unter Fremden; es gibt eine mask. u. eine fem. Form: ˀanta *m.*/ˀanti *f.* Bei größerem sozialen Abstand fügt man Höflichkeitswörter ein (z.B. ḥaḍratu-ka/ki, vgl. L7, LT) oder benutzt *ihr*.

1. H Die 28 Buchstaben des arabischen Alphabets[1]

Das **arabische Alphabet** umfaßt 28 Buchstaben. **11 Buchstabennamen** enden mit Hamza, d.h. wenn man sie – wie üblich – **pausal** ausspricht, muß am Schluß ein kleiner „Knack“ zu hören sein. Üben Sie diese Buchstabennamen anfangs *flüsternd*, zuerst *mit* Endung, dann *ohne* Endung, z.B. **bā**ˀun – bāˀ, **tā**ˀun – tāˀ ... So können Sie leichter überprüfen, ob der Stimmabsatz deutlich genug zu hören ist.

1	ˀ**alif**(un)[2]	ˀ; ā	ا	10	**rā**ˀ(un)	r	ر	20	**fā**ˀ(un)	f	ف
2	**bā**ˀ(un)	b	ب	11	**zāy**(un)	z	ز	21	**qāf**(un)*	q	ق
3	**tā**ˀ(un)	t	ت	12	**sīn**(un)	s	س	22	**kāf**(un)	k	ك
4	**ṯā**ˀ(un)	ṯ	ث	13	**šīn**(un)	š	ش	23	**lām**(un)	l	ل
5	**ğīm**(un)	ğ	ج	14	**ṣād**(un)*	ṣ	ص	24	**mīm**(un)	m	م
6	**ḥā**ˀ(un)*	ḥ	ح	15	**ḍād**(un)*	ḍ	ض	25	**nūn**(un)	n	ن
7	**ḫā**ˀ(un)	ḫ	خ	16	**ṭā**ˀ(un)*	ṭ	ط	26	**hā**ˀ(un)	h	ه
8	**dāl**(un)	d	د	17	**ẓā**ˀ(un)*	ẓ	ظ	27	**wāw**(un)[4]	w; ū	و
9	**ḏāl**(un)	ḏ	ذ	18	ˁ**ayn**(un)[3]*	ˁ	ع	28	**yā**ˀ(un)	y; ī	ي
				19	**ġayn**(un)	ġ	غ				

* Dieser Buchstabenname enthält einen der 7 Konsonanten, die in den indoeurop. Sprachen fehlen.

Warten Sie mit dem Nachsprechen, bis das jeweilige Schriftzeichen vorgestellt wird (Teile 2, 3, 4).

Die **Buchstaben** ˀ**alif, wāw, yā**ˀ waren zunächst reine **Konsonantenzeichen**. Als man im 7. Jh. begann, die **langen Vokale** mitzuschreiben, entstanden jedoch keine neuen Schriftzeichen; vielmehr nutzt man seither *drei* von ihnen als Konsonanten *und* Vokale: ˀ**alif** für /ˀ/ *und* /**ā**/, **wāw** für /**w**/ *und* /**ū**/, **yā**ˀ für /**y**/ *und* /**ī**/.

1 Im heutigen Alphabet sind die Buchstaben nach Ähnlichkeit geordnet. Ursprünglich gab es nur 18 Schriftzeichen, und das Alphabet begann so: ˀ**a**lif, bāˀ, ğīm, dāl. Bis heute benutzt man diese tradit. Reihenfolge zum *Numerieren*: a) = ا (ˀalif); b) = ب (bāˀ); c) = ج (ğīm); d) = د (dāl). Die Ähnlichkeit vieler arabischer und griechischer Buchstaben*namen* (z.B. Alpha, Beta, Gamma, Delta) verweist auf deren gemeinsame Herkunft: das *phönizische* Alphabet.

2 Denken Sie daran, die beiden Vokale /a/ u. /i/ deutlich *kurz* auszusprechen, d.h. „ˀ**a**lif“ muß klingen wie „alliff“.

3 ˁ**a**yn bedeutet auch noch *Auge* sowie *Quelle* – auf letztere Bedeutung beziehen sich viele *Ortsnamen*, z.B. *Al-ˁAin* العين (Stadt in den *Emiraten*), *Aïn Draham* (Ort in *Tunesien*, ar. ˁayn dar**ā**him *w: Quelle der-Drachmen)* عين دراهم.

4 Dieser Buchstabenname klingt wie langgezogenes „waaau“, ähnlich dem amerikanischen „wow“.

Schrift und Aussprache – Teil 2

2. A Grundlagen des Schreibens – wichtige Schreibregeln

Die arabische Schrift war ursprünglich eine reine **Konsonantenschrift**, erst ab dem 7. Jahrhundert begann man, die **langen Vokale** mitzuschreiben. Für **kurze Vokale** gibt es bis heute keine Buchstaben. Nachfolgend die wichtigsten Schreibregeln:

Schreibregel 1

> **Kurze Vokale** werden **nicht** als Buchstaben **geschrieben.**

Beispiel: lubn**ā**n(u) *Libanon* ⇨ lbnān لبنان

Schreibregel 2

> Das „**n**“ der **Endungen -un, -in, -an**[1] wird **nicht geschrieben**.

Beispiel: b**a**lad(un) (= Nominativ) *(ein) Land* ⇨ bld بلد

Schreibregel 3

> Bei **Doppel**konsonanten wird nur ***ein*** **Konsonant** geschrieben[2].

Beispiel: h**u**nna *sie f. Pl. (d.h. nur weibl. Personen)* ⇨ hn هنّ

Schreibregel 4

> **Ein**buchstabige Wörter sowie der **Artikel** ('al- *der, die, das*) werden mit dem folgenden Wort **zusammengeschrieben.**

Beispiel: h**u**wa wa-h**i**ya *er und sie* ⇨ hw why هو وهي

Beim **Schreiben** ist also zu beachten, *was* als Buchstabe erscheint und was nicht. Beim **Lesen** wiederum müssen die fehlenden Laute, passend zum Kontext, ergänzt werden, z.B. „mn“ من ⇨ 1. man *wer* 2. min *von; aus*. Daß geübte Muttersprachler trotzdem meist ohne Probleme flüssig lesen können, zeigt der folgende dt. Satz, in dem alle Vokale weggelassen sind: **mn knn ds trtzdm gnz gt lsn, ncht whr?**

1 Diese Endungen kommen nur bei Substantiven und Adjektiven vor: „-un“ bezeichnet den *Nominativ*, „-in“ den *Genitiv*, „-an“ den *Akkusativ* sowie auch die *Adverbialendung*, z.B. š**u**krun *(ein) Dank* – š**u**krin *(e-s) Dankes* – š**u**kran *(e-n) Dank* od. *danke (Adverb)*, vgl. 4.E u. L2 §2. Das „n“ (sog. *Nunation*) zeigt die *Unbestimmtheit* an.

2 Die stets *hörbare* Verdoppelung (1.G) kann durch ein Zusatzzeichen (š**a**dda شدّة) angezeigt werden, vgl. 4.H.

2. B Auswahl der Buchstabenformen – erste Wörter

Groß- und **Kleinbuchstaben** gibt es im Arabischen nicht, jedoch wird zwischen **Anfangs-**, **Mittel-**, **Schluß-** und **Einzelform** unterschieden. Nachfolgend sehen Sie **bāʾ**, **lām**, **mīm** und **nūn** in ihren vier möglichen Formen.

	einzeln	Schluß	Mitte	Anfang
bāʾ b	ب	ـب	ـبـ	بـ
lām l	ل	ـل	ـلـ	لـ
mīm m	م	ـم	ـمـ	مـ
nūn n	ن	ـن	ـنـ	نـ

Will man ein Wort aufschreiben, so muß man die zur **Position im Wort** passende Buchstaben**form** wählen: Am Wort**anfang** ist dies die **Anfangsform**, im Wort**inneren** die **Mittelform**, am Wort**ende** die **Schlußform** und in **isolierter** Stellung die **Einzelform**. Es folgen vier Beispiele.

بلبل	**bul**bul**un** *Nachtigall; Bulbul f.*	بـ ـلـ ـبـ ـل	Schreibrichtung: ⇦ ⇦ ⇦ ⇦ von rechts **nach links**
لبن	**laban**un *Sauermilch*	لـ ـبـ ـن	Schreibrichtung: ⇦ ⇦ ⇦ ⇦ von rechts **nach links**
من	man *wer*	مـ ـن	Schreibrichtung: ⇦ ⇦ ⇦ ⇦ von rechts **nach links**
من	min *von; aus*	مـ ـن	Schreibrichtung: ⇦ ⇦ ⇦ ⇦ von rechts **nach links**

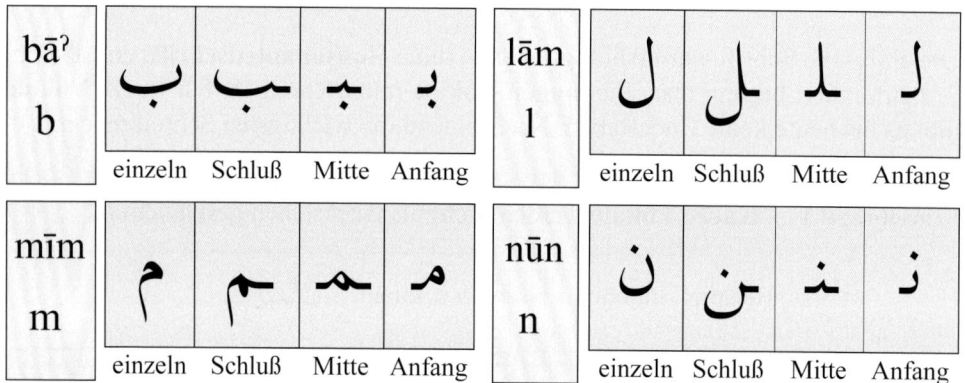

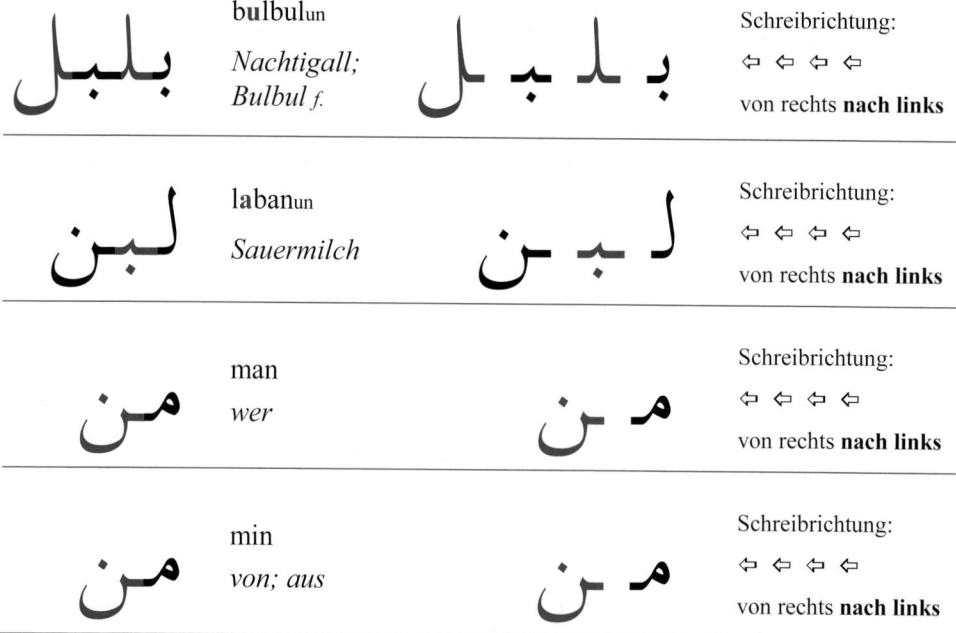

2. C Druck- u. Schreibschrift: bāʾ, lām, mīm, nūn باء، لام، ميم، نون

Zwar gibt es keinen prinzipiellen Unterschied zwischen *Druck*- und *Schreib*schrift, doch sind beim *handschriftlichen* Schreiben gewisse Abweichungen üblich. Die Pfeile geben an, wo Sie beim Nachschreiben jeweils beginnen müssen. Wegen der fein abgestuften Buchstabenhöhen ist es am besten, Papier mit gleichmäßig feiner Unterteilung zu benutzen[1]. Als Schreibwerkzeug empfiehlt sich ein *weicher* Bleistift samt Radiergummi, so daß sich Fehlversuche leicht wieder beseitigen lassen.

bāʾ b	ب	ـب	ـبـ	بـ
	einzeln	Schluß	Mitte	Anfang

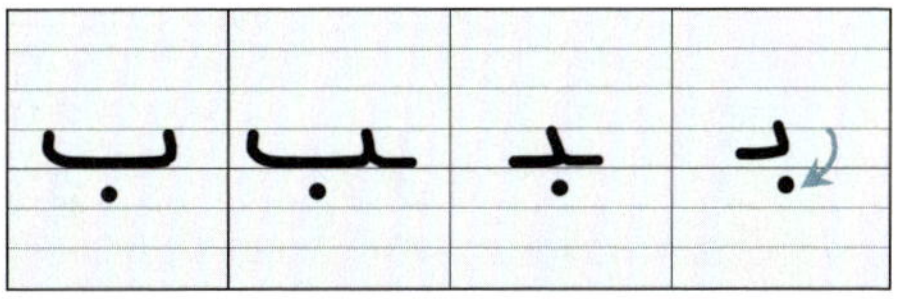

einzeln Schluß Mitte Anfang

lām l	ل	ـل	ـلـ	لـ
	einzeln	Schluß	Mitte	Anfang

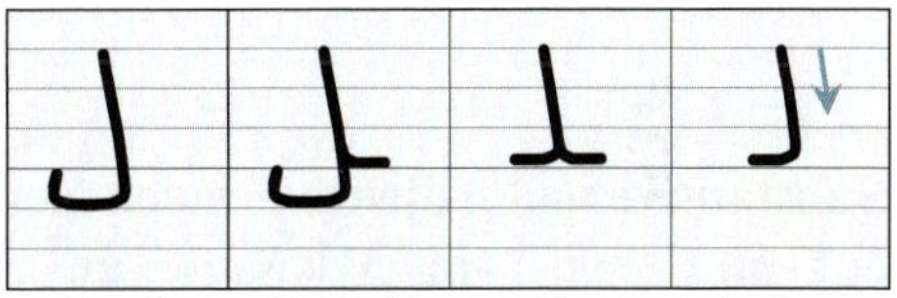

einzeln Schluß Mitte Anfang

mīm m	م	ـم	ـمـ	مـ
	einzeln	Schluß	Mitte	Anfang

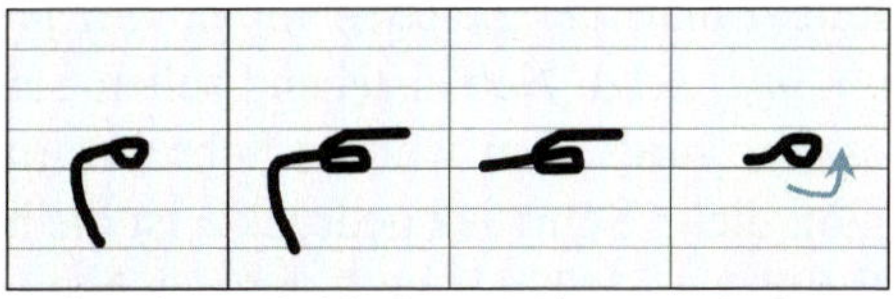

einzeln Schluß Mitte Anfang

Beachten Sie nachfolgend: Den *Punkt* bei **Schluß-nūn** ersetzt man in der **Handschrift** gern durch ein *„Schwänzchen"*, der Schlußbogen ist *v-förmig*. Bei **Einzel-nūn** schreibt man den Punkt oft als *Strich*, der in den Schlußbogen hineinführt.

nūn n	ن	ـن	ـنـ	نـ
	einzeln	Schluß	Mitte	Anfang

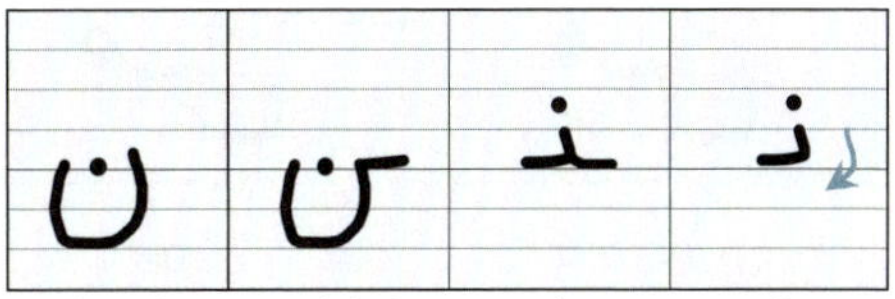

einzeln Schluß Mitte Anfang

Nebenstehend sehen Sie die auf der vorigen Seite abgedruckten vier Wörter in *handschriftlicher* Form.

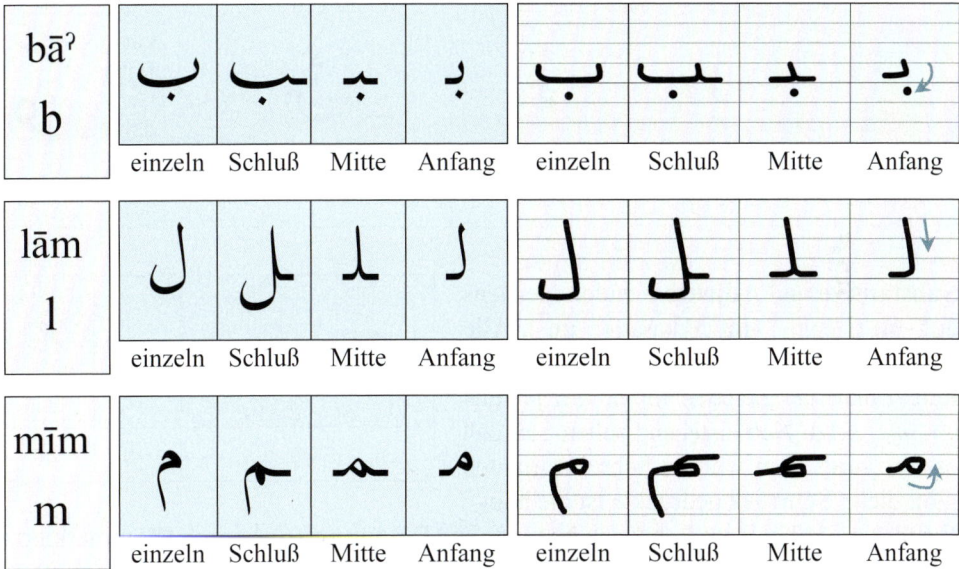

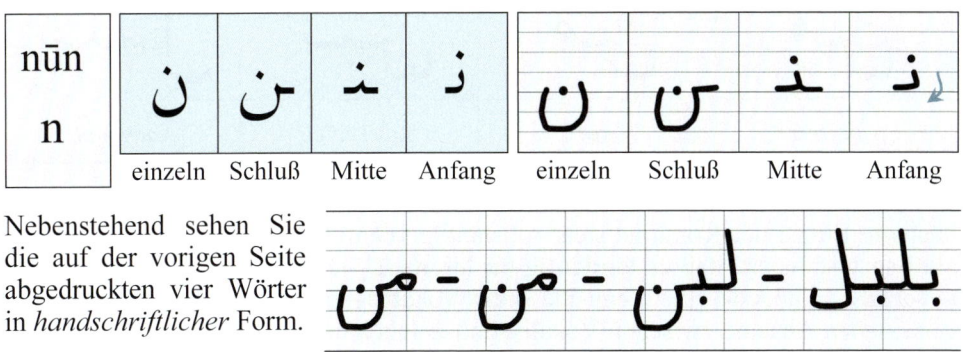

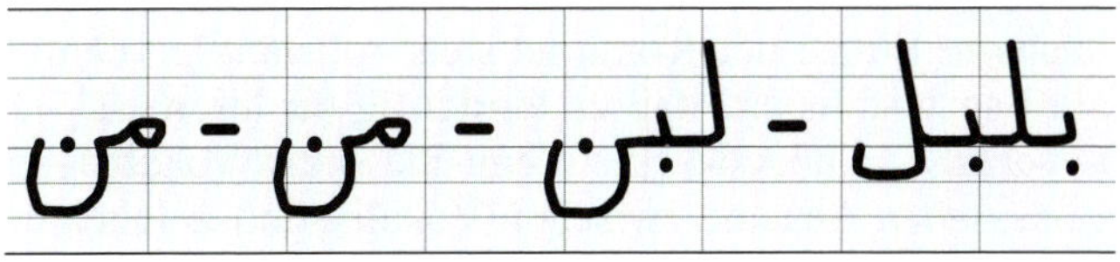

1 Geeignet ist z.B. Noten- od. Steno-Linierung, ebenso die französische Schreiblinierung. Sie können sich Ihr Schreibpapier aber auch leicht selbst herstellen – mit Hilfe eines Textverarbeitungsprogramms, wie z.B. Word.

2. D Vokalisierung

Als im späten 7. Jahrhundert zunehmend Nichtaraber, zunächst Perser, zum Islam übertraten, wurde – wohl vor allem, um das Lesen des Korans zu erleichtern – ein System von Zusatzzeichen geschaffen. Diese sog. **Vokalisationszeichen** ergänzen die geschriebenen Buchstaben so, daß jedes Wort **eindeutig** lesbar wird.

lies: n*a*	lies: n*i*	lies: n*u*	lies: n	Ḥandschrift
نَ	نِ	نُ	نْ	kasra, fatḥā / ḍamma / sukūn
1. fatḥa(tun)[1] = *a-Zeichen*	2. kasra(tun) = *i-Zeichen*	3. ḍamma(tun) = *u-Zeichen*	4. sukūn(un) = *kein Vokal*	

Substantive und **Adjektive** enden meistens auf **-un** (Genitiv: **-in**; Akkusativ: **-an**[2]). Alle *drei* Fall-Endungen werden gekennzeichnet, indem man die Zeichen für *a*, *i*, *u* jeweils *zweimal* setzt. Nebenstehend sehen Sie, daß es für „**-un**" zwei weitere Schreibvarianten gibt: die in **Schwarz** gedruckte ist die häufigste, sie wird hier im Lehrbuch benutzt. Die **Betonung** wird durch **Blau** markiert.

ٌ	ٌ	ٌ	ٍ	ً
-un			-in	-an

min	man	labanun	bulbulun
مِنْ	مَنْ	لَبَنٌ	بُلْبُلٌ
von; aus	*wer*	*Sauermilch*	*Nachtigall*

Vokalisierte Texte sind eine **Ausnahme**, man findet sie nur in Schul- und Kinderbüchern. Einzig der Koran ist stets vollständig vokalisiert. Hier im Lehrbuch wird alles so vokalisiert, daß es **eindeutig zu lesen** ist[3]. Die Handschriftbeispiele sind *unvokalisiert* abgedruckt. Wenn Sie selbst vokalisieren: Achten Sie auf einen *angemessenen* Abstand zwischen Vokalisationszeichen und Buchstaben.

1 Lernen Sie auch die *arab.* Bezeichnungen. Schwierig auszusprechen ist „fatḥa" – üben Sie zuerst: fat … ḥa.
2 Im Arabischen gibt es keinen Dativ. Näheres zur Deklination und zu den Fällen finden Sie in L2, §1 und 2.
3 Zum praxisnahen Üben sind alle 12 Lektionstexte am Lektions*ende* stets noch einmal *unvokalisiert* abgedruckt.

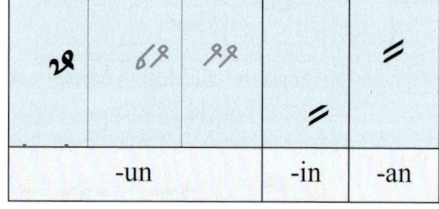

2. E Der Buchstabe ʾalif أَلِف

ʾalif ist einer der 6 Buchstaben, die in Schreibrichtung **nicht weiterverbindbar** sind und daher nur **Schluß-** und **Einzelform** haben. Nach nicht weiterverbindbaren Buchstaben entsteht eine kleine Lücke und der folgende Buchstabe wird – wie am Wortanfang – *neu* angesetzt.
Der Buchstabe **ʾalif** bezeichnet am Wort*anfang* stets den **Stimmabsatz** (Hamza); am Wort*ende* und im Wort*inneren* wird mit ʾalif jedoch der lange **Vokal /ā/** wiedergegeben.

ʾalif
ʾ, ʾ od. ā

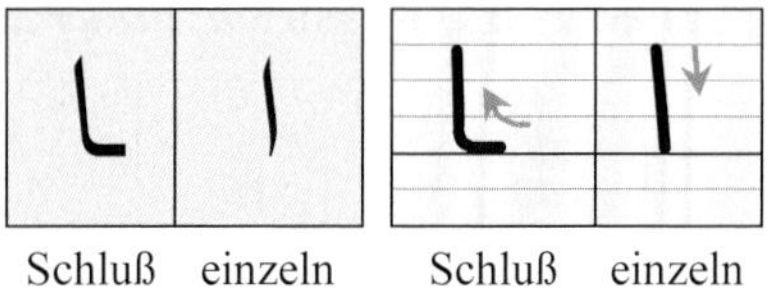

Denken Sie daran: **Gelesen** und **geschrieben** wird von **rechts** nach **links**!

unvokalisiert (= normal)	vokalisiert	Buchstabenformen: einzeln ⇦	Umschrift
ابن	اِبْنٌ	ا بـ ـن ⇦	**ʾibn**un *Sohn*
ماما	مَامَا	مـ ـا مـ ـا ⇦	**māmā** *Mama*
بابا	بَابَا	بـ ـا بـ ـا ⇦	**bābā** *Papa; Papst*
باب	بَابٌ	بـ ـا ب ⇦	**bāb**un *Tor; Tür*
لبنان	لُبْنَانُ	لـ ـبـ ـنـ ـا ن ⇦	**lubnān**(u)[1] *Libanon*

Es folgen obige fünf Beispielwörter in handschriftlicher Form und unvokalisiert.

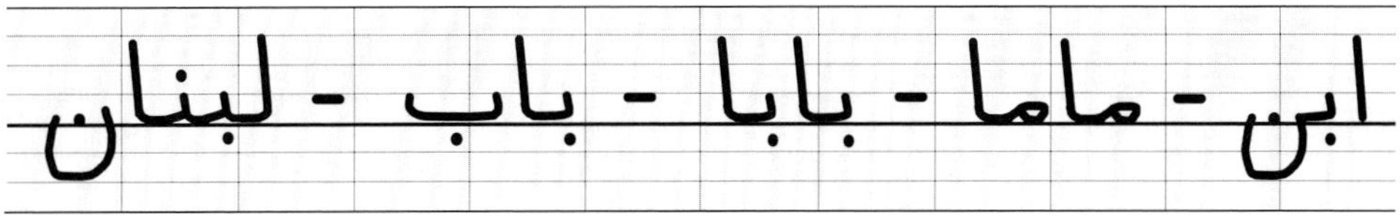

1 Eigennamen enden oft auf „-u“ (= *diptotische* Wörter, vgl. L2 §2) – Gen. u. Akk. enden gleichlautend auf „-a“.

2. F Die Buchstaben tāʾ, ṯāʾ تاء، ثاء

ṯāʾ bezeichnet stimmloses engl. /**th**/, „scharf“ gelispelt, mit zwischen den Zähnen *sichtbarer* Zunge: ṯā-ṯī-ṯū. Die Formen von tāʾ u. ṯāʾ sind denen von bāʾ gleich, nur *Anzahl* und *Lage* der Punkte sind unterschiedlich[1]. *Zwei* Punkte kann man auch als Querstrich, *drei* Punkte als „Dach“ schreiben. ṯāʾ = ث tāʾ = ت

	einzeln	Schluß	Mitte	Anfang	einzeln	Schluß	Mitte	Anfang
tāʾ t	ت	ـت	ـتـ	تـ	ت	ـت	ـتـ	تـ
ṯāʾ ṯ	ث	ـث	ـثـ	ثـ	ث	ـث	ـثـ	ثـ

Beispiele für tāʾ u. ṯāʾ: b**i**ntun *Tochter; Mädchen* – **ṯu**lṯun *Drittel*[2] – m**a**ṯalun *Sprichwort*.
Beachten Sie: Nachfolgend und auch künftig wird die **betonte Silbe** – wie bisher schon in der Umschrift – auch in der arabischen Druckschrift **blau** markiert.

مثل	مَثَلٌ	ثلث	ثُلْثٌ	بنت	بِنْتٌ

Übung 1: Das sollten Sie lesen und verstehen können

ثُلْثٌ – مَثَلٌ – بَابَا – مَامَا – مَنْ – مِنْ

بُلْبُلٌ – بَابٌ – اِبْنٌ – بِنْتٌ – لُبْنَانُ – لَبَنٌ

1 Diese sog. diakritischen Punkte fehlen in den ältesten arabischen Schriftzeugnissen häufig. In diesem Fall kann man z.B. bāʾ ب , tāʾ ت , ṯāʾ ث nur durch den *Kontext* voneinander unterscheiden.

2 Von diesem Wort abgeleitet ist auch *Thulth* ar. 'aṯ-**ṯu**lṯ *wörtl. Drittelschrift* (vgl. Teil 1.A). Bei diesem Schrifttyp können einzelne Buchstaben, Wortteile oder ganze Wörter *höhen*versetzt sein, und zwar jeweils um ein *Drittel*.

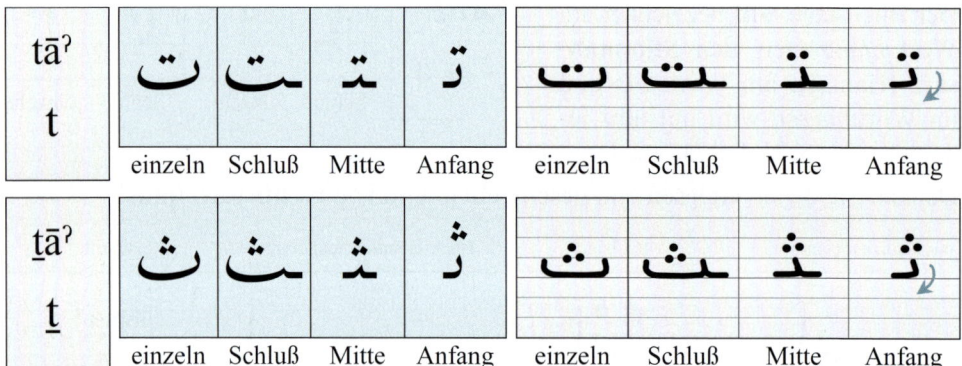

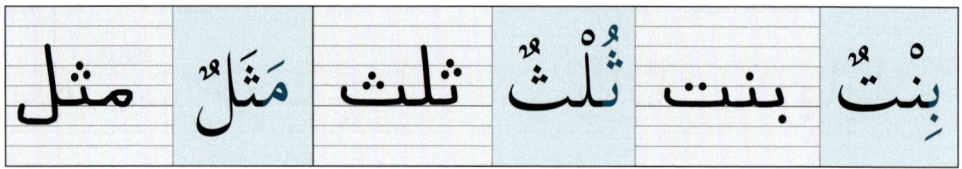

2. I Die Buchstaben wāw, yāʾ واو، ياء

Den **Halbkonsonanten** /y/ und den **langen Vokal** /ī/ gibt man mit Hilfe von **yāʾ** wieder, den **Halbkonsonanten** /w/ und den **langen Vokal** /ū/ mit Hilfe von wāw.

yāʾ y od. ī	ي	ـي	ـيـ	يـ	ي	ـي	ـيـ	يـ
	einzeln	Schluß	Mitte	Anfang	einzeln	Schluß	Mitte	Anfang

Am Wort*anfang* muß /**w**/ wie kurzes, unbetontes „u" klingen – die Lippen dürfen sich nicht berühren: **wa-wi-wu**. Im Wort*inneren* u. am *Ende* kann **wāw** auch den **Diphthong** /**aw**/ bezeichnen.

wāw w od. ū	ـو	و	ـو	و
	Schluß	einzeln	Schluß	einzeln

Beispiele: w**a**ladun *Kind; Junge* – h**u**wa *er* – ṯ**ū**mun *Knoblauch* – y**a**wmun *Tag*.

يوم	يَوْمٌ	ثوم	ثُومٌ	هو	هُوَ	ولد	وَلَدٌ

yāʾ kann im Wort*inneren* und am *Ende* auch noch den **Diphthong** /**ay**/ bezeichnen.
Beispiele: yā *oh (Anredepartikel)* – l**ī**biyā *Libyen* – b**ay**tun *Haus*.

1 بيت	بَيْتٌ	ليبيا	لِيبِيا	يا	يا

Zum Gebrauch von „wa-" *und*

Anders als im Dt. wird **wa-** *und* beim **Aufzählen** vor *jedem* Glied wiederholt, z.B. walīd(un) wa-hādī wa-widād(u)[2] hunā.

وَلِيدٌ وَهادِي وَوِدادُ هُنا.

Walid m., Hadi m. und Widād f. sind hier.

Achten Sie beim **Nachschreiben** darauf, daß die Lücke nach „wa-" *und* nicht größer ist als die, die *innerhalb* von Wörtern entsteht, wenn ein nicht weiterverbindbarer Buchstabe vorkommt.

1 Auch lesbar als: bīt *Beat(musik)*; „ay" u. „ī" sind im normalen (= unvokalisierten) Schriftbild nicht unterscheidbar, z.B. دبي *Dubai*. Genauso doppeldeutig wie بيت (bayt/bīt) ist z.B. دين : 1. dīn *Religion* 2. dayn *Verschuldung*.

2 Für den *literarischen Gebrauch* (z.B. Gedichtrezitation) gilt: *Weibliche* Vornamen enden stets auf *-u*, auch wenn das Wort, von dem sich der Name ableitet, auf *-un* endet, z.B. widādun *Zuneigung* – aber: widādu *Widad f.* Für männl. Vornamen auf *-un* gilt diese Regel *nicht*, z.B. fuʾādun *Herz (poet.)* – als Männername: fuʾādun *Fu'ad m.*

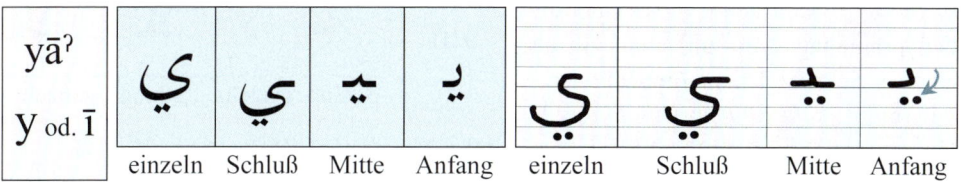

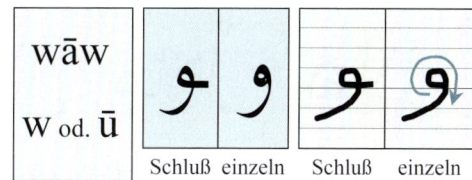

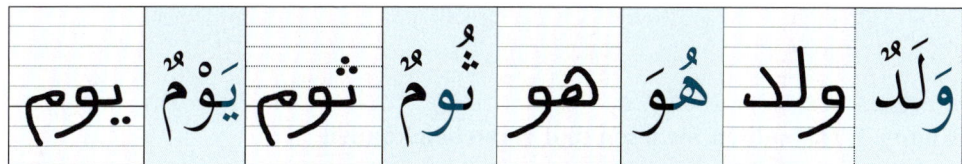

2. J Die Buchstabenverbindung lām-ʾ**a**lif لام ألف

Folgt nach **lām** der Buchstabe **ʾalif**, so setzt man ʾ**a**lif **schräg** an, z.B. lā *nein; nicht; kein*. Man nennt diese Buchstabenverbindung „lām-ʾ**a**lif", sie gilt als eigenes Schriftzeichen. **lām-ʾalif** ist – wie ʾ**a**lif – *nicht weiterverbindbar*, z.B. lā *nein; nicht; kein* – bil**ā**l(u) *Bilal m.*[1] – hil**ā**lun *Mondsichel; Halbmond*[2]*; Hilal m.*

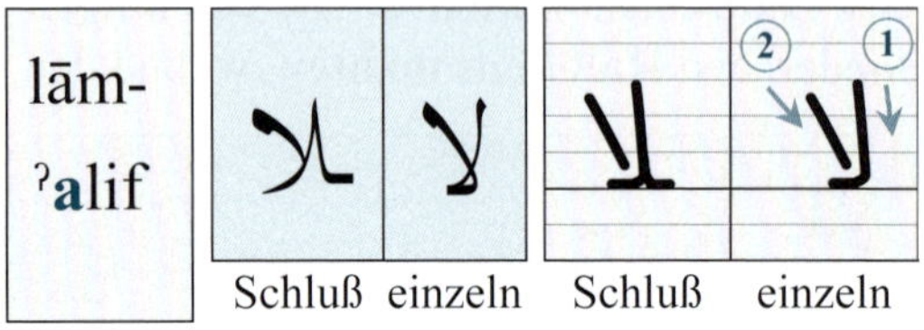

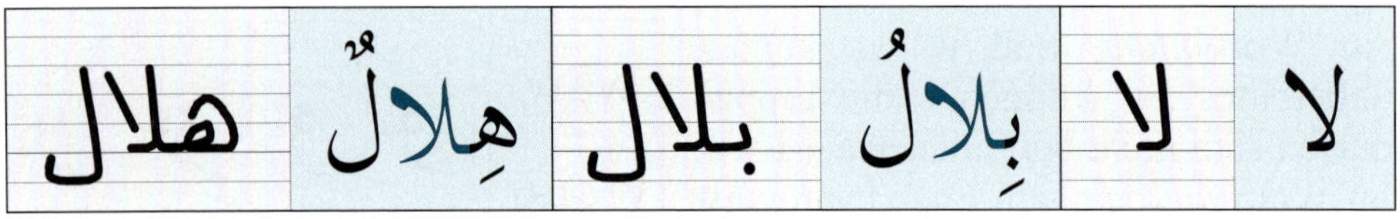

Wie unterschiedlich lām-ʾalif aussehen kann, sehen Sie auf nebenstehender Abbildung (vgl. auch Teil 1.A):

Übung 3: Das sollten Sie lesen und verstehen können

وِداد مِنْ لُبْنان، وَهِلال مِنْ لِيبِيا. وهادِي مِنْ هُنا.

مَنْ مِنْ لُبْنان، وَمَنْ مِنْ لِيبِيا؟ – وَمَنْ مِنْ هُنا؟

مَنْ هٰذا؟ – هٰذا بِلال، وَمَنْ هٰذِهِ؟ – هٰذِهِ وِداد.

هُنا لَبَنٌ، وَهُنا ثُومٌ. – وَهُنا فِلْفِلٌ. – لِنَنْتَهِ هُنا!

1 *Bilal* war ein freigekaufter Sklave schwarzer Hautfarbe und der erste *Gebetsrufer* (Muezzin, arab. muʾaḏḏinun). In dieses Amt berufen wurde er von *Mohammed* (ar. muḥammadun, geb. um 570 in *Mekka*, gest. 632 in *Medina*).

2 Vgl. *Roter Halbmond* 'al-hilāl(u) 'al-ʾaḥmar(u) = Schwesterorganisation des Roten Kreuzes (siehe auch L11 §2).

Schrift und Aussprache – Teil 3

3. A. Die Buchstaben sīn, šīn سين، شين

sīn s	س	ـس	ـسـ	سـ	س	ـس	ـسـ	سـ
	einzeln	Schluß	Mitte	Anfang	einzeln	Schluß	Mitte	Anfang

šīn š	ش	ـش	ـشـ	شـ	ش	ـش	ـشـ	شـ
	einzeln	Schluß	Mitte	Anfang	einzeln	Schluß	Mitte	Anfang

Bei **sīn** u. **šīn** (letzteres mit *3 Punkten*, die man oft als „Dach" schreibt) kann man die drei „Zähnchen" auch zu einem Strich vereinfachen.

ش س
šīn sīn

Bei Einzel- u. Schluß-šīn können die drei Punkte auch durch ein V-förmiges Ende, eine Art „Schwänzchen", ersetzt sein.

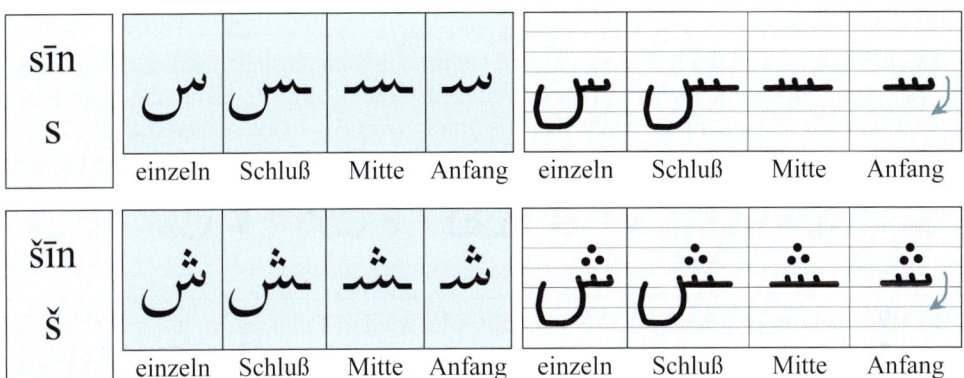

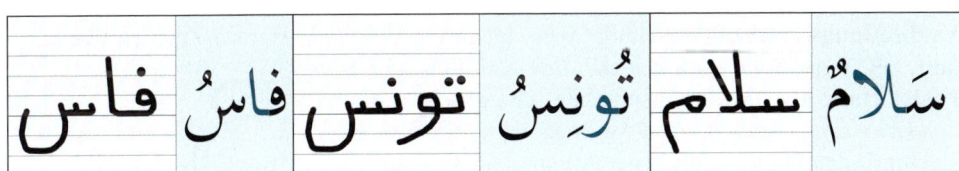

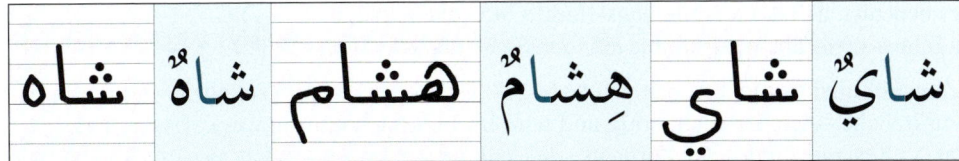

šīn (Einzelform *ohne* Punkte)

Wichtig: **„sīn"** muß stets „scharf" wie dt. „ß" klingen: **sa-si-su**, z.B. salāmun *Frieden; Salam m.* – tūnis(u) *Tunis*; *Tunesien* – fās(u) *Fes (Marokko)*.

فاس	فاسُ	تونس	تُونِسُ	سلام	سَلامٌ

Auch /**š**/ ist **stimmlos**: šāyun *Tee* – hišām(un) *Hischam m.* – šāhun *(pers.) König; Schah*

شاه	شاهٌ	هشام	هِشامٌ	شاي	شايٌ

Achten Sie darauf, daß /**h**/ bei „šāhun"im **Auslaut** genauso deutlich hörbar wird wie im **An-** oder **Inlaut**. Üben Sie, indem sie zunächst die *Vollform* („šāhun") sprechen und dann die *Kurzform* („šāh") mehrmals wiederholen. Übrigens leitet sich von „šāh" das Wort *Schach* ab. Der Ausdruck *Schachmatt* geht zurück auf: 'aš-šāh(u) māt(a). *Der König ist gestorben.* الشّاه مات.

3. B Hamza auf der Zeile (ء) – Hamza am Wort*anfang* (أ، إ، ا) همزة

hamza auf der Zeile ˀ	ء einzeln	ء einzeln

Für die **Schreibung** des Hamza sind stets maßgeblich:
1. die **Position** des Stimmabsatzes *innerhalb* des Wortes
2. die **Art** der beiden unmittelbar **benachbarten Laute**[1].

Am **Wortende** nach /**ā**/, /**ī**/, /**ū**/, /**ay**/ und /**aw**/ verwendet man „**Hamza auf der Zeile**". Dieses Schriftzeichen ist **beidseitig unverbindbar**, d.h. es steht immer *einzeln*. Achten Sie beim *Nachsprechen* darauf, daß Hamza auch im Auslaut deutlich als „Knack" hörbar wird; üben Sie daher *flüsternd*, zunächst die Vollform, dann die Kurzform: m**ā**ˀun, m**ā**ˀ *Wasser* – han**ā**ˀun, han**ā**ˀ *Wohlbefinden; Hana' f.* – š**ay**ˀun, š**ay**ˀ *Sache; Ding.*

شيء	شَيْءٌ	هناء	هَناءٌ	ماء	ماءٌ

Am **Wortanfang** gibt man Hamza stets mit **ˀalif** wieder. Folgt /**a**/ od. /**u**/, steht ein Hamza-Zeichen *über* ˀ**alif** (أ); folgt /**i**/, so steht es *darunter* (إ), z.B. ˀust**ā**ḏun *Professor; Dozent; Herr* – ˀam**ā**ma *vor (räuml.)* – ˀim**ā**mun *Vorbeter; Imam*[2]. أ - إ

إمام	إِمامٌ	أمام	أَمامَ	أستاذ	أُسْتاذٌ

Am **Wortanfang** – aber nur dort! – unterscheidet man **festes Hamza** (Umschrift: ˀ) und **Verbindungs-Hamza** (Umschrift: '); bei letzterem steht *kein* Hamza-Zeichen über dem ˀ**alif**, z.B. '**i**bnun *Sohn* – 'al- *der, die, das* – 'al-'**i**bnu[3] *der Sohn*.

اِبْنٌ - اَلْ - اَلاِبْنُ ا

Festes Hamza *muß* man mitsprechen, z.B. ˀ**a**bun wa-ˀ**u**mmun *(ein) Vater u. (e-e) Mutter* – ˀanā wa-ˀ**a**nta wa-ˀ**a**nti *ich u. du m/f*[4]

أَبٌ وَأُمٌّ - أَنا وَأَنْتَ وَأَنْتِ

Verbindungs-Hamza fällt in der Aussprache weg, wenn gebunden wird, z.B. wa + 'al- ⇨ wa-l- (Aussprache: „wall-").
In *voll*vokalisierten Texten sind **Bindungen** durch das **Bindezeichen** ـٰ angezeigt, es bedeutet, daß das Verbindungs-Hamza hier *stumm* bleibt, z.B. ˀ**a**nā wa-l-ˀ**a**bu wa-l-ˀ**u**mmu *ich, der Vater und die Mutter*[4].

أَنا وَٱلْأَبُ وَٱلْأُمُّ ٱ

Zur Vokalisierung: Da man إ nur als „ˀi" lesen kann, ist die Vokalisierung durch das zusätzliche *i*-Zeichen nicht nötig und wird im Lehrbuch künftig weggelassen, z.B. 'al-ˀim**ā**mu *der Imam; der Vorbeter* – 'al-ˀisl**ā**mu *der Islam (wörtlich: das Sich-Ergeben [in den Willen Gottes])* – ˀin *wenn.*

اَلإمامُ - اَلإسْلامُ - إنْ

1 Weitere Regeln folgen in 4.G. Im Anhang gibt es eine Übersicht mit *sämtlichen* Regeln zur Hamza-Schreibung.
2 Anders als bei den *Sunniten* ar. ˀ**a**hl(u) 'as-s**u**nna(ti) ist *Imam* bei *Schiiten* ar. ˀ**a**hl(u) 'aš-š**ī**ʕa(ti) auch ein geistl. Titel.
3 Nach 'al- *der, die, das* verkürzt sich die Endung *-un* zu *-u*, z.B. m**ā**ˀun *Wasser* ⇨ 'al-m**ā**ˀu *das Wasser* (vgl. L2 §2).
4 Im Arab. gilt es *nicht* als unhöflich, wenn man – bei Nennung mehrerer Personenen – mit „ˀ**a**nā" *ich* beginnt.

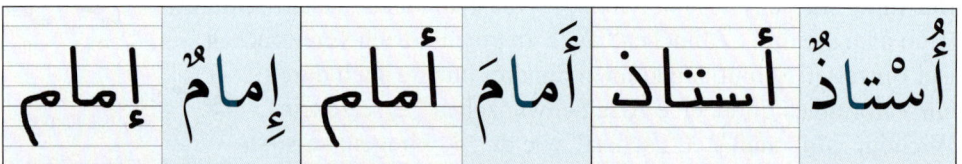

3. C Besonderheiten beim Schreiben mit der Hand

Einige Mittel- und Schlußformen beginnen in der Handschrift **oberhalb der Grundlinie**, dies gilt z.B. für **Schluß-yāʾ**, **Mittel-** und **Schluß-mīm**. Da es als unschön gilt, „bergauf" zu schreiben, versetzt man vorausgehende **Anfangsformen** einfach entsprechend **nach oben**, z.B. ʾalmāniyā *Deutschland* – huwa wa-hiya *er und sie (fem. Sg).*

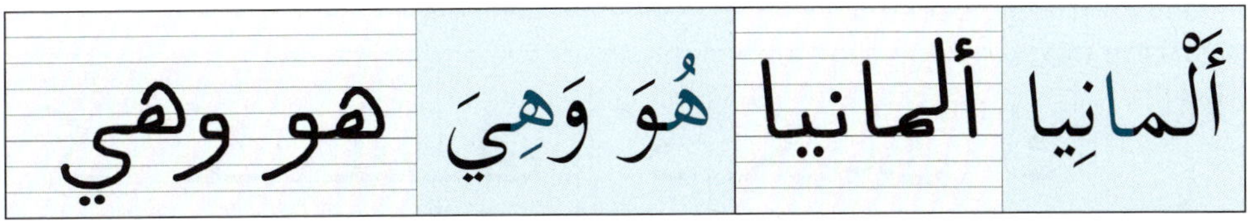

Im **Wortinneren** führt man **Mittel-lām** nicht ganz zur Grundlinie zurück, wenn eine Buchstabenform mit höherem *Anschluß*strich (z.B. Mittel- od. Schluß-mīm) folgt, z.B. muslimun *Muslim.* Bei **Mittel-hāʾ**, z.B. mā fahimtu *ich habe nicht verstanden*, wird der Abstrich waagrecht, mit leichter Abwärtsneigung, zum folgenden mīm weitergeführt.

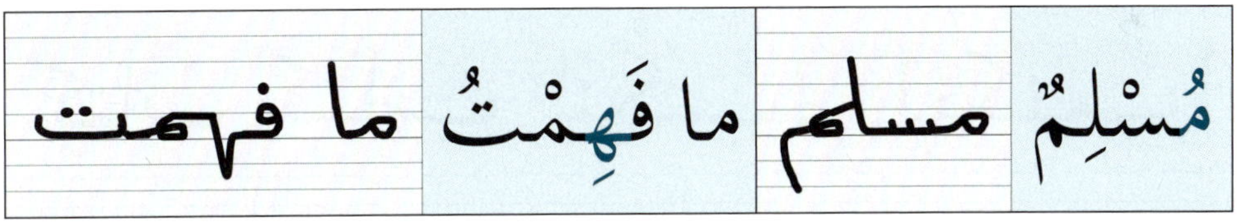

Bei **sīn** u. **šīn** wird das letzte der drei „Zähnchen" waagrecht weitergeführt, wenn mīm folgt, z.B. 'ismun *Name* – 'ism-ī *mein Name; mein Name ist, ich heiße* – 'ism-ī tamam. *Ich heiße Tamām.* Denken Sie auch ans „scharfe" /s/, „'ism-ī" muß klingen wie „*iß*mī". Übrigens: Auch **im Druck** kann **Mittel-mīm** eine veränderte Form haben, nachfolgend z.B. bei: „'ism-ī" *mein Name* und „tamāmun" *vollkommen; perfekt; Tamām m.*

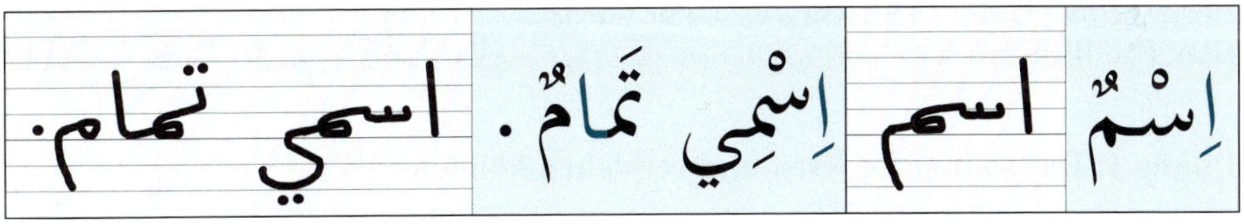

Schluß- yāʾ kann auch *eckig* angesetzt sein, wie z.B. nebenstehend bei „fī" *in* und „mālī" *Mali* (letzteres ist auch lesbar als: māl-ī *mein Geld, mein Vermögen*).

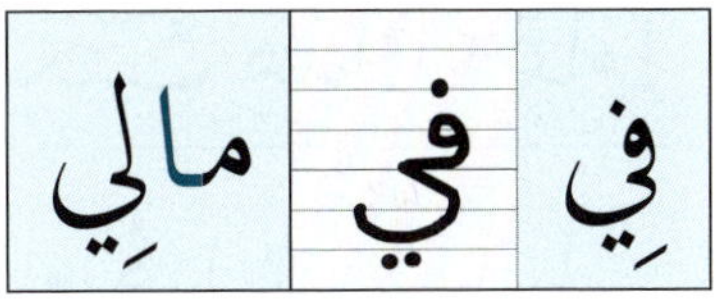

Zur Vokalisierung:
Da die Präposition „**fī**" *in* im arab. Schriftbild leicht zu erkennen ist, bleibt es künftig hier im Lehrbuch **unvokalisiert**, z.B.
salām(un) fī mālī. *Salam m. ist in Mali.*
wa-ʾīmān(u)? ʾayna hiya? *Und Iman f.? Wo ist sie?* – hiya fī fās. *Sie ist in Fes.*
hal fahimtum? *Habt ihr verstanden?*

سَلام في مالي. - وَإيمان؟ أَيْنَ هِيَ؟

هِيَ في فاس. - هَل فَهِمْتُمْ؟

3. D Der Buchstabe kāf كاف

Anfangs- und Mittel-kāf schreibt man in zwei Abschnitten: Man beginnt mit dem unteren Teil (1) und setzt den oberen Teil (2), das „Dach", erst dann auf (genauso wie Punkte und Vokalisationszeichen), wenn das ganze Wort fertiggeschrieben ist. Schluß- und Einzelform von kāf haben einen Zusatz (3), der dem Hamza ähnelt – vor allem im Druck, oft wird diese Form aber auch beim Schreiben mit der Hand benutzt.

kāf[1] k	einzeln	Schluß	Mitte	Anfang	einzeln	Schluß	Mitte	Anfang
	ك	ـك	ـكـ	كـ	ك	ـك	ـكـ ②①	كـ ②①

Beispiele: kitābun *Buch* – li-naktub! *Schreiben wir! (wörtl. auf daß-wir schreiben!)* – malikun *König; Malik m.* – hunāka *dort; dort ist; es gibt*

لنكتب!	لِنَكْتُبْ!	كتاب	كِتابٌ
هناك	هُناكَ	ملك	مَلِكٌ

Achten Sie nachfolgend auch auf den Stimmabsatz und üben Sie zunächst flüsternd:
kaʾsun *(Trink-)Glas* – kaʾsu šāy(in), kaʾsu māʾ(in)
Glas Tee, Wasser (w: Glas [e-s] Tees, Wassers, vgl. L3 §2)

كَأْسٌ - كَأْسُ شايٍ، كَأْسُ ماءٍ

Übung 1: Das sollten Sie lesen und verstehen können

اِسْمي مَلِك. - وَأَنا² اِسْمي هَناء. - لِنَكْتُبْ هٰذا! - تَمام!

فَهْد في تونِس وَسَلام في فاس وَتَمام هُنا في أَلْمانِيا.

هُناكَ شايٌ وَكَأْسُ ماءٍ. - هَلْ فَهِمْتُمْ؟ - ما فَهِمْتُ.

1 Sprechen Sie /ā/ deutlich *gedehnt*, damit es nicht klingt wie „kaff(un)" كفّ *Innenfläche der Hand, Handteller.*
2 Das hinzugesetzte „ʾanā" dient der *Betonung*: wa-ʾanā 'ism-i …Und *ich* heiße … *(w: und-ich Name-mein [ist] …).*

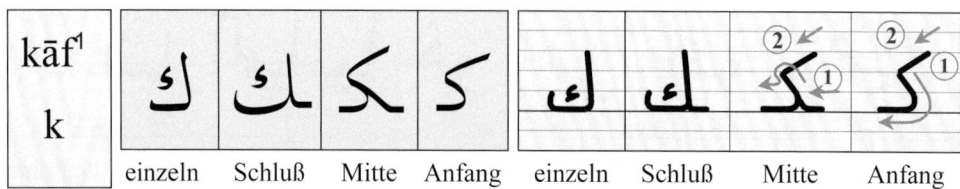

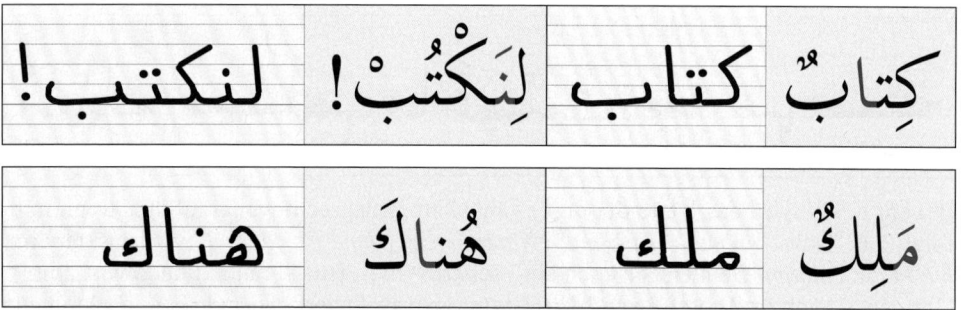

3. E Der Buchstabe qāf قاف

qāf bezeichnet einen kehligen k-Laut. Anfangs- und Mittelform sehen aus wie bei fāʾ, haben aber 2 Punkte. Schluß- und Einzel-qāf gehen – anders als bei fāʾ – *unter* die Grundlinie, die beiden Punkte können durch ein „Schwänzchen" ersetzt werden.

qāf[1] q	einzeln	Schluß	Mitte	Anfang	einzeln	Schluß	Mitte	Anfang
	ق	ـق	ـقـ	قـ	ق	ـق	ـقـ	قـ

Das kehlig klingende /**q**/ entsteht ungefähr da, wo dt. /**g**/ artikuliert wird: **qā-qī-qū**. Die Nachbarvokale verändern ihre Klangfarbe, besonders deutlich ist dies bei /ā/, vgl. Sie z.B. die Buchstabennamen **qāf** ⇔ **kāf** oder die Silben **kā** ⇔ **qā**, **kī** ⇔ **qī**, **kū** ⇔ **qū**. Zum Erlernen von /q/ spricht man am besten /g/ und drückt dabei die Zungenwurzel kräftig nach hinten unten, bis man spürt, wie sich der Kehlbereich verengt. Am leichtesten gelingt /q/ im Auslaut, üben Sie daher zunächst einfache Silben wie: **maq**, **miq**, **muq** – **daq**, **diq**, **duq** usw. Beispiele: f**u**nduqun *Hotel* – maqb**ū**lun *akzeptiert; akzeptabel* – dim**a**šq(u) *Damaskus*[2] – m**u**qliqun *beunruhigend.*

كاف ⇔ قاف

مقبول	مَقْبُول	فندق	فُنْدُق
مقلق	مُقْلِق	دمشق	دِمَشْق

In manchen Dialekten spricht man /**q**/ wie dt. /**g**/, so daß Sie – falls Ihnen qāf trotz längeres Übens nicht gelingt – statt /q/ notfalls /g/ sprechen können[3]. Keinesfalls aber sollten Sie /q/ wie /k/ sprechen, sonst wird z.B. *Herz* q**a**lbun zu *Hund* k**a**lbun, oder die liebevolle Anrede (oft in Liedern) „yā q**a**lb-ī" *„oh mein Herz"* wird zu „yā k**a**lb-ī" *„oh mein Hund"*.

قَلْب ⇔ كَلْب - يا قَلْبِي ⇔ يا كَلْبِي[3]

Die Lautfolgen /**ūq**/, /**īq**/ lassen sich im *Auslaut* leichter aussprechen, wenn man ein gemurmeltes kurzes /ö/ (Umschrift: ᵊ) einschiebt. Beispiele: tawf**ī**ᵊqun *Erfolg; Taufik m.* – s**ū**ᵊqun[4] *Markt; Marktviertel; Suk.*

تَوْفِيق - سُوق

1 Genauso gedehnt wie *kāf* muß das /ā/ in *qāf* klingen, sonst (miß)versteht man: „qaff(a)" قَفَّ *er trocknete aus.*
2 Leichter auszusprechen ist der populäre Name für *Damaskus*: 'aš-šām الشّام – er kann auch *Syrien* bedeuten.
3 In einer Reihe von Dialekten wird /q/ auch durch Hamza ersetzt, z.B. yā ʾalb-ī (statt: yā q**a**lb-ī) *oh mein Herz.*
4 Sprechen Sie das /s/ bei s**ū**ᵊqun deutlich *stimmlos („scharf")* aus, d.h. wie dt. *ß*: „ßūᵊqun" bzw. pausal „ßūᵊq".

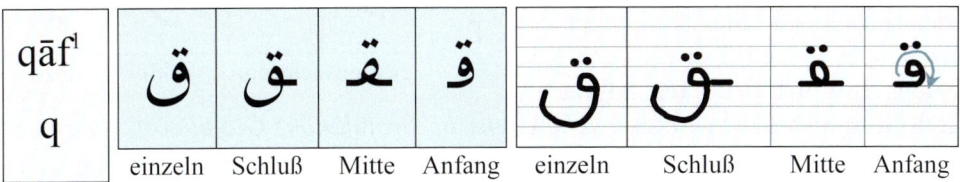

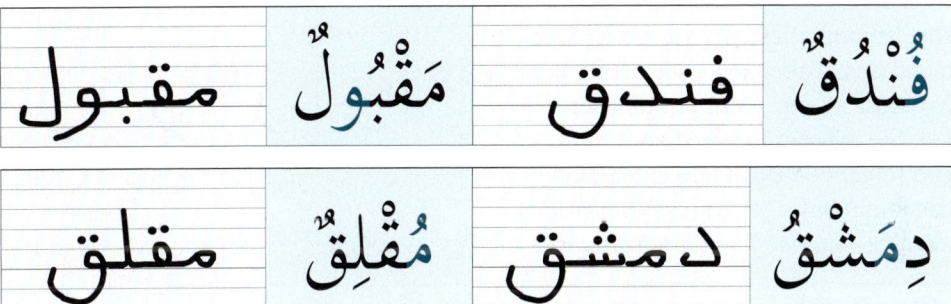

3. F Die Buchstaben rāʔ, zāy راء، زاي

rāʔ und **zāy** (letzteres mit Punkt) sind zwar formengleich, bezeichnen aber zwei völlig unterschiedliche Laute. **rāʔ** steht für „gerolltes“ r; falls Sie es noch nicht können, üben Sie zunächst Silben: **brā**, **brī**, **brū** – **trā**, **trī**, **trū**[1].

rāʔ r	ـر	ر	ـر	ر
	Schluß	einzeln	Schluß	einzeln

Beispiele: mabr**ū**kun *gesegnet; Glückwunsch! Gratulation! Gratuliere! Mabruk m.*
d**a**rsun *Lektion; Unterrichtsstunde; Unterricht* – bayr**ū**t(u) *Beirut.*

بَيْرُوتُ	درس	دَرْسٌ	مبروك	مَبْرُوكٌ

Gerolltes /r/ ist häufig, üben Sie auch:
lā ʔ**a**drī *ich weiß nicht* – mabr**ū**k(un),
yā m**a**ryam(u)[2]! *Glückwunsch, Maria!*

لا أَدْرِي - مَبْرُوكٌ، يا مَرْيَمُ!

zāy, stimmhaftes „s“, ist weich summend auszusprechen – in deutlichem Kontrast zu **sīn**, dem stimmlosen /s/, vgl. Sie: **zā-zī-zū** – **sā-sī-sū**.
Die folgenden Beispiele enthalten nur das stimmhafte /z/: r**a**mzī *Ramzi m.* – z**a**ynab(u) *Zainab f.* – mumt**ā**zun *ausgezeichnet; vorzüglich; hervorragend; Mumtāz f.*

zāy z	ـز	ز	ـز	ز
	Schluß	einzeln	Schluß	einzeln

ممتاز	مُمْتَازٌ	زَيْنَبُ	رمزي	رَمْزِي

Achten Sie immer darauf, daß /**z**/ im *Auslaut* genauso „weich“ klingen muß wie im *An-* oder *Inlaut*. Üben Sie z.B. den Satz: 'al-m**aw**zu mumt**ā**z(un). *Die Bananen sind vorzüglich.*

اَلْمَوْزُ مُمْتَازٌ.

Da der **Artikel** im arab. Schriftbild leicht zu erkennen ist, bleibt er künftig **unvokalisiert**, z.B. 'al-ʔ**a**bu h**u**nā. *Der Vater ist hier.*

الأَبُ هُنا.

1 Üben Sie zunächst mit der für *Sie* leichtesten Kombination, testen Sie auch z.B. *„frrr“* oder *„krrr“*.
2 Üblicherweise setzt man beim Anreden „yā“ يا *oh* vor Namen und auch Titel – die Endung -un wird dann zu *-u*, z.B. hil**ā**l(un) *Hilal m.* ⇨ yā hil**ā**l(u). Zu hören ist dieser Unterschied allerdings nur bei literarischem Gebrauch.

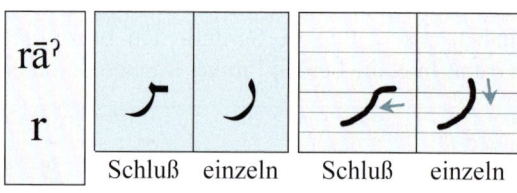

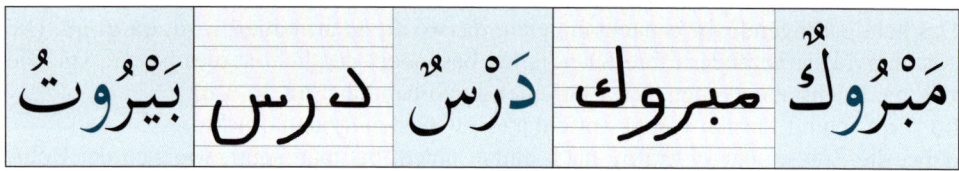

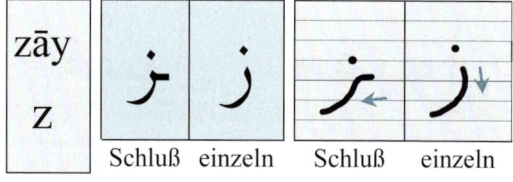

3. G ˀalif maqṣūra[1] (Schlußbuchstabe) أَلف مقصورة

ˀalif maqsūra bezeichnet /ā/ am Wortende. Es sieht aus wie yāˀ, ist aber *ohne* Punkte. Beispiele: matā? *wann?* – laylā *Leila*[2] – ˀilā *zu; bis zu, nach* (Ort, Land)

ˀalif maqṣūra	ى	ى	ى	ى
	Schluß	einzeln	Schluß	einzeln

إلى إلى ليلى لَيْلى متى؟ مَتى؟

Vor allem in Ägypten schreibt man **Schluß-** und **Einzel-yāˀ** meist **ohne Punkte**: ي = ى.
Um Verwechslungen zu vermeiden, setzt man auf ˀalif maqṣūra oft ein kleines ˀalif: ىٰ.

ˀalif maqṣūra ist ein *Schluß*buchstabe. Rückt es ins Wort*innere*, z.B. durch Anfügen von -nā *unser; uns* od. -kum *euer; euch*, so wird es zu ˀalif oder yāˀ, z.B. ˀilā *zu; bis zu, nach* – ladā *bei* ⇨ ˀilay-nā *zu uns* – laday-nā *bei uns; bei uns ist, wir haben* – ˀarā *ich sehe* ⇨ ˀarā-kum *ich sehe euch.*

إِلىٰ - لَدىٰ ⇦ إِلَيْنا - لَدَيْنا

أَرىٰ ⇦ أَراكُمْ

Übung 2: Das sollten Sie lesen und verstehen können

لَدَيْنا أَمَلٌ[3]. - لَدَيْنا دَرْسٌ. - إِلى مَتى؟ - لا أَدْري. - هٰذا مُقْلِق.

رَمْزي في بَيْروت. - لَيْلى وَزَيْنَب وَإيمان في دِمَشْق. - هٰذا مُمْتاز!

لا أَرى أَمَل. أَيْنَ هِيَ؟ - هِيَ في فاس. - وَبِلال؟ - هُوَ هُنا. - تَمام!

الفُنْدُق هُناك. - أَيْنَ؟ - مَبْرُوك، يا تَوْفيق، مَبْرُوك! - لِنَكْتُبْ هٰذا!

1 Wörtl. *[auf den Gebrauch am Wortende] beschränktes ˀalif* – zur Aussprache von /ṣ/ (= dumpfes ß), siehe 4.C.
2 Der auch in den arab. Ländern beliebte Name *Leila* ist *pers.* Ursprungs – man schreibt ihn mit ˀalif maqṣūra.
3 laday-nā ˀamalun *Wir haben Hoffnung* (w: bei uns [ist] ...). Für „*bei*" im Sinne von *Beieinandersein* benutzt man die Präposition „maˁa „*(zusammen) mit*, z.B. ˀamal(u) maˁa-nā. = *Amal f. ist bei uns* (w: mit uns), vgl. 3.H u. Anm. 3.

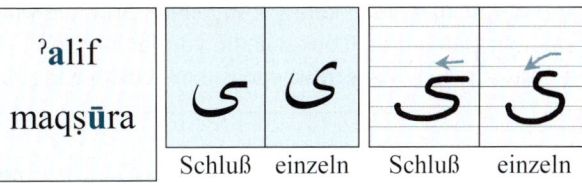

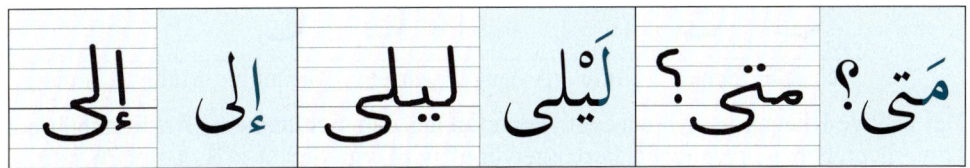

3. H Der Buchstabe ʕayn عين

ʕayn bezeichnet einen kehlig klingenden Stimmabsatz. Die **Mittelform** von **ʕayn** sieht ähnlich aus wie die von fāʔ bzw. qāf, ist jedoch **eckig** und im Druck meist **ausgefüllt**, wie Sie nebenstehend sehen können.

ʕayn	fāʔ
ـعـ	ـفـ

ᶜayn ʕ	einzeln	Schluß	Mitte	Anfang	einzeln	Schluß	Mitte	Anfang
	ع	ـع	ـعـ	عـ	ع	ـع	ـعـ	عـ

Der kehlige Klang von ʕayn entsteht, wenn tief aus dem Schlund eine Art Stimmabsatz hervorgepreßt bzw. regelrecht „hervorgewürgt" wird, vgl. Sie: **ʔā** ⇔ **ʕā**, **ʔī** ⇔ **ʕī**, **ʔū** ⇔ **ʕū**. ʕ**ay**nun *Auge; Quelle* – ʔal-ʕ**ay**nu *das Auge; die Quelle; Al Ain* *(Stadt in den Emiraten)*[1] – maʕa *(zusammen) mit* – **na**ʕam *ja*. **Auslautendes** /**īʕ** / bzw. / **ūʕ** / spricht sich mit eingefügtem Murmellaut /ə/ leichter, z.B. mamn**ū**əʕun *verboten* – bad**ī**əʕun *einzigartig; Badi' m.*

مع	مَعَ	العين	العَيْنُ	عين	عَيْنٌ

بَدِيعٌ	ممنوع	مَمْنُوعٌ	نعم	نَعَمْ

Kurzes /**u**/ verfärbt sich nach ʕayn zu offenem „**o**" (d.h. „o" wie in: „oft"). In der Umschrift wird die **Verfärbung** *nicht* angezeigt, man kann sie nur *hören*, z.B. ʕumān(u) *Oman* – ʕ**u**mar(u) *Omar*.
Damit Sie gut verstanden werden, müssen Sie **ʕayn** und **Hamza** stets genau unterscheiden, z.B. ʔ**a**malun *Hoffnung; Amal f.*[2] ⇔ ʕ**a**malun *Arbeit* – ʔ**ay**na *wo?* ⇔ ʕ**ayn**(un) *Quelle; Auge*. Üben Sie auch: **na**ʕam ʔam[3] l**ā**? *Ja oder nein?* – nut**ā**biʕu. *Wir machen weiter.* – hal nut**ā**biʕu? *Sollen wir weitermachen*[4]*?* – **na**ʕam, li-nut**ā**biʕ! *Ja, machen wir weiter!*

عُمَانُ - عُمَرُ

أَمَلٌ ⇔ عَمَلٌ

أَيْنَ؟ ⇔ عَيْنٌ

نَعَمْ أَمْ لَا؟

Meist dauert es eine Weile, bis es gelingt, ʕ**ay**n ohne besondere Mühe auszusprechen. Kontinuierliches Üben ist absolut nötig!

نُتَابِعُ. - هَلْ نُتَابِعُ؟ - نَعَمْ، لِنُتَابِعْ!

1 *Al-Ain* ist die drittgrößte Stadt in den Vereinigten Arabischen Emiraten und Sitz der staatlichen Universität.
2 ʔ**a**malun *Hoffnung* endet auf *-u*, wenn es als *weibl.* Vorname dient: ʔ**a**mal(u) *Amal* (vgl. 2.I, Anm. 1).
3 „ʔam" *oder* wird benutzt, wenn nur *zwei* Möglichkeiten in Betracht kommen – im Sinne von: *entweder ... oder.*
4 Wörtlich: *Machen wir weiter?* – „hal" + *1. Person* entspricht im Dt. der Frageeinleitung *Soll ich/Sollen wir ...?*

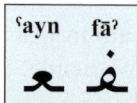

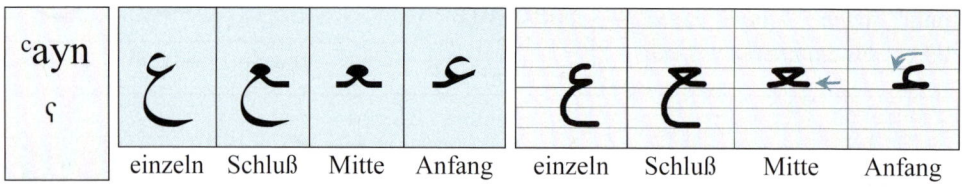

3. I Der Buchstabe ġayn غين

Das ungerollte /ġ/ entspricht französischem *r*, wie z.B. in: „me*r*ci“. Falls Sie es noch nicht können: Sprechen Sie den a*ch*-Laut (z.B. „Ba*ch*) sehr sanft, d.h. ohne „Kratzen“, aus. Beispiele: baġdād(u) *Bagdad* – binġāzī wa-ˀafġānistān *Benghasi und Afghanistan*.

ġayn ġ	غ	ـغ	ـغـ	غـ	غ	ـغ	ـغـ	غـ
	einzeln	Schluß	Mitte	Anfang	einzeln	Schluß	Mitte	Anfang

بِنْغازِي وَأَفْغانِسْتان	بغداد	بَغْدادُ

Gerolltes /r/ und ungerolltes /ġ/ müssen stets deutlich zu unterscheiden sein – für Araber haben sie keinerlei Ähnlichkeit, z.B. raybun *Zweifel* ⇔ ġaybun *Abwesenheit; Verborgenes.*
Üben Sie auch: ˀīrān wa-ˀafġānistān *Iran und Afghanistan* – 'al-ˁirāq(u) wa-baġdād(u) *(der) Irak und Bagdad.*
Beide *r*-Laute kommen auch häufig im selben Wort vor, z.B. 'al-ġarbu *der Westen* – sogar in direkter Nachbarschaft, z.B. ˀal maġrib(u) *das Westland; der Maghreb; Marokko* (= ausführl. Name: 'al-maġrib(u) 'al-ˀaqṣā *w: das-Westland das-äußerste*, vgl. L9 §3).
Üben Sie /ġr/ zunächst mit „Abstand“, z.B. 'al-maġ … rib(u)“.

رَيْبٌ ⇔ غَيْبٌ

العِراقُ وَبَغْدادُ

إيران وَأَفْغانِسْتان

الغَرْبُ - المَغْرِبُ

Übung 3: Das sollten Sie lesen und verstehen können

فاس، تُونِس، العَيْن، بَغْداد، دِمَشْق، بَيْرُوت، بِنْغازِي

المَغْرِب، تُونِس، لِيبيا، عُمان، العِراق، إيران، أَفْغانِسْتان

أَيْنَ مَرْيَم، وأَيْنَ بَدِيع؟ - هِيَ هُنا، وَهُوَ فِي بَغْداد. - لَدَيْنا عَمَل.

نَعَمْ أَمْ لا؟ - لا أَدْرِي. - هٰذا مَمْنُوعٌ. - نُتابِعُ. - نَعَمْ، لِنُتابِعْ!

3. J ˀalif mamdūda ألف ممدودة – Bindezeichen, ar. waṣla وصلة

ˀalif mamdūda (w: *gedehntes ˀalif)* bezeichnet die Lautfolge /ˀā/; statt zweimal ˀalif nacheinander (أا) zu schreiben, setzt man über das erste ˀalif ein zweites, kürzer und geschwungen (آ), z.B. ˀāsiyā[1] *Asien* – 'al-ˀāna[2] *jetzt.*

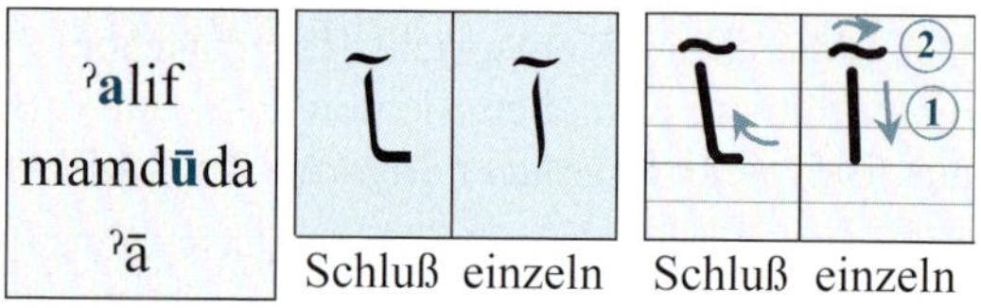

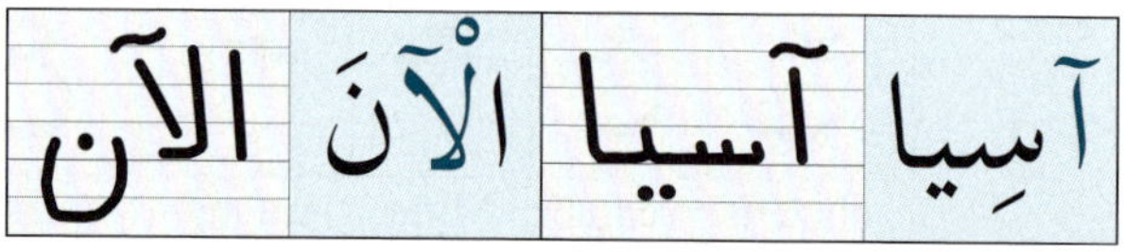

Sprechen Sie das /ā/ in „ˀāl(un)" *Familie, Sippe* (auf der ar. Halbinsel häufig Namensbestandteil) deutlich *gedehnt* (wie dt. *Aal)*, z.B. ˀāl ṯānī *Al Thani*, ˀāl saʿūd *Al Saʿūd*[3]. Hingegen muß das /a/ in „'al-" deutlich *kurz* gesprochen werden (wie dt. *All)*, z.B. 'al-hind(u)[4] *Indien*, 'al-kuwayt(u) *Kuweit,* 'al-ˀimārāt(u)[5] *Emirate,* 'al-yaman(u) *Jemen.*

آلْ: آل ثاني، آل سَعُود

اَلْ: الهِنْدُ، الكُوَيْتُ، الْإمارَاتُ، اليَمَنُ

Das **Bindezeichen** (waṣla)[6] zeigt an, daß das Verbindungs-Hamza und der ihm folgende (stets *kurze*) Vokal **stumm** bleiben, z.B. 'al-yaman(u) wa-l-hind(u) *der Jemen und Indien.*

Besonderheiten beim Binden:

Lange Vokale im Auslaut (z.B. fī) werden **gekürzt**, z.B. fī + 'al ⇨ fi-l- (Aussprache: „fill"): fi‿l-hind(i) *in Indien.*
Bei **konsonantischem Auslaut** (z.B. hal) fügt man einen **Hilfsvokal** an, meist kurzes /i/, bei „min" jedoch /a/, z.B. hal*i*‿l-ˀustaḏ(u) min*a*‿l-hind(i)? *Ist der Dozent aus Indien?*

اَلْيَمَنُ وَٱلْهِنْدُ – فِي ٱلْهِنْدِ

هَلِ ٱلأُسْتاذُ مِنَ ٱلْهِنْدِ؟

Übung 4: Das sollten Sie lesen und verstehen können

هٰذِهِ زَيْنَب، وَهٰذِهِ هَناء، وَهٰذا تَوْفِيق. – هُمْ مِنَ ٱلْيَمَن.

وَٱلآنَ هُمْ هُنا فِي أَلْمانِيا. – هَلْ زَيْنَبُ فِي ٱلْإِمارات؟

لا، هِيَ فِي ٱلْكُوَيْت. – الهِنْد بَلَدٌ فِي آسِيا. – نَعَمْ.

1 Denken Sie ans stimmlose /s/: ˀāsiyā *Asien* muß mit deutlich scharfem /s/ gesprochen werden, d.h. wie „ˀā*ß*iyā".
2 'al-ˀāna ist zusammengesetzt aus: ˀānun آن *Zeitraum* + 'al- *der, die, das* ⇨ 'al-ˀāna *jetzt, nun* (vgl. dt. *derzeit*).
3 *Al Thani* und *Al Saʿud* sind Herrscherfamilien in *Kaṭar* (qaṭar قطر) bzw. *Saudi-Arabien* ('as-suʿūdiyya od. 'as-saʿūdiyya السعوديّة – abgeleitet vom Namen des Staatsgründers *Ibn Saʿud* w: *Sohn des Saʿud* 'ibnu saʿūdin ابن سعود).
4 Wie im Dt. gibt es einige Ländernamen *mit* Artikel (z.B. *die* Schweiz – aber: Österreich), das muß man mitlernen.
5 'al-ˀimārāt(u) *die Emirate (eigtl. Fürstentümer)* ist Plural, der Singular lautet: ˀimāratun *Fürstentum; Emirat.*
6 Die *Form* ist ein stilisiertes *ṣād* ص (vgl. 4.B), abgeleitet aus dem arab. Namen „waṣla(tun)", *wörtl. Verbindung.*

Schrift und Aussprache – Teil 4

4. A Die Buchstaben **ǧīm, ḫāʾ, ḥā** (siehe auch Abschn. B) جيم، خاء، حاء

Die drei Buchstaben unterscheiden sich nur durch ihre **Punktierung**. Die *Mittel*formen werden oft in der Art einer „S-Kurve" geschrieben. **ǧīm** (Punkt *unten*) bezeichnet stimmhaftes *dsch*, wie engl. *J*eans[1].

ḫ = ـخـ ǧ = ـجـ ḥ = ـحـ

ǧīm ǧ	ج	ـج	ـجـ	جـ	ج	ـج	ـجـ	جـ
	einzeln	Schluß	Mitte	Anfang	einzeln	Schluß	Mitte	Anfang

Beispiele: ǧ**a**balun *Berg; Gebirge* – maǧn**ū**nun *verrückt; besessen*[2] – t**ā**ǧun[3] *Krone*

تاج	تَاجٌ	مجنون	مَجْنُونٌ	جبل	جَبَلٌ

ḫāʾ (mit Punkt *oben*) bezeichnet dt. *ch*, wie in Fa*ch*bu*ch*. Der a*ch*-Laut wird – auch nach /i/ und /ay/ (!) – kräftig und „kratzig" artikuliert, ähnlich wie z.B. schweizerisches *ch.*

ḫāʾ ḫ	خ	ـخ	ـخـ	خـ	خ	ـخ	ـخـ	خـ
	einzeln	Schluß	Mitte	Anfang	einzeln	Schluß	Mitte	Anfang

ʾ**a**ḫun/ʾ**u**ḫtun *Bruder/Schwester* – š**a**yḫun *alter Mann; Scheich* – ḫ**ā**lidun *ewig; Khalid m.*

خالد	خَالِدٌ	شيخ	شَيْخٌ	أَخٌ/أُخْتٌ

1 In *Äg.* spricht man /ǧ/ fast überall wie dt. *g*, d.h. gabal (= ǧabal). In manchen *Dialekten* (z.B. *Libanon, Syrien*) klingt /ǧ/ „weich" wie französ. *sch* (z.B. *G*elatine); auch wie dt. *j* wird es gesprochen (z.B. *Sudan, ar. Halbinsel*).

2 maǧn**ū**nun *w: besessen [von e-m Dschinn,* ar. ǧinnun جن *= Dämon].* Aus der klassisch-arab. Literatur bekannt als *Madschnun Leila* (ar. maǧn**ū**n(u) l**a**ylā *w: der von Leila Besessene* مجنون ليلى) ist der unsterblich in *Leila* verliebte *Qais.* Als er seine geliebte *Leila* nicht heiraten darf, irrt er als „Verrückter" in der Wüste umher und stirbt dort.

3 Mit „t**ā**ǧun" *Krone* beginnt z.B. *Tadsch Mahal* (ar. tāǧ maḥ**a**ll تاج محل *Krone der Mahall),* ein seit 1983 zum Weltkulturerbe gehörendes *Mausoleum*, das der Großmogul Schah Dschahan (ar. šāh ǧāh**ā**n شاه جاهان) im Jahr 1641 in *Agra (Nordindien)* zum Gedenken an seine 1631 verstorbene Frau, Prinzessin *Mumtāz Mahall,* errichten ließ.

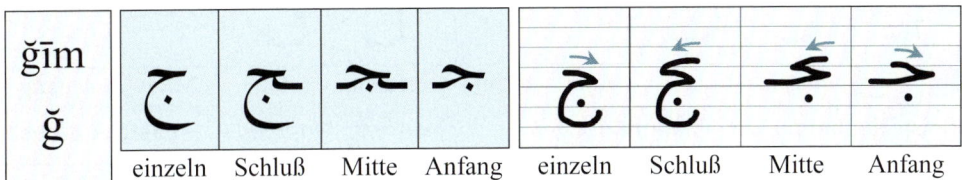

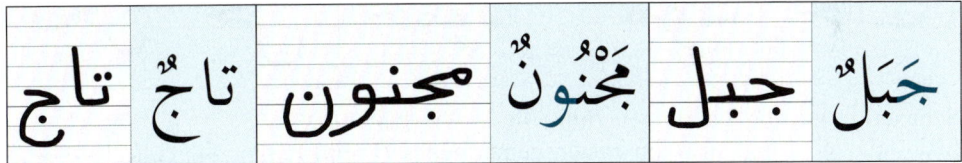

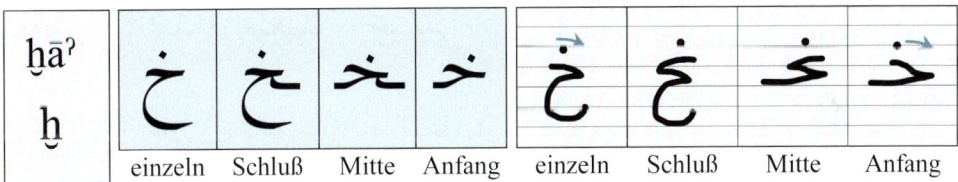

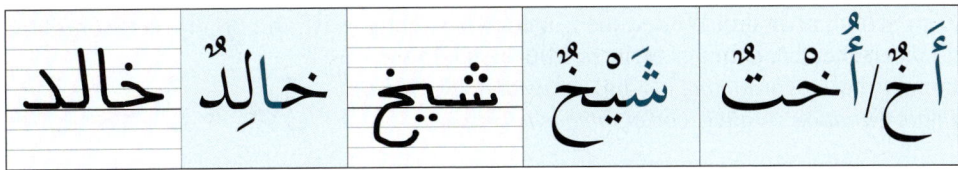

4. B Der Buchstabe ḥā' حاء

ḥā' (*ohne* Punkt[1]) bezeichnet einen stark behauchten *h*-Laut. Um ihn zu erlernen, sollte man zunächst ein Wort mit *h* **flüstern**, z.B. *h*alb. Der so entstehende „verdichtete" Hauchlaut ähnelt dem *Fauchen* einer Katze, im Schlund ist eine Verengung spürbar. Hören Sie nun „normales" /h/ und /ḥ/ im Vergleich: **hā** ⇔ **ḥā**, **hī** ⇔ **ḥī**, **hū** ⇔ **ḥū**.

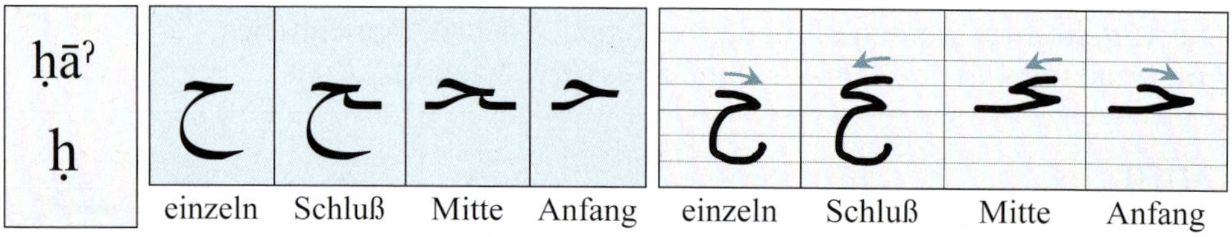

Beispiele: na**ḥ**nu *wir* – ma**ḥ**mū**d**un *gelobt; lobenswert; Mahmud m.* – **ḥ**alab(u) *Aleppo*

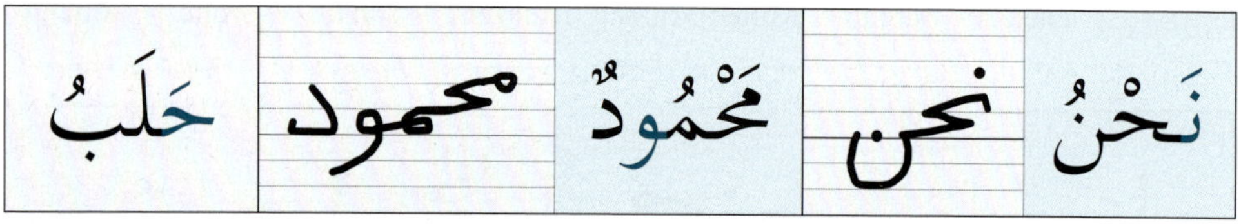

Schwierig sind die Lautfolgen /ūḥ/, /īḥ/ – wie bei /ūq/, /īq/ bzw. /ūʕ/, /īʕ/ – fügt man am besten gemurmeltes /ᵊ/ ein, z.B. nūᵊḥ(u)[2] *Noah m.* – 'al-masīᵊḥ(u)[3] *der Messias; Christus.*

نُوحُ – اَلْمَسِيحُ

ḥā' kommt fast genauso oft vor wie **ʕayn**, daher noch einige Beispiele zum Üben: ya**ḥ**yā[4] *Yahia m.* – 'a**ḥ**mad(u) *Achmed m.* – saʕīdun *glücklich; Saʕid m.* – ʕīsā[5] *Isa m.* – ya**ḥ**yā min **ḥ**alab(a) wa-ʕīsā min ʕadan(a). *Yahia m. ist (od.kommt) aus Aleppo, und Isa m. ist (od. kommt) aus Aden.*

يَحْيىٰ – أَحْمَدُ – سَعِيدٌ – عِيسىٰ

يَحْيىٰ مِنْ حَلَبَ وَعِيسىٰ مِنْ عَدَنَ.

Der Unterschied zwischen /h/, /ḥ/, /ḫ/ spiegelt sich auch in der *Klangfarbe* des Folgevokals wider, hören Sie zum Vergleich: **hā** ⇔ **ḥā** ⇔ **ḫā**, **hī** ⇔ **ḥī** ⇔ **ḫī**, **hū** ⇔ **ḥū** ⇔ **ḫū**. Zum Schluß noch drei Wörter, die zeigen, wie wichtig es ist, /h/, /ḥ/, /ḫ/ stets sorgfältig zu unterscheiden, damit es nicht zu Mißverständnissen kommt: h**ā**lun *Kardamom*[6] ⇔ ḥ**ā**lun *Zustand; Befinden; Lage; Situation* ⇔ ḫ**ā**lun *Onkel (mütterliche Linie).*

هالٌ ⇔ حالٌ ⇔ خالٌ

1 Eselsbrücke für die Lage der *Punkte* bei ǧīm, ḫā', ḥā': *ǧīm* جـ = Punkt *unten* wie eine Jeans – *ḫa'* خـ = Punkt *oben* wie ein Dach. Bei *ḥā'* herrscht „verkehrte Welt": arab. Buchstabe *ohne* Punkt (حـ), Umschrift *mit* Punkt (ḥ).
2 *Noah* gilt im Islam als *Prophet*, er und seine *Arche* (ar. 'al-fulk الفلك) werden mehrfach im Koran erwähnt.
3 Denken Sie ans stimmlose /s/, sprechen Sie „'al-masīᵊḥ" (w: *der Gesalbte*) u. „saʕīd" wie: „'al-maßīᵊḥ" u. „ßaʕīd".
4 Yaḥyā = koran. Namensform für *Johannes (den Täufer)*, der im Islam als *Prophet* gilt; in Sure 19 wird über seine Geburt berichtet. Die *christl.* Namensform lautet: yūḥannā *Johannes* يوحنّا (= auch Vorname bei christl. Arabern).
5 ʕīsā (wie „ʕīßā") = *koran.* Namensform für *Jesus*, dessen Geburt in Sure 19 (ab Vers 16) ausführlich geschildert wird. *Jesus* (als *Sohn der Maria* = 'ibn maryam, vgl. L9, S. 127 Anm. 1) gilt – nach *Mohammed* – als wichtigster Prophet, *Isa* ist ein beliebter Vorname. In der Bibel heißt *Jesus* yasūʕ(u) يسوع , als Vorname benutzen ar. Christen „yasūʕ" *nicht.*
6 *Kardamom* („hāl" im Dialekt oft: „heel") ist im ar. Raum traditionelles Gewürz für *Kaffee* qahwa قهوة od. *Tee* šāy شاي .

4. C Die Buchstaben ṣād, ḍād ضاد ،صاد

Dumpf klingendes /ṣ/ entsteht, wenn man die Zunge breit an die *unteren* Schneidezähne anlegt und mit etwas vorgestülpten Lippen ein kräftiges „ß“ artikuliert. Nachbarlaute, z.B. /ā/, /ī/, /ū/, klingen deutlich „dunkler“, vergleichen Sie: **sā** ⇔ **ṣā**, **sī** ⇔ **ṣī**, **sū** ⇔ **ṣū**.

ṣād ṣ	ص	ـص	ـصـ	صـ	ص	ـص	ـصـ	صـ
	einzeln	Schluß	Mitte	Anfang	einzeln	Schluß	Mitte	Anfang

Beispiele: ṣāmitun *schweigsam; Samit m.* – bāṣun *Bus* – miṣr(u)[1] (ugs. maṣr) *Ägypten*

مِصْرُ	باص	باصٌ	صامت	صامِتٌ

Dumpf klingendes /ḍ/ entsteht, wenn man die Zunge breit an die *oberen* Schneidezähne anlegt und mit kräftigem Druck „d“ artikuliert. Die Nachbarlaute klingen dann deutlich „dunkler“, besonders deutlich ist dies bei /ā/ und /ī/ hörbar: **dā** – **ḍā**, **dī** – **ḍī**, **dū** – **ḍū**.

ḍād ḍ	ض	ـض	ـضـ	ضـ	ض	ـض	ـضـ	ضـ
	einzeln	Schluß	Mitte	Anfang	einzeln	Schluß	Mitte	Anfang

Beispiele: ramaḍān(u) *Ramadan*[2] – marīḍun *krank; Kranker; Patient* – niḍālun *Kampf*[3]

نضال	نِضالٌ	مريض	مَرِيضٌ	رَمَضانُ

Üben Sie auch: faḍlun *Güte* – mit angefügtem Pronomen bedeutet es *bitte* (im Sinne einer Aufforderung[4]): min faḍli-ka ***m.*** / min faḍli-ki *f. bitte* – min faḍli-kum ***m. pl.*** *bitte*

(w: aus Güte-dein bzw. aus Güte-euer). فَضْلٌ - مِنْ فَضْلِكَ / مِنْ فَضْلِكِ - مِنْ فَضْلِكُمْ

1 Vor „ṣād“ klingt /i/ wie kurzes */ü/*. Zwischen /ṣ/ u. /r/ *(gerollt!)* ist meist gemurmeltes kurzes */ö/* zu hören: miṣ^{ə}r.
2 Achten Sie auf die *Betonung* (auf der Silbe -ḍān) und das *gerollte* /r/: ramaḍān(u) *(muslim.) Fastenmonat, Ramadan* = 9. Monat des muslim. Jahres. *Ramadan* ist – bei Muslimen – auch als männlicher Vorname gebräuchlich.
3 Als *männl.* Vorname: niḍāl(un) *Niḍal m.*; als *Frauenname* mit gekürzter Endung: niḍāl(u) *Niḍal f.*, vgl. 2.I, Anm. 2.
4 Überreicht od. erlaubt man etwas, so benutzt man: tafaḍḍal/tafaḍḍalī! – tafaḍḍalū! *bitte(schön) w. sei(d) so gut.*

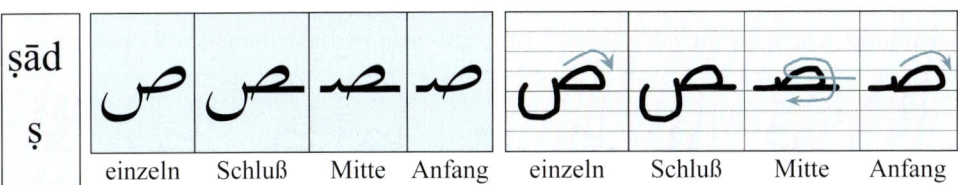

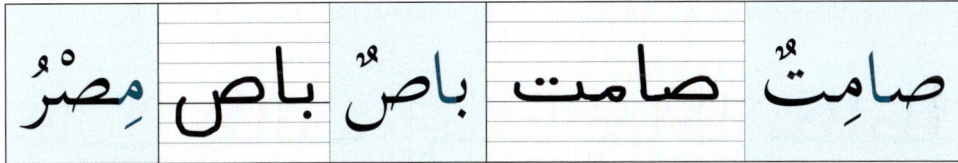

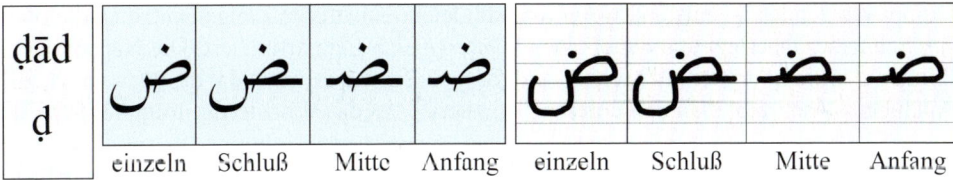

4. D Die Buchstaben ṭāʾ, ẓāʾ طاء، ظاء

Dumpf klingendes /ṭ/ entsteht, wenn man die Zunge breit an die *oberen* Schneidezähne anlegt und mit kräftigem Druck „t" artikuliert. Nachbarlaute „verfärben" sich, /ā/ und /ī/ klingen deutlich „dunkler", vgl. Sie: **tā** ⇔ **ṭā, tī** ⇔ **ṭī, tū** ⇔ **ṭū**.
Bei **ṭāʾ** schreibt man zunächst nur den ellipsenförmigen unteren Teil (1); den leicht nach links geneigten „Schaft" (2) setzt man erst nach Fertigstellung des Wortes hinzu.

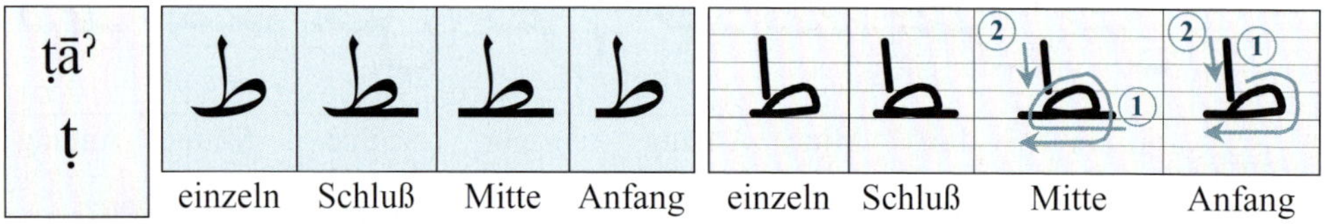

Beispiele: ṭālibun *strebend; Student; Schüler*[1] – ʾīṭāliyā *Italien* – baṭāṭā *Kartoffel(n)*

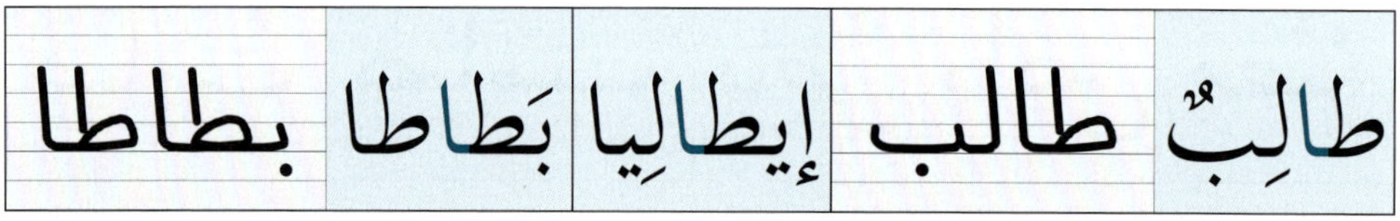

Um Mißverständnisse zu vermeiden, müssen /t/ ت und „dunkles" /ṭ/ ط stets genau unterschieden werden, z.B. tīnun *Feige(n)* ⇔ ṭīnun *Lehm; Ton.* تِينٌ ⇔ طِينٌ

Dumpf klingendes /ẓ/ entsteht, wenn man die leicht eingerollte Zungenspitze an die *oberen* Schneidezähne legt und dabei einen *stimmhaften s*-Laut artikuliert. Die Nachbarlaute klingen deutlich dunkler als nach /z/ und /ḏ/, vgl. Sie: **zā, zī, zū** ⇔ **ḏā, ḏī, ḏū** ⇔ **ẓā, ẓī, ẓū**.
Auch bei **ẓāʾ** schreibt man den unteren Teil zuerst – ist das Wort fertig, folgt der Schaft.

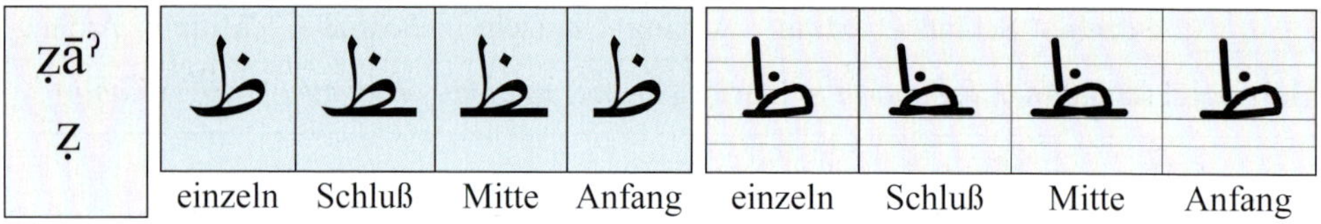

Beispiele: niẓāmun *Ordnung; Anordnung; System; Regime; Niẓam m.* –
naẓīfun *sauber; Naẓif m.* – ʾabū ẓabī[2] *Abu Dhabi (Emirate)*

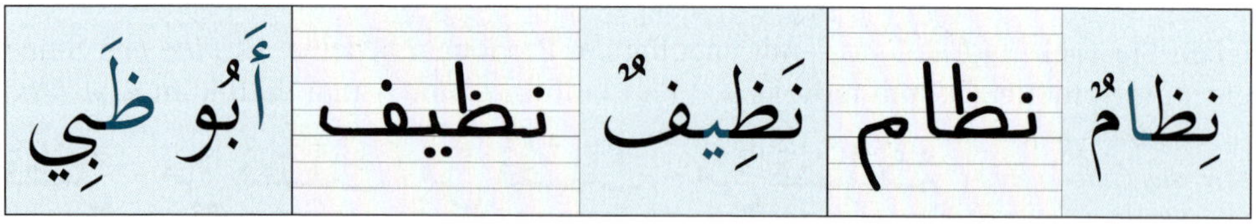

1 Davon abgeleitet ist z.B. „*Taliban*", eine Kombination aus arab. ṭālibun *suchend; strebend* u. *persischer Plural-Endung* -ān. Der *Singular* lautet: „*Talib*", wörtl. *ein [nach Wissen] Strebender, ein [nach Wissen] Suchender*.
2 ʾabū ẓabī wörtl. *Vater der Gazelle*. Vor einem *Genitiv* wird ʾabun *Vater* zu „ʾabū" *Vater des/der*, vgl. L9, §1. Abu Dhabi ist die *Hauptstadt* der Vereinigten Arabischen Emirate und gleichzeitig einer ihrer 7 *Bundesstaaten*.

4. E tāʾ marbūṭa[1] تاء مربوطة

tāʾ marbūṭa bezeichnet das *t* der Fall-Endung **-atun** (G: **-atin**; A: **-atan**), z.B. madīnatun *Stadt* – ʾustāḏatun *Dozentin; Professorin* – luġatun *Sprache*. In der **pausalen** Aussprache bleibt tāʾ marbūṭa **stumm**, d.h. hier: madīna, ʾustāḏa, luġa[2].

tāʾ marbūṭa[1] *t* in: -atun/-atin/-atan	ـة	ة	ـة	ة
	Schluß	einzeln	Schluß	einzeln

لغة	لُغَةٌ	أستاذة	أُسْتاذَةٌ	مَدِينَةٌ

tāʾ marbūṭa kommt nur bei *Substantiven* und *Adjektiven* vor; es zeigt – von Ausnahmen abgesehen – das **Femininum** an, z.B. 'al-luġatu *f. die Sprache* – 'al-madīnatu *f. die Stadt; Medina*[3]. Auch **feminine Formen** bildet man meist mit **tāʾ marbūṭa**, z.B. marīḍun ⇨ marīḍa(tun) *krank m./f.; Kranker/Kranke; Patient/in* – ʾustāḏun ⇨ ʾustāḏatun *Dozent/in; Professor/in; Lehrer/in.*

اللُّغَةُ - المَدِينَةُ

مَرِيضٌ ⇦ مَرِيضَةٌ

أُسْتاذٌ ⇦ أُسْتاذَةٌ

tāʾ marbūṭa kommt nur am Wort*ende* vor. Rückt es durch Anfügen einer **Endung** oder eines **Pronomens** (nachfolgend: „-ī" *mein*) ins Wort*innere*, so wird es zu **tāʾ**, z.B. ʾustāḏatun *Dozentin; Professorin; Lehrerin* ⇨ ʾustāḏat-ī *meine Dozentin; meine Professorin; meine Lehrerin.*

أُسْتاذَةٌ ⇦ أُسْتاذَتِي

Übung 1: Das sollten Sie lesen und verstehen können

مَنْ هٰذا؟ - هٰذا أُسْتاذِي. - وَمَنْ هٰذِهِ؟ - هٰذِهِ أُسْتاذَتِي.

هِيَ مَرِيضَةٌ. - رَمَضان طالِبٌ مِنَ ٱلْيَمَنِ. الآنَ هُوَ فِي إِيطالِيا.

نِضال طالِبَةٌ مِنَ ٱلْمَغْرِب، هِيَ مِنْ فاس. الآنَ هِيَ فِي أَبُو ظَبِي.

هل نِظام مَرِيضٌ؟ - لا، هُوَ فِي بِرْلِين. - وَأَيْنَ نَظِيفٌ؟ - لا أَدْرِي.

1 tāʾ marbūṭa *wörtl. gebundenes tāʾ*, d.h. der Gebrauch dieses Schriftzeichens ist ans Wort*ende gebunden*.
2 Merkvers: Vergiß das tāʾ marbūṭa nimmer! / Man *hört's* fast nie, / doch *schreibt* man's *immer*! Vgl. auch L3 §2.
3 'al-madīna(tu) *Medina w: die Stadt [des Propheten]* hieß ursprünglich *Yathrib* ar. yaṯrib(u). *Mohammed* (1.B, Anm. 3) lebte dort von 622 bis zu seinem Tod 632. *Medina* gilt – nach *Mekka* ar. makka(tu) – als zweitheiligste Stadt.

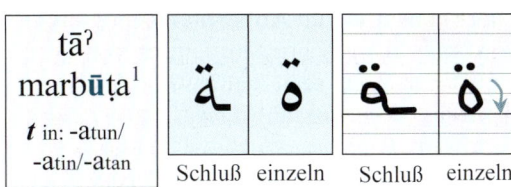

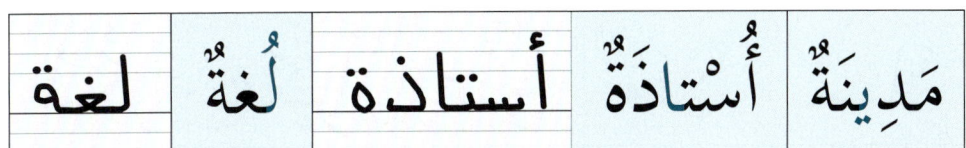

4. F Die Schreibung der Endung -an

Die **Akkusativ**- und **Adverbial**endung **-an** wird mit **ʾalif** geschrieben. Um es von /**ā**/ zu unterscheiden, setzt man zwei a-Zeichen darüber (اً), z.B. š**u**kran! *danke!* *(w: e-n Dank)* – ʿ**a**fwan! *bitte!* *(als Erwiderung auf „šukran");* *Entschuldigung!* – ma**ṯ**alan *zum Beispiel.*

-an Akk.-Endg.	ـاً	اً	ـاً	اً
	Schluß	einzeln	Schluß	einzeln

مثلاً	مَثَلاً	عَفْواً	شكراً	شُكْراً

Ausnahme: Nach „**Hamza auf der Zeile**" und **tāʾ marbūṭa** wird die **Endung -an** *ohne* ʾ**a**lif geschrieben, z.B. (mas**ā**ʾun *Abend* ⇨) mas**ā**ʾan *Abend (Akk.); am Abend, abends* – (ʿ**ā**datun *Gewohnheit* ⇨) ʿ**ā**datan *gewöhnlich.*

(مَساءٌ ⇦) مَساءً

(عادةٌ ⇦) عادةً

Die Endung -**an** ist meist nur im Qualitätsdruck und in der Handschrift mit den beiden a-Zeichen markiert; in Zeitungen und sonstigen Gebrauchsdrucken bleibt **-an** fast immer unbezeichnet. Man braucht also Wortkenntnis, um zu erkennen, ob **ʾalif am Wortende** als **-ā** od. **-an** zu lesen ist. Ebenso wichtig ist der Textzusammenhang, ohne den man, wie z.B. nachfolgend, nicht entscheiden könnte, ob es sich um „b**ā**bā" *Papa; Papst* oder „b**ā**ban" *Tür (Akk.).* handelt. Üben Sie auch den häufig verwendeten Kurzgruß „ʾ**a**hlan!" *Grüß dich/euch/Sie!* od. *Hallo!* od. *Willkommen! (w: [wie] Familie [mögest du sein])*

بابا: بابا أَوْ باباً – أَهْلاً!

Hinweis: Damit das /h/ in „ʾ**a**hlan!" deutlich zu hören ist, schiebt man am besten – so wie auch die meisten Araber– ein gemurmeltes, sehr kurzes /ö/ (Umschrift: ᵊ) ein: ʾ**a**hᵊlan!

Übung 2: Das sollten Sie lesen und verstehen können

عادةً الماءُ نَظيفٌ. - البَطاطا مِنْ إيطاليا. - مَها مِنْ حَلَب.

المَغْرِبُ بَلَدٌ، وَفاسُ مَدِينةٌ. - أَيْنَ نَحْنُ؟ - نَحْنُ في أَلْمانِيا.

صامِت في مِصْر. - أَرىٰ بابا، وَأَرىٰ باباً. - شُكْراً! - عَفْواً!

عادةً نَحْنُ في ٱلبَيْتِ مَساءً. - عَفْواً، ما فَهِمْتُ هٰذا.

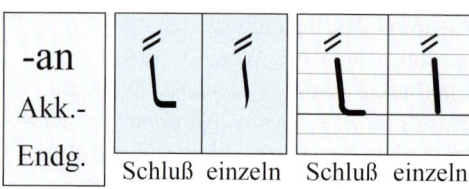

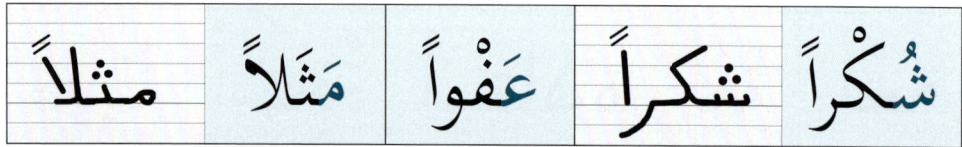

4. G Hamza im Wort*inneren* und am Wort*ende* هَمْزة (vgl. auch 3.B, J)

Im Wort*inneren* u. am Wort*ende* wird der Stimmabsatz – je nach lautlicher Umgebung – mit **alleinstehendem Hamza** oder mit Hilfe von **ʾalif**, **wāw**, **yāʾ** geschrieben. Wie **ʾalif** „tragen“ **wāw** u. **yāʾ** (*ohne* Punkte!) ein kleines Hamza-Zeichen (أ ؤ ئ), sie bezeichnen nun – als sog. **Trägerbuchstaben** ausschließlich den **Stimmabsatz** – und nicht mehr die Langvokale ā, ī, ū.

hamza auf wāw	ؤ	ـؤ	ؤ	ـؤ
	einzeln	Schluß	einzeln	Schluß

hamza auf yāʾ	ئ	ـئ	ـئـ	ئـ	ئ	ـئ	ـئـ	ئـ
	einzeln	Schluß	Mitte	Anfang	einzeln	Schluß	Mitte	Anfang

Beispiele: suʾālun *Frage* – šayʾan *Sache (Akk.); etwas* – 'al-ğazāʾir(u)[1] *Algerien; Algier.*

أَلْجَزائِرُ	شيئا	شَيْئاً	سؤال	سُؤالٌ

Weitere Beispiele: šayʾun *Sache* – lā šayʾ(a) *nichts (w: keine Sache)* – šayʾan fa-šayʾan *nach und nach (w: Sache u. dann-S.)* – fuʾādun *Herz (poet.); Fuad m.* – hal nabdaʾu? *Fangen wir an? od. Sollen wir anfangen?* – naʿam, li-nabdaʾ! *Ja, fangen wir an!*

شَيْءٌ - لا شَيْءَ - شَيْئاً فَشَيْئاً

فُؤادٌ - هَلْ نَبْدَأُ؟ - نَعَم، لِنَبْدَأْ!

Übung 3: Das sollten Sie lesen und verstehen können

هَلْ نَبْدَأُ؟ - نَعَمْ، لِنَبْدَأْ! - عَفْواً، ما فَهِمْتُ شَيْئاً.

نَعَمْ، الآنَ فَهِمْتُ. فَهِمْتُ شَيْئاً فَشَيْئاً. - الجَزائِرُ بَلَدٌ وَمَدِينَةٌ.

أَيْنَ فُؤادٌ؟ - هُوَ في عُمانَ أَوْ في مِصْرَ. - لِنَنْتَهِ الآنَ! شُكْراً!

1 *w: die Inseln.* Der Name *Algier* bezieht sich auf kleine, der Stadt vorgelagerte Felseninseln. Der Singular zu „'al-ğazāʾiru“ lautet: 'al-ğazīratu الجزيرة *die Insel*. So heißt auch der bekannte arab. TV-Sender *Aljazeera*, der Name bezieht sich auf die *Arab. Halbinsel* ('al-ğazīratu_l-ʿarabiyya(tu) الجزيرة العربيّة) – rechts das Logo.

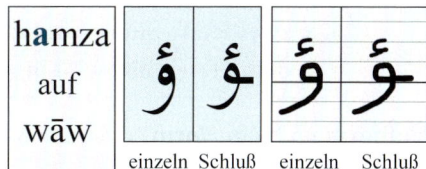

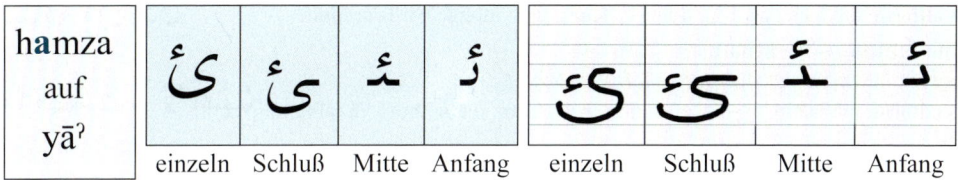

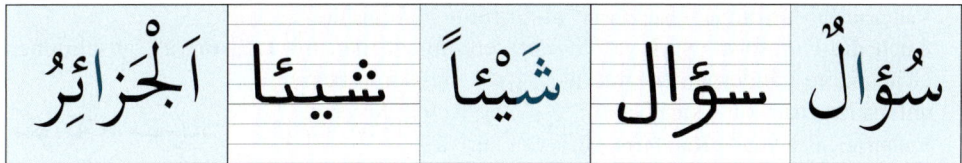

4. H Betonungsregeln

Ausgangspunkt für die Ermittlung der Betonung ist die **volle Wortform**. Es gilt:

> Die **zweitletzte Silbe** wird **betont**, wenn sie **lang** oder **geschlossen**[1] ist.
> Die **drittletzte Silbe** wird **betont**, wenn die **zweitletzte Silbe kurz** ist.

Vollform und **Kurzform** (= Pausalform) haben normalerweise **dieselbe Betonung**, z.B.

lub**nā**n(u) wa-l-ˀur**du**nn(u) *Libanon und Jordanien* لُبْنانُ والأُرْدُنُّ
Vollform: lub|**nā**|nu wa-l-ˀur|**dun**|nu – **Kurzform**: lub**nā**n wa-l-ˀur**du**nn

mā fa**hi**mtu – lā ˀ**af**hamu[2]
ich habe nicht verstanden – ich verstehe nicht ما فَهِمْتُ - لا أَفْهَمُ
Vollform: mā fa|**him**|tu – lā ˀ**af**|ha|mu – **Kurzform**: mā fa**hi**mt – lā ˀ**af**ham

Besonderheiten:

1. Oft vereinfacht man die Kurzform „'al-ˀurd**u**nn" *Jordanien* zu „'al-ˀ**u**rdun" – *ohne* Verdoppelung und auf der *ersten* Silbe betont. الأُرْدُنُّ = الأُرْدُن
   Vollform: 'al-ˀur**dun**nu – **Kurzform**: 'al-ˀur**du**nn = 'al-ˀ**u**rdun
   Auch die Kurzform „sū**ri**yya" *Syrien* vereinfacht man oft zu „s**ū**riyā", geschrieben (wie andere Ländernamen) mit ˀ**a**lif (سُوريا) und somit besser unterscheidbar von „sū**ri**yya(tun)" سُورِيَّة *syrisch f.; Syrerin.* سُورِيَّة = سُوريا
   Vollform: sū**riy**yatu – **Kurzform**: sū**ri**yya = s**ū**riyā
2. Bei Wörtern auf **tāˀ marbūṭa** (ة), deren *dritt*letzte Silbe **kurz** ist, *verschiebt* sich die Betonung der **Kurzform** um *eine* Silbe; nur in Äg. betont man Voll- und Kurzform gleich. Markiert wird hier im Buch die Betonung der Kurzform, z.B.

   kalimatun *Wort* ⇨ **Vollform**: ka**li**matun
   ⇨ **Kurzform**: ka**li**ma – *in Äg.* ka**li**ma كَلِمَةٌ ⇦ كَلِمَة

   mu**š**kilatun *Problem* ⇨ **Vollform**: muš**ki**latun
   ⇨ **Kurzform**: **mu**škila – *in Äg.* muš**ki**la مُشْكِلَةٌ ⇦ مُشْكِلَة
3. Die Betonung kann sich auch verschieben, wenn man eine **Endung** oder ein **Pronomen** (z.B. -nā *unser)* anfügt, z.B.

   ba|la|dun *Land* ⇨ ba|**la**|du-nā *unser Land* بَلَدٌ ⇦ بَلَدُنا
   ma|**dī**|na|tun *Stadt* ⇨ ma|dī|**na**|tu-nā *unsere Stadt* مَدِينَةٌ ⇦ مدينَتُنا
   muš|**ki**|la|tun *Problem* ⇨ muš|ki|**la**|tu-nā *unser Problem* مُشْكِلَةٌ ⇦ مُشْكِلَتُنا
4. **Dualformen**[3] auf -ā bzw. -ay sind **endbetont**, z.B.
   humā fahim**ā**/fahimat**ā** *sie (2 Pers.) haben verstanden m./f.* هُما فَهِما / فَهِمَتا

Da es im Arabischen nur eine sehr überschaubare Anzahl von Wort*strukturen* gibt, wird es nicht allzu lange dauern, bis Sie die Betonung *automatisch* richtig machen.

1 Geschlossene Silben enden mit einem *Konsonanten*, z.B. |hi*m*|, |lu*b*|; sie gelten in der Metrik als *lang*.
2 Im *Präsens* (z.B. ˀ**a**fhamu *ich verstehe*) *verneint* man mit „lā" (vgl. L3 §4), im *Perfekt* mit „mā"(vgl. L2 §5).
3 Man unterscheidet drei Kategorien: *Singular* (*Ein*zahl) – *Dual* (*Zwei*zahl) – *Plural* (*Mehr*zahl), vgl. L 1 §1.

4. I Verdoppelte Konsonanten – Sonnenbuchstaben – Alphabet

Doppelkonsonanten sind stets **hörbar**, doch man schreibt sie nur **einmal**; im Qualitätsdruck, oft auch handschriftlich sind sie mit š**a**dda (ـّـ = Verdoppelungszeichen[1]) markiert, z.B.

ˀ**a**wwalan *erstens; zuerst; als erstes* –
ğ**a**yyidun ğ**i**ddan *sehr gut (w: gut sehr)* –
m**a**kka(tu) wa-ğ**i**dda(tu) *Mekka und Dschidda* –
lad**a**y-ya su**ˀā**l(un) *ich habe eine Frage (w: bei-mir [ist] Frage)* –
h**u**nna h**u**nā. *Sie (die Frauen) sind hier.*

أَوَّلاً - جَيِّدٌ جِدّاً - مَكَّةُ وَجِدَّةُ -
لَدَيَّ سُؤالٌ - هُنَّ هُنا .

Verdoppelungen entstehen auch, wenn „**'al-**“ auf einen der sog. **Sonnenbuchstaben** trifft, z.B. d**a**rsun *Lektion* + 'al- ⇨ 'ad-d**a**rsu *die Lektion* – š**a**msun *Sonne* + 'al- ⇨ 'aš-š**a**msu *die Sonne* (wie: „'add**a**rsu“, „'ašš**a**msu“). Solche durch **Assimilation** bedingte Verdoppelungen klingen wie „echte“ Verdoppelungen, man markiert sie aber nur in *voll*vokalisierten Texten (z.B. Kinderbücher).

دَرْسٌ + اَلْ ⇦ اَلدَّرْسُ
شَمْسٌ + اَلْ ⇦ اَلشَّمْسُ

Den 14 **Sonnenbuchstaben** stehen 14 sog. **Mondbuchstaben** gegenüber; bei letzteren wird der Artikel – so wie bei den drei Bezeichnungen für *Mond* – *nicht* assimiliert[2]: 'al-q**a**maru *der Mond (allgemein)* – 'al-hil**ā**lu *der Halbmond; der Sichelmond; die Mondsichel* – ˀal-b**a**dru *der Vollmond.*

اَلقَمَرُ - الهِلالُ - البَدْرُ

Die 28 Alphabetbuchstaben (mit Artikel) – Sonnen- u. Mondbuchstaben (☼ - ☾)

1 'al-ˀ**a**lif(u) ☾ الألف	11 'az-z**ā**y(u) ☼ الزّاي	21 'al-q**ā**f(u) ☾ القاف
2 'al-b**ā**ˀ(u) ☾ الباء	12 'as-s**ī**n(u) ☼ السّين	22 'al-k**ā**f(u) ☾ الكاف
3 'at-t**ā**ˀ(u) ☼ التّاء	13 'aš-š**ī**n(u) ☼ الشّين	23 'al-l**ā**m(u) ☼ اللّام
4 'aṯ-ṯ**ā**ˀ(u) ☼ الثّاء	14 'aṣ-ṣ**ā**d(u) ☼ الصّاد	24 'al-m**ī**m(u) ☾ الميم
5 'al-ğ**ī**m(u) ☾ الجيم	15 'aḍ-ḍ**ā**d(u) ☼ الضّاد	25 'an-n**ū**n(u) ☼ النّون
6 'al-ḥ**ā**ˀ(u) ☾ الحاء	16 ˀaṭ-ṭ**ā**ˀ(u) ☼ الطّاء	26 'al-h**ā**ˀ(u) ☾ الهاء
7 'al-ḫ**ā**ˀ(u) ☾ الخاء	17 'aẓ-ẓ**ā**ˀ(u) ☼ الظّاء	27 'al-w**ā**w(u) ☾ الواو
8 'ad-d**ā**l(u) ☼ الدّال	18 'al-ˁ**a**yn(u) ☾ العين	28 'al-y**ā**ˀ(u) ☾ الياء
9 'aḏ-ḏ**ā**l(u) ☼ الذّال	19 'al-ġ**a**yn(u) ☾ الغين	*Sonnenbuchstaben* sind in dieser Übersicht mit ☼ markiert, die *Mondbuchstaben* mit ☾.
10 'ar-r**ā**ˀ(u) ☼ الرّاء	20 'al-f**ā**ˀ(u) ☾ الفاء	

1 Die *Form* des „š**a**dda“ شَدّة *(w: Verstärkung)* leitet sich vom Anfangsbuchstaben *šīn* ش (ohne die 3 Punkte!) ab.
2 Die Begriffe *Sonnen-* bzw. *Mondbuchstaben* wurden von den arab. Nationalgrammatikern (9./10. Jh.) geprägt.

4. J Die Regeln der gebundenen Aussprache

Bindungen markiert man in *voll*vokalisierten Texten durch ein **Bindezeichen**; dessen Form (ـٱ) bezieht sich auf seinen arab. Namen „wa**ṣ**la(tun)“ (وصلة). **Gebunden** werden dürfen nur Wörter mit **Verbindungs-Hamza**, die *Schreibung* bleibt normalerweise *unverändert.*

1 'an-n**a**msā[1] (auch: 'an-n**i**msā) wa-sw**ī**srā wa-ʾalm**ā**niyā
wa-l**ā**kin[2]: sw**ī**srā wa-n-n**a**msā wa-ʾalm**ā**niyā
Österreich, die Schweiz und Deutschland –
aber: die Schweiz, Österreich und Deutschland

١ اَلنَّمْسا وَسْوِيسْرا وَأَلْمانِيا
ولٰكِنْ: سْوِيسْرا وَٱلنَّمْسا وَأَلْمانِيا

2 'al-ʾalmān**i**yyatu ⇨ bi-l-ʾalmān**i**yyati[3]
Deutsch; das Deutsche ⇨ auf deutsch; im Deutschen
(w: die-deutsche [Sprache] ⇨ in-der-deutschen [Sprache])

٢ اَلْأَلْمانِيَّةُ ⇦ بِٱلْأَلْمانِيَّةِ

3 'al-ʿarab**i**yyatu ⇨ bi-l-ʿarab**i**yyati
Arabisch; das Arabische ⇨ auf arabisch; im Arabischen
(w: die-arabische [Sprache] ⇨ in-der-arabischen [Sprache])

٣ اَلْعَرَبِيَّةُ ⇦ بِٱلْعَرَبِيَّةِ

4 li-natak**a**llam bi-l-ʾalmān**i**yya(ti)!
Sprechen wir deutsch! (w: auf daß-wir sprechen in-der-dt. [Sprache])
li-natak**a**llam bi-l-ʿarab**i**yya(ti)!
Sprechen wir arabisch! (w: auf daß-wir sprechen in-der-ar. [Sprache])

٤ لِنَتَكَلَّمْ بِٱلْأَلْمانِيَّةِ!
لِنَتَكَلَّمْ بِٱلْعَرَبِيَّةِ!

Lange Vokale (**ā**, **ī**, **ū**, z.B. fī *in)* werden beim Binden **gekürzt**, z.B.
'al-b**a**yt(u) *das Haus* ⇨ fi‿l-b**a**yt(i) (wie: fill-b**a**yt) *im Haus, zu Hause*

البَيْتُ ⇦ فِي ٱلْبَيْتِ

Bei **Konsonanten** fügt man einen **Hilfsvokal** an, meist kurzes /i/, z.B.
li-naktub! li-n**a**ktub*i*‿l-ʾ**ā**n(a)! *Schreiben wir! Schreiben wir jetzt!*

لِنَكْتُبْ! لِنَكْتُبِ ٱلْآنَ!

Die **Endung „-tum“** wird zu „-tum*u*“, z.B. hal fah**i**mtum?
hal fah**i**mtum*u*‿l-ʾ**ā**n(a)? *Habt ihr (jetzt) verstanden?*

هَلْ فَهِمْتُمْ؟ هَلْ فَهِمْتُمُ ٱلْآنَ؟

Nach **klassischer Norm** *muß* gebunden werden, und zwar mit den **Vollformen.**
Konsequent beachtet wird dies nur bei sehr gehobenem Gebrauch. Ansonsten bindet man, wenn die Wortgruppe als *eng zusammengehörig* empfunden wird, häufig geschieht dies mit den **Kurzformen**. Endet eine solche Kurzform *konsonantisch* und folgt der **Artikel 'al-** *der, die, das*, so wird dessen „a“ zu einem *Murmellaut*, der ähnlich klingt wie kurzes offenes /ö/ (z.B. „Geröll“) – Umschrift: ə, z.B.

klass. Bindung: 'ad-d**a**rsu‿l-ʾ**a**wwal(u) *die 1. Lektion*
Pausalbindung: 'ad-d**a**rs‿əl-ʾ**a**wwal *die 1. Lektion*
klass. Bindung: 'al-kal**i**matu‿l-ʾ**ū**lā *das erste Wort*
Pausalbindung: 'al-k**a**lima‿l-ʾ**ū**lā *das erste Wort*

الدَّرْسُ ٱلْأَوَّلُ – الكَلِمَةُ ٱلْأُولَى

Sowohl für das **Binden** als auch für das **Mitsprechen von Endungen** gilt als „Faustregel“:

> Je gehobener die Sprechweise ist, um so mehr Bindungen und Endungen sind zu hören.

š**u**kran wa-ʾ**i**la‿l-liq**ā**ʾ(i)! ʾ**i**la‿l-liq**ā**ʾ(i) fi‿d-d**a**rsi‿l-ʾ**a**wwal(i)!
Danke und auf Wiedersehen (wörtl. bis zu dem-Treffen)! Auf Wiedersehen in der 1. Lektion!

> شُكْراً وَإِلَى ٱللِّقاءِ! إِلَى ٱللِّقاءِ فِي ٱلدَّرْسِ الأَوَّلِ!

1 wie: „'annamßā“. Der arab. Name leitet sich ab von *slawisch* „nemetz“ *deutsch* (z.B. *tschech.* Němec *Deutscher*).
2 l**ā**kin *aber* (= wa-l**ā**kin *wörtlich: und-aber*) wird *ohne* ʾ**a**lif geschrieben = sog. *defektive* Schreibung, vgl. 2.G.
3 Verkürzung aus: 'al-l**u**ġatu‿l-ʾalmān**i**yyatu *die dt. Sprache* bzw. bi-l-l**u**ġati‿l-ʾalmān**i**yyati *in der dt. Sprache.*

1. Lektion

الدّرس الأوّل

'ad-darsu 'al-ˀawwal(u)
die-Lektion die-erste

Herzlich willkommen![1]
Herzlich willkommen in der 1. Lektion!

أَهْلاً وَسَهْلاً! أَهْلاً وَسَهْلاً فِي ٱلدَّرْسِ الأَوَّل!

Die Wörter (Teil 1) الكَلِماتُ (القِسْمُ الأَوَّلُ)

Die **Vokabeln** sind normalerweise in der Reihenfolge aufgeführt, wie sie im Text vorkommen. Wörter, die bereits in *Schrift & Aussprache* behandelt wurden, sind – samt ihrem Plural – nur im *Wörterverzeichnis* zu finden.

- Bei **Adjektiven** ist die *fem.* Form nur angegeben, wenn sie *nicht* – wie üblich – auf ة (tāˀ marbūṭa) endet, z.B. ˀawwalu *m.*/ˀūlā *f. erster/erste*. Bei **Personenbezeichnungen** sind regelmäßige *fem.* Formen (Endung ة) im Wörterverzeichnis zu finden, z.B. ǧārun *Nachbar* ⇨ ǧāratun *Nachbarin*. — أَوَّل/أُولى — جارٌ ⇦ جارةٌ
- Als *Abkürzung* für **Plural** wird benutzt: ǧīm ج (= erster Buchstabe von: ǧamʕun *Plural*), z.B. darsun *pl.* durūsun *Lektion; Unterrichtsstunde; Unterricht* – auf arabisch liest man es so: darsun wa-l-ǧamʕu huwa durūsun (*w: „darsun" und-der-Plural er [ist] „durūsun"*) — دَرْسٌ ج دُرُوسٌ — دَرْسٌ وَٱلْجَمْعُ هُوَ دُرُوسٌ
- Bei regelmäßigen (= äußeren) **Pluralen** (vgl. §1) wird nur die *Endung* des Plurals, d.h. -ūna od. -ātun, angegeben, z.B. *Wort* kalimatun *pl.* -ātun (= kalimātun) — كَلِمةٌ ج اتٌ (= كَلِماتٌ)

Die **Umschrift** in der linken Spalte soll Ihnen das Einprägen des Wortschatzes erleichtern. Sobald Sie die Wörter gelernt haben bzw. wenn Sie sie wiederholen, sollten Sie die Umschriftspalte mit dem Lesezeichen abdecken.

qismun *pl.* ˀaqsamun	*Teil; Abteilung*	قِسْمٌ ج أَقْسامٌ	ʕāṣimatun *pl.* ʕawāṣimu	*Hauptstadt; Metropole*	عاصِمةٌ ج عَواصِمُ
ˀahlun[1] *pl.* ˀahālin[2]	*(Groß-)Familie; Angehörige*	أَهْلٌ ج أَهالٍ	kāmilun – kamālun	*vollkommen; Kamil m. – Vollkommenheit; Kamal[3] m.*	كامِلٌ - كَمالٌ
sahlun[1] ⇔ ṣaʕbun	*leicht, einfach ⇔ schwierig, schwer*	سَهْلٌ ⇔ صَعْبٌ	ˀayḍan – ka-ḏālika[4]	*auch; auch noch – ebenfalls; wie jenes; so*	أَيْضاً - كَذٰلِكَ
ˀalmāniyyun *pl.* ˀalmānun	*deutsch; Deutscher*	أَلْمانِيٌّ ج أَلْمانٌ	ˀaw – ˀam	*oder (aufzählend) – oder (ausschließend, vgl. 3.H, Anm.3)*	أَوْ - أَمْ
ʕarabiyyun *pl.* ʕarabun	*arabisch; Araber*	عَرَبِيٌّ ج عَرَبٌ	luġatun *pl.* -ātun	*Sprache*	لُغةٌ ج اتٌ
naṣṣun *pl.* nuṣūṣun	*Text*	نَصٌّ ج نُصوصٌ	ǧamīlun – ǧamālun	*schön; Dschamil m. – Schönheit; Dschamal m.*	جَمِيلٌ - جَمالٌ
tarǧamatun *pl.* -ātun	*Übersetzung*	تَرْجَمةٌ ج اتٌ	ǧārun *pl.* ǧīrānun	*Nachbar; auch: Sitznachbar*	جارٌ ج جِيرانٌ
ǧawābun *pl.* ˀaǧwibatun	*Antwort*	جَوابٌ ج أَجْوِبةٌ	ma͜smu-ka? ma͜smu-ki?	*Wie (w: was) ist dein/Ihr m./f. Name?*	ما ٱسْمُكَ / ٱسْمُكِ؟
(wa-)lākin[4] – bal	*aber; jedoch – sondern; vielmehr*	(وَ)لٰكِنْ - بَلْ	tašarrafnā!	*Angenehm! (w: wir wurden geehrt)*	تَشَرَّفْنا

1 Achten Sie auf hörbares /h/ u. scharfes /s/, wie „ˀahˀlan wa-ßahˀlan!" –wörtl. Übersetzung vgl. 1.A, Anm. 3.
2 Die Endung -in liest man in pausaler Aussprache wie -ī, d.h. ˀahālī – jedoch schreibt man kein yāˀ, vgl. L5 §2.
3 In türk. Schreibung *Kemal*, z.B. *Kemal Atatürk* *w: Vater der Türken* = türk. Reformer, führte 1928 die *Lateinschrift* ein.
4 Das lange *ā* in „ḏālika" *jener/s* und „wa-lākin" *aber* schreibt man *ohne* ˀalif, wie z.B. auch „hāḏā" هذا (vgl. 2.G).

sayyidun *pl.* **sāda**tun	*Herr;* *[der] Herr (+ Name)**	سَيِّدٌ ج سادةٌ	qāʿidatun[1] *pl.* qawāʔidu	*Regel;* *Grundlage; Basis*	قاعِدةٌ ج قَواعِدُ
sayyida(tun) *pl.* -**ā**tun	*Dame;* *[die] Frau (+ Name)**	سَيِّدةٌ ج اتٌ	'istiṯnāʔun *pl.* -**ā**tun	*Ausnahme*	اِسْتِثْناءٌ ج اتٌ
ʔ**ānisa**tun *pl.* -**ā**tun	*Fräulein; „junge Dame“;* *[das] Fräulein (+ Name)**	آنِسةٌ ج اتٌ	**raqm**un *pl.* ʔarq**ā**mun	*Ziffer; Zahlzeichen;* *Nummer (Nr.)*	رَقْمٌ ج أَرْقامٌ

* Traditionell folgt nach *Herr, Frau, Fräulein* (jeweils *mit* Artikel!) der **Vorname**, z.B. 'as-sayyida(tu) mahā *Frau Maha.* Beim **Anreden** ersetzt man den Artikel durch **yā** *oh* z.B. yā sayyida(tu) mahā! *(oh) Frau Maha!* Für junge Frauen benutzt man im Arab. auch heute noch die Anrede *Fräulein.* السَّيِّدةُ مَها - يا سَيِّدةُ مَها!

Die Zahlen von 0 bis 10 الأَعْدادُ مِنْ صِفْرٍ إلى عَشَرة

Beim **Zählen** benutzt man die **mask.** Kurzform, sie endet bei **3, 4, 5, 6, 7, 8, 9** auf **tāʔ marbūṭa.** Für **2, 3** gibt es eine gesonderte **Handschriftform**, sie steht **in Klammern**.

0	ṣifr(un)[2]	صِفْرٌ	٠	٠
1	wāḥid(un)/ wāḥida(tun)	واحِدٌ / واحِدةٌ	١	١
2	'iṯnān(i)*/ 'iṯnatān(i) *f.*	اِثْنانِ / اِثْنَتانِ	٢	٢ (٢)
3	ṯalāṯa(tun)/ ṯalāṯ(un) *f.*	ثَلاثةٌ / ثَلاثٌ	٣	٣ (٣)
4	ʔarbaʿa(tun)/ ʔarbaʿ(un) *f.*	أَرْبَعةٌ / أَرْبَعٌ	٤	٤
5	ḫamsa(tun)/ ḫams(un) *f.*	خَمْسةٌ / خَمْسٌ	٥	٥

6	sitta(tun)/ sitt(un) *f.*	سِتّةٌ / سِتٌّ	٦	٦
7	sabʿa(tun)/ sabʿ(un) *f*	سَبْعةٌ / سَبْعٌ	٧	٧
8	ṯamāniya(tun)/ ṯamāni(n) *f.*	ثَمانِيةٌ / ثَمانٍ	٨	٨
9	tisʿa(tun)/ tisʿ(un) *f.*	تِسْعةٌ / تِسْعٌ	٩	٩
10	ʿašara(tun)/ ʿašr(un) *f.*	عَشَرةٌ / عَشْرٌ	١٠	١٠

* Dualform – Gen./Akk. sind gleichlautend: 'iṯnayn(i) اِثْنَيْنِ, z.B. **raqm**(u) 'iṯ**nayn**(i) رَقْمُ اِثْنَيْنِ *Nr. 2 (w: Nr. [der]-zwei)*

Für *fem.* Substantive benutzt man *fem.* Zahlwörter, z.B. *3 Wörter* ṯalāṯu kalimātin ٣ كَلِماتٍ.

Mehrstellige Zahlen liest man *entgegen* der normalen Schriftrichtung **von links nach rechts**. Nebenstehende *Telefonnummer* lautet also: *10234567*. Als Abkürzung für *Telefon* hātif(un) bzw. tilifōn benutzt man هـ bzw ت – zu lesen: 'al-hātif ʔaw 'at-tilifōn الهاتِف او التِّلِفون

هـ ١٠٢٣٤٥٦٧
ت ١٠٢٣٤٥٦٧

Lektionstext 1 – Übersetzung: Fragen und Antworten[3]

Wer ist das (wörtl. dieser)? Woher kommt er? Das ist Kamāl, Kamāl al-Ḥalabī. Er ist Student.
– Woher kommt er? – Er kommt (wörtl. ist) aus Syrien. – Kommt er aus Damaskus? – Nein, er kommt aus Aleppo.
– Und wo ist er jetzt? – Jetzt ist er in Deutschland, in München.
Und wer ist das (wörtl. diese)? Woher kommt sie? Das ist Leila, Leila Kamāl. Sie ist auch Studentin.
– Woher kommt (wörtl. ist) sie? – Sie kommt (wörtl. ist) aus Tunesien, aus der Hauptstadt Tunis.
– Und wo ist sie jetzt? – Jetzt ist sie in der Schweiz, in Zürich.
Und du/Sie m.? Woher kommst Du/kommen Sie m.? – Ich komme aus Österreich, aus Salzburg.
Und du/Sie f.? Woher kommst Du/kommen Sie f.? – Ich komme auch aus Österreich, aus Wien.
– Wien ist eine schöne Stadt. – Ja, Wien ist eine sehr schöne Stadt.
Mein Name ist (od. Ich heiße) Fuʔād, und du/Sie m.? Wie heißt du/heißen Sie m.? – Ich heiße Djamil.
– Es freut mich, dich/Sie m. kennenzulernen (wörtl. wir fühlten uns geehrt)
Mein Name (od. Ich heiße) Mariam (= Maria), und du/Sie f.? Wie heißt du f./heißen Sie? – Ich heiße Leila.
– Es freut mich, dich/Sie f. kennenzulernen (wörtl. wir fühlten uns geehrt).
Und Sie, mein Herr, wie ist Ihr Name (wörtl. was [ist] der-Name der-edle?)? –
Und Sie, meine Dame? – Und Sie, mein Fräulein?

1 Davon: Al-Qaida – diese Gruppierung entstand im Umfeld einer *[Militär-]Basis*, mit dem Ziel, die *Grundlage [des Islams]* wiederherzustellen, d.h. eine Art *Urislam* nach Vorbild des Propheten Mohammed zu schaffen.
2 ṣifrun *Null; Nullpunkt* – davon dt. *Ziffer*, zunächst in der Bedeutung: *Null* – vgl. französ. *cifre* bzw. später: *chiffre*.
3 Jeweils an dieser Stelle steht die dt. Übersetzung des Lektionstextes, der auf der nächsten Seite abgedruckt ist.

L 1: Fragen und Antworten — الدَّرْسُ الأَوَّلُ: أَسْئِلَةٌ وَأَجْوِبَةٌ

Wer ist das *m.*? Und woher kommt er?

مَنْ هٰذا؟ وَمِنْ أَيْنَ هُوَ؟

- هٰذا كَمال، كَمال الحَلَبي. هُوَ طالِبٌ.

- مِنْ أَيْنَ هُوَ؟ - هُوَ مِنْ سُورِيّة.- هَلْ هُوَ مِنْ دِمَشْقَ؟

- لا، هُوَ مِنْ حَلَب. وَأَيْنَ هُوَ الآنَ؟ - الآنَ هُوَ في أَلْمانيا، في ميونِخ.

Und wer ist das *f.*? Und woher kommt sie?

وَمَنْ هٰذِهِ؟ ومِنْ أَيْنَ هِيَ؟

- هٰذِهِ لَيْلىٰ، لَيْلىٰ كَمالٌ. هِيَ أَيْضاً طالِبةٌ.

- وَمِنْ أَيْنَ هِيَ؟ هِيَ مِنْ تونِس، مِنْ تونِسَ العاصِمةِ.

- وَأَيْنَ هِيَ ٱلآنَ؟ - ٱلآنَ هِيَ في سويسْرا، في زيورِخ.

Und du/Sie *m./f.*?
Woher kommst du *m./f.*
kommen Sie *m./f.*?

وَأَنْتَ؟ مِنْ أَيْنَ أَنْتَ؟ - أَنا مِنَ ٱلنِّمْسا، مِنْ سالْزْبُورغ.

وَأَنْتِ؟ مِنْ أَيْنَ أَنْتِ؟ - أَنا أَيْضاً مِنَ ٱلنِّمْسا، مِنْ فيينّا.

- فيينّا مَدينةٌ جَميلةٌ. - نَعَمْ، هِيَ مَدينةٌ جَميلةٌ جِدّاً.

Mein Name ist …
od. Ich heiße …

اِسْمي فُؤاد، وَأَنْتَ؟ ما ٱسْمُكَ أَنْتَ؟ - اِسْمي جَميلٌ. - تَشَرَّفْنا!

اِسْمي مَرْيَمُ، وَأَنْتِ؟ ما ٱسْمُكِ أَنتِ؟ - اِسْمي لَيْلىٰ. - تَشَرَّفْنا!

وَأَنْتَ، يا سَيِّدُ؟ ما ٱلِاسْمُ الكَريمُ؟ - وَأَنْتِ، يا سَيِّدةُ؟ - وَأَنْتِ، يا آنِسةُ؟

1 *Sfax*, ca. 270 km südlich von Tunis: zweitgrößte Stadt Tunesiens, bedeutendes Wirtschaftszentrum und Hafen

L 1 – Grammatik und Sprache الدَّرْسُ الأَوَّلُ - القَواعِدُ وَٱللُّغةُ

§ 1. Substantiv: Grammatisches Geschlecht

مُذَكَّر - مُؤَنَّث

بَلَدٌ - مَدِينَةٌ - خَلِيفَةٌ

بَيْرُوتُ - لُبْنانُ - مِصْرُ

Normalerweise ist das **grammatische Geschlecht** an der **Endung** zu erkennen: **Substantive** auf -**un** sind *maskulinum* (muḏakkarun), **Substantive** auf -**atun** (ة) sind *femininum* (muʾannaṯun), z.B. **ba**ladun ***m.*** *Land* – ma**dī**natun *f. Stadt*
Bei **Personenbezeichnungen** gilt stets das *natürliche* Geschlecht, z.B. ḫa**lī**fatun ***m.*** *Stellvertreter; Nachfolger; Kalif*[1]. **Städtenamen** sind immer *femininum*. **Ländernamen** können *maskulinum* od. *femininum* sein, z.B. bay**rū**t(u)[2] *f. Beirut* – lub**nā**n(u) ***m.*** *Libanon* – **mi**ṣr(u) *f. Ägypten*.
In den Wörterlisten wird das grammat. Geschlecht nur bei *Ausnahmen* bzw. *Nichterkennbarkeit* angegeben.

§ 2. Substantiv: Singular (Einzahl), Dual (Zweizahl), Plural (Mehrzahl)

Neben **Singular** u. **Plural** gibt es noch den **Dual**; dieser wird durch Anfügen von „**-ān**i" gebildet, das Zahlwort *zwei* ('iṯ**nā**ni/'iṯna**tā**ni) wird nur bei *Betonung* hinzugesetzt.. **Äußere Plurale** haben die Endung -**ū**na *(m.)* od. -**ā**tun *(f.)*. **Innere Plurale** entstehen durch *Umstrukturierung* der Singularform[3]. Beispiele:

Singular (1)	**ba**ladun *Land* بَلَدٌ	ma**dī**natun *Stadt* مَدِينَةٌ	ḫa**lī**fatun *Kalif* خَلِيفَةٌ	**mu**slimun *Muslim* مُسْلِمٌ
Dual (2)	bala**dā**ni *Länder (2)* بَلَدانِ	madīna**tā**ni *Städte (2)* مَدِينَتانِ	ḫalīfa**tā**ni *Kalifen (2)* خَلِيفَتانِ	musli**mā**ni *Muslime (2)* مُسْلِمانِ
Plural (ab 3)	bul**dā**ni *Länder (ab 3)* بُلْدانٌ	**mu**dunun *Städte (ab 3)* مُدُنٌ	ḫula**fā**ʾu *Kalifen (ab 3)* خُلَفاءُ	musli**mū**na *Muslime (ab 3)* مُسْلِمُونَ

مُسْلِمَةٌ ج مُسْلِماتٌ

جارَةٌ ج جاراتٌ (جارٌ ج جِيرانٌ)

Fem. Personenbezeichnungen auf ة enden im **Plural** stets auf -**ā**tun ات, z.B. mus**li**matun *pl.* musli**mā**tun *Muslimin* – **ǧā**ratun *pl.* ǧā**rā**tun *Nachbarin* (aber: **ǧā**run *pl.* ǧī**rā**nun *Nachbar*). Da der **Plural** nur selten vorhersehbar ist, müssen Sie ihn zu jedem Wort mitlernen.

§ 3. Fragepartikel „hal" هل und „ʾa-" أ

١) لَيْلَى هُنا. ⇦ هَلْ لَيْلَى هُنا؟

هَلْ أَبْدَأُ؟ هَلْ نَنْتَهِي؟

٢) هٰذا مَقْبُولٌ. ⇦ (هَلْ هٰذا) مَقْبُولٌ؟

٣) لَيْسَ كَذٰلِكَ. ⇦ أَلَيْسَ كَذٰلِكَ؟

هَلْ هٰذا مُهِمٌّ؟ ⇦ أَهٰذا مُهِمٌّ؟

1. „**hal**" verwandelt Aussagesätze in **Ja/Nein-Fragen**, z.B. **lay**lā **hu**nā. *Leila ist hier.* ⇨ hal **lay**lā **hu**nā? *Ist Leila hier?* Auch Fragen nach dem Muster ***Soll ich/Sollen wir** …?* werden mit „hal" eingeleitet, z.B. hal ʾ**ab**daʾu? *Soll ich anfangen?* hal **nan**tahī? *Sollen wir aufhören?*
2. „**hal**" kann in **kurzgefaßten Fragen** weggelassen werden, z.B. **hā**ḏā maq**bū**l(un). *Das ist akzeptabel.* ⇨ hal **hā**ḏā maq**bū**l(un)? *Ist das akzeptabel?* ⇨ maq**bū**l(un)? (= Kurzform) *Akzeptabel?*
3. „ʾ**a**-" wird benutzt, wenn der Aussagesatz **verneint** ist, z.B. **lay**sa ka-**ḏā**lika. *Es ist nicht so (w: wie-jenes).* ⇨ʾa-**lay**sa ka-**ḏā**lika? *Ist es nicht so? od. Nicht wahr?* Durch ʾ**a**- lassen sich aber auch **Zweifel** bzw. **Vorbehalte** ausdrücken, vgl. hal **hā**ḏā muhimm(un)? *Ist das wichtig?* (= neutral gestellte Frage) ⇨ ʾa-**hā**ḏā mu**hi**mm(un)? *Ist das denn wichtig? od. Ist das etwa wichtig?* (= zweifelnd)

1 Nach Mohammeds Tod (632 n. Chr.) war der *Kalif* geistliches u. weltliches Oberhaupt der muslim. Gemeinde.
2 *Eigennamen* enden oft auf -u bzw. -atu (= *diptotische* Endung, siehe L2 §1), die Endung bleibt stumm.
3 Die ar. Nationalgrammatiker bezeichnen den *äußeren (= regelmäßigen)* Plural als *gesund, heil, unversehrt* (ǧamʿun **sā**lim(un) جمع سالم), den *inneren* Plural als *gebrochen, zerbrochen, kaputt* (ǧamʿun mu**ka**ssarun جمع مكسّر).

§ 4. Adjektiv – Grundlagen

Adjektive werden **nachgestellt** und dem **Substantiv**, auf das sie sich beziehen, in **Fall**, **Zahl** u. **Geschlecht** angepaßt. Meist enden Adjektive auf **-un**, das **Fem.** (-atun) entsteht durch Anfügen von ـة. Beispiele:

Singular 'al-mufrad(u) المُفْرَدُ	ğadīdun *m.*/ğadīdatun *f.* ⇨ kitābun ğadīdun ⇨ kalimatun ğadīdatun	*neu m./f.* ⇨ *ein neues Buch* ⇨ *ein neues Wort*	جَدِيدٌ ⇦ كِتَابٌ جَدِيدٌ جَدِيدَةٌ ⇦ كَلِمَةٌ جَدِيدَةٌ
Dual 'al-muṯannā المُثَنَّى	ğadīdāni/ğadīdatāni *f.* ⇨ kitābāni ğadīdāni ⇨ kalimatāni ğadīdatāni	*(2) neue m./f.* ⇨ *(2) neue Bücher* ⇨ *(2) neue Wörter*	جَدِيدَانِ ⇦ كِتَابَانِ جَدِيدَانِ جَدِيدَتَانِ ⇦ كَلِمَتَانِ جَدِيدَتَانِ

Da der **Plural** von ***Sach*bezeichnungen** und ***Tieren*** grammatisch als **fem. Singular** gilt (sog. „**Sachplural**“), folgt das *fem.* Adjektiv im *Singular*[1]; der *Plural* des Adjektivs wird nur nach ***Personen*bezeichnungen** gebraucht. Einige Adjektive haben **innere Plurale** (z.B. *neu* ğadīdun *pl.* ğududun *m.*/ğadīdātun *f.*). Beispiele:

Plural 'al-ğamʿ(u) الجَمْعُ	**Personen-bezeich-nungen**	muhandisūna ğududun (= *Personen*plural, *mask.*)	*neue Ingenieure*	مُهَنْدِسُونَ جُدُدٌ
		muhandisātun ğadīdātun (= *Personen*plural, *fem.*)	*neue Ingenieurinnen*	مُهَنْدِسَاتٌ جَدِيدَاتٌ
	Sach-bezeich-nungen, Tiere	kutubun ğadīdatun (= *Sach*plural, *fem.*)	*neue Bücher*	كُتُبٌ جَدِيدَةٌ
		kalimātun ğadīdatun (= *Sach*plural, *fem.*)	*neue Wörter*	كَلِمَاتٌ جَدِيدَةٌ

§ 5. Gebrauch von Adjektiven als Substantiv – Nisben[2]-Endung: -iyyun

Oft werden **Adjektive** – ohne äußerliche Veränderung – auch als **Substantiv** gebraucht[3].

marīḍun/ marīḍatun	*krank m./f.* – als Substantiv: *Kranker/Kranke, Patient/Patientin*	مَرِيضٌ / مَرِيضَةٌ
ṭālibun/ ṭālibatun	*strebend, suchend m./f.* – als Substantiv: *Student/in, Studierender/Studierende*	طَالِبٌ/طَالِبَةٌ
kātibun/ kātibatun	*schreibend m./f.* – als Substantiv: *Schriftsteller/in; Schreiber/Schreiberin*	كَاتِبٌ/كَاتِبَةٌ
maktūbun[4]/ maktūbatun	*geschrieben*[4] *m./f.* – als Substantiv nur: maktūbun *Schreiben, Brief* (eigtl. *Geschriebenes*)	مَكْتُوبٌ/مَكْتُوبَةٌ

Adjektive auf **-iyyun**/**-iyyatun** (sog. **Nisben**[2]) werden ebenfalls oft **substantivisch** gebraucht. Beachten Sie: Die **mask. Pausalform**, d.h. **-iyy**, wird **umgangssprachlich** meist wie *unbetontes* langes /ī/ ausgesprochen.

ʾalmāniyyun (pausal: ʾalmāniyy *od. ugs.* ʾalmānī)/ ʾalmāniyyatun (pausal: ʾalmāniyya)	*deutsch m.; (ein) Deutscher/* *deutsch f.; (eine) Deutsche*	أَلْمَانِيٌّ / أَلْمَانِيَّةٌ
ʿarabiyyun (pausal: ʿarabiyy *od. ugs.* ʿarabī) ʿarabiyyatun (pausal: ʿarabiyya)	*arabisch m.* od. *(ein) Araber/* *arabisch f.; (eine) Araberin*	عَرَبِيٌّ / عَرَبِيَّةٌ

1 Sie gelten als sog. *Sammelbegriffe* – vgl. im Dt. z.B. *Gestühl*, *Geäst* (statt der Pluralformen: *Stühle*, *Äste*).
2 Die Nisben-Endung (ar. nisba(tun) *Zugehörigkeit)* -iyyun entspricht im Dt. meist den Endungen *-lich*, *-isch* od. *-ig*.
3 Oft sind dies Partizipien, nachfolgend z.B. ṭālibun *suchend, strebend,* kātibun *schreibend*, maktūbun *geschrieben*.
4 Als *Ausruf* bedeutet „maktūb!“ so viel wie: *[Es ist] Schicksal! Es hat so kommen müssen!* w: *[Es steht im himmlischen Buch] geschrieben,* d.h. dort, wo Gott das Schicksal eines jeden Menschen aufgeschrieben, d.h. vorgezeichnet hat.

L 1 – Die neuen Wörter (Teil 2) الكَلِماتُ الجَدِيدة (القِسْمُ الثّانِي)

ḫalīfatun *pl.* ḫulafāʾu	*Nachfolger, Stellvertreter; Kalif*	خَلِيفةٌ ج خُلَفاءُ	mafhūmun *pl.* mafāhīmu	*verstanden; verständlich; Begriff*	مَفْهُومٌ ج مَفاهِيمُ
wāḍiḥun – bi-wuḍūḥin	*klar; deutlich – mit Klarheit*	واضِحٌ - بِوُضوحٍ	mumkinun – yumkinu[1]	*möglich – es ist möglich*	مُمْكِنٌ - يُمْكِنُ
mufradun ⇔ ǧamʿun	*Singular* (w: Einzelnes) ⇔ *Plural* (w: Gesammeltes)	مُفْرَدٌ ⇔ جَمْعٌ	kātibun *pl.* kuttābun	*schreibend; Schriftsteller*	كاتِبٌ ج كُتّابٌ
mutannan (p: mutannā)	*Dual, Zweizahl* (w: zweifach, doppelt)	مُثَنًّى (مُثَنّى)	maktūbun *pl.* makātību	*geschrieben; Schreiben; Brief*	مَكْتوبٌ ج مَكاتِيبُ
ʿadadun *pl.* ʾaʿdādun	*Zahl; Anzahl*	عَدَدٌ ج أَعْدادٌ	muhimmun – ʾahammu	*wichtig – wichtiger; am wichtigsten*	مُهِمٌّ - أَهَمُّ
muhandisun *pl.* -ūna	*Ingenieur*	مُهَنْدِسٌ ج ونَ	tamrīnun *pl.* tamārīnu	*Übung*	تَمْرِينٌ ج تَمارِينُ
ǧadīdun ⇔ qadīmun	*neu* ⇔ *alt* (Dinge); *antik*	جَدِيدٌ ⇔ قَدِيمٌ	ǧumlatun *pl.* ǧumalun	*Satz*	جُمْلَةٌ ج جُمَلٌ

Zahlen und Nummern أَعْدادٌ وَأَرْقامٌ

Beim Aufzählen setzt man oft „raqm“ رَقْمُ *Nr.* hinzu, prägen Sie sich daher diese Kombination für die Zahlen von *1 – 10* ein[2].

Nr. 1 raqm(u) wāḥid(in)	**Nr. 2** raqm(u) iṯnayn(i)
Nr. 3 raqm(u) ṯalāṯa(tin)	**Nr. 4** raqm(u) ʾarbaʿa(tin)
Nr. 5 raqm(u) ḫamsa(tin)	**Nr. 6** raqm(u) sitta(tin)
Nr. 7 raqm(u) sabʿa(tin)	**Nr. 8** raqm(u) ṯamāniya(tin)
Nr. 9 raqm(u) tisʿa(tin)	**Nr. 10** raqm(u) ʿašara(tin)

١ رَقْمُ واحِد ٢ رَقْمُ اِثْنَيْن ٣ رَقْمُ ثَلاثة ٤ رَقْمُ أَرْبَعة
٥ رَقْمُ خَمْسة ٦ رَقْمُ سِتّة ٧ رَقْمُ سَبْعة
٨ رَقْمُ ثَمانِية ٩ رَقْمُ تِسْعة ١٠ رَقْمُ عَشَرة

Wie lautet der Plural? ما هُوَ الجَمْعُ؟
(w: was er [ist] der Plural?)

Die folgenden Substantive kennen Sie bereits aus „Schrift & Aussprache“. Prägen Sie sich nun auch deren Plurale ein, und zwar jeweils mit *voller* Endung, da die *Deklination* von der Art der Endung abhängt, vgl. L2 §1.

1 Vater – Mutter 2 Sohn – Tochter; Mädchen 3 Kind; Junge 4 Name – Telefon 5 Tür – Haus 6 Hotel – Stadt 7 Berg; Gebirge – 8 Professor; Dozent; Lehrer – Problem

١ أَبٌ ج آباءٌ - أُمٌّ ج أُمَّهاتٌ ٢ اِبْنٌ ج أَبْناءٌ - بِنْتٌ ج بَناتٌ
٣ وَلَدٌ ج أَوْلادٌ ٤ اِسْمٌ ج أَسْماءٌ - هاتِفٌ ج هَواتِفُ ٥ بابٌ
ج أَبْوابٌ - بَيْتٌ ج بُيوتٌ ٦ فُنْدُقٌ ج فَنادِقُ - مَدِينةٌ ج مُدُنٌ
٧ جَبَلٌ ج جِبالٌ - ٨ أُسْتاذٌ ج أَساتِذةٌ - مُشْكِلةٌ ج مَشاكِلُ

Wie lautet die Telefonnummer? ما هُوَ رَقْمُ الهاتِفِ؟
(w: was er [ist] Nummer des Telefons?)

Die Telefonnummer lautet:
6102345 – 49587016 – 76435980

رَقْمُ الهاتِفِ هُوَ: ٦١٠٢٣٤٥ - ٤٩٥٨٧٠١٦ - ٧٦٤٣٥٩٨٠

1 Von: ʾamkana/yumkinu IV (= 4. Stamm, L5 §4) أمكن/يمكن *möglich sein* (gebräuchlich nur im *Singular*, *3. Pers. mask.*)
2 Beim *Zählen* ist das Mitsprechen der vollen Endung absolut *unüblich*, häufig sind *dialektale* Formen zu hören.

L 1 – Übungen — الدَّرْسُ الأَوَّلُ – التَّمارِينُ

Diese Seite dient der *Festigung* und *Aktivierung* von Wortschatz und Grammatik. *Hören* Sie sich die Übungen zunächst an und *sprechen* Sie dann die Wörter/Sätze einzeln nach. Nun kommt der *aktive* Teil: Decken Sie den arab. Text ab und versuchen Sie, die dt. Wörter/Sätze *laut* ins Arabische *zurückzuübersetzen*. Hören Sie sich nach jedem Ihrer Lösungsversuche das Arabische an und sprechen Sie es dann, wiederum *laut* und falls nötig *korrigiert*, nach.

Ü 1: Wie lautet der Dual? — التَّمْرِينُ الأَوَّلُ: ما هُوَ ٱلْمُثَنّى؟

(w: was er [ist] der Dual?)

1 Tür; Tor ➤ Dual *2 Haus ➤ Dual 3 Stadt ➤ Dual*	١ بابٌ ◂ بابانِ (اِثْنانِ) ٢ بَيْتٌ ◂ بَيْتانِ (اِثْنانِ) ٣ مَدِينةٌ ◂ مَدِينتانِ (اِثْنَتانِ)
4 Problem ➤ Dual 5 Wort ➤ Dual *6 Wort ➤ Dual 7 Telefon ➤ Dual*	٤ مُشْكِلةٌ ◂ مُشْكِلَتانِ (اِثْنَتانِ) ٥ كَلِمةٌ ◂ كَلِمَتانِ (اِثْنَتانِ)
8 Sohn ➤ Dual *9 Tochter; Mädchen ➤ Dual*	٦ هاتِفٌ ◂ هاتِفانِ (اِثنانِ) ٧ اِبْنٌ ◂ اِبْنانِ (اِثنانِ) ٨ بِنْتٌ ◂ بِنْتانِ (اِثْنَتانِ)

Ü 2: Wie lautet der Plural? — التَّمْرِينُ الثّانِي: ما هُوَ ٱلْجَمْعُ؟

(w: was er [ist] der Plural?)

eine wichtige Frage ➤ Pl. – ein wichtiges Wort ➤ Pl.	سُؤالٌ مُهِمٌّ ◂ أَسْئِلةٌ مُهِمّةٌ – كَلِمةٌ مُهِمّةٌ ◂ كَلِماتٌ مُهِمّةٌ
ein neuer Text ➤ Pl. – eine neue Übersetzung ➤ Pl.	نَصٌّ جَدِيدٌ ◂ نُصُوصٌ جَدِيدةٌ – تَرْجَمةٌ جَدِيدةٌ ◂ تَرْجَماتٌ جَدِيدةٌ
ein deutscher Student ➤ Pl. – eine deutsche Studentin ➤ Pl.	طالِبٌ أَلْمانِيٌّ ◂ طُلّابٌ أَلْمانٌ – طالِبةٌ أَلْمانِيّةٌ ◂ طالِباتٌ أَلْمانِيّاتٌ

Ü 3: Maskulinum oder Femininum? — التَّمْرِينُ الثّالِثُ: مُذَكَّرٌ أَمْ مُؤَنَّثٌ؟

wichtig: Ausnahme ➤ eine wichtige Ausnahme – Regel ➤ eine wichtige Regel	مُهِمٌّ: اِسْتِثْناءٌ ◂ اِسْتِثْناءٌ مُهِمٌّ – قاعِدةٌ ◂ قاعِدةٌ مُهِمّةٌ
leicht: Text ➤ ein leichter Text – Satz ➤ ein leichter Satz	سَهْلٌ: نَصٌّ ◂ نَصٌّ سَهْلٌ – جُملةٌ ◂ جُملةٌ سَهْلةٌ
schwierig: Frage ➤ e-e schwierige Frage – Problem ➤ ein schwieriges Problem	صَعْبٌ: سُؤالٌ ◂ سُؤالٌ صَعْبٌ – مُشْكِلةٌ ◂ مُشْكِلةٌ صَعْبةٌ
neu: Nachbar ➤ ein neuer Nachbar – Nachbarin ➤ eine neue Nachbarin.	جَدِيدٌ: جارٌ ◂ جارٌ جَدِيدٌ – جارةٌ ◂ جارةٌ جَدِيدةٌ
arabisch: Student ➤ ein arabischer Student – Studentin ➤ eine arabische Studentin	عَرَبِيٌّ: طالِبٌ ◂ طالِبٌ عَرَبِيٌّ – طالِبةٌ ◂ طالِبةٌ عَرَبِيّةٌ

Ü 4: Vom Satz zur Frage — التَّمْرِينُ الرّابِعُ: مِنَ ٱلْجُمْلةِ إلىٰ السُّؤالِ

Das ist wichtig. ➤ Ist das wichtig? – Ja, das ist wichtig.	هٰذا مُهِمٌّ. ◂ هَلْ هٰذا مُهِمٌّ؟ – نَعَمْ، هٰذا مُهِمٌّ.
Das ist möglich. ➤ Ist das möglich? – Ja, das ist möglich.	هٰذا مُمْكِنٌ. ◂ هَلْ هٰذا مُمْكِنٌ؟ – نَعَمْ، هٰذا مُمْكِنٌ.
Das ist klar. ➤ Ist das klar? – Ja, das ist klar.	هٰذا واضِحٌ. ◂ هَلْ هٰذا واضِحٌ؟ – نَعَمْ، هٰذا واضِحٌ.
Das (w: dieser) ist ein neuer Professor. ➤ Ist das auch ein neuer Professor?	هٰذا أُسْتاذٌ جَدِيدٌ. ◂ هَلْ هٰذا كَذٰلِكَ أُسْتاذٌ جَدِيدٌ؟
Das (w: diese) ist eine neue Professorin. ➤ Ist das auch eine neue Professorin?	هٰذِهِ أُسْتاذةٌ جَدِيدةٌ. ◂ هَلْ هٰذِهِ كَذٰلِكَ أُسْتاذةٌ جَدِيدةٌ؟

L 1 – Die neuen Wörter (Teil 3) الكَلِماتُ الجَدِيدةُ (القِسْمُ الثّالِث)

ʾāḫaru/ʾuḫrā[1]	(ein) anderer; (ein) weiterer; noch ein	آخَرُ/أُخْرَى	murāǧaʿatun pl. -ātun	Wiederholung (Gelerntes); Überprüfung; Revision	مُراجَعةٌ ج اتٌ
marratun – marratan	Mal – einmal; einstmals	مَرّةٌ - مَرّةً	qirāʾatun ⇔ kitābatun	Lesung; Lesen ⇔ Schreibung; Schreiben	قِراءةٌ ⇔ كِتابةٌ
ʾaḫīrun – ʾaḫīran	letzter – zuletzt; zum Schluß	أَخِيرٌ - أَخِيراً	ṣafḥatun pl. ṣafaḥātun	Seite (z.B. Buch)	صَفْحةٌ ج صَفَحاتٌ
ǧuġrāfiyā – ǧiyulōǧiyā	Geographie – Geologie	جُغْرافِيا - جِيُولوجِيا	bi-lā, bi-dūni – ġayru + Gen.[2]	ohne – anders als; un-; nicht-	بِلا، بِدُونِ - غَيْرُ
ḥawla – ḥawālay	um herum; zu (Thema) –etwa; rund; ca.	حَوْلَ - حَوالَيْ	ġayru mumkinin	unmöglich, nicht möglich	غَيْرُ مُمْكِنٍ
ḥafiẓa/yaḥfaẓu	auswendig lernen; sich merken; behalten	حَفِظَ/يَحْفَظُ	taškīl(un) – mušakkalun	Vokalisierung – vokalisiert	تَشْكِيلٌ - مُشَكَّلٌ
ḥifẓun	(das) Auswendiglernen; (das) Behalten (z.B. Gelerntes, Gelesenes)	حِفْظٌ	ʾurubbā, ʾamrīkā, ʾifrīqiyā	Europa, Amerika, Afrika	أُورُبّا، أَمْرِيكا، إِفْرِيقِيا

Nichtarabische Namen – auf arabisch geschrieben أَسْماءٌ غَيْرُ عَرَبِيّةٍ – مَكْتُوبةٌ بِٱلعَرَبِيّةِ

Ausgangspunkt ist der **Klang** des Namens, er sollte im *unvokalisierten* Schriftbild möglichst gut erkennbar sein. Daher schreibt man **kurze Vokale** oft **lang**, ebenso **Diphthonge**, z.B. *Bach, Strauß, Haydn*. **Fehlende Laute** ersetzt man durch *ähnlich* klingende: **o/ö/ü** ⇨ **ū**, , **e** ⇨ **ī**, **p** ⇨ **b** z.B. z.B. *Bonn Beethoven, Potsdam.* **Unbetontes „e"** läßt man oft weg, z.B. *Bremen* – doch am Wort**ende** schreibt man es meist als **tāʾ marbūṭa**, bei dem oft die Punkte fehlen, z.B. *Heine, Nietzsche, Rilke*. Daneben gibt es feste Zuordnungen: **1. r** ⇨ **rāʾ**, auch wenn es – wie z.B. im Französ. – nicht gerollt wird, z.B. *Rousseau* **2. z** ⇨ **zāy,** ebenfalls meist unabhängig von dessen Aussprache, im Original, z.B. *Mozart* **3. w** ⇨ **fāʾ**, z.B. *Wiesbaden*. Im **Qualitätsdruck** (z.B. Lexikon) benutzt man manchmal auch **persische** Buchstaben, z.B. **bāʾ** u. **fāʾ** mit jeweils **drei Punkten** für **p** und **w** (پ – ڤ)[3], z.B. *Picasso, Vivaldi.*
Für **g** benutzt man gewöhnlich **ġayn**, nur in Ägypten – gemäß der dortigen Aussprache – ist **ǧīm** üblich, z.B. *Gorbatschow*. Bei Namen, die mit **Vokal** beginnen, müssen Sie als erstes den **Stimmabsatz** schreiben, d.h. ʾ**a**lif bzw. ʾalif mamdūda, z.B. *Ulm, Erlangen, Essen, Aachen.* Damit man fremde Namen leichter erkennt, setzt man sie oft in **Anführungszeichen** oder in **Klammern**.

Wie schwer das Lesen trotzdem sein kann, zeigen nebenstehende Beispiele: Gesucht sind ein *Politiker,* ein *Musiker* und ein *Literat* (letzterer auch in ägypt. Schreibweise). Die Lösung finden Sie auf der letzten Seite dieser Lektion.

باخ، شتراوس، هايدن
بون، بيتهوفن، بوتسدام
بريمن، هاينه، نيتشه، ريلكه
١ روسو ٢ موزارت ٣ فيسبادن
پيكاسو، ڤيڤالدي
غورباتشوف/جورباتشوف
أولم، ارلانغن، ايسن، آخن
«كول» – «شوبان» –
«غوته» (في مِصْر: «جوته»)

Es folgen noch die Namen einiger größerer Städte in **Deutschland**, **Österreich** und der **Schweiz**, und zwar in der jeweils am häufigsten praktizierten Schreibweise.

هامبورغ، روستوك، لايبزيغ، فرانكفورت، نورنبيرغ، فرايبورغ، سالزبورغ، غراتس، بازل، برن

Schreiben Sie nun Ihren eigenen **Namen** und **Geburtsort** *auf arabisch*. Da es oft mehrere Möglichkeiten gibt, sollten Sie bei arab. Muttersprachlern aus *unterschiedlichen* Herkunftsländern fragen, was sie empfehlen würden.

1 ʾāḫaru/ʾuḫrā *m/f* sind Steigerungsformen (L9 §3), z.B. marratan ʾuḫrā مَرّةً أُخرى *ein weiteres Mal; noch einmal.*
2 von: ġayrun *w: Andersartigkeit*, z.B. ġayru muhimmin غير مهمّ *unwichtig*, ġayru ʿarabiyyin غير عربيّ *nichtarabisch*
3 Im Persischen gibt es für die im Arab. fehlenden Konsonanten zusätzliche Schriftzeichen, z.B. گ = g, چ = tsch.

L 1 – Aus der Geographie   الدَّرْسُ الأَوَّلُ – مِنَ ٱلجُغْرافِيا

Arab. Länder in Afrika – mit den Hauptstädten   بُلْدانٌ عَرَبِيَّةٌ فِي إِفْرِيقِيا – مَعَ ٱلعَواصِمِ

Einige Namen kennen Sie bereits aus *Schrift & Aussprache*, neu sind: mūrītāniyā (wie: mɔretāniya[1]) *Mauretanien* – 'as-sūdān(u) *Sudan*[2] – 'ar-ribāṭ(u)[3] *Rabat* – nawākšūṭ (wie: nawākšɔt[1]) *Nouakchott* – ṭarābulus Tripolis - 'al-qāhira(tu)[4] *Kairo* – 'al-ḫarṭūm[5] *Khartum.* Auf der arab. Karte im Einband sind diese Namen auch unvokalisiert abgedruckt.

البُلْدانُ هِيَ: المَغْرِبُ، موريتانِيا، الجَزائِرُ، تُونِسُ، لِيبِيا، مِصْرُ، السُّودانُ

العَواصِمُ هِيَ: الرِّباطُ، نَواكْشوط، الجَزائِرُ، تُونِسُ، طَرابُلْس، القاهِرةُ، الخَرْطومُ

Woher sind Saʿīd, Fatima, Omar, Khadidscha und Faraḥ?   مِنْ أَيْنَ سَعِيد وَفاطِمة وَعُمَر وَخَدِيجة وَفَرَح؟

1 *Marokko, Rabat* ➤ *Saʿīd ist aus Marokko, aus Rabat.*   ١ المَغْرِب، الرِّباط ◂ سَعيد مِنَ ٱلمَغْرِب، ...

2 *Algerien, Algier* ➤ *Fatima ist aus Algerien, aus* (w: Stadt) *Algier.*   ٢ الجَزائِر، الجَزائِر ◂ فاطِمة مِنَ ٱلجَزائِر، ...

3 *Libyen, Tripolis* ➤ *Omar ist aus Libyen, aus Tripolis*   ٣ لِيبيا، طَرابُلْس ◂ عُمَر مِنْ لِيبيا، ...

4 *Ägypten, Kairo* ➤ *Khadidscha ist aus Ägypten, aus Kairo.*   ٤ مِصْر، القاهِرة ◂ خَدِيجة مِنْ مِصْر، ...

5 *Sudan, Khartoum* ➤ *Faraḥ ist aus dem Sudan, aus Khartoum.*   ٥ السُّودان، الخَرْطوم ◂ فَرَح مِنَ ٱلسُّودان، ...

Wichtige Länder und Städte – in Europa   بُلْدانٌ وَمُدُنٌ مُهِمَّةٌ – فِي أُورُبّا

Bei der arab. Namensform europäischer Länder und Städte weichen *Schriftbild* und *Aussprache* oft erheblich voneinander ab. *Hören* Sie die folgenden Namen also, bevor Sie sie lesen! Die entsprechenden dt. Namensformen finden Sie unten in Anm. 6. Nichtarabische Namen werden hier im Lehrbuch nur sparsam od. gar nicht vokalisiert.

١ أَلْمانِيا: برلين، مِيُونِخ، كولونيا – النِّمْسا: فِيِنّا (ڤِيِنّا) – سويسْرا: بِرْن، زيورِخ، جِنيف

٢ إيطاليا: روما، البُنْدُقِيّة (أَوْ فينيسيا)، نابولي – فَرَنسا: بارِيس، مارْسِيلِيا، نِيس، لِيُون، بُورْدُو

٣ إسْبانيا: مَدْرِيد، بَرْشِلُونة، قُرْطُبة، إِشْبِيلِية، غَرْناطة، مالَقة – البُرْتُغال: لِشْبُونة، بورْتو

٤ بِلْجِيكا: بِرُوكْسِل – هُولانْدا: أَمْستِرْدام، روتِرْدام – لُوكْسِمْبُورْغ: لوكْسِمْبُورْغ

1 Nichtarab Namen spricht man oft anders aus als die Schreibung nahelegt, z.B. *ū* wie *u* od. offenes *o*, *ī* wie *e*.
2 'as-sūdān(u) *Sudan* leitet sich ab von: 'as-sūd(u) *die Schwarzen* – 'as-sūdān(u) heißt also wörtl. *Schwarzenland.*
3 'ar-ribāṭ(u) *befestigter Ort* – davon: 'al-murābiṭūn(a) *Almoraviden* (= Berberdynastie in Marokko, 1061 – 1147).
4 'al-qāhira(tu) *wörtl. die Siegreiche.* Kairo wurde 969 gegründet, seit 973 war sie Hauptstadt der Fatimiden.
5 od. 'al-ḫurṭūm(u) *wörtl. der Rüssel* – wohl wegen der Form der Kernstadt zwischen *Blauem* und *Weißem Nil.*
6 1 *Deutschland: Berlin, München, Köln – Österreich:* Wien – *Schweiz: Bern, Zürich, Genf* – 2 *Italien: Rom, Venedig* (der ar. Name „'al-bunduqiyya(tu)" bedeutet auch *„Gewehr"*, w: *das Venezianische* – gemäß der Rolle Venedigs als Hauptumschlagsplatz für den *Orienthandel*, auch den mit *Waffen), Neapel – Frankreich: Paris, Marseille, Nizza, Lyon, Bordeaux* – 3 *Spanien: Madrid, Barcelona, Cordoba, Sevilla, Granada, Málaga – Portugal: Lissabon, Porto* – 4 *Belgien: Brüssel – Holland: Amsterdam, Rotterdam – Luxemburg: Luxemburg*

L 1 – Letzte Seite: Wiederholung — الصَّفْحَةُ الأَخيرَةُ: مُراجَعَةٌ

Noch einmal:
Lektionstext – aber *ohne* Vokalisierung — مَرَّةً أُخْرىٰ: نَصُّ الدَّرْسِ – وَلٰكِنْ بِدُونِ تَشْكِيلٍ

An dieser Stelle folgt stets der **Lektionstext** noch einmal: in kleinerer Schrift, *unvokalisiert* u. schneller gesprochen. Üben Sie so lange, bis Sie alles *flüssig* lesen können und auch *– hörend –* verstehen. Danach empfiehlt sich das Rückübersetzen der *dt.* Fassung (abgedruckt auf der jeweils zweiten Seite der Lektion), und zwar *Satz für Satz* und *laut (!)*. So prägt sich das Gelernte intensiver ein. Ebenso hilfreich ist das *Niederschreiben* wichtiger Sätze *nach Gehör*.

الدرس الأوّل: أسئلة وأجوِبة – من هذا؟ ومن أين هو؟

– هذا كمال، كمال الحلبي. هو طالب.– من أين هو؟ – هو من سوريا.

– هل هو من دمشق؟ – لا، هو من حلب.– وأين هو الآن؟ – الآن هو في ألمانيا، في ميونخ.

ومن هذه؟ ومن أين هي؟ – هذه ليلى، ليلى كمال. هي أيضاً طالبة. – ومن أين هي؟

– هي من تونس، من تونس العاصمة. – وأين هي الآن؟– الآن هي في سويسّرا، في زيورخ.

وأنتَ؟ من أين أنت؟ – أنا من ٱلنمْسا، مِنْ زالتسبورغ.

وأنتِ؟ من أين أنت؟ - أنا أيضاً من ٱلنمسا، من فيينّا. - فيينّا مدينة جميلة. - نعم، هي مدينة جميلة جدّاً.

اسمي فؤاد، وأنتَ؟ ما اسمك أنت؟ – اسمي جميل.– تشرّفنا!

– اسمي مريم، وأنتِ؟ ما اسمك أنت؟– اسمي ليلىٰ. – تشرّفنا!

– وأنت، يا سيّد؟ ما الاسم الكريم؟ – وأنت، يا سيّدة؟ – وأنت، يا آنسة؟

Zwei Fragen zum Lektionstext: Ja oder nein? — سُؤالانِ حَوْلَ نَصِّ الدّرْسِ: نَعَمْ أَمْ لا؟

An dieser Stelle folgen stets einige Fragen zum Lektionstext. Versuchen Sie zunächst *selbst*, jede dieser Fragen auf arabisch zu formulieren u. zu beantworten. *Hören* Sie dann die arabische Fassung und sprechen Sie alles *laut* nach.

1 Ist Kamal al-Halabi Student?
2 Ist Layla Kamal auch Studentin?

١ هَلْ كَمال الحَلَبي طالِبٌ؟ ٢ هَلْ لَيْلىٰ كَمال كَذٰلِكَ طالِبَةٌ؟

Zum Auswendiglernen: Ein arabisches Sprichwort — لِلْحِفْظِ: مَثَلٌ عَرَبِيٌّ

Zum Schluß ein oft zitierter Spruch, der sinngemäß bedeutet: *Man muß Prioritäten setzen* – wörtl. *das-wichtige und-das-[noch] wichtigere* (Umschrift: 'al-muhimm(u) wa-l-ʾahamm(u) – ʾahammu, vgl. L9 §3). Hier und auch weiterhin finden Sie den Spruch rechts in *Naskhi* abgedruckt und links in *Andalus*, einer der vielen Varianten des *Kufi*.

المهم والأهم — *Es gibt Wichtiges und noch Wichtigeres* — المُهِمّ وَٱلأَهَمّ

Hier machen wir Schluß. Danke und auf Wiedersehen, auf Wiedersehen in der 2. Lektion. (zur wörtl. Übersetzung vgl. 4.J)

إلىٰ هُنا وَنَنْتَهي. شُكْراً وَإلىٰ ٱللِّقاءِ! - إلىٰ ٱللِّقاءِ في ٱلدَّرْسِ الثّاني!

Auflösung der Leseaufgabe: *Kohl – Chopin – Goethe*. Die Fassung mit *ǧīm* (ج) wird nur von den äg. Goethe-Instituten in *Kairo* u. *Alexandria* benutzt, die übrigen schreiben *Goethe* mit *ġayn* (غ). غوته – جوته

2. Lektion

الدّرس الثّاني

'ad-darsu 'at-ṯānī
die-Lektion die-zweite

Herzlich willkommen!
Herzlich willkommen in der 2. Lektion!

أَهْلاً وَسَهْلاً! أَهْلاً وَسَهْلاً فِي ٱلدَّرْسِ الثّاني!

Die neuen Wörter (Teil 1) — الكَلِماتُ الجَدِيدةُ (القِسْمُ الأَوَّلُ)

- **Verben** zitiert man im **Perfekt**, **3. P. Sg. mask.**, nach dem *Schrägstrich* folgt das **Präsens**, z.B fahima/yafhamu *verstehen* (wörtl. *er verstand/er versteht*, vgl. §3). **Römische Zahlen** bezeichnen den **Stamm** (vgl. L5 §3), der **I. Stamm** (= Grundstamm) bleibt **unbezeichnet**. — فَهِمَ / يَفْهَمُ
- **Doppelpfeile** (⇔) bezeichnen **Gegenbegriffe**, z.B. ǧadīdun ⇔ qadīmun *neu* ⇔ *alt.* — جَدِيدٌ ⇔ قَدِيمٌ

mutābaˁatun *pl.* -ātun	*Fortsetzung*	مُتابَعةٌ ج اتٌ	madrasatun *pl.* madārisu	*Schule*	مَدْرَسةٌ ج مَدارِسُ
mudarrisun *pl.* -ūna	*Dozent, Lehrer* *(meist: Oberschule)*	مُدَرِّسٌ ج ونَ	maˁhadun *pl.* maˁāhidu	*Institut*	مَعْهَدٌ ج مَعاهِدُ
faransiyyun *pl.* -ūna	*französisch;* *Franzose*	فَرَنْسِيٌّ ج ونَ	ǧāmiˁatun *pl.* -ātun	*Universität;* *Liga, Verband*	جامِعةٌ ج اتٌ
'al-faransiyyatu[1]	*das Französische,* *Französisch*	الفَرَنْسِيّةُ	marratan ṯāniyatan	*ein zweites Mal;* *noch einmal,* vgl. *L1 (3), Anm. 1*	مَرّةً ثانِيةً
'al-ʾinglīziyyatu[2]	*das Englische,* *Englisch*	الإنكليزِيّةُ	buṭʾun – bi-buṭʾin	*Langsamkeit –* *langsam*	بُطْءٌ - بِبُطْءٍ
maˁrūfun – mašhūrun	*bekannt –* *berühmt*	مَعْرُوفٌ - مَشْهورٌ	surˁatun – bi-surˁatin	*Geschwindigkeit –* *schnell; rasch*	سُرْعةٌ - بِسُرْعةٍ
ṯumma – baˁda ḏālika	*dann –* *danach (w: nach jenem)*	ثُمَّ - بَعْدَ ذٰلِكَ	kullun – kullu (+ Gen.)	*Gesamtheit –* *jeder; ganz; alle (vgl. L12 §4)*	كُلٌّ - كُلُّ
darasa/ yadrusu	*studieren;* *(intensiv) lernen*	دَرَسَ/يَدْرُسُ	kullu šayʾin – kullu yawmin	*jedes Ding; alles –* *jeder Tag*	كُلُّ شَيْءٍ - كُلُّ يَوْمٍ
taˁallama V/ yataˁallamu	*lernen*	تَعَلَّمَ/يَتَعَلَّمُ	ṣabāḥun ⇔ masāʾun	*Morgen ⇔* *Abend*	صَباحٌ ⇔ مَساءٌ
šamālun ⇔ ǧanūbun	*Norden ⇔* *Süden*	شَمالٌ ⇔ جَنُوبٌ	nūrun *pl.* ʾanwārun	*Licht; Nur m./f.*	نُورٌ ج أَنْوارٌ
šarqun ⇔ ġarbun	*Osten; Orient ⇔* *Westen; Okzident*	شَرْقٌ ⇔ غَرْبٌ	salāmatun	*Unversehrtheit;* *Sicherheit; Richtigkeit*	سَلامةٌ
mašriqun ⇔ maġribun[3]	*Orient (w: Ostland) ⇔* *Maghreb (w: Westland)*	مَشْرِقٌ ⇔ مَغْرِبٌ	liqāʾun *pl.* -ātun	*Begegnung;* *Treffen*	لِقاءٌ ج اتٌ

1 Zu ergänzen: 'al-luġatu اللغة *die Sprache*. Zu hören ist oft die *mask. Kurzform* (Endung –ī, unbetont, vgl. L1 §4) *ohne* Artikel, z.B. faransī فَرَنْسي, ʾinglīzī إنكليزي *Englisch, Französisch*. Wichtig: Bei „ˁarabī" عَرَبي ist unklar, ob es sich um *Standard-od. Umgangsarabisch* handelt, während „'al-ˁarabiyya(tu)" ausschließlich *Standard- bzw. klass. Arabisch* bezeichnet.

2 In Äg. mit *ǧīm* (الانجليزية), sonst mit *kāf* (الانكليزية) = vereinfachtes *pers.* گ (L1, S. 48 Anm. 3), Aussprache: 'al ʾinglīziyya

3 'al-maġrib(u) auch: *Marokko* – Als Begriffspaar: *Maghreb* ⇔ *Maschriq* (= arab. Länder *westlich* ⇔ *östlich* von Ägypten)

ṣabāḥu‿l-ḫayr(i)! – ṣabāḥu‿n-nūr(i)!	*Guten Morgen! (w: Morgen des-Guten!)* *– Guten Morgen! (w: Morgen des-Lichts!)*	صَباحُ ٱلخَيْر! – صَباحُ ٱلنُّور!
masā'u‿l-ḫayr(i)! – masā'u‿n-nūr(i)!	*Guten Abend! (w: Abend des-Guten!)* *– Guten Abend! (w: Abend des-Lichts!)*	مَساءُ ٱلخَيْر! – مَساءُ ٱلنُّور!
maᶜa‿s-salāma(ti)! – 'ilā‿l-liqā'(i)!	*Leb / Lebt / Leben Sie wohl! (w: mit Unversehrtheit)* *– Auf Wiedersehen! (w: bis zu der-[Wieder-] Begegnung)*	مَعَ ٱلسَّلامة! – إلىٰ ٱللِّقاء!

Ordnungszahlen: 1. bis 10.

Da die *Null* ar. ṣifr(un) صفر aussieht wie ein *Punkt* (•), benutzt man – um Mißverständnisse zu vermeiden – für Ordnungszahlen entweder *Klammern, Bindestriche* oder eine *Umrahmung*, letztere meist rund oder rechteckig). Nebenstehend sehen Sie einige Beispiele. ١) ،-١ ،١ ،(١) ،[١]

1.	'awwal(u) *m.*/ 'ūlā *f.*	أَوَّل/أُولى	(١	6.	sādis(un) *m.*/ sādisa(tun) *f.*	سادِسٌ/سادِسةٌ	(٦
2.	ṯānin[2] p: ṯānī *m.*/ ṯāniya(tun)[2] *f.*	ثانٍ/ثانِيةٌ	(٢	7.	sābiᶜ(un) *m.*/ sābiᶜa(tun) *f.*	سابِعٌ/سابِعةٌ	(٧
3.	ṯāliṯ(un) *m.*/ ṯāliṯa(tun) *f.*	ثالِثٌ/ثالِثةٌ	(٣	8.	ṯāmin(un) *m.*/ ṯāmina(tun) *f.*	ثامِنٌ/ثامِنةٌ	(٨
4.	rābiᶜ(un) *m.*/ rābiᶜa(tun) *f.*	رابِعٌ/رابِعةٌ	(٤	9.	tāsiᶜ(un) *m.*/ tāsiᶜa(tun) *f.*	تاسِعٌ/تاسِعةٌ	(٩
5.	ḫāmis(un) *m.*/ ḫāmisa(tun) *f.*	خامِسٌ/خامِسةٌ	(٥	10.	ᶜāšir(un) *m.*/ ᶜāšira(tun) *f.*	عاشِرٌ/عاشِرةٌ	(١٠

Ordnungszahlen werden wie Adjektive **nachgestellt**. Beim **Aufzählen** benutzt man den **Akkusativ**, z.B. 'awwalan *erstens,* ṯāniyan *zweitens,* ṯāliṯan *drittens,* rābiᶜan *viertens* – 'ilā 'āḫiri-hi, 'ilā 'āḫiri-hi *und so weiter und so weiter (usw.) wörtl. bis zu Letztem-sein.*

أَوَّلاً، ثانِياً، ثالِثاً، رابِعاً - إلىٰ آخِرِه، إلىٰ آخِرِه (إلخ)

Lektionstext 2 – Übersetzung: Fragen und Antworten (Fortsetzung)

Ein Dozent aus Marokko
Das ist Herr Mahmoud, Mahmoud Bouslama. – Ist er Student?
– Nein, er ist Dozent. Er ist Dozent für Arabisch und Französisch (w: für die 2 Sprachen die-französ. u. die-arab.).
– Und woher kommt er? – Er kommt aus Marokko, aus dem berühmten Marrakesch.
– Und wo hat er studiert? – Er hat zuerst in Fes studiert und danach (w: nach jenem) in Frankreich.
– Und wo hat er Deutsch gelernt? – Zuerst in der Schule, dann am Goethe-Institut (w: in [dem] Institut [des] Goethe).

Eine Dozentin aus Jordanien
Das ist Frau Suᶜad, Suᶜad Khamis. – Ist sie Studentin?
– Nein, sie ist Dozentin. Sie ist Dozentin für Englisch und Arabisch (w: für die 2 Sprachen die-engl. u. die arab.).
– Kommt sie auch aus Marokko? – Nein, sie kommt aus Jordanien. – Kommt sie aus Amman?
– Nein, sie kommt aus dem Süden, aus dem berühmten Aqaba. – Und wo hat sie studiert?
– Sie hat in Amman studiert, an (w: in) der Jordanischen Universität. Und auch sie hat Deutsch gelernt, zuerst am Goethe-Institut (w: in [dem] Institut [des] Goethe) und danach an (w: in) einer deutschen Universität.

Entschuldigung, ich habe nicht verstanden
– Entschuldigung, ich habe das nicht verstanden, bitte noch einmal (w: aus Güte-dein, ein Mal ein zweites).
– Hast du m. od. Haben Sie m. jetzt verstanden? – Ja, ich habe verstanden.
– Entschuldigung, ich habe das nicht verstanden, bitte noch einmal und langsam (w: in-Langsamkeit).
– Hast du f. (od. Haben Sie f.) jetzt verstanden? – Ja, jetzt habe ich verstanden, jetzt habe ich alles verstanden.
– Und ihr (od. Sie pl.)? Habt ihr (od. Haben Sie pl.) auch verstanden? – Ja, danke!

1 Beim Anfügen des Artikels wird die Endung -in zu -ī, geschrieben mit yā' ي: 'aṯ-ṯānī الثّاني *der zweite* (vgl. L 10 §5).
2 Die *fem.* Form (ṯāniya(tun) ثانية) kann auch *Sekunde* heißen, der Plural lautet: ṯawānin (p: ṯawānī) ثانية ج ثوانٍ

L 2: Fragen und Antworten (Fortsetzung)

الدَّرْسُ الثّاني: أَسْئِلَةٌ وَأَجْوِبةٌ (مُتابَعة)

Ein Dozent aus Marokko

مُدَرِّسٌ مِنَ ٱلْمَغْرِبِ

هٰذا هُوَ السَّيِّدُ مَحْمُود، مَحْمُود بُوسلامة. هَلْ هُوَ طالِبٌ؟

- لا، هُوَ مُدَرِّسٌ، هُوَ مُدَرِّسٌ لِلُّغَتَيْنِ[1] العَرَبِيّةِ وَٱلْفَرَنْسِيّةِ.

- وَمِنْ أَيْنَ هُوَ؟ - هُوَ مِنَ ٱلْمَغْرِبِ، مِن مَرّاكِش المَشهورة.

- وَأَيْنَ دَرَسَ؟ - دَرَسَ أَوَّلاً في فاس وَبَعْدَ ذٰلِكَ في فِرَنْسا.

- وَأَيْنَ تَعَلَّمَ اللُّغَةَ الأَلمانِيّةَ؟ - أَوَّلاً في المَدْرَسةِ، ثُمَّ في مَعْهَدِ غوته.

Eine Dozentin aus Jordanien

مُدَرِّسةٌ مِنَ ٱلأُرْدُنِّ

هٰذِهِ هِيَ السَّيِّدةُ سُعاد، سُعاد خَمِيس. هَلْ هِيَ طالِبةٌ؟

- لا، هِيَ مُدَرِّسةٌ، هِيَ مُدَرِّسةٌ لِلُّغَتَيْنِ الإِنْكليزيّةِ وَٱلعَرَبِيّةِ.

- هَلْ هِيَ كَذٰلِكَ مِنَ ٱلْمَغْرِبِ؟ - لا، هِيَ مِنَ ٱلأُرْدُنِّ.

- هَلْ هِيَ مِنْ عَمّان؟ لا، هِيَ مِنَ ٱلْجَنُوبِ، مِنَ ٱلْعَقَبةِ المَشْهُورة.

- وَأَيْنَ دَرَسَتْ؟ - دَرَسَتْ في عَمّان، في ٱلجامِعةِ الأُرْدُنِّيّةِ.

وَهِيَ أَيْضاً تَعَلَّمَتْ الأَلمانِيّةَ، أَوَّلاً في مَعْهَدِ غوته وَبَعْدَ ذٰلِكَ في جامِعةٍ أَلْمانِيّةٍ.

Entschuldigung, ich habe nicht verstanden …

عَفْواً، ما فَهِمْتُ ...

- عَفْواً، ما فَهِمْتُ هٰذا. مِنْ فَضْلِكَ، مَرّةً ثانيةً. - هَلْ فَهِمْتَ الآنَ؟ - نَعَمْ، فَهِمْتُ.

- عَفْواً، ما فَهِمْتُ هٰذا. مِنْ فَضْلِكَ، مَرّةً ثانيةً وَبِبُطْءٍ. - هَلْ فَهِمْتِ الآنَ؟

- نَعَمْ، الآنَ، فَهِمْتُ كُلَّ شَيْءٍ. - وَأَنْتُمْ[2]، هَلْ فَهِمْتُمْ كَذٰلِكَ؟ - نَعَمْ، شُكْراً.

1 Zu „li-l-" vgl. L3 §2, zu „li-l-luġatayni": Treffen *drei* gleiche Buchstaben aufeinander, so schreibt man nur *zwei*.
2 ʾantum = *ihr, Sie m.* – gilt auch für gemischte Gruppen. Eine Liste aller Pronomen finden Sie in L3 §1 u. 4 §1.

L 2 – Grammatik und Sprache الدَّرْسُ الثّاني - القَواعِدُ وَاللُّغة

§ 1. Deklination der Substantive und Adjektive

Man unterscheidet *drei* Fälle: **Nominativ** (1. Fall), **Genitiv** (2. Fall), **Akkusativ** (4. Fall). Die **Deklination** richtet sich immer nach der jeweiligen **Endung**. **Unveränderlich** sind **Substantive** auf **-ā** ـا[1] (nur bei Schreibung mit ʾalif), z.B. ʾalmāniyā *Deutschland*, ebenso die meisten Fremdwörter. أَلْمانيا

Substantive u. **Adjektive**, die auf **-un** bzw. **-atun** (ـةٌ) enden, nennt man **triptotisch** (= *drei*endig), da es für jeden der *drei* Fälle eine eigene Endung gibt. **Substantive**, **Adjektive** sowie **Plurale**, die auf **-u** bzw. **-atu** enden, haben in **Genitiv** *und* **Akkusativ** dieselbe Endung, man nennt sie **diptotisch** (= *zwei*endig)[2].

Tafel 1: Substantive u. Adjektive auf -un bzw. -atun od. -u bzw. -atu – indeterminiert (= unbestimmt)

N	-un	baladun *(ein) Land*	بَلَدٌ	-atun	madīnatun *(eine) Stadt*	مَدِينَةٌ	-u	ʾawwalu *(ein) erster*	أَوَّلُ
G	-in	baladin *(eines) Landes*	بَلَدٍ	-atin	madīnatin *(einer) Stadt*	مَدِينَةٍ	-a	ʾawwala *(eines) ersten*	أَوَّلَ
A	-an*	baladan* *(ein) Land*	بَلَدًا*	-atan	madīnatan *(eine) Stadt*	مَدِينَةً	-a	ʾawwala *(einen) ersten*	أَوَّلَ

* Die **Endg. -an** schreibt man mit **ʾalif**, bei **adverbialem** Gebrauch *muß* man sie mitsprechen, z.B. maṯalan *zum Beispiel* – šukran *danke* – ʿafwan *bitte; Entschuldigung.* مَثَلاً - شُكْرًا - عَفْوًا

Beim **Hinzusetzen des Artikels** fällt das „n" der Endungen **-un** bzw. **-atun** (sog. **Nunation** ar. tanwīn) weg. **Diptotische Substantive** u. **Adjektive** werden dann **triptotisch**, d.h. sie haben *drei* verschiedene Endungen.

Tafel 2: Substantive u. Adjektive auf -un bzw. -atun od. -u bzw. -atu – determiniert (= näherbestimmt)

N	-u	'al-baladu *das Land*	البَلَدُ	-atu	'al-madīnatu *die Stadt*	المَدِينَةُ	-u	'al-'awwalu *der erste*	الأَوَّلُ
G	-i	'al-baladi *des Landes*	البَلَدِ	-ati	'al-madīnati *der Stadt*	المَدِينَةِ	-i	'al-'awwali *des ersten*	الأَوَّلِ
A	-a	'al-balada *das Land*	البَلَدَ	-ata	'al-madīnata *die Stadt*	المَدِينَةَ	-a	'al-'awwala *den ersten*	الأَوَّلَ

Im **Dual** sind **Genitiv** und **Akkusativ** *gleich*, z.B. *(2) Länder* baladāni ⇨ G/A baladayni – *(2) Städte* madīnatāni ⇨ G/A madīnatayni بَلَدانِ ⇦ بَلَدَيْنِ - مَدِينَتانِ ⇦ مَدِينَتَيْنِ
Die **Dual-Endungen** verändern sich nicht, wenn der Artikel hinzugesetzt wird, z.B. 'al-baladāni *die (2) Länder*, 'al-madīnatāni *die (2) Städte.* البَلَدانِ - المَدِينَتانِ

Äußere Plurale (Endg. **-ūna** bzw. **-ātun**) sind in **Genitiv** und **Akkusativ** *gleich*, z.B. muslimūna ⇨ G/A muslimīna *Muslime* – muslimātun ⇨ G/A muslimātin *Musliminnen.* مُسْلِمُونَ ⇦ مُسْلِمِينَ - مُسْلِماتٌ ⇦ مُسْلِماتٍ
Beim Hinzusetzen des **Artikels** verändert sich nur die *feminine* Endung: **-ātun** ⇨ **-ātu**, z.B. 'al-muslimātu *die Musliminnen* – die *mask.* Endung bleibt gleich: **-ūna** ⇨ **-ūna**, z.B. 'al-muslimūna *die Muslime.* المُسْلِماتُ - وَلٰكِنْ: المُسْلِمُونَ

Innere Plurale dekliniert man **wie Singulare**, maßgeblich ist die jeweilige **Endung**, z.B. *Länder* buldānun wie: baladun *Land* – *Schulen* madārisu wie: ʾawwalu *erster.* بُلْدانٌ - مَدارِسُ

1 Die *Endung -ā* ـا ist typisch für *Ländernamen* und *Fremdwörter.* Adjektive mit dieser Endung gibt es nicht.
2 *Diptotisch* sind alle *Steigerungsformen* (vgl. L9 §3) sowie viele *Eigennamen*, z.B. lubnān(u) لبنان *(der) Libanon.*

§ 2. Substantive mit Artikel und Adjektiv

Setzt man Substantiven mit Artikel ein **Adjektiv** hinzu, so wird auch das Adjektiv **mit Artikel** gebraucht[1]. Entgegen der klassischen Norm (vgl. 4.J) wird meist *pausal* gebunden, vor allem beim spontanen Sprechen.

'al-kitābu 'al-ǧadīdu *klass. gebunden:* 'al-kitābu‿l-ǧadīdu *pausal gebunden:* 'al-kitāb‿əl-ǧadīd	*das neue Buch* *(wörtl. das-Buch das-neue)*	الكِتابُ ٱلْجَدِيدُ
'al-kalimatu 'al-ǧadīdatu *klass. gebunden:* 'al-kalimatu‿l-ǧadīdatu *pausal gebunden:* 'al-kalima‿l-ǧadīda	*das neue Wort* *(wörtl. das-Wort das-neue)*	الكَلِمةُ ٱلْجَدِيدةُ

Wichtig: Fehlt beim Adjektiv der Artikel, so entsteht ein **Aussagesatz** mit der Struktur *„Das ist ...“.*

'al-kitābu ǧadīd(un).	*Das Buch ist neu.* *(wörtl. Das-Buch [ist] [ein] neues.)*	الكِتابُ جَدِيدٌ.
'al-kalimatu ǧadīda(tun).	*Das Wort ist neu.* *(wörtl. Das-Wort [ist] [ein] neues.)*	الكَلِمةُ جَدِيدةٌ.

§ 3. Allgemeines zum Verb – Perfekt-Konjugation

Verben zitiert man – auch im Wörterbuch – in der **3. P. Sg. mask. Perfekt**[2], da dies die *einfachste* Form ist, z.B. kataba *schreiben (wörtl. er schrieb)*. **Personalpronomen** *(ich, du usw.*, vgl. L3 §1) setzt man nur hinzu, meist nachgestellt, wenn sie besonders **betont** sind, z.B. kataba huwa *er schrieb [d.h. nicht sie od. ich]*.
Beim **Konjugieren** bzw. **Nennen** *einzelner* Verbformen wird immer die **volle Endung** ausgesprochen.

Tafel: Perfekt – kataba/yaktubu *schreiben* كَتَبَ/يَكْتُبُ

Singular			Plural		
-tu	katabtu *ich schrieb*	كَتَبْتُ	-nā	katabnā *wir schrieben*	كَتَبْنا
-ta	katabta *m.* *du schriebst*	كَتَبْتَ	-tum*	katabtum *m**. *ihr schriebt*	كَتَبْتُمْ *
-ti	katabti *f.* *du schriebst*	كَتَبْتِ	-tunna	katabtunna *f.* *ihr schriebt*	كَتَبْتُنَّ
-a	kataba *er schrieb*	كَتَبَ	-ū**	katabū** *m.* *sie schrieben*	كَتَبُوا**
-at	katabat *sie schrieb*	كَتَبَتْ	-na	katabna *f.* *sie schrieben*	كَتَبْنَ

Verneinung:
mā kataba[3] *er schrieb nicht* ما كَتَبَ

Dual		
-tumā	katabtumā *ihr (2) schriebt*	كَتَبْتُما
-ā	katabā *m.* *sie (2) schrieben*	كَتَبا
-atā	katabatā *f.* *sie (2) schrieben*	كَتَبَتا

* Beim **Binden** folgt nach **„-tum“** der **Hilfsvokal** *u*, z.B. hal katabtumu‿l-ʔān(a)? *Habt ihr jetzt geschrieben?*
** Die **Endung -ū** (hier: Perfekt, 3. P. Pl. mask.) wird mit „stummem“ ʔalif geschrieben: وا , vgl. auch L5 §5.

„qad[4]**“** *od.* **„la-qad“** + **Perfekt** *schon, bereits* benutzt man, um die **Abgeschlossenheit** einer Handlung zu betonen, z.B. la-qad katabtu la-hu *ich habe od. hatte ihm schon geschrieben.* **Vorzeitigkeit** kann durch **„kāna“** *sein* + **„qad“** + **Perfekt** ausgedrückt werden, vgl. L12 §2.

قَدْ [4] – لَقَدْ
لَقَدْ كَتَبْتُ لَهُ

1 Dasselbe gilt für Adjektive, die sich auf das Leitwort einer sog. Genitiv-Verbindung beziehen, vgl. L3 §3, L5 §1.
2 Der Begriff *Perfekt* steht hier im Lehrbuch ganz allgemein für *Vergangenheit* (ar. 'al-māḍī الماضِي), d.h. er umfaßt *Perfekt, Imperfekt, Plusquamperfekt*. Die dt. Übersetzung richtet sich nach dem jeweiligen Kontext.
3 Als eleganter bzw. gehobener gilt die *Verneinung* des *Perfekts* durch: lam لَمْ *nicht [war es]* + Apokopat, vgl. L6 §4.
4 Aber: „qad“ قَدْ + *Präsens* hat die Bedeutung *„vielleicht“* – genauso wie „rubba-mā“ رُبَّما , vgl. L5 (2) Anm. 2.

L 2 – Die neuen Wörter (Teil 2) الكَلِماتُ الجَدِيدةُ (القِسْمُ الثّانِي)

kataba/ yaktubu	*schreiben, aufschreiben*	كَتَبَ / يَكْتُبُ	ṣaḥīḥun *pl.* ˀaṣiḥḥāˀu	*richtig, korrekt; gesund; Gesunder*	صَحِيحٌ ج أَصِحّاءُ
qaraˀa/ yaqraˀu	*lesen, vorlesen*	قَرَأَ / يَقْرَأُ	ḫayrun – bi-ḫayrin	*Gutes; Besseres, Bestes – in gutem Zustand; gut* (Adv.)	خَيْرٌ - بِخَيْرٍ
tarǧama II/ yutarǧimu	*übersetzen*	تَرْجَمَ / يُتَرْجِمُ	kāna (kuntu)[1]/ yakūnu	*sein* (*w: er war/er ist*)	كانَ (كُنْتُ)[1] / يَكُونُ
badaˀa/ yabdaˀu bi-	*anfangen, beginnen mit*	بَدَأَ / يَبْدَأُ بِـ	fiˁlun *pl.* ˀafˁālun	*Tat; Tätigkeit; Verb*	فِعْلٌ ج أَفْعالٌ
tābaˁa III/ yutābiˁu	*weitermachen, fortfahren*	تابَعَ / يُتابِعُ	māḍin (p: māḍī) – 'al-māḍī (L 10 §5)	*vergangen – die Vergangenheit*	ماضٍ - الماضِي
'intahā VIII/ yantahī min	*aufhören mit; beenden etw.*	اِنْتَهىٰ / يَنْتَهِي مِنْ	ḥāḍirun ⇔ ġāˀibun	*anwesend; da ⇔ abwesend; nicht da*	حاضِرٌ ⇔ غائِبٌ
nuṭqun – nabrun	*Aussprache – Betonung*	نُطْقٌ - نَبْرٌ	lāḥaẓa III/ yulāḥiẓu	*bemerken; beachten; beobachten*	لاحَظَ / يُلاحِظُ

Übungen zur Aussprache[2]:
Schwierige Wörter – schwierige Sätze
تَمارِينُ فِي ٱلنُّطْقِ: كَلِماتٌ صَعْبةٌ - جُمَلٌ صَعْبةٌ

schwierig: Ist das schwierig?
➢ *Ja, das ist schwierig.*
صَعْبٌ: هَلْ هٰذا صَعْبٌ؟ ➢ نَعَمْ، هٰذا صَعْبٌ.

richtig: Ist das richtig?
➢ *Ja, das ist richtig.*
صَحِيحٌ: هلْ هٰذا صَحِيحٌ؟ ➢ نَعَمْ، هٰذا صَحِيحٌ.

bekannt: Ist das bekannt?
➢ *Ja, das ist bekannt.*
مَعْرُوفٌ: هلْ هٰذا مَعْرُوفٌ؟ ➢ نَعَمْ، هٰذا مَعْرُوفٌ.

Gutes, Morgen: Guten Morgen!
➢ *Guten Morgen!*
خَيْرٌ، صَباحٌ: صَباحُ ٱلخَيْرِ! ➢ صَباحُ ٱلنّورِ!

Gutes, Abend: Guten Abend!
➢ *Guten Abend!*
خَيْرٌ، مَساءٌ: مَساءُ ٱلخَيْرِ! ➢ مَساءُ ٱلنّورِ!

Das Verb in der Vergangenheit:
Achten Sie auf Schreibung und Betonung!
الفِعْلُ فِي ٱلماضِي: لاحِظُوا[3] الكِتابةَ وَٱلنَّبْرَ!

er/sie hat geschrieben, sie haben geschrieben m.
➢ *ich habe geschrieben – wir haben nicht geschrieben*
كَتَبَ / كَتَبَتْ، كَتَبُوا[4] ➢ كَتَبْتُ - ما كَتَبْنا

er/sie hat gelesen, sie haben gelesen m.
➢ *ich habe gelesen – wir haben nicht gelesen*
قَرَأَ / قَرَأَتْ، قَرَؤُوا[5] ➢ قَرَأْتُ - ما قَرَأْنا

er/sie hat angefangen, sie haben angefangen m.
➢ *ich habe angefangen – wir haben nicht angefangen*
بَدَأَ / بَدَأَتْ، بَدَؤُوا[5] ➢ بَدَأْتُ - ما بَدَأْنا

er/sie hat weitergemacht, sie haben weitergemacht m.
➢ *ich habe weitergemacht – wir haben nicht weitergemacht*
تابَعَ / تابَعَتْ، تابَعُوا ➢ تابَعْتُ - ما تابَعْنا

1 In *Klammern* = 1. Pers. Sg. Perfekt (hier: *ich war*) – bei „hohlen" Verben (L7 §2) muß man diese Form mitlernen.
2 Für alle *Ausspracheübungen* sollten Sie zunächst die entsprechenden Abschnitte aus „Schrift & Aussprache" wiederholen, hier z.B. 3.H, 4.B, 4.C. Achten Sie stets auch auf das šadda, d.h. die *hörbaren* Verdoppelungen.
3 lāḥiẓū! *beachten Sie!* !لاحظوا – die *Imperativ-Endg.* -ū (vgl. L6 §2) endet zwar mit ˀalif, dieses bleibt aber *stumm*.
4 Die mask. Pluralform verwendet man auch für Gruppen (ab 3 Pers.) mit nur einer einzigen männlichen Person.
5 Hamza im Wort*inneren* schreibt man mit Hilfe von wāw (ؤ), wenn *u* folgt od. vorausgeht (vgl. 4.G u. Anhang).

L 2 – Übungen | الدَّرْسُ الثّاني – التَّمارِينُ

Ü 1: Wie heißt der Dual? Wie heißt der Plural?	التَّمْرِينُ الأَوَّل: ما هُوَ ٱلْمُثَنّىٰ؟ ما هُوَ ٱلْجَمْعُ؟
ein neues Haus ➢ zwei neue Häuser ➢ neue Häuser (ab 3)	بَيْتٌ جَدِيدٌ ◂ بَيْتانِ جَدِيدانِ ◂ بُيُوتٌ جَدِيدَةٌ
ein neues Wort ➢ zwei neue Wörter ➢ neue Wörter (ab 3)	كَلِمةٌ جَدِيدةٌ ◂ كَلِمَتانِ جَدِيدَتانِ ◂ كَلِماتٌ جَدِيدةٌ
ein neuer Lehrer ➢ zwei neue Lehrer ➢ neue Lehrer (ab 3)	مُدَرِّسٌ جَدِيدٌ ◂ مُدَرِّسانِ جَدِيدانِ ◂ مُدَرِّسُونَ جُدُدٌ
eine neue Lehrerin ➢ zwei neue Lehrerinnen ➢ neue Lehrerinnen (ab 3)	مُدَرِّسةٌ جَدِيدةٌ ◂ مُدَرِّسَتانِ جَدِيدَتانِ ◂ مُدَرِّساتٌ جَدِيداتٌ

Ü 2: Ist das wichtig? Ist das richtig?	التَّمْرِينُ الثّانِي: هَلْ هٰذا مُهِمٌّ؟ هَلْ هٰذا صَحِيحٌ؟
wichtig – Ist das eine wichtige Frage? ➢ Ja, die Frage ist wichtig.	مُهِمٌّ - هَلْ هٰذا سُؤالٌ مُهِمٌّ؟ ◂ نَعَمْ، السُّؤالُ مُهِمٌّ.
wichtig – Ist das ein wichtiges Problem? ➢ Ja, das Problem ist wichtig.	مُهِمٌّ - هَلْ هٰذِهِ مُشْكِلةٌ مُهِمّةٌ؟ ◂ نَعَمْ، المُشْكِلةُ مُهِمّةٌ.
richtig – Ist die Aussprache richtig? ➢ Ja, die Aussprache ist richtig.	صَحِيحٌ - هَلْ النُّطْقُ صَحِيحٌ؟ ◂ نَعَمْ، النُّطْقُ صَحِيحٌ.
richtig – Ist die Übersetzung richtig? ➢ Ja, die Übersetzung ist richtig.	صَحِيحٌ - هَلْ التَّرْجَمةُ صَحِيحةٌ؟ ◂ نَعَمْ، التَّرْجَمةُ صَحِيحةٌ.

Ü 3: Wichtige Verben, z.B. übersetzen, lesen, schreiben, verstehen	التَّمْرِينُ الثّالِث: أَفْعالٌ مُهِمّةٌ، مَثَلاً تَرْجَمَ، قَرَأَ، كَتَبَ، فَهِمَ
der erste Satz – ich habe übersetzt ➢ Ich habe den ersten Satz übersetzt.	الجُمْلةُ الأُولىٰ - تَرْجَمْتُ ◂ تَرْجَمْتُ الجُمْلةَ الأُولىٰ.
der erste Text – ich habe gelesen ➢ Ich habe den ersten Text gelesen.	النَّصُّ الأَوَّلُ - قَرَأْتُ ◂ قَرَأْتُ النَّصَّ الأَوَّلَ.
alles – ich habe nicht geschrieben ➢ Ich habe nicht alles geschrieben.	كُلُّ شَيْءٍ - ما كَتَبْتُ ◂ ما كَتَبْتُ كُلَّ شَيْءٍ.
alles – ich habe nicht verstanden ➢ Ich habe nicht alles verstanden.	كُلُّ شَيْءٍ - ما فَهِمْتُ ◂ ما فَهِمْتُ كُلَّ شَيْءٍ.

Ü 4: Ich habe Englisch und Deutsch gelernt	التَّمْرِينُ الرّابِع: تَعَلَّمْتُ[1] الإنكليزيَّةَ وَٱلأَلْمانِيّةَ
Französisch und Arabisch ➢ Ich habe Französisch gelernt, und auch Arabisch.	الفَرَنْسِيّةُ وٱلعَرَبِيّةُ ◂ تَعَلَّمْتُ الفَرَنْسِيّةَ وَأَيْضاً ٱلعَرَبِيّةَ.
Spanisch und Italienisch ➢ Ich habe Spanisch gelernt, und auch Italienisch.	الإسْبانِيّةُ وٱلإيطالِيّةُ ◂ تَعَلَّمْتُ الإسْبانِيّةَ وَأَيْضاً ٱلإيطالِيّةَ.
Russisch und Griechisch ➢ Ich habe Russisch gelernt, und auch Griechisch[2].	الرُّوسِيّةُ وٱليُونانِيّةُ ◂ تَعَلَّمْتُ الرُّوسِيّةَ وَأَيْضاً ٱليُونانِيّةَ.

1 Achten Sie bei „taʿallamtu“ تَعَلَّمْت *ich habe gelernt* auf das *hörbar* verdoppelte *ll*, und sprechen Sie ein kräftiges ʿayn ع – dieselbe Verbform, geschrieben mit Hamza, bedeutet nämlich *ich habe gelitten*: taʾallamtu تَأَلَّمْتُ

2 'al-yūnāniyyatu اليونانِيّة *Griechisch* – abgeleitet von: 'al-yūnān(u) اليونان *Griechenland* (*w: Ionien = griech. Landschaft*)

L 2 – Die neuen Wörter (Teil 3) الكَلِماتُ الجَدِيدةُ (القِسْمُ الثّالِثُ)

ʿunwānun pl. ʿanāwīnu	*Überschrift; Titel (Buch); Adresse*	عُنْوانٌ ج عَناوِينُ	maṯalun pl. ʾamṯālun	*Sprichwort; Gleichnis*	مَثَلٌ ج أَمْثالٌ
ḥarfun pl. ḥurūfun	*Buchstabe; Schriftzeichen*	حَرْفٌ ج حُرُوفٌ	sāʾirun – šāʾiʿun	*geläufig; bekannt – gängig; gebräuchlich*	سائِرٌ – شائِعٌ
saṭrun pl. suṭūrun	*Zeile*	سَطْرٌ ج سُطُورٌ	ʿibāratun pl. -ātun	*Redewendung; (sprachl.) Ausdruck*	عِبارةٌ ج اتٌ
miṯālun pl. ʾamṯilatun	*Beispiel*	مِثالٌ ج أَمْثِلةٌ	maʿa – maʿa ḏālika	*(zus.) mit; bei; trotz – trotzdem (w: mit jenem)*	مَعَ – مَعَ ذٰلِكَ
ʾakmala IV/ yukmilu	*ergänzen; vervollständigen*	أَكْمَلَ / يُكْمِلُ	ḫaṭaʾun pl. ʾaḫṭāʾun	*Fehler; falsch (Adv.)*	خَطَأٌ ج أَخْطاءٌ
baʿda ⇔ qabla	*nach ⇔ vor*	بَعْدَ ⇔ قَبْلَ	laysa/laysat, lastu (L7 §3)	*er/sie ist nicht, ich bin nicht*	لَيْسَ/لَيْسَتْ، لَسْتُ
qabla 'al-ʾaḫīrun	*vorletzter (w: vor dem letzten)*	قَبْلَ ٱلأَخِيرِ	ʾāḫirun pl. ʾawāḫiru	*Letztes; Schluß; Ende; Endung*	آخِرٌ ج أَواخِرُ

Übungen zur Aussprache: Schwierige Buchstaben, schwierige Wörter

تَمارِينُ فِي ٱلنُّطْقِ: حُرُوفٌ صَعْبةٌ، كَلِماتٌ صَعْبةٌ

ṭāʾ, rāʾ: Zeile – eine neue Zeile pl. neue Zeilen
ط، ر: سَطْرٌ – سَطْرٌ جَدِيدٌ ج سُطُورٌ جَدِيدةٌ

ḥāʾ, ḫāʾ, rāʾ: Buchstabe – ein neuer Buchstabe pl. neue Buchstaben
ح، خ، ر: حَرْفٌ – حَرْفٌ جَدِيدٌ ج حُرُوفٌ جَدِيدةٌ

ʿayn, rāʾ: Redewendung – eine neue Redewendung pl. neue Redewendungen
ع، ر: عِبارةٌ – عِبارةٌ جَدِيدةٌ ج عِباراتٌ جَدِيدةٌ

ʿayn: Adresse od. Überschrift – eine neue Adresse od. Überschrift pl. neue Adressen od. Überschriften
ع: عُنْوانٌ – عُنْوانٌ جَدِيدٌ ج عَناوِينُ جَدِيدةٌ

qāf, rāʾ: vorletzter (w: vor dem letzten) – Wie heißt (w: was es [ist]) das vorletzte Wort?
ق، ر: قَبْلَ الأَخِيرِ – ما هِيَ الكَلِمةُ قَبْلَ الأَخِيرةِ؟

Das *erste* Beispiel und das *letzte* Beispiel – Lesen Sie und ergänzen Sie[1]!

المِثالُ الأَوَّلُ وَٱلمِثالُ الأَخِيرُ – اِقْرَؤُوا وَأَكْمِلُوا[1]!

***Frage**, die Frage*
➢ die erste Frage und die letzte Frage
سُؤالٌ، السُّؤالُ ◂ السُّؤالُ الأَوَّلُ وَٱلسُّؤالُ الأَخِيرُ

***Zeile**, die Zeile:*
➢ die erste Zeile und die letzte Zeile
سَطْرٌ، السَّطْرُ ◂ السَّطْرُ الأَوَّلُ وَٱلسَّطْرُ الأَخِيرُ

***Buchstabe**, der Buchstabe –*
➢ der erste Buchstabe und der letzte Buchstabe
حَرْفٌ، الحَرْفُ ◂ الحَرْفُ الأَوَّلُ وَٱلحَرْفُ الأَخِيرُ

***Wort**, das Wort*
➢ das erste Wort und das letzte Wort
كَلِمةٌ، الكَلِمةُ ◂ الكَلِمةُ الأُولىٰ وَٱلكَلِمةُ الأَخِيرةُ

1 Das ʾalif der *Imperativ-Endung* -ū وا wird nicht mitgesprochen (L6 §2), muß aber geschrieben werden, z.B. 'iqraʾū! اِقْرَؤُوا! *lest/lesen Sie!* – 'uktubū! أُكْتُبُوا! *schreibt/schreiben Sie!* – ʾakmilū! أَكْمِلُوا! *ergänzt/ergänzen Sie!*

L 2 – Aus der Geographie — الدَّرْسُ الثّاني - مِنَ ٱلجُغْرافِيا

Arab. Länder in Asien – mit den Hauptstädten — البُلْدانُ العَرَبِيّةُ في آسْيا – مَعَ ٱلعَواصِمِ

Sprechen Sie die folgenden Länder- und Städtenamen nach, Umschrift u. dt. Entsprechungen finden Sie in Anm. 1.

لُبْنانُ: بَيْرُوتُ، سُورِيا: دِمَشْقُ، الأُرْدُنُّ: عَمّانُ، العِراقُ: بَغْدادُ، الكُوَيْتُ: الكُوَيْتُ، قَطَرُ: الدَّوْحةُ،

البَحْرَيْنِ: المَنامةُ، الإماراتُ: أَبُو ظَبي، عُمانُ: مَسْقَطُ، السُّعُوديّةُ: الرِّياضُ، اليَمَنُ: صَنْعاءُ

Wichtige Länder und Städte in Europa (Fortsetzung) — بُلْدانٌ وَمُدُنٌ مُهِمّةٌ في أُورُبّا (مُتابَعةٌ)

Sprechen Sie nun auch die arab. Namen einiger europäischer Länder und ihrer Hauptstädte nach (dt. in Anm. 2).

السَّطْرُ الأَوَّلُ: إنكِلْترا: لُنْدُن، الدّانْمارْك: كُوبِنْهاغِن، السُّويد: اسْتوكْهُولم، النَّرْوِيج: أُوسْلو

السَّطْرُ الثّاني: فِنْلانْدا: هِلْسِنْكِي، إسْتُونيا: تالِين، لاتْفيا: رِيغا، لِتْوانيا: فِيلْنِيُوس

السَّطْرُ الثّالِثُ: بُولَنْدا: وارْسُو، تشِيكِيا: براغ، سلُوفاكِيا: براتِسْلافا، أُوكْرانِيا: كِييف

Wie heißt die Hauptstadt? Ergänzen Sie! — ما ٱسْمُ ٱلعاصِمةِ؟ أَكْمِلْ!

1 *Saudi-Arabien, Riyad, Maryam ➤ Maryam war in Saudi-Ar., in ...*
١ السَّعُودِيّة، الرِّياض، مَرْيَم ◂ كانَتْ مَرْيَم في السَّعُودِيّة، في ...

2 *Katar, Doha, Ahmad ➤ Ahmad war in Katar, in ...*
٢ قَطَر، الدَّوْحة، أَحْمَد ◂ كانَ أَحْمَد في قَطَر، في ...

3 *Oman, Masqat[3], Aischa ➤ Aischa war in Oman, in ...*
٣ عُمان، مَسْقَط، عائِشة ◂ كانَتْ عائِشة في عُمان، في ...

4 *Jemen, Sanaa, Anwar ➤ Anwar war im Jemen, in ...*
٤ اليَمَنُ، صَنْعاء، أَنْوَر ◂ كانَ أَنْوَر في ٱليَمَن، في ...

? Richtig oder falsch? – Ja oder nein? — صَحِيحٌ أَمْ خَطَأٌ؟ - نَعَمْ أَمْ لا؟

١ مَدِينَتانِ في سُورِيا: **دِمَشْق وَبَغْداد**

٢ مَدِينَتانِ في ٱلمَغْرِب: **فاس ومرّاكش**

٣ مَدِينَتانِ في ٱلأُرْدُن: **عَمّان وَٱلعَقَبة**

1 lubnān(u) *Libanon:* bayrūt(u), *Beirut* sūriyā *Syrien:* dimašq(u) *Damaskus,* 'al-ˀurdunn(u) *Jordanien:* ˁammān(u) *Amman*, 'al-ˁirāq(u) *Irak:* baġdād(u) *Bagdad*, 'al-kuwayt(u) *Kuwait wörtl. kleine Festung,* qaṭar *Katar:* 'ad-dawḥa(tu) *Doha*, 'al-baḥrayn(u) *Bahrein:* 'al-manāma(tu) *Manama,* 'al-ˀimārāt Emirate: ˀabū ẓabī *Abu Dhabi* (4.D+Anm.2), ˁumān(u) *Oman:* masqaṭ(u) *Masqat,* 'as-saˁūdiyya(tu) (3.J Anm. 3) *Saudi-Arabien:* 'ar-riyāḍ(u): *Riad w: die Gärten,* 'al-yaman(u) *Jemen:* ṣanˁāˀ(u) *Sanaa.* Suchen Sie die Orte auch auf der Karte im Einband auf.

2 Aussprache und Schriftbild sind oft unterschiedlich, hören Sie also genau zu: ***1. Zeile:*** *England*: *London, Dänemark: Kopenhagen, Schweden: Stockholm, Norwegen: Oslo* **2. Zeile:** *Finnland*: *Helsinki, Estland: Tallin, Lettland: Riga, Litauen: Vilnius* **3. Zeile**: *Polen: Warschau, Tschechien: Prag, Slowakei: Bratislava, Ukraine: Kiew.*

3 *Maskat*, wichtiger Umschlagplatz für Gewürze, ist Namensgeber für die in Indonesien beheimatete *Muskatnuß.*

L 2 – Letzte Seite: Wiederholung الصَّفْحةُ الأَخِيرةُ: مُراجَعةٌ

Noch einmal:
Lektionstext – aber *ohne* Vokalisierung مَرَّةً أُخْرىٰ: نَصُّ الدَّرْسِ – وَلٰكِنْ بِدُونِ تَشْكِيلٍ

الدرس الثاني: أسئلة وأجوبة (متابعة) – مدرّس من المغرب

– هذا هو السّيد محمود، محمود بوسلامة. هل هو طالب؟

– لا، هو مدرّس. هو مدرّس للغتين العربيّة وَالفرنْسيّة.

– ومن أين هو؟ – هو من ٱلمغرب، من مرّاكش المشهورة.

– وَأين درس؟ – درس أوّلاً في فاس وبعد ذلك في فرنسا.

– وأين تعلّم اللّغة الألمانِيّة؟ – أوّلاً في المدرسة، ثمّ في معهد غوته.

مدرّسة من الأردنّ – هذه هي السيّدة سعاد، سعاد خميس. هل هي طالبة؟

– لا، هي مدرّسة، هي مدرّسة للّغتين الانكليزِيّة وَالعربِيّة.

– هل هي كذلك من المغرِب؟ – لا، هي من الأردنّ.

– هل هي من عمّان؟ – لا، هي من الجنوب، من العقبة المشهورة.

– وأين درست؟ – درست في عمّان، في الجامعة الأردنّية.

وهي أيضاً تعلّمت الألمانيّة، أوّلاً في معهد غوته وبعد ذلك في جامعة ألمانيّة.

عفواً، ما فهمت – عفواً، ما فهمت هذا. من فضلك، مرّة ثانية. – هل فهمت الآن؟ – نعم، فهمت.

– عفواً، ما فهمتِ هذا. من فضلك، مرّة ثانية وببطء. – هل فهمت الآن؟

– نعم، الآن، فهمت كلّ شيء. – وأنتم، هل فهمتم كذلك؟ – نعم، شكراً.

Zwei Fragen zum Lektionstext سُؤالانِ حَوْلَ نَصِّ الدَّرْسِ

1. Frage: Wo hat Herr Bouslama Deutsch gelernt?
(w: die-Frage die-erste: Wo lernte der-Herr Mahmoud die-dt. [Spr.]?)
السُّؤالُ الأَوَّلُ: أَيْنَ تَعَلَّمَ السَّيِّدُ مَحْمُود الأَلْمانِيّةَ؟

2. Frage: Und wo hat Frau Khamis Deutsch gelernt?
(w: die-Frage die-zweite: Und-wo lernte die-Frau Suad die-dt. [Spr.]?)
السُّؤالُ الثّانِي: وَأَيْنَ تَعَلَّمَتْ السَّيِّدةُ سُعاد الأَلْمانِيّةَ؟

Zum Auswendiglernen: Gängige Redewendungen und bekannte Sprichwörter لِلْحِفْظِ: عِباراتٌ شائِعةٌ وَأَمْثالٌ سائِرةٌ

Die folgende Redewendung geht zurück auf *engl.* „last but not least" *„[zwar] zuletzt genannt, doch nicht weniger wichtig"* – Umschrift: ʾaḫīran wa-laysa ʾāḫiran *wörtl. [zwar] zuletzt [genannt] und-ist nicht Letztes [in der Wichtigkeit].*

أخيراً وليس آخراً ... *und nicht zuletzt* ... *(„last but not least")* أَخِيراً وَلَيْسَ آخِراً

Hier machen wir Schluß. Danke und auf Wiedersehen! – Auf Wiedersehen in der 3. Lektion! – Lebt wohl!

إلىٰ هُنا وَنَنْتَهِي. شُكْراً وَإلىٰ ٱللِّقاءِ! – إلىٰ ٱللِّقاءِ في ٱلدَّرْسِ الثّالِثِ! – مَعَ ٱلسَّلامةِ!

3. Lektion

'ad-darsu 'aṯ-ṯāliṯ(u)
die-Lektion die-dritte

الدّرس الثّالث

Herzlich willkommen!
Herzlich willkommen in der 3. Lektion!

أَهْلاً وَسَهْلاً! أَهْلاً وَسَهْلاً فِي ٱلدَّرْسِ الثّالِثِ!

Die neuen Wörter (Teil 1) الكَلِماتُ الجَدِيدةُ (القِسْمُ الأَوَّلُ)

ḫātimatun pl. ḫawātimu	*Schluß, Abschluß; Nachwort*	خاتِمةٌ ج خَواتِمُ	šaraḥa/ yašraḥu	*erklären, erläutern*	شَرَحَ / يَشْرَحُ
ʿarafa/ yaʿrifu	*wissen; kennen; erfahren*	عَرَفَ/يَعْرِفُ	kaṯīrun – kaṯīran	*viel – vielmals; oft; sehr*	كَثِيرٌ – كَثِيراً
ka- – ka-mā	*wie; als – wie* (Satzanfang; w: wie-was)	كَـ – كَما	qalīlun – qalīlan	*wenig – ein wenig; ein bißchen*	قَلِيلٌ – قَلِيلاً
wulida/ yūladu	*geboren werden* od. *geboren sein*	وُلِدَ/يُولَدُ	fa-qaṭ – ʾay	*nur; lediglich – nämlich; und zwar*	فَقَطْ – أَيْ
našaʾa/ yanšaʾu	*aufwachsen, groß werden*	نَشَأَ/يَنْشَأُ	lawḥun pl. ʾalwāḥun	*Tafel*	لَوْحٌ ج أَلْواحٌ
sakana/ yaskunu	*wohnen; ruhen; ruhig, still sein*	سَكَنَ/يَسْكُنُ	baytu ṭalabatin[2]	*Studentenheim* (w: Haus der Studierenden)	بَيْتُ طَلَبَةٍ
fa- – 'ammā … fa-	*und[1]; und so; denn – was betrifft ... so*	فَـ – أَمّا ... فَـ	ṣaḥḥaḥa II/ yuṣaḥḥiḥu	*berichtigen; korrigieren*	صَحَّحَ / يُصَحِّحُ
faʿala/ yafʿalu	*tun, machen, tätig sein*	فَعَلَ/يَفْعَلُ	saʾala/ yasʾalu ʿan	*fragen* nach; *erfragen* etw.	سَأَلَ/يَسْأَلُ عَنْ
ʿamila/ yaʿmalu	*arbeiten; machen; funktionieren*	عَمِلَ/يَعْمَلُ	ʾaǧāba IV/ yuǧību ʿan	*antworten* auf; *beantworten* etw.	أَجابَ/يُجِيبُ عَنْ
darrasa II / yudarrisu	*lehren, unterrichten*	دَرَّسَ/يُدَرِّسُ	baʿḍu 'al-ʾayyāmi[3]	*einige* od. *ein paar Tage* (w: Teil der Tage)	بَعْضُ الأَيّامِ
tiqniyyun – ʿilmiyyun	*technisch – wissenschaftlich*	تِقْنِيٌّ – عِلْمِيٌّ	amāma ⇔ warāʾa, ḫalfa	*vor* (räuml.) ⇔ *hinter*	أَمامَ ⇔ وَراءَ، خَلْفَ
markazun pl. marākizu	*Zentrum; Rang, Platz* (Wettkampf)	مَرْكَزٌ ج مَراكِزُ	ḫarīṭatun pl. ḫarāʾiṭu	*(Land-)Karte*	خَرِيطَةٌ ج خَرائِطُ
markazu 'al-luġāti	*Sprachenzentrum* (w: Zentrum der-Sprachen)	مَرْكَزُ اللُّغاتِ	'ittiḥādun – muttaḥidun	*Union; Verband – vereinigt; uniert*	اِتِّحادٌ – مُتَّحِدٌ
ṣaffun pl. ṣufūfun	*Reihe; Klasse;* auch: *Unterrichtsraum*	صَفٌّ ج صُفُوفٌ	dawlatun pl. duwalun	*Staat*	دَوْلَةٌ ج دُوَلٌ
kabīrun ⇔ ṣaġīrun	*groß; alt* (nur Pers.) ⇔ *klein; jung* (nur Pers.)	كَبِيرٌ ⇔ صَغِيرٌ	salṭanatun pl. -ātun	*Sultanat*	سَلْطَنَةٌ ج اتٌ
mamlakatun pl. mamāliku	*Königreich*	مَمْلَكَةٌ ج مَمالِكُ	ǧumhūriyyatun pl. -ātun	*Republik*	جُمْهُورِيَّةٌ ج اتٌ

1 ف benutzt man (Statt wa- و), wenn ein neues Subjekt folgt od. die Nuance *und [so, daher]* ausgedrückt werden soll.
2 ṭalabatun gebraucht man nur *kollektiv*, im Unterschied zu ṭullābun/ṭālibātun طلاب/طالبات *Studenten/Studentinnen.*
3 Nach „baʿḍun" *w: Teil* بعض folgt der *Genitiv* (mit Artikel!) od. *Pronomen,* z.B. baʿḍu-hum بعضهم *einige von ihnen.*

Zahlen von 11 bis 19 – Zehnerzahlen von 20 bis 100

11*	ˀaḥada ˁašar(a) *m.*/ ˀiḥdā ˁašra(ta) *f.*	أَحَدَ عَشَرَ	١١	20	ˁišrūn(a) *m/f* G/A: ˁišrīn(a)	عِشْرُونَ	٢٠
12*	'iṯnā ˁašar(a) *m.*/ ˀiṯnatā ˁašra(ta) *f.*	إِثْنَا عَشَرَ	١٢	30	ṯalāṯūn(a) *m/f* G/A: ṯalāṯīn(a)	ثَلاثُونَ	٣٠
13*	ṯalāṯata ˁašar(a) *m.*/ ṯalāṯa ˁašrata *f.*	ثَلاثَةَ عَشَرَ	١٣	40	ˀarbaˁūn(a) *m/f* G/A: ˀarbaˁīn(a)	أَرْبَعُونَ	٤٠
14*	ˀarbaˁata ˁašar(a) *m.*/ ṯalāṯa ˁašrata *f.*	أَرْبَعَةَ عَشَرَ	١٤	50	ḫamsūn(a) *m/f* G/A: ḫamsīn(a)	خَمْسُونَ	٥٠
15*	ḫamsata ˁašar(a) *m.*/ ˀarbaˁa ˁašrata *f.*	خَمْسَةَ عَشَرَ	١٥	60	sittūn(a) *m/f* G/A: sittīn(a)	سِتُّونَ	٦٠
16*	sittata ˁašar(a) *m.*/ sitta ˁašrata *f.*	سِتَّةَ عَشَرَ	١٦	70	sabˁūn(a) *m/f* G/A: sabˁīn(a)	سَبْعُونَ	٧٠
17*	sabˁata ˁašar(a) *m.*/ sabˁa ˁašrata *f.*	سَبْعَةَ عَشَرَ	١٧	80	ṯamānūn(a) *m/f* G/A: ṯamānīn(a)	ثَمانُونَ	٨٠
18*	ṯamāniyata ˁašar(a) *m.*/ ṯamāniya ˁašrata *f.*	ثَمانِيَةَ عَشَرَ	١٨	90	tisˁūn(a) *m/f* G/A: tisˁīn(a)	تِسْعُونَ	٩٠
19*	tisˁata ˁašar(a) *m.*/ tisˁa ˁašrata *f.*	تِسْعَةَ عَشَرَ	١٩	100**	miˀa(tun) *m/f* G: /miˀa(tun)	مِئَةٌ أو: مِائَةٌ	١٠٠

* **Feminin-Formen: 11 – 19**

إِحْدىٰ عَشْرَةَ (11)، إِثْنَتا عَشْرَةَ (12)، ثَلاثَ عَشْرَةَ (13)، أَرْبَعَ عَشْرَةَ (14)، خَمْسَ عَشْرَةَ (15)،
سِتَّ عَشْرَةَ (16)، سَبْعَ عَشْرَةَ (17)، ثَمانِيَ عَشْرَةَ (18)، تِسْعَ عَشْرَةَ (19)

** Für **100** gibt es *zwei* Schreibungen: Traditionell wird „miˀa(tun)“ mit stummem ˀalif (مِائة) geschrieben, heute schreibt man es aber oft auch *ohne* ˀalif (مئة) – ausgesprochen wird stets: miˀa(tun).

Zur Deklination: 11, 13, 14, 15, 16, 17, 18, 19 sind **unveränderlich**, ansonsten ist die **Endung** maßgeblich, z.B. **12**: 'iṯnā ˁašar(a)/ 'iṯnatā ˁašra(ta) G/A 'iṯnay ˁašar(a)/ 'iṯnatay ˁašra(ta) – **20**: ˁisrūna G/A ˁisrīna – **100**: miˀatun Gen. miˀatin Akk. miˀatan.

Lektionstext 3 – Übersetzung: Fragen und Antworten (Fortsetzung und Schluß)

Herr Mahmoud Bouslama unterrichtet Arabisch (w: die-arabische [Sprache])

Herr Bouslama (w: Herr Mahmoud) ist – wie Sie wissen (od. ihr wißt) – Marokkaner und Dozent für Arabisch u. Französisch (w: u.-er [ist]) für die 2 Sprachen ...). Geboren und aufgewachsen ist er in Marrakesch (w: in [der] Stadt [des] Marrakesch). Jetzt aber wohnt er (w: betreffend jetzt so-er wohnt ...) im Süden Deutschland, in München (w: in [der] Stadt [des] M.), der Hauptstadt Bayerns. – Was macht er dort? – Er arbeitet als Dozent für Arabisch (w: für-die-Sprache die-arabische). – Unterrichtet er an einer Schule? – Nein, er unterrichtet an einer großen Universität, an der Technischen Universität München, am Sprachenzentrum. – Und was macht er jetzt? – Er ist im Unterrichtsraum (w: in der Klasse), und erklärt (w: [wobei] er erklärt), was er kurz zuvor (w: seit wenigem) an die Tafel geschrieben hat (w: was – er schrieb-es ... auf die-Tafel). – Und die Studenten? Was machen sie? – Sie schreiben „Guten Morgen“ und „Auf Wiedersehen“, dann lesen sie, und der Lehrer korrigiert die Fehler (w: betreffend: der Lehrer so-er berichtigt die-Fehler). Danach stellt er einige Fragen (w: nach jenem er fragt ein paar der-Fragen), und die Studenten beantworten sie (od. antworten auf sie).

Frau Su'ad Khamis unterrichtet Arabisch (w: die-arabische [Sprache])

Frau Khamis (w: Fr. Su'ad) ist – wie wir wissen – Dozentin. Geboren und aufgewachsen ist sie im Süden Jordaniens, in Aqaba, und sie hat in Amman studiert. Sie ist noch nicht lange (w: sie [ist] neu) in Deutschland und wohnt jetzt in Bremen, d.h. im Norden Deutschlands. – Was macht sie dort? – Sie arbeitet als Dozentin für Arabisch. Und jetzt ist sie im Unterrichtsraum, vor einer großen Landkarte und liest (w: [wobei] sie liest) den Studenten die Namen einiger arab. Staaten vor, z.B. Republik Irak, Vereinigte Arab. Emirate, Sultanat Oman, Königreich Saudi-Arabien, Staat Kuwait. Danach schreibt sie die neuen Wörter an die Tafel, z.B. Staat, Königreich. Die Studenten lesen sie dann vor (w: [es] liest-sie die-Studenten]), und die Lehrerin korrigiert die Fehler (w: betreffend: die Lehrerin so-sie berichtigt ...). Dann stellt sie einige Fragen (w: sie fragt ein paar der-Fragen), und die Studenten beantworten sie (od. antworten auf sie).

L 3: Fragen und Antworten (Fortsetzung und Schluß) — الدَّرْسُ الثّالِثُ: أَسْئِلةٌ وَأَجْوِبةٌ (مُتابَعةٌ وَخاتِمةٌ)

Herr Mahmoud Bouslama unterrichtet Arabisch

يُدَرِّسُ السَّيِّدُ مَحْمُود بوسلامة اللُّغةَ العَرَبِيّةَ

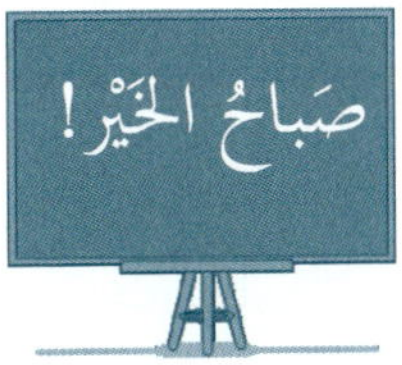

لَوْح كَبِير

السَّيِّدُ مَحْمُود - كَما تَعْرِفونَ - مَغْرِبِيٌّ وَهُوَ مُدَرِّسٌ لِلُّغَتَيْنِ العَرَبِيّةِ وَٱلْفَرَنْسِيّةِ. وُلِدَ وَنَشَأَ في مَدِينةِ مَرّاكِش. أَمّا ٱلآن فَيَسْكُنُ في جَنُوبِ أَلْمانِيا، في ميونخ، عاصِمةِ بافارِيا. - ماذا يَفْعَلُ هُناكَ؟

- يَعْمَلُ كَمُدَرِّسٍ لِلُّغةِ العَرَبِيّةِ. - هَلْ يُدَرِّسُ في مَدْرَسةٍ؟

- لا، يُدَرِّسُ في جامِعةٍ كَبِيرةٍ، يُدَرِّسُ في جامِعةِ ميونخ التِّقْنِيّةِ، في مَرْكَزِ اللُّغاتِ.

- وَماذا يَفْعَلُ الآنَ؟ - الآنَ هُوَ في ٱلصَّفِّ يَشْرَحُ ما كَتَبَهُ مُنْذُ قَلِيلٍ عَلىٰ اللَّوْحِ.

- وَالطَّلَبةُ؟ ماذا يَفْعَلُونَ؟ - هُمْ يَكْتُبُونَ ‹صَباحَ الخَيْر› وَأَيْضاً ‹مَعَ ٱلسَّلامة›، ثُمَّ يَقْرَؤُونَ.

أَمّا المُدَرِّسُ فَيُصَحِّحُ الأَخْطاءَ. بَعْدَ ذٰلِكَ يَسْأَلُ بَعْضَ الأَسْئِلةِ فَيُجِيبُ الطَّلَبةُ عَنْها.

Frau Khamis unterrichtet Arabisch

تُدَرِّسُ السَّيِّدةُ سُعاد خَمِيس اللُّغةَ العَرَبِيّةَ

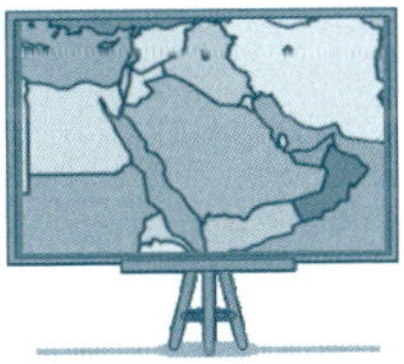
خَرِيطة كَبِيرة

السَّيِّدةُ سُعاد -كَما نَعْرِفُ- مُدَرِّسةٌ. وُلِدَتْ وَنَشَأَتْ في جَنُوبِ الأُرْدُنِّ، في مَدِينةِ ٱلعَقَبةِ، وَدَرَسَتْ في عَمّان. هِيَ جَدِيدةٌ في أَلْمانِيا وَتَسْكُنُ الآنَ في مَدِينةِ بريمن، أَيْ في شِمالِ أَلْمانِيا.

- وَماذا تَفْعَلُ هُناكَ؟ - تَعْمَلُ كَمُدَرِّسةٍ لِلُّغةِ العَرَبِيّةِ. وَٱلآنَ هِيَ في الصَّفِّ أَمامَ خَرِيطةٍ كَبِيرةٍ تَقْرَأُ عَلىٰ ٱلطَّلَبةِ أَسْماءَ بَعْضِ الدُّوَلِ العَرَبِيّةِ، مَثَلاً: جُمْهُورِيّةُ العِراقِ وَٱلإماراتُ العَرَبِيةُ المُتَّحِدةُ وَسَلْطَنةُ عُمان وَٱلمَمْلَكةُ العَرَبِيّةُ السَّعُودِيّةُ وَدَوْلةُ الكُوَيْتِ.

بَعْدَ ذٰلِكَ تَكْتُبُ الكَلِماتِ الجَدِيدةَ عَلىٰ اللَّوْحِ، مَثَلاً دَوْلةٌ وَمَمْلَكةٌ، فَيَقْرَأُها الطَّلَبةُ.

أَمّا ٱلمُدَرِّسةُ فَتُصَحِّحُ الأَخْطاءَ. ثُمَّ تَسْأَلُ بَعْضَ الأَسْئِلةِ فَيُجِيبُ الطَّلَبةُ عَنْها.

L 3 – Grammatik und Sprache اَلدَّرْسُ الثَّالِثُ: القَواعِدُ وَٱللُّغَةُ

§ 1. Personalpronomen und Personalsuffix (= Verbundpronomen)[1]: Singular

Verbundpronomen sind keine *selbständigen* Wörter, sondern **Suffixe**, die man an **Substantive**, **Präpositionen** u. **Verben** anfügen kann. Sie entsprechen bei **Substantiven** den dt. **Possessivpronomen** *(mein, dein usw.)* und bei **Präpositionen** u. **Verben** den dt. **Personalpronomen** im **Gen./Dat./Akk.** *(meiner/mir/mich, deiner/ dir/dich usw.)*.

Tafel: Personalpronomen und Personalsuffixe (= Verbundpronomen) – Singular

ʔanā *ich*	أَنا	**-ī** (nach Vokal: -ya[2]) *mein* *mit Verb:* -nī *mich od. mir*	ي، ني	balad-ī *mein Land*	بَلَدِي	madīnat-ī *meine Stadt*	مَدِينَتِي
ʔanta *du; Sie m.*	أَنْتَ	**-ka** *dein; Ihr m.* – *mit Verb:* -ka *dich od. dir m.*	كَ	baladu-ka *dein Land m.*	بَلَدُكَ	madīnatu-ka *deine Stadt m.*	مَدِينَتُكَ
ʔanti *du; Sie f.*	أَنْتِ	**-ki** *dein; Ihr f.* *mit Verb:* -ki *dich od. dir f.*	كِ	baladu-ki *dein Land f.*	بَلَدُكِ	madīnatu-ki *deine Stadt f.*	مَدِينَتُكِ
huwa *er*	هُوَ	**-hu**, **hi** (nach *i* u. *ay*) *sein* *mit Verb:* -hu *ihn od. ihm*	هُ، هِ	baladu-hu *sein Land*	بَلَدُهُ	madīnatu-hu *seine Stadt*	مَدِينَتُهُ
hiya *sie*	هِيَ	**-hā** *ihr* *mit Verb:* -hā *sie (Akk.) od. ihr*	ها	baladu-hā *ihr Land*	بَلَدُها	madīnatu-hā *ihre Stadt*	مَدِينَتُها

Bei **Betonung** wird das **Personalpronomen** hinzugesetzt, z.B. hāḏā bayt-ī anā wa-hāḏā baytu-hu huwa *Das ist mein Haus, und das ist sein Haus.* Außerdem gilt:

هٰذا بَيْتِي أَنا وَهٰذا بَيْتُهُ هُوَ.

1. Nach *-i*, *-ay* werden -hu, -hum, -hunna zu -hi, -him, hinna, z.B. huwa fī bayti-hi *Er ist in seinem Haus*. Der **Fall** ist am *Zwischenvokal* sichtbar, z.B. ʔarā bayta-hu (= Akk.) *ich sehe sein Haus.* Bei **-ī** *mein* erkennt man den Fall nicht, z.B. ʔarā bayt-ī (= Akk.) *ich sehe mein Haus* – huwa fī bayt-ī (= Gen.) *er ist in meinem Haus.*
   ١) هُوَ فِي بَيْتِهِ - أَرىٰ بَيْتَهُ - أَرىٰ بَيْتِي - هُوَ فِي بَيْتِي
2. An **Verben** fügt man **-nī** (statt –ī) an, z.B. saʔala-nī/saʔalat-nī *er/sie fragte mich.* Die Endung **-tum** wird zu **-tumū-**, z.B. saʔaltum ⇨ saʔaltumū-nī *ihr fragtet mich,* bei **-ū** entfällt das stumme **ʔalif**, z.B saʔalū *m.* ⇨ salalū-nī *sie fragten mich.*
   ٢) سَأَلَنِي/سَأَلَتْنِي – سَأَلْتُمْ ⇦ سَأَلْتُمُونِي – سَأَلُوا ⇦ سَأَلُونِي

§ 2. Zum Gebrauch der Präpositionen

Alle Präpositionen stehen mit **Genitiv**. Folgt der **Artikel**, so wird **gebunden**. Normalerweise hat das **Binden** *keinen* Einfluß auf die **Schreibung** (vgl. 4.J), z.B. fī + 'al- ⇨ fi‿l-kitābi *in dem Buch* – bi- + 'al- ⇨ bi-l-kitābi *durch das Buch.*
Ausnahme: Bei **li-l-** (aus: **li-** + **'al-**) *für den/die/das* fällt das ʔalif des Artikels weg, z.B. li-l-kitābi *für das Buch* – li-l-ʔasaf(i) *leider (wörtl: zu dem Bedauern).*

فِي ٱلْكِتابِ - بِٱلْكِتابِ
لِلْكِتابِ - لِلأَسَفِ

Fügt man **Verbundpronomen** an eine **Präposition** an, so gelten folgende Besonderheiten:

1. Bei **Präpositionen** auf **-a** fällt -a in der 1. P. Sg. weg: ʔamāma *vor (örtl.)* ⇨ ʔamām-i *vor mir,* ʔamāma-ka/ki *vor dir m/f*, ʔamāma-hu/ʔamāma-hā *vor ihm/ihr*
   ١) أَمامَ ⇦ أَمامِي، أَمامَكَ / أَمامَكِ، أَمامَهُ / أَمامَها
2. Bei **Präpositionen** auf **-ā** wird -ā zu **-ay**: ʔilā *(bis) zu* ⇨ ʔilay-ya *zu mir,* ʔilay-ka/-ki *zu dir m/f*, ʔilay-hi/-hā *zu ihm/ihr*
   ٢) إِلىٰ ⇦ إِلَيَّ، إِلَيْكَ / إِلَيْكِ، إِلَيْهِ / إِلَيْها
3. Bei der **Präposition li-** *für* lautet die 1. P. Sg. „l-ī“ *für mich,* danach folgt: la-ka/la-ki *für dich m/f*, la-hu/la-hā *für ihn/sie*
   ٣) لِ ⇦ لِي، لَكَ / لَكِ، لَهُ / لَها
4. Bei der **Präposition fī** *in* lautet die 1. P. Sg. „fiy-ya“ *in mir,* danach folgt: fī-ka/fī-ki *in dir*, fī-hi/fī-hā *in ihm/ihr*
   ٤) فِي ⇦ فِيَّ، فِيكَ، فِيهِ / فِيها
5. Bei **Präpositionen** auf **-n**, z.B. **ʕan** *über (Thema)*, **min** *von; aus*, wird -n in der 1. P. Sg. *(hörbar!)* **verdoppelt**: min ⇨ min-nī *von mir*, min-ka/min-ki *von dir m/f*, min-hu/min-hā *von ihm/ihr*
   ٥) عَنْ، مِنْ ⇦ مِنِّي، مِنْكَ / مِنْكِ، مِنْهُ /مِنْها

Wegen des häufigen Gebrauchs der Präpositionen empfiehlt es sich, obige Formen einfach auswendig zu lernen.

1 ar. ḍamīrun munfaṣilun *w: Pronomen abgetrenntes* ضَمِير مُنْفَصِل – ar. ḍamīrun muttaṣilun *w: Pronomen verbundenes* ضَمِير مُتَّصِل

2 Im Dual (Endungen /-ā/ od. /-ay/) wird *-ya* angefügt, z.B. wālidā-ya والِدايَ *meine Eltern* (aus: wālidāni-ya, vgl. L6 §1).

§ 3. Genitiv-Verbindung (Teil 1)

Genitiv-Verbindungen bestehen aus **Leitwort** und **Genitiv**, z.B. *der Name* (= Leitwort) *der Stadt* (= Gen.). Das **Leitwort** wird stets **ohne Artikel** und **ohne Nunation** (L2 §1) gebraucht, der nachfolgende Genitiv wirkt **näherbestimmend**[1].

'ismun ⇨ 'al-'ismu ⇨ 'ismu‿l-madīnati p: 'ism 'al-madīna	*(ein) Name ⇨ der Name ⇨* *der Name der Stadt*	إِسْمٌ ⇦ الإِسْمُ ⇦ إِسْمُ الْمَدِينَةِ

Endet das **Leitwort** auf **tāʾ marbūṭa**, so spricht man **ة** als **t**, auch **pausal**, z.B. nihāyat (+ Gen.) *das Ende (des)*

nihāyatun ⇨ 'an-nihāyatu ⇨ nihāyatu‿l-ğumlati p: nihāyat 'al-ğumla	*(ein) Ende ⇨ das Ende ⇨* *das Ende des Satzes, das Satzende*	نِهايَةٌ ⇦ النِّهايَةُ ⇦ نِهايَةُ الْجُمْلَةِ

Zwei im Dt. *nebeneinandergestellte* Substantive gibt man auf arabisch oft als **Genitiv-Verbindung** wieder, z.B. *die Stadt Kairo* *(w: [die] Stadt des-Kairo)* madīnatu‿'al-qāhira(ti) – *die Zeitung Al-Ahram* *(w: Zeitung der Pyramiden)* ğarīdatu 'al-ʾahrām(i)[2]. مَدِينَةُ القاهِرَةِ - جَرِيدَةُ الأَهْرامِ

Ist der **Genitiv unbestimmt**, so gilt die *ganze* **Gen.-Verbindung** als **unbestimmt**, z.B. raqmu hātif(in) *(eine) Telefonnummer* – baytu ṭalaba(tin) *(ein) Studentenheim.* رَقْمُ هاتِفٍ - بَيْتُ طَلَبَةٍ

Ist der **Genitiv näherbestimmt**, ist die *ganze* **Gen.-Verbindung näherbestimmt**, z.B. raqm(u) 'al-hātif(i) *die Tel.-Nummer* – baytu 'aṭ-ṭalaba(ti) *das Studentenheim.* رَقْمُ الهاتِفِ - بَيْتُ الطَّلَبَةِ

Auch **Adjektive** können **Leitwort** sein, z.B. sahlu 'al-fahm(i) *leicht verständlich* *(w: des-Verstehens).* سَهْلُ الفَهْمِ

§ 4. Präsens-Konjugation

Im Präsens umschließen die Personen-Kennzeichen das Verb. Im mündlichen Gebrauch werden Präsens-Endungen häufig *gekürzt*, d.h. man spricht sie *pausal* aus. Beim *Konjugieren* („Aufsagen") benutzt man jedoch die *Vollform*. Die Verneinung geschieht durch „lā".

Tafel: Präsens – kataba/yaktubu *schreiben* كَتَبَ/يَكْتُبُ

Singular		
ʾa... ...u	ʾaktubu *ich schreibe*	أَكْتُبُ
ta... ...u	taktubu *m.* *du schreibst*	تَكْتُبُ
ta... ...īna	taktubīna *f.* *du schreibst*	تَكْتُبِينَ
ya... ...u	yaktubu *er schreibt*	يَكْتُبُ
ta... ...u	taktubu *sie schreibt*	تَكْتُبُ

Plural		
na... ...u	naktubu *wir schreiben*	نَكْتُبُ
ta... ...ūna	taktubūna *m.* *ihr schreibt*	تَكْتُبُونَ
ta... ...na	taktubna *f.* *ihr schreibt*	تَكْتُبْنَ
ya... ...ūna	yaktubūna *m.* *sie schreiben*	يَكْتُبُونَ
ya... ...na	yaktubna *f.* *sie schreiben*	يَكْتُبْنَ

Verneinung:
lā yaktubu
Er schreibt nicht لا يَكْتُبُ

Dual		
ta... ...āni	taktubāni *ihr (2) schreibt*	تَكْتُبانِ
ya... ...āni	yaktubāni *m.* *sie (2) schreiben*	يَكْتُبانِ
ta... ...āni	taktubāni *f.* *sie (2) schreiben*	تَكْتُبانِ

§ 5. Stellung des Verbs im Satz – Nominalsatz und Verbalsatz

In der arabischen Nationalgrammatik unterscheidet man:

1. **Nominalsätze** = Sätze **ohne Verb**, z.B. ʾanā hunā. *Ich bin hier.*
2. **Verbalsätze** = Sätze **mit Verb**, z.B. kuntu hunā. *Ich war hier.*

أَنا هُنا. - كُنْتُ هُنا.

Nach *klass.* Norm wird das **Verb vorangestellt**, z.B. kataba 'ibn-ī. *Mein Sohn schrieb*/katabat 'ibnat-ī. *Meine Tochter schrieb.* Bezieht sich das **vorangestellte Verb** auf **mehrere Personen**, die erst *später* im Satz genannt werden, steht das **Verb** trotzdem im **Singular**, z.B. kataba ʾabnā-ī/katabat banāt-ī. *Meine Söhne/ Meine Töchter schrieben* *(w: er schrieb: Söhne-meine/ sie schrieb: Töchter-meine).*

كَتَبَ اِبْنِي./ كَتَبَتْ اِبْنَتِي.

كَتَبَ أَبْنائِي./ كَتَبَتْ بَناتِي.

1 Bei *vorangestelltem* Gen. verliert das Leitwort auch im Dt. den Artikel, z.B. *das Auto der Mutter = Mutters Auto.*
2 haramu *pl.* ʾahrāmu *Pyramide* – Die 1875 gegründete *Al-Ahram* gilt als renommierteste Zeitung Ägyptens.

L 3 – Die neuen Wörter (Teil 2) الكَلِماتُ الجَدِيدةُ (القِسْمُ الثّاني)

ğarīdatun *pl.* ğarāʾidu	*Zeitung*	جَرِيدةٌ ج جَرائِدُ	takallama V/ yatakallamu	*sprechen*	تَكَلَّمَ / يَتَكَلَّمُ
mağallatun *pl.* -ātun	*Zeitschrift; Journal*	مَجَلّةٌ ج اتٌ	karrara II/ yukarriru	*nachsprechen; wiederholen (Gesagtes)*	كَرَّرَ / يُكَرِّرُ
daftarun *pl.* dafātiru	*Heft*	دَفْتَرٌ ج دَفاتِرُ	fikratun *pl.* fikarun	*Gedanke; Idee*	فِكْرةٌ ج فِكَرٌ
dīnun *pl.* ʾadyānun	*Religion; Glaube*	دِينٌ ج أَدْيانٌ	ğuzʾun *pl.* ʾağzāʾun	*Teil; Bestandteil; Leseabschnitt (Koran)*	جُزْءٌ ج أَجْزاءٌ
ʿāʾilatun *pl.* -ātun	*Familie*	عائِلةٌ ج اتٌ	qamarun, badrun, hilālun[1]	*Mond (allg.), Vollmond, Halb- od. Sichelmond*	قَمَرٌ، بَدْرٌ، هِلالٌ
'ibnatun *pl.* banātun	*Tochter*	اِبْنةٌ ج بَناتٌ	ʾasafun – li-l-ʾasaf(i)	*Bedauern – bedauerlicherweise; leider*	أَسَفٌ - لِلأَسَفِ
bidāyatun ⇔ nihāyatun	*Anfang ⇔ Ende*	بِدايةٌ ⇔ نِهايةٌ	ʾanā ʾāsif(un)/ ʾanā ʾāsifa(tun)	*es tut mir leid m/f (w: ich [bin] bedauernd)*	أَنا آسِفٌ / أَنا آسِفةٌ

Arabische Namen (Teil 1) أَسْماءٌ عَرَبِيّةٌ (الجُزْءُ الأَوَّلُ)

Viele arab. **Namen** sind zweigliedrige **Genitiv-Verbindungen**. *Hörbar* ist das nur ausnahmsweise, denn Namen spricht man so gut wie immer **pausal** aus[2], z.B. šams‿ad-dīn (= šamsu‿d-dīni) *Schamseddin w: Sonne der-Religion* – nūr‿ad-dīn (= nūru‿d-dīni) *Nureddin w: Licht der-Religion* – ḫayr‿ad-dīn (= ḫayru‿d-dīni) *Khaireddin w: Wohl der-Religion* – ʿalāʾ‿ad-dīn (= ʿalāʾu‿d-dīni) *Aladin*[3] *w: Hoher Rang der-Religion* – badr‿ad-dīn (= badru‿d-dīni) *Badreddin w: Vollmond der-Religion* – ṣalāḥ‿ad-dīn (= ṣalāḥu‿d-dīni) *Salaheddin, Saladin*[4] *w: Heil der Religion.*

شَمْسُ الدِّينِ - نُورُ الدِّينِ
خَيْرُ الدِّينِ - علاءُ الدِّينِ
بَدْرُ الدِّينِ - صَلاحُ الدِّينِ

Übungen zur Aussprache: Achten Sie auf das Verdoppelungszeichen in den Wörtern.[5] تَمارِينُ فِي ٱلنُّطْقِ: لاحِظُوا الشَّدّةَ فِي ٱلْكَلِماتِ.

sehr, gut: sehr gut – Mal (Nom., Akk.): einmal, ein zweites Mal – Sprecht nach od. Sprechen Sie (pl.) nach!
جِدّاً، جَيِّدٌ: جَيِّدٌ جِدّاً – مَرَّةٌ، مَرَّةً: مَرَّةً، مَرَّةً ثانِيةً – كَرِّرُوا!

Dt., Engl., Französ., Spanisch, Italienisch, Russisch, Arabisch
الأَلْمانِيّةُ، الإِنْكْلِيزِيّةُ، الفَرَنْسِيّةُ، الإِسْبانِيّةُ، الإِيطالِيّةُ، الرُّوسِيّةُ، العَرَبِيّةُ

sprechen: Ich spreche Deutsch. Und ich spreche auch Französisch.
تَكَلَّمَ/يَتَكَلَّمُ: أَتَكَلَّمُ الأَلْمانِيّةَ. وَأَتَكَلَّمُ كَذٰلِكَ الفَرَنْسِيّةَ.

lernen: Ich lerne Arabisch, (w: u.) er lernt Französisch, und sie lernt Englisch.
تَعَلَّمَ/يَتَعَلَّمُ: أَنا أَتَعَلَّمُ الْعَرَبِيّةَ وَهُوَ يَتَعَلَّمُ الفَرَنْسِيّةَ وَهِيَ تَتَعَلَّمُ الإِنْكْلِيزِيّةَ.

1 Plurale: ʾaqmārun أقمار – budūrun بدور, ʾahillatun أهلّة. *Qamar, Badr* u. *Hilal* sind auch beliebte Vornamen.
2 *Namen* sind nur ausnahmsweise in der *Langform* zu hören, z.B. bei Rezitation von Dichtung u. Koran (vgl. 1.B, 4.J).
3 vgl. *Aladin u. die Wunderlampe* ʿalāʾ 'ad-dīn wa-l-miṣbāḥu 'as-siḥriyyu; die Geschichte stammt *nicht* aus *1001 Nacht*, der französ. Orientalist u. Übersetzer Antoine Galland (1646-1715) fügte sie der Sammlung erst später hinzu.
4 Berühmtester Namensträger: Sultan *Saladin* (1137/8-93), der 1187 das von den Kreuzfahrern besetzte *Jerusalem* zurückeroberte. Auf ihn und seine Toleranz bezieht sich *Lessing* (1729-81) in seinem Drama *Nathan der Weise*.
5 Wiederholen Sie bei dieser Gelegenheit den Abschnitt über die *Verdoppelung* (4.I). Auch im Wort šadda(tun) *Verdoppelung, Verstärkung* muß /dd/ deutlich *hörbar* „verstärkt" werden, mit Artikel ('aš-šadda) auch noch /šš/.

L 3 – Übungen | الدَّرْسُ الثّالِثُ - التَّمارِينُ

Ü 1: Meine Familie – meine Nachbarn | التَّمْرِينُ الأَوّل: عائِلَتِي – جِيرانِي

Bruder – mein Bruder: *Das ist mein Bruder.* ➤ *Wie heißt er?*	أَخٌ - أَخِي: هٰذا أَخِي. ◂ ما ٱسْمُه؟
Schwester– meine Schwester: *Das ist meine Schwester.* ➤ *Wie heißt sie?*	أُخْتٌ - أُخْتِي: هٰذِهِ أُخْتِي. ◂ ما ٱسْمُها؟
Sohn – mein Sohn: *Das ist mein Sohn.* ➤ *Wie heißt er?*	اِبْنٌ - اِبْنِي: هٰذا اِبْنِي. ◂ ما ٱسْمُهُ؟
Tochter – meine Tochter: *Das ist meine Tochter.* ➤ *Wie heißt sie?*	اِبْنةٌ - اِبْنَتِي: هٰذِهِ اِبْنَتِي. ◂ ما ٱسْمُها؟
Nachbar – mein Nachbar: *Das ist mein Nachbar.* ➤ *Wie heißt er?*	جارٌ - جارِي: هٰذا جارِي. ◂ ما ٱسْمُهُ؟
Nachbarin – meine Nachbarin: *Das ist meine Nachbarin.* ➤ *Wie heißt sie?*	جارةٌ - جارتِي: هٰذِهِ جارتِي. ◂ ما ٱسْمُها؟

Ü 2: Wem gehört das? *od.* Von wem ist das? | التَّمْرِينُ الثّانِي: لِمَنْ هٰذا؟

(w: zu-wem [ist] dieses [gehörig])

Buch – mein Buch ➤ *Das ist mein Buch, es gehört mir (od. es ist meins).*	كِتابٌ - كِتابِي ◂ هٰذا كِتابِي، هُوَ لِي.
Zeitung – meine Zeitung ➤ *Das ist meine Zeitung, sie gehört mir (od. es ist meine).*	جَرِيدةٌ - جَرِيدَتِي ◂ هٰذِهِ جَرِيدَتِي، هِيَ لِي.
Zeitschrift – ihre Zeitschrift ➤ *Das ist ihre Zeitschrift, sie gehört ihr (od. es ist ihre).*	مَجَلَّةٌ - مَجَلَّتُها ◂ هٰذِهِ مَجَلَّتُها، هِيَ لَها.
Heft – sein Heft ➤ *Das ist sein Heft, es gehört ihm (od. es ist seins).*	دَفْتَرٌ - دَفْتَرُهُ ◂ هٰذا دَفْتَرُهُ، هُوَ لَهُ.

Ü 3: Es tut mir leid *m/f*, aber … – Nein, leider nicht … | التَّمْرِينُ الثّالِثُ: أَنا آسِفٌ / أَنا آسِفةٌ وَلٰكِنْ ... – لا، لِلْأَسَفِ لا ...

Ich spreche kein Französisch. ➤ *Leider spreche ich kein Französisch.*	لا أَتَكَلَّمُ الفَرَنْسِيّةَ. ◂ لِلْأَسَفِ، لا أَتَكَلَّمُ الفَرَنْسِيّةَ.
Ich verstehe nicht alles. ➤ *Leider verstehe ich nicht alles.*	لا أَفْهَمُ كُلَّ شَيْءٍ. ◂ لِلْأَسَفِ، لا أَفْهَمُ كُلَّ شَيْءٍ.
Ich weiß [es] nicht. ➤ *Es tut mir leid m/f,* *aber ich weiß es auch nicht.*	لا أَعْرِفُ. ◂ أَنا آسِفٌ / أَنا آسِفةٌ، فَأَنا لا أَعْرِفُ.
Ich kenne Nureddin nicht. ➤ *Es tut mir* *leid m/f, aber ich kenne ihn auch nicht.*	لا أَعْرِفُ نُورَ الدِّينِ. ◂ أَنا آسِفٌ / آسِفةٌ، أَنا فَأَنا لا أَعْرِفُهُ.

Ü 4: Soll ich weitermachen? Soll ich das erklären? | التَّمْرِينُ الرّابِعُ: هَلْ أُتابِعُ؟ هَلْ أَشْرَحُ هٰذا؟

das Wort – (auf)schreiben, ich schreibe (auf) ➤ *Soll ich das Wort schreiben od. aufschreiben?*	الكَلِمةُ - كَتَبَ، أَكْتُبُ ◂ هَلْ أَكْتُبُ الكَلِمةَ؟
der Satz – (vor)lesen, ich lese (vor) ➤ *Soll ich den Satz lesen od. vorlesen?*	الجُمْلةُ - قَرَأَ، أَقْرَأُ ◂ هَلْ أَقْرَأُ الجُمْلةَ؟
der Text – übersetzen, ich übersetze ➤ *Soll ich den Text übersetzen?*	النَّصُّ - تَرْجَمَ، أُتَرْجِمُ ◂ هَلْ أُتَرْجِمُ النَّصَّ؟
die Redewendung – erklären, ich erkläre ➤ *Soll ich die Redewendung erklären?*	العِبارةُ - شَرَحَ، أَشْرَحُ ◂ هَلْ أَشْرَحُ العِبارةَ؟
wir hören auf od. wir machen Schluß ➤ *Sollen wir aufhören? – Ja, das ist eine gute Idee.*	نَنْتَهِي ◂ هَلْ نَنْتَهِي؟ – نَعَمْ، هٰذِهِ فِكْرةٌ جَيِّدةٌ.

L3 – Die neuen Wörter (Teil 3) الكَلِماتُ الجَدِيدةُ (القِسْمُ الثّالِثُ)

haramun pl. ʔahrāmun	Pyramide	هَرَمٌ ج أَهْرامٌ	waḍaʕa/ yaḍaʕu	legen; setzen; stellen; eintragen (z.B. e-e Nr.)	وَضَعَ / يَضَعُ
šāriʕun f. pl. šawāriʕu	Straße (innerhalb e-s Ortes)	شارِعٌ ج شَوارِعُ	munāsibun	passend; geeignet; angemessen	مُناسِبٌ
miftāḥun pl. mafātīḥu	Schlüssel; Taste (PC); Schalter (el. Gerät)	مِفْتاحٌ ج مَفاتِيحُ	ʕilmun pl. ʕulūmun	Wissen, Wissenschaft pl. Naturwissenschaft(en)	عِلْمٌ ج عُلُومٌ
qalamun pl. ʔaqlāmun	Stift (zum Schreiben); Rohrfeder	قَلَمٌ ج أَقْلامٌ	ǧahlun – ǧāhilun	Unwissenheit – unwissend	جَهْلٌ - جاهِلٌ
ḏakara/ yaḏkuru	erwähnen, nennen; sich erinnern (an = Akk.)	ذَكَرَ / يَذْكُرُ	ẓalāmun – muẓlimun	Dunkelheit; Finsternis – dunkel; finster; düster	ظَلامٌ - مُظْلِمٌ

Übungen zur Aussprache (Teil 1): Achten Sie auf die Sonnenbuchstaben! تَمارِينُ في ٱلنُّطْقِ (الجُزْءُ الأَوَّلُ): لاحِظُوا الحُرُوفَ الشَّمْسِيّةَ!

Sonne, die Sonne – Osten, der Osten – Norden, der Norden – Religion, die Religion – Staat, der Staat – Sultanat, das Sultanat – Ende, das Ende, am Ende	شَمْسٌ، الشَّمْسُ - شَرْقٌ، الشَّرْقُ - شِمالٌ، ٱلشِّمالُ - دِينٌ، الدِّينُ - دَوْلةٌ، الدَّوْلةُ - سَلْطَنَةٌ، السَّلْطَنَةُ - نِهايةٌ، النِّهايةُ، في ٱلنِّهايةِ

Übungen zur Aussprache (Teil 2): Schwierige Wörter – schwierige Sätze تَمارِينُ في ٱلنُّطْقِ (الجُزْءُ الثّاني): كَلِماتٌ صَعْبةٌ - جُمَلٌ صَعْبةٌ

qāf, ʕayn: *Hotel – Wie heißt das Hotel? – Straße: Wie heißt die Straße?*	ق، ع: فُنْدُقٌ - ما ٱسْمُ الفُنْدُقِ؟ - شارِعٌ: ما ٱسْمُ الشّارِعِ؟
qāf, ḥāʔ: *Stift – Wem gehört dieser Stift? – Schlüssel – Wem gehört dieser Schlüssel?*	ق، ح: قَلَمٌ - لِمَنْ هٰذا ٱلقَلَمُ؟ - مِفْتاحٌ - لِمَنْ هٰذا ٱلمِفْتاحُ؟
rāʔ, ḍād: *krank m. – Ist er krank? – krank f. – Ist sie auch krank?*	ر، ض: مَرِيضٌ - هَلْ هُوَ مَرِيضٌ؟ - هَلْ هِيَ كَذٰلِكَ مَرِيضةٌ؟
ḍād, ʕayn, qāf: *eintragen, ich trage ein – Wo soll ich die Nummern eintragen? – Hier.*	ض، ع، ق: وَضَعَ/يَضَعُ، أَضَعُ - أَيْنَ أَضَعُ الأَرْقامَ؟ - هُنا.

Das Verb in der Gegenwart: Achten Sie auf die Betonung! الفِعْلُ في ٱلحاضِرِ: لاحِظُوا النَّبْرَ!

er/sie scheibt – ich schreibe, wir schreiben ➢ ihr schreibt m./f.	يَكْتُبُ/تَكْتُبُ - أَكْتُبُ، نَكْتُبُ ‹ تَكْتُبُونَ/تَكْتُبْنَ
er/sie liest – ich lese, wir lesen ➢ ihr lest m./f.	يَقْرَأُ/تَقْرَأُ - أَقْرَأُ، نَقْرَأُ ‹ تَقْرَؤُونَ/تَقْرَأْنَ
er/sie fängt an – ich fange an, wir fangen an ➢ ihr fangt an m./f.	يَبْدَأُ/تَبْدَأُ - أَبْدَأُ، نَبْدَأُ ‹ تَبْدَؤُونَ/تَبْدَأْنَ
er/sie macht weiter – ich mache weiter, wir machen weiter ➢ ihr macht weiter m./f	يُتابِعُ/تُتابِعُ - أُتابِعُ، نُتابِعُ ‹ تُتابِعُونَ/تُتابِعْنَ
er/sie übersetzt – ich übersetze, wir übersetzen ➢ ihr übersetzt m./f.	يُتَرْجِمُ/تُتَرْجِمُ - أُتَرْجِمُ، نُتَرْجِمُ ‹ تُتَرْجِمُونَ/تُتَرْجِمْنَ
er/sie erinnert sich – ich erinnere mich – ich erinnere mich nicht – erinnerst du dich m./f.?	يَذْكُرُ/تَذْكُرُ - أَذْكُرُ - لا أَذْكُرُ ‹ هَلْ تَذْكُرُ/تَذْكُرِينَ؟
Nein, ich erinnere mich nicht daran. – Erinnert ihr euch m./f. daran?	لا، لا أَذْكُرُ هٰذا. - هَلْ تَذْكُرُونَ هٰذا/هَلْ تَذْكُرْنَ هٰذا؟

L 3 – Aus der Geographie — الدَّرْسُ الثَّالِثُ – مِنَ ٱلْجُغْرافِيا

Wichtige Länder und Städte in Europa (Fortsetzung und Schluß) — بُلْدانٌ وَمُدُنٌ مُهِمّةٌ في أُورُبّا (مُتابَعةٌ وخاتِمةٌ)

Bei nichtarab. Namen unterscheiden sich *Schriftbild* u. *Aussprache* oft erheblich. Auch die *Umschrift* (siehe Anm. 1) gibt den Klang nur ungenau wieder. *Hören* Sie daher diese Namen immer, bevor Sie sie selbst laut aussprechen.

١ روسيا: موسكو ٢ روسيا البَيْضاء: مينسك ٣ اليونان: أثينا ٤ بلغاريا: صوفيا ٥ رومانيا: بوخارست

٦ هُنغاريا: بودابست ٧ سلوفينيا: ليوبليانا ٨ كُرْواتيا: زَغرب ٩ البوسنة وَٱلهِرسُك: سيراجيفو ١٠ صربيا:

بلغراد ١١ كوسوفو: برشتينا ١٢ الجَبَل الأَسْوَد: بودغوريتسا ١٣ أَلبانيا: تيرانا ١٤ مَقَدونيا: سكوبيه

Wo wohnen Sie *m./f.* jetzt? — أَيْنَ تَسْكُنُ الآنَ؟ / أَيْنَ تَسْكُنِينَ الآنَ؟

1 *Irak, Bagdad* ➢
Ich wohne jetzt im Irak, in Bagdad.

١ العِراقُ، بَغدادُ ➢ أَسْكُنُ الآنَ في العِراقِ، في بَغْداد.

2 *Bahrein, Manama* ➢
Ich wohne jetzt in Bahrein, in Manama.

٢ البَحْرَيْن، المَنامةُ ➢ أَسْكُنُ الآنَ في البَحْرَيْن، في المَنامةِ.

3 *Ägypten, Kairo* ➢
Farah wohnt jetzt in Ägypten, in Kairo.

٣ مِصْرُ، القاهِرةُ ➢ يَسْكُنُ فَرَح الآنَ في مِصْرَ، في القاهِرةِ.

4 *Libanon, Beirut* ➢
Rim wohnt jetzt im Libanon, in Beirut.

٤ لُبْنانُ، بَيْرُوتُ ➢ تَسْكُنُ رِيم الآنَ في لُبْنانَ، في بَيْرُوتَ.

Einige Zeitungen u. Zeitschriften: Tragen Sie links die passende Nr. ein[2]. — بَعْضُ الجَرائِدِ وَٱلْمَجَلّاتِ – ضَعْ[2] الرَّقْمَ المُناسِبَ إِلى ٱلْيَسارِ.

Die *Auflösung* dieser und ähnlicher Aufgaben finden Sie im Anhang, im „Schlüssel zu den Lektionen 1 – 12".

.... الأَهْرام = اسم جريدة
.... الصَّباح = اسم جريدة
.... المَساء = اسم جريدة
.... المَغْرِب = اسم جريدة
.... العَرَبي = اسم مَجَلّة
.... الأُسْتاذ = اسم مَجَلّة

١ الأستاذ
٢ العربي
٣ الصباح
٤ الأهرام
٥ المغرب
٦ المساء

1 1 *Rußland* rūsiyā: *Moskau* 2 *Weißrußland* rūsiyā 'al-bayḍāʾ(u): *Minsk* 3 *Griechenland* 'al-yūnān(u): *Athen* ʾaṯīnā 4 *Bulgarien* bulġāriyā: *Sofia* ṣofiyā 5 *Rumänien* rumāniyā: *Bukarest* būḫarist 6 *Ungarn* hunġāriyā = 'al-maǧar: *Budapest* būdābist 7 *Slowenien* sloveniyā: *Ljubljana* lyūblyānā 8 *Kroatien* kurwātiyā: *Zagreb* zaġrib 9 *Bosnien-Herzegowina* bosnā wa-l-hirsuk: *Sarajevo* sarayevo 10 *Serbien* ṣerbiyā: *Belgrad* bilġrād 11 *Kosovo* kosovo: *Priština* brištinā 12 *Montenegro* (w: Schwarzer Berg) 'al-ǧabal(u) 'al-ʾaswad(u): *Podgorica* budgoritsā 13 *Albanien* ʾalbāniya: *Tirana* tīrānā 14 *Mazedonien* maqadūniyā: *Skopje* skubiyah

2 ḍaʿ! *trag ein!* od. *tragen Sie ein!* = Imperativ zu „waḍaʿa/yaḍaʿu" وضع/يضع *legen; setzen; stellen* (vgl. L6 § 2).

L 3 – Letzte Seite: Wiederholung — الصَّفْحةُ الأَخِيرةُ: مُراجَعةٌ

Noch einmal:
Lektionstext – aber *ohne* Vokalisierung — مَرَّةً أُخْرىٰ: نَصُّ الدَّرْسِ - وَلٰكِنْ بِدُونِ تَشْكِيلٍ

الدرس الثالث: أسئلة وأجوبة (متابعة وخاتمة) – يدرّس السيّد محمود بوسلامة اللغة العربيّة

السيّد محمود –كما تعرفون – مغربي وهو مدرّس للّغتين العربيّة والفرنسيّة. ولد ونشأ في مدينة مرّاكش. أمّا الآن فيسكن في جنوب ألمانيا، في ميونخ عاصمة بافاريا. – ماذا يفعل هناك؟– يعمل كمدرّس للغة العربيّة.– هل يدرّس في مدرسة؟ – لا، يدرّس في جامعة كبيرة، يدرّس في جامعة ميونخ التقنيّة، في مركز اللغات. – وماذا يفعل الآن؟ – الآن هو في الصفّ يشرح ما كتبه منذ قليلٍ على اللوحِ.
– والطلبة؟ ماذا يفعلون؟ – هم يكتبون ‹صباح الخير› وأيضاً ‹مع السلامة›، ثمّ يقرؤون.
أمّا المدرّس فيصحّح الأخطاء. بعد ذلك يسأل بعض الأسئلة فيجيب الطلبة عنها.

تدرّس السّيدة سعاد خميس اللغة العربيّة

السيّدة سعاد – كما نعْرف – مدرّسة. ولدت ونشأت في جنوب الأردن، في مدينة العقبة ودرست في عمّان. هي جديدة في ألمانيا وتسكن في شمال ألمانيا، في مدينة بريمن.– وماذا تفعل هناك؟
– تعمل كمدرّسة للغة العربيّة. الآن هي في الصفّ أمام خريطة كبيرة تقرأ على الطلبة أسماء بعض الدول العربيّة، مثلاً: جمهوريّة العراق والإمارات العربية المتّحدة وسلطنة عمان والمملكة العربيّة السعوديّة ودولة الكويت. بعد ذلك تكتب الكلمات الجديدة على اللوحِ، مثلاً دولة ومملكة، فيقرأها الطلبة. أمّا المدرّسة فتصحّح الأخطاء. ثمّ تسأل بعض الأسئلة فيجيب الطلبة عنها.

Vier Fragen zum Lektionstext — أَرْبَعةُ أَسْئلةٍ حَوْلَ نَصِّ الدَّرْسِ

Wo wurde Herr Mahmoud Bouslama geboren?
Und wo ist er aufgewachsen?
أَيْنَ وُلِدَ السَّيِّدُ مَحْمُود بوسلامة؟ وَأَيْنَ نَشَأَ؟

Und wo wurde Frau Su'ad Khamis geboren?
Und wo ist sie aufgewachsen?
وَأَيْنَ وُلِدَتْ السَّيِّدةُ سُعاد خَمِيس؟ وَأَيْنَ نَشَأَتْ؟

Zum Auswendiglernen:
Gängige Redewendungen und bekannte Sprichwörter — لِلْحِفْظِ: عِباراتٌ شائِعةٌ وَأَمْثالٌ سائِرةٌ

Der folgende Spruch „*Wissen ist Licht, Unwissenheit Dunkel*" – Umschrift: 'al-ʿilmu nūr(un) wa-l-ǧahlu ẓalām(un) – zeigt die im arabischen Kulturraum traditionell verbreitete Hochschätzung des Wissens und der Wissenschaft(en).

العلم نور والجهل ظلام	*Wissen ist Licht, Unwissenheit Dunkel*	العِلْمُ نُور وَٱلجَهْلُ ظَلام

Hier machen wir Schluß. Danke und auf Wiedersehen! – Auf Wiedersehen in der 4. Lektion! – Lebt wohl!

إلىٰ هُنا وَنَنْتَهِي. شُكْراً وَإِلىٰ ٱللِّقاءِ! - إلىٰ ٱللِّقاءِ في ٱلدَّرْسِ ٱلرّابِعِ! - مَعَ ٱلسّلامةِ!

4. Lektion

الدّرس الرّابع

'ad-darsu 'ar-rābiʿ(u)
die-Lektion die-vierte

Herzlich willkommen!
Herzlich willkommen in der 4. Lektion!

أَهْلاً وَسَهْلاً! أَهْلاً وَسَهْلاً فِي ٱلدَّرْسِ الرّابِعِ!

Die neuen Wörter (Teil 1) — الكَلِماتُ الأُولىٰ (القِسْمُ الأَوَّلُ)

ḥiwārun pl. -ātun	*Gespräch; Dialog*	حِوارٌ ج اتٌ	šariba/ yašrabu	*trinken*	شَرِبَ / يَشْرَبُ
ṭawīlun ⇔ qaṣīrun	*lang ⇔ kurz*	طَوِيلٌ ⇔ قَصِيرٌ	qahwatun, šāyun, naʿnāʿun	*Kaffee, Tee, Pfefferminze*	قَهْوَةٌ، شاي، نَعْناعٌ
sallama II/ yusallimu ʿalā	*begrüßen j-n; Grüße bestellen an*	سَلَّمَ/يُسَلِّمُ عَلىٰ	finǧānun pl. fanāǧīnu	*Tasse*	فِنْجانٌ ج فَناجِينُ
ṣadīqun pl. ʔaṣdiqāʔu	*Freund*	صَدِيقٌ ج أَصْدِقاءُ	sukkar – ḥilwun (p: ḥilū)	*Zucker – süß*	سُكَّر - حِلْوٌ (حِلو)
ṭabībun pl. ʔaṭibbāʔu	*Arzt*	طَبِيبٌ ج أَطِبّاءُ	ḥaḍḍara II/ yuḥaḍḍiru	*vorbereiten; zubereiten*	حَضَّرَ / يُحَضِّرُ
mustašfan m. pl. -ayātun[1]	*Klinik, Hospital; Krankenhaus*	مُسْتَشْفًى ج ـيات	kāfitēriyā – maqhan[1]	*Cafeteria – Café, Kaffeehaus*	كافِتيريا - مَقْهًى
'istamaʿa VIII/ yastamiʿu ʔilā	*zuhören j-m (w: hören zu j-m)*	اِسْتَمَعَ / يَسْتَمِعُ إِلىٰ	bi-kulli surūr(in)	*gern (w: mit Ganzheit [an] Freude, vgl. L12 §4)*	بِكُلِّ سُرُورٍ
kayfa? – li-māḏā?	*wie? – warum? (w: für was?)*	كَيْفَ؟ - لِماذا؟	mašġūlun	*beschäftigt; besetzt (z.B. Telefon, Platz)*	مَشْغُولٌ
ḥālun pl. ʔaḥwālun	*Zustand, Lage; Situation*	حالٌ ج أَحْوالٌ	ʿinda – ʿind-ī ʔaw: laday-ya	*bei – bei mir; ich habe*	عِنْدَ - عِنْدِي أَوْ: لَدَيَّ
kayfa‿l-ḥāl(u)?[2]	*Wie geht's?[2] (w: wie [ist] der-Zustand)*	كَيْفَ ٱلحالُ؟	waqtun pl. ʔawqātun	*Zeit*	وَقْتٌ ج أَوْقاتٌ
ʔanā bi-ḫayr(in)	*mir geht es gut (w: ich [bin] in-Gutem)*	أَنا بِخَيْرٍ	'iltaqā VIII / yaltaqī	*sich treffen*	اِلْتَقىٰ / يَلْتَقِي
'al-ḥamdu li-llāh(i)[3]	*Gott sei Dank! (w: Lobpreis [sei] für-Gott)*	الحَمْدُ لِلّٰهِ	sāʿada III/ yusāʿidu	*helfen, unterstützen*	ساعَدَ / يُساعِدُ
ʿanā/yaʿnī – ʔaʿnī …	*bedeuten – ich meine ...*	عَنىٰ / يَعْنِي - أَعْنِي	'imtiḥānun pl. ātun	*Prüfung*	اِمْتِحانٌ ج اتٌ
yaʿnī	*das heißt (d.h); äh; also (als Füllwort)*	يَعْنِي	ʔaḥabba IV/ yuḥibbu	*lieben; mögen, gernhaben*	أَحَبَّ / يُحِبُّ
bayna – bayna bayn(a)	*zwischen – na ja, es geht so*	بَيْنَ - بَيْنَ بَيْنَ	mūsīqā f., ġināʔun, raqṣun	*Musik, Gesang, Tanz*	مُوسِيقىٰ، غِناءٌ، رَقْصٌ

1 Die Endung -an wird *pausal* zu /ā/, z.B. mustašfā (gleichbedeutend: mašfan p: mašfā مَشْفًى), maqhā (vgl. L5 §2).
2 In derselben Bedeutung wird verwendet: kayfa‿l-ʔaḥwāl(u)? *wörtl. Wie [sind] die Zustände?* كيف الأحوال ؟
3 li-llāhi *für Gott*: /ll/ = hörbar verdoppelt u. „dunkel“ – Schreibung *ohne* ʔalif, wie: „'aḷḷāhu“ *Gott* الله , s. auch S. 76

ʾuġniyyatun *pl.* ʾaġānin[1]	*Lied; Song; Chanson*	أُغْنِيَّةٌ ج أَغانٍ	yawmun *pl.* ʾayyāmun[2] – 'al-yawma	*Tag – heute (w: den-Tag)*	يَوْمٌ ج أَيّامٌ - اليَوْمَ
sanatun *pl.* sanawātun	*Jahr*	سَنَةٌ ج سَنَواتٌ	ġadan[3]– ʾamsi ʾaw: 'al-bāriḥa(ta)	*morgen – gestern*	غَداً - أَمْسِ أَوْ: البارِحة
ʾusbūʿun *pl.* ʾasābīʿu	*Woche*	أُسْبُوعٌ ج أَسابِيعُ	faḍḍala II/ yufaḍḍilu	*vorziehen; bevorzugen; lieber mögen*	فَضَّلَ / يُفَضِّلُ

Die Wochentage أَيّامُ الأُسْبوعِ

So	yawm(u) 'al-ʾaḥad(i) *w: Tag der-Eins*	يَوْمُ الأَحَدِ (الأَحَد)		**Do**	yawm(u) 'al-ḫamīs(i) *w: Tag der-Fünf*	يَوْمُ الخَمِيسِ (الخَمِيس)
Mo	yawm(u) 'al-'iṯnayn(i) *w: Tag der-Zwei*	يَوْمُ الاِثْنَيْنِ (الاِثْنَيْن)		**Fr**	yawm(u) 'al-ǧumʿa(ti) *w: Tag der-Versammlung*	يَوْمُ الجُمْعةِ (الجُمْعة)
Di	yawm(u) 'aṯ-ṯulāṯāʾ(i) *w: Tag der-Dreiheit*	يَوْمُ الثُّلاثاءِ (الثُّلاثاء)		**Sa**	yawm(u) 'as-sabt(i) *w: Tag des-Sabbats*	يَوْمُ السَّبْتِ (السَّبْت)
Mi	yawm(u) 'al-ʾarbiʿāʾ(i) *w: Tag der-Vier*	يَوْمُ الأَرْبِعاءِ (الأَرْبِعاء)				

Rechts in **Klammern** stehen die **arab.** Kurzformen – sie sind **unveränderlich** u. man spricht sie stets pausal.

Einige Ausdrücke zum Auswendiglernen بَعْضُ العِباراتِ لِلْحِفْظِ

1. *heute* 'al-yawma, *morgen* ġadan, *übermorgen* baʿda ġadin – *gestern* ʾamsi ʾaw: 'al-bāriḥa(ta), *vorgestern* ʾawwala ʾamsi
١) اليَوْمَ، غَداً، بَعْدَ غَدٍ - أَمْسِ أَوْ: البارِحةَ، أَوَّلَ أَمْسِ
2. *Wann treffen wir uns?* matā naltaqī? *Am (w: im) Montag?* fī yawmi 'al-'iṯnayn(i)? *– Ja, am Montag.* naʿam, fi‿l-'iṯnayn(i).
٢) مَتَى نَلْتَقِي؟ فِي يَوْمِ الاِثْنَيْنِ؟ - نَعَمْ، فِي الاِثْنَيْنِ.

Lektionstext 4 – Übersetzung: Wie geht's? – Zwei kurze Gespräche

Erstes Gespräch: Vor der Cafeteria

Ein syr. Student namens Karim (w: sein Name [ist] K.) begrüßt (w: grüßt auf) seinen dt. Freund Michael. M. ist Arzt u. arbeitet in einer großen Klinik. Er lernt seit einem Jahr Arabisch. Hören wir den beiden zu (w: auf daß-wir hören zu-ihnen [2]): – Grüß dich, Michael. Wie geht es dir? (w: Wie [ist] Zustand-dein?) – Mir geht es gut (w: ich [bin] in-Gutem), danke. Und du, wie geht es dir? (w: wie [ist] Zustand-dein du?) – Mir geht es auch gut (w: ich [bin] ebenfalls in-Gutem), Gott sei Dank. Hast du (w: [ist] bei-dir) jetzt Zeit, um eine Tasse Kaffee zu trinken (w: für [daß] du trinkst ...)? – Gute (w: schöne) Idee, aber heute habe ich zu tun (w: ich [bin] beschäftigt), leider. Morgen habe ich (w: [ist] bei-mir) Zeit, geht es (w: [ist es] möglich) morgen? – Leider nicht, morgen habe ich eine Prüfung. – Und übermorgen (w: u.-nach morgen)? – Ja, übermorgen, da geht es (dies [ist] möglich)!

Zweites Gespräch: Vor der Bibliothek

Heute ist Montag. Eine tunes. Studentin namens (w: ihr Name [ist]) Fatima begrüßt (w: grüßt auf) ihre dt. Freundin Lina. Lina ist Ärztin und arbeitet in der Universitätsklinik (w: Klinik der-Univ.), d.h. einer großen u. wichtigen Klinik. Lina lernt seit zwei Jahren Arabisch. Hören wir ihnen beiden zu: – Grüß dich, Lina. Wie geht es dir? – Danke, mir geht es gut. Und du, wie geht es dir? – Na ja, es geht so (w: also ... zwischen-zwischen). – Warum? – Ich habe (w: bei mir [ist]) am Mittwoch eine Prüfung, eine Prüfung in Deutsch (w: in der dt. Sprache). – Soll ich Dir helfen? – Ja, gern. Hast du (w: [ist] bei-dir) heute Zeit? Oder morgen? – Heute habe ich zu tun. Aber morgen habe ich (w: [ist] bei-mir) Zeit. Wo treffen wir uns? Hier in der Bibliothek oder bei mir zu Hause (w: od. in Haus-mein)? – Lieber bei mir (w: ich bevorzuge in Haus-mein ich), d.h. im Studentenheim (w: in Haus der-Studierenden). Ich mache uns (w: ich bereite zu) Tee, Pfefferminztee (w: Tee mit-der- Pfefferminze). Magst du ihn? (w: du liebst-ihn)? – Ja, sehr (w: viel). Und ich mag od. liebe auch die tunesische Musik, z.B. das Lied (w: des) „Allah, Allah, ya bābā ...“ [Fortsetzg. sīdī manṣūr[4], ya bābā – das Lied ist auf youtube zu hören.]

1 p: ʾaġānī *Lieder* (vgl. L10 §5). Berühmt: kitāb 'al-ʾaġānī *Buch der Lieder* von *Abū l-Faraǧ al-Iṣfahānī* (897-967) = Sammelwerk, das neben Dichtung (7. – 10. Jh.) auch Beschreibungen von Dichtern, Musikern u. Orten enthält.
2 'al-ʾayyām *Kindheitstage* = Titel des autobiograph. Romans des großen äg. Literaten *Ṭāhā Ḥussein* (1889-1973).
3 Gleichbedeutend gebraucht: *gestern* bi‿l-ʾamsi بالأمس – *morgen* fi‿l-ġad(i) في الغد, *umgangssprachl.* „bukrā“ بكرا
4 *Ortsnamen*, die mit „Sīdī“ (aus: sayyid-ī *mein Herr*) beginnen, verweisen auf lokal verehrte *Heilige*, z.B. *Sidi Bou Said* سيدي بو سعيد (= malerisch gelegener Künstlerort nahe *Tunis*), vgl. dt. *Sankt*, z.B. *St. Georgen, St. Moritz*.

L 4: Wie geht's? – Zwei kurze Gespräche

الدَّرْسُ الرّابِعُ: كَيْفَ ٱلحالُ؟ - حِوارانِ قَصيرانِ

Erstes Gespräch: Vor der Cafeteria

الحِوارُ الأَوَّلُ: أَمامَ الكافتيريا

كافتيريا اِسمُها بَفارِيا

يُسَلِّمُ طالِبٌ سُورِيٌّ اِسْمُهُ كَرِيم عَلىٰ صَدِيقِهِ الأَلمانِيِّ مِيخائِيل. مِيخائِيل طَبِيبٌ وَيَعْمَلُ في مُسْتَشْفىً كَبِيرٍ. يَتَعَلَّمُ العَرَبِيّة مُنْذُ سَنةٍ. لِنَسْتَمِعْ إِلَيْهِما:

– أَهْلاً، يا مِيخائِيل. كَيْفَ حالُكَ؟ – أَنا بِخَيْرٍ، شُكْراً. وَأَنْتَ؟ كَيْفَ حالَكَ أَنْتَ؟

– أَنا كَذٰلِكَ بِخَيْرٍ، الحَمْدُ لِلّٰه. هَلْ عِنْدَكَ وَقْتٌ الآنَ لِنَشْرَبَ[1] فِنجانَ قَهْوةٍ؟

– فِكْرةٌ جَمِيلةٌ، وَلٰكِنْ اليَوْمَ أَنا مَشْغُولٌ، لِلْأَسَفِ. غَداً عِنْدِي وَقْتٌ، هَلْ مُمْكِنٌ غَداً؟

– لِلْأَسَفِ لا، غَداً عِنْدِي اِمْتِحانٌ. – وَبَعْدَ غَدٍ؟ – نَعَمْ، بَعْدَ غَدٍ هٰذا مُمْكِنٌ.

Zweites Gespräch: Vor der Bibliothek

الحِوارُ الثّاني: أَمامَ ٱلمَكْتَبةِ[2]

اليَوْمُ هُوَ يَوْمُ الإِثْنَيْن. تُسَلِّمُ طالِبةٌ تُونِسِيّةٌ اِسْمُها فاطِمة عَلىٰ صَدِيقَتِها الأَلمانِيّةَ لينا. لينا طَبِيبةٌ وَتَعْمَلُ في مُسْتَشْفىٰ ٱلجامِعةِ، يَعْنِي في مُسْتَشْفىً كَبِيرٍ وَمُهِمٍّ. تَتَعَلَّمُ لينا العَرَبِيّةَ مُنْذُ سَنَتَيْنِ. لِنَسْتَمِعْ إِلَيْهِما:

هل نَلْتَقِي في المَكْتَبة؟

– أَهْلاً، يا لينا. كَيْفَ حالُكِ؟ – أَنا بِخَيْرٍ، شُكْراً. وَأَنْتِ؟ كَيْفَ حالُكِ أَنْتِ؟

– يَعْنِي ... بَيْنَ بَيْن ... – لِماذا؟ – لَدَيَّ اِمْتِحانٌ في يَوْمِ الأَرْبِعاءِ، اِمْتِحانٌ في ٱللُّغةِ الأَلْمانِيّةِ.

– هل أُساعِدُكِ؟ – نَعَمْ، بِكُلِّ سُرُورٍ. هَلْ عِنْدَكِ وَقْتٌ اليَوْمَ؟ أَوْ غَداً؟

– اليَوْمَ أَنا مَشْغُولةٌ. وَلٰكِنْ غَداً لَدَيَّ وَقْتٌ. أَيْنَ نَلْتَقِي؟ هُنا في ٱلمَكْتَبةِ أَوْ في بَيْتِي؟

– أُفَضِّلُ في بَيْتِي أَنا، يَعْنِي في بَيتِ الطَّلَبةِ. هَلْ أُحَضِّرُ لَنا شاياً بِالنَّعْناعِ. هَلْ تُحِبّينَهُ؟

– نَعَمْ، أُحِبُّهُ كَثِيراً. كَما أُحِبُّ المُوسِيقىٰ التُّونِسِيّةَ، مَثَلاً أُغْنِيّةَ «اَللّٰه اَللّٰه يا بابا ... »

1 li- *für; wegen* gebraucht man auch als *Konjunktion*, danach folgt der *Konjunktiv* (3. Pers. Sg. = Endg. -a, vgl. L5 §4).
2 Durch ein Versehen fehlt in den Wortlisten: maktabatun *pl.* -ātun مِكْتَبة ج ات *Bibliothek; Bücherei; Buchhandlung.*

L 4 – Grammatik und Sprache   الدَّرْسُ الرّابِعُ - القَواعِدُ وَٱللُّغةُ

§ 1. Personalpronomen und Personalsuffix (= Verbundpronomen): Plural und Dual

Die *femininen* Verbundpronomen des Plurals sind stets betont (vgl. Betonungsregeln 4.G).

Tafel 1: Personalpronomen und Personalsuffixe (= Verbundpronomen) – Plural

naḥnu *wir*	نَحْنُ	-nā *unser*	نا	baladu-nā *unser Land*	بَلَدُنا	madīnatu-nā *unsere Stadt*	مَدِينَتُنا
ʔantum* *ihr; Sie m.*	أَنْتُمْ	-kum *euer; Ihr m.*	كُمْ	baladu-kum *euer Land m.*	بَلَدُكُمْ	madīnatu-kum *eure Stadt m.*	مَدِينَتُكُمْ
ʔan**tu**nna *ihr; Sie f.*	أَنْتُنَّ	-**ku**nna *euer; Ihr f.*	كُنَّ	baladu-**ku**nna *euer Land f.*	بَلَدُكُنَّ	madīnatu-**ku**nna *eure Stadt f.*	مَدِينَتُكُنَّ
hum* *sie m.*	هُمْ	-hum, nach ay, i: -him** *ihr m.*	هُمْ	baladu-hum *ihr Land m.*	بَلَدُهُمْ	madīnatu-hum *ihre Stadt m.*	مَدِينَتُهُمْ
hunna *sie f.*	هُنَّ	-**hu**nna, nach ay, i:-**hi**nna** *ihr f.*	هُنَّ	baladu-**hu**nna *ihr Land f.*	بَلَدُهُنَّ	madīnatu-**hu**nna *ihre Stadt f.*	مَدِينَتُهُنَّ

* Beim **Binden** von ʔantum *ihr*, hum *sie* bzw. -kum, -hum fügt man den **Hilfsvokal „u"** an, z.B.

1 ʔantum ⇨ ʔantum*u*‿l-ʔāna hunā.
Ihr m. pl. ⇨ *Ihr seid jetzt hier.*
2 hum ⇨ hum*u*‿l-ʔāna hunā.
Sie m. pl. ⇨ *Sie sind jetzt hier.*

١ أَنْتُمْ ⇦ أَنْتُمُ ٱلْآنَ هُنا. ٢ هُمْ ⇦ هُمُ ٱلْآنَ هُنا.

** Die **Verbundpronomen** -hum, -hunna, -humā werden **nach „ay"** u. **„i"** zu -him, -hinna, -himā, z.B.

1 fī baladi-him – fī baladi-hinna
in ihrem m./f. Pl. Land
2 laday-him – laday-hinna
bei ihnen m./f.

١ في بَلَدِهِمْ - في بَلَدِهِنَّ ٢ لَدَيْهِمْ - لَدَيْهِنَّ

Alle **Dual-Pronomen** (nachfolgend in Tafel 2) sind **endbetont**; der **Fall-Vokal** des **Bezugswortes** wird ebenfalls leicht betont, z.B. baladu-humā *ihr (2) Land* (Gen. baladi-himā – Akk. balada-humā). Für die **1. Person** gibt es **keine Dualform**, man benutzt die **Pluralformen** naḥnu *wir* bzw. -nā *unser*.

Tafel 2: Personalpronomen und Verbundpronomen – Dual

ʔantumā *ihr, Sie (2)*	أَنْتُما	-kumā *euer, Ihr (2)*	كُما	baladu-kumā *euer (2) Land*	بَلَدُكُما	madīnatu-kumā *eure (2) Stadt*	مَدِينَتُكُما
humā *sie (2)*	هُما	-humā (nach ay, i: -himā) *ihr (2)*	هُما	baladu- humā *ihr (2) Land*	بَلَدُهُما	madīnatu- humā *ihre (2) Stadt*	مَدِينَتُهُما

Dual-Pronomen und die Dual-Formen des Verbs werden vor allem schriftlich gebraucht, aber auch in Radio und Fernsehen, z.B. wenn dort über das Treffen *zweier* Minister berichtet wird. Für den Alltag empfindet man sie als zu „gehoben", daher benutzt man stattdessen fast immer die entsprechende Pluralform, vor allem beim direkten Ansprechen *zweier* Personen[1], z.B. ʔantum fī bayti-kum (statt: ʔantumā fī bayti-kumā) *ihr seid in eurem Haus.* – katabtum (statt: katabtumā) *ihr habt geschrieben.*

1 Dazu ein eigenes Erlebnis: Als mein Mann und ich als DAAD-Stipendiaten erstmals den Professor für moderne arab. Literatur an der Universität Damaskus, ʕAbdelkarīm Al-Aštar (1929-2011) aufsuchten, sagte dieser mit einem Schmunzeln, er werde uns aber nun *nicht* im Dual anreden, das fände er doch ein wenig übertrieben.

§ 2. Demonstrativpronomen **hāḏā/hāḏihi** *dieser/diese*

Tafel: Demonstrativpronomen	**Singular**		اَلْمُفْرَدُ	**Dual**		اَلْمُثَنَّى	**Plural** (nur für Pers., vgl. 1 §4)		اَلْجَمْعُ
maskulinum 'al-muḏakkar اَلْمُذَكَّرُ	hāḏā	*dieser m. (1)*	هٰذَا	hāḏāni	*diese m. (2)*	هٰذَانِ	hāʔulāʔi	*diese m. (ab 3)*	هٰؤُلَاءِ
femininum 'al-muʔannaṯ اَلْمُؤَنَّثُ	hāḏihi	*diese f. (1)*	هٰذِهِ	hātāni	*diese f. (2)*	هَاتَانِ	hāʔulāʔi	*diese f. (ab 3)*	هٰؤُلَاءِ

Nach allen Formen von hāḏā/hāḏihi folgt das **Substantiv mit Artikel**, und es wird gebunden.

hāḏa‿l-kitābu – hāḏihi‿l-ǧarīdatu	*dieses Buch (w: dieses das-Buch) – diese Zeitung (w: diese die-Zeitung)*	هٰذَا ٱلْكِتَابُ - هٰذِهِ ٱلْجَرِيدَةُ
hāḏāni‿l-kitābāni – hātāni‿l-ǧarīdatāni	*diese (2) Bücher (w: diese die-2 Bücher) – diese (2) Zeitungen (w: diese die-2 Z.en)*	هٰذَانِ ٱلْكِتَابَانِ - هَاتَانِ ٱلْجَرِيدَتَانِ
hāḏihi‿l-kutub(u) – hāḏihi‿l-ǧarāʔid(u)	*diese Bücher (w: diese die-Bücher) – diese Zeitungen (w: diese die-Zeitungen)*	هٰذِهِ ٱلْكُتُبُ - هٰذِهِ ٱلْجَرَائِدُ
hāʔulāʔi‿l-muslimūna – hāʔulāʔi‿l-muslimātu	*diese Muslime (w: diese die-Muslime) – diese Musliminnen (w:die-Musliminnen)*	هٰؤُلَاءِ ٱلْمُسْلِمُونَ - هٰؤُلَاءِ ٱلْمُسْلِمَاتُ

§ 3. Nominalsätze, die mit hāḏā/hāḏihi *pl.* hāʔulāʔi (*Dual:* hāḏāni/hātāni) beginnen

Folgt nach hāḏā, hāḏihi usw. ein **Substantiv ohne Artikel**, so entsteht ein *Das-ist*-Satz.

hāḏā kitāb(un). hāḏihi ǧarīda(tun).	*Das ist ein Buch. (w: Dieser [ist] ein Buch) Das ist eine Zeitung. (w: Diese [ist] eine Zeitung)*	هٰذَا كِتَابٌ. - هٰذِهِ جَرِيدَةٌ.
hāḏihi kutub(un). hāḏihi ǧarāʔid(u).	*Das sind Bücher. (w: Diese [sind] Bücher.) Das sind Zeitungen. (w: Diese [sind] Zeitungen.)*	هٰذِهِ كُتُبٌ. - هٰذِهِ جَرَائِدُ.
hāʔulāʔi muslimūn(a). hāʔulāʔi muslimāt(un).	*Das sind Muslime / Musliminnen. (w: Diese [sind] Muslime / Musliminnen.)*	هٰؤُلَاءِ مُسْلِمُونَ / مُسْلِمَاتٌ.

Folgt in einem *Das-ist*-Satz nach hāḏā/hāḏihi usw. ein *Substantiv mit Artikel*, so *muß* – damit es nicht zu Mißverständnissen kommt – das jeweils passende **Pronomen als „Trenner"** eingefügt werden.

hāḏā huwa‿l-kitābu 'al-ǧadīd(u).	*Das ist das neue Buch. (w: Dieses es [ist] das Buch das neue)*	هٰذَا هُوَ الْكِتَابُ الْجَدِيدُ.
hāḏihi hiya‿l-kutubu 'al-ǧadīda(tu).	*Das sind die neuen Bücher. (w: Diese sie [ist] die Bücher die-n.)*	هٰذِهِ هِيَ الْكُتُبُ الْجَدِيدَةُ.
hāʔulāʔi humu‿l-muslimūna 'al-'almān(u).	*Das sind die dt. Muslime. (w: Diese sie [sind] die M. die-dt.)*	هٰؤُلَاءِ هُمُ ٱلْمُسْلِمُونَ الْأَلْمَانُ.
hāʔulāʔi hunna‿l-muslimātu 'al-'almāniyyāt(u).	*Das sind die dt. Musliminnen. (w: Diese sie [sind] die M.innen die-dt.)*	هٰؤُلَاءِ هُنَّ الْمُسْلِمَاتُ الْأَلْمَانِيَّاتُ.

Auch bei **Fragen**, die mit **„mā?"** *was?* beginnen, wird oft das **Pronomen als „Trenner"** eingefügt.

1 ma‿l-'ism(u)? = mā huwa‿l-'ism(u)? *Wie (w: was) ist der Name? od. Wie heißt es?* ١ ما ٱلاسْمُ؟ = ما هُوَ ٱلاسْمُ؟

2 ma‿l-muškila(tu)? = mā hiya‿l-muškila(tu)? *Was ist das Problem? od. Wie lautet das Problem?* ٢ ما ٱلْمُشْكِلَةُ؟ = ما هِيَ ٱلْمُشْكِلَةُ؟

L 4 – Die neuen Wörter (Teil 2) اَلْكَلِماتُ الْجَدِيدَةُ (الْقِسْمُ الثّانِي)

ˀilāhun *pl.* ˀālihatun – 'aḷḷāh(u)	*Gottheit, [ein] Gott – [der] Gott*	إِلٰهٌ ج آلِهَةٌ - اَللّٰه	wa- (+ Gen.) – ˀin ˀaw: law (+ Perf.)	*bei (beschwörend) – wenn* od. *falls*	وَ - إِنْ أو: لَوْ
ǧāhiliyyun – ǧāhiliyyatun	*vorislamisch – vorislam. Zeit (w: Unwissenheit)*	جاهِلِيٌّ - جاهِلِيَّةٌ	šāˀa/yašāˀu – šiˀtu	*wollen – ich wollte*	شاءَ / يَشاءُ - شِئْتُ
ˀarḍun *f.* *pl.* ˀarāḍin	*Erde; Boden* *pl. Gebiet(e)*	أَرْضٌ ج أَراضٍ	šaˁbun – šaˁbiyyun	*Volk – Volks-; volkstümlich*	شَعْبٌ - شَعْبِيٌّ
samāˀun *f.* *pl.* samawātun	*Himmel*	سَماءٌ ج سَمٰواتٌ	ˀamānun – ˀāminun	*Schutz;Sicherheit – sicher, gesichert*	أَمانٌ - آمِنٌ
raḥīmun – raḥmānun*	*barmherzig – Erbarmer (= Gott)*	رَحِيمٌ - رَحْمٰنٌ*	tīnun – tamrun ˀaw: balaḥun	*Feige(n) – Dattel(n)*	تِينٌ - تَمْرٌ أو: بَلَحٌ

* Das lange /ā/ bei 'ar-raḥmānu الرَّحْمٰنُ *der Erbarmer (= Gott)* schreibt man nicht (= defektive Schreibung, s. 4.J Anm 2).

Aussprache, Schreibung und Gebrauch von „ˀilāhun" *[ein] Gott* bzw. „'aḷḷāhu" *[der] Gott*

'aḷḷāhu *Gott* („**dunkles**" /ḷḷ/, *hörbar* **verdoppelt**, Schreibung *ohne* ˀalif) ist entstanden aus „'al-" + ˀilāhun *Gottheit, [ein] Gott* – letzteres z.B. in: „yā ˀilāh-ī!" (= „yā salām[1]!") *O mein Gott! O je!* Mit dem Wort ˀilāhun *pl.* ˀālihatun bezeichnet man nur den Gott bzw. die Götter *polytheistischer* Religionen, *feminine* Form: ˀilāhatun *pl.* ˀilāhātun *Göttin*, z.B.
hubal ˀilāhun ǧāhiliyy(un). *Hubal[2] ist ein vorislamischer Gott.*
'al-lātu ˀilāhatun ǧāhiliyya(tun). *Allāt[2] ist eine vorislamische Göttin.*

اَللّٰهُ - إِلٰهٌ - يا إِلٰهي! (= يا سلام!)
إِلٰهٌ ج آلِهَةٌ - إِلٰهَةٌ ج إِلٰهاتٌ
هُبَل إِلٰهٌ جاهِلِيٌّ - اَللّٰتُ إِلٰهَةٌ جاهِلِيَّةٌ.

Beim **Binden** verkürzt sich „'aḷḷāhu" *wörtl.* *der Gott* zu „ḷḷāhu", z.B.
wa-ḷḷāhi *bei Gott (Schwurformel); wirklich, wahrhaftig (als Beteuerung)* –
ˀin šāˀa‿ḷḷāh(u) *so Gott will; hoffentlich, vielleicht[3]*
Nach /i/ (= *heller* Vokal) spricht man /ḷḷ/ wie „normales" /ll/ aus, z.B.
'al-ḥamdu li-llāh(i) *Gott sei Dank[4]! (w: Lobpreis [sei] für-den-Gott)*
fī ˀamāni‿llāh(i) *Ade! Adieu! (w: im Schutze Gottes)*

اَللّٰهُ - وَٱللّٰهِ - إِنْ شاءَ ٱللّٰهُ
اَلْحَمْدُ لِلّٰهِ - فِي أَمانِ ٱللّٰهِ

Einleitungsformel „bi-smi …" *im Namen …*
In „bi-smi‿š-šaˁb(i)" *im Namen des Volkes (beiin Gerichtsurteilen)* schreibt man اسم **mit ˀalif**, in „bi-smi‿llāh(i)" *im Namen Gottes* ausführl. „bi-smi‿llāhi‿r-raḥmāni‿r-raḥīm(i)" *im Namen Gottes, des barmherzigen Erbarmers[5]* **ohne ˀalif**.

بِٱسْمِ ٱلشَّعْبِ - بِسْمِ ٱللّٰهِ
بِسْمِ ٱللّٰهِ ٱلرَّحْمٰنِ ٱلرَّحِيمِ

Übrigens: Da „'aḷḷāh(u)" الله – es gibt im Arabischen kein anderes Wort für *Gott* – von arabischsprachigen *Juden*, *Christen* u. *Muslimen* gleichermaßen benutzt wird, sollte man es auch im Dt. mit *Gott* und nicht mit *Allah* wiedergeben, auch wenn sich muslimisches, jüdisches und christliches *Gottesbild* natürlich voneinander unterscheiden.
Nebenstehend noch zwei **Zitate**, die zeigen, daß es in den Texten des Korans und der Bibel durchaus Überschneidungen gibt. So heißt es z.B. wortgleich in der **Bibel** (1. Buch Mose, Kap. 1, Vers 1) *und* im **Koran** (Sure 29, Vers 44):
ḫalaqa‿ḷḷāhu‿s-samawāti wa-l-ˀarḍ(a) *Gott schuf Himmel und Erde.*
Zwei Verse weiter (Sure 29, Vers 46) heißt es sogar ausdrücklich:
ˀilāhu-nā wa-ˀilāhu-kum wāḥid(un)[6] *Unser Gott und euer Gott sind einer.*

خَلَقَ ٱللّٰهُ ٱلسَّمٰواتِ وَٱلْأَرْضَ
﴿إِلٰهُنا وَإِلٰهُكُمْ واحِدٌ﴾ 6

1 „salām" steht hier für *Gott*, es ist einer der *99 schönen Namen*, die *Gott* bezeichnen (vgl. Koran, Sure 59, Vers 22f.).
2 *Hubal* u. *Allāt* (Sure 53:19) sind arab. Gottheiten der vorislam. Zeit (*ar.* 'al-ǧāhiliyyatu الجاهلية *w. die Unwissenheit*).
3 Auch im Sinne von *„wenn nichts dazwischenkommt"* benutzt, oft aber auch, wenn man sich nicht festlegen will.
4 *Muslime* benutzen die Formel auch, um das *Ende* des Essens anzuzeigen bzw. auszudrücken, daß sie *satt* sind.
5 Die Kurzform benutzt man z.B. *vor* dem *Essen* im Sinne von *Guten Appetit!* Mit der ausführlichen Form beginnen 113 der 114 Suren des *Korans*, ebenso spricht man sie vor wichtigen Handlungen (z.B. *Vortrag)* aus.
6 Um *Koranzitate* leicht erkennbar zu machen, setzt man sie oft in spezielle, nur dafür benutzte *Zierklammern*: ﴿ ﴾

L 4 – Übungen

الدَّرْسُ الرّابِعُ - التَّمارِينُ

Ü 1: Ich mag od. **liebe** (w: die) **Feigen, ich mag sie sehr …**

التَّمْرِينُ الأَوَّلُ: أُحِبُّ التِّينَ، أُحِبُّهُ كَثِيراً ...

arabische Musik ➢ Ich mag od. liebe (w: die) arabische Musik, ich mag sie sehr.

مُوسِيقىٰ عَرَبِيّةٌ ◂ أُحِبُّ الموسِيقىٰ العَرَبِيّةَ، أُحِبُّها كَثِيراً.

die arabische Sprache ➢ Ich mag od. liebe die arabische Sprache, ich mag sie sehr.

اللُّغةُ العَرَبِيّةُ ◂ أُحِبُّ اللُّغةَ العَرَبِيّةَ. أُحِبُّها كَثِيراً.

französische Lieder ➢ Ich mag od. liebe französische Lieder, ich mag sie sehr.

أَغانٍ فَرَنْسِيّةٌ ◂ أُحِبُّ الأَغانِيَ الفَرَنْسِيّةَ، أُحِبُّها كَثِيراً.

Datteln ➢ Ich mag (w: die) Datteln sehr, (w: die) Feigen mag ich nicht.

تَمْرٌ ◂ أُحِبُّ التَّمْرَ كَثِيراً، لا أُحِبُّ التِّينَ.

Kaffee ➢ Ich mag (w: den) Kaffee sehr, aber ich mag ihn nur ohne Zucker.

قَهْوةٌ ◂ أُحِبُّ القَهْوةَ كَثِيراً، وَلٰكِنْ أُحِبُّها فَقَط بِدُونِ سُكَّر.

Ü 2: Wann treffen wir uns? Und wo?

التَّمْرِينُ الثّانِي: مَتىٰ نَلْتَقِي؟ وَأَيْنَ؟

dieses Hotel – heute ➢ Wir treffen uns heute vor diesem Hotel.

هٰذا ٱلفُنْدُقُ – اليَوْمَ ◂ نَلْتَقِي اليَوْمَ أَمامَ هٰذا ٱلفُنْدُقِ.

diese Cafeteria – heute ➢ Wir treffen uns heute vor dieser Cafeteria.

هٰذِهِ ٱلكافِتِيرِيا – اليَوْمَ ◂ نَلْتَقِي اليَوْمَ أَمامَ هٰذِهِ ٱلكافِتِيرِيا.

diese Buchhandlung – morgen ➢ Wir treffen uns morgen, vor dieser Buchhandlung.

هٰذِهِ ٱلمَكْتَبةُ – غَداً ◂ نَلْتَقِي غَداً أَمامَ هٰذِهِ ٱلمَكْتَبةِ.

dieses Café – übermorgen ➢ Wir treffen uns übermorgen, vor diesem Café.

هٰذا ٱلمَقْهىٰ – بَعْدَ غَدٍ ◂ نَلْتَقِي بَعْدَ غَدٍ أَمامَ هٰذا ٱلمَقْهىٰ.

Ü 3: Treffen wir uns heute? – Nein, lieber (w: ich bevorzuge) **morgen.**

التَّمْرِينُ الثّالِث: هَلْ نَلْتَقِي اليَوْمَ؟ لا، أُفَضِّلُ غَداً.

Treffen wir uns am Montag? ➢ Nein, lieber am (w: ich bevorzuge den) Dienstag.

هَلْ نَلْتَقِي في يَوْمِ ٱلاِثْنَيْنِ؟ ◂ لا، أُفَضِّلُ يَوْمَ ٱلثُّلاثاء.

Treffen wir uns am Mittwoch? ➢ Nein, lieber am (w: ich bevorzuge den) Donnerstag

هَلْ نَلْتَقِي في يَوْمِ ٱلأَرْبعاء؟ ◂ لا، أُفَضِّلُ يَوْمَ ٱلخَمِيس.

Treffen wir uns am Freitag? ➢ Nein, lieber am (w: ich bevorzuge den) Samstag.

هَلْ نَلْتَقِي في يَوْمِ ٱلجُمْعة؟ ◂ لا، أُفَضِّلُ يَوْمَ ٱلسَّبْت.

Treffen wir uns am Sonntag? ➢ Nein, lieber am (w: ich bevorzuge den) Montag.

هَلْ نَلْتَقِي في يَوْمِ ٱلأَحَد؟ ◂ لا، أُفَضِّلُ يَوْمَ ٱلاِثْنَيْن.

Ü 4: Wem gehört das? – Vom Singular zum Plural

التَّمْرِينُ الرّابِع: لِمَنْ هٰذا؟ - مِنَ ٱلمُفْرَدِ إِلىٰ ٱلجَمْع

Schlüssel: Wem gehört dieser Schlüssel? ➢ Und wem gehören diese Schlüssel?

مِفْتاحٌ: لِمَنْ هٰذا ٱلمِفْتاحُ؟ ◂ وَلِمَنْ هٰذِهِ ٱلمَفاتِيحُ؟

Heft: Wem gehört dieses Heft? ➢ Und wem gehören diese Hefte?

دَفْتَرٌ: لِمَنْ هٰذا ٱلدَّفْتَرُ؟ ◂ وَلِمَنْ هٰذِهِ ٱلدَّفاتِرُ؟

Stift: Wem gehört dieser Stift? ➢ Und wem gehören diese Stifte?

قَلَمٌ: لِمَنْ هٰذا ٱلقَلَمُ؟ ◂ وَلِمَنْ هٰذِهِ ٱلأَقْلامُ؟

L 4 – Die neuen Wörter (Teil 3) الكَلِماتُ الجَدِيدةُ (القِسْمُ الثّالِث)

farqun *pl.* furūqun	*Unterschied; Differenz*	فَرْقٌ ج فُرُوقٌ	ˁaksun – bi-l-ˁaks(i)	*Gegenteil – im Gegenteil*	عَكْسٌ – بِٱلعَكْسِ
mutafarriqātun	*Verschiedenes; Diverses*	مُتَفَرِّقاتٌ	ḥaqībatun *pl.* ḥaqāˀibu	*Tasche; Koffer*	حَقِيبةٌ ج حَقائِبُ
waqaˁa/ yaqaˁu	*fallen; liegen (geogr.)*	وَقَعَ / يَقَعُ	šanṭatun *f.* *pl.* -ātun	*(Hand-, Reise-) Tasche*	شَنْطةٌ ج اتٌ
ˀayyu/ˀayyatu (+ Genitiv)	*welcher; was für ein*	أَيُّ / أَيَّةُ	ḫamrun *pl.* ḫumūrun	*Wein; Alkohol, alkohol. Getränk*	خَمْرٌ ج خُمُورٌ
ˀilā ˀāḫiri-hi (= ˀilaḫ)	*und so weiter (= usw., w: bis zu seinem letztem)*	إلىٰ آخِرِهِ (= إلخ)	ˀamrun *pl.* ˀumūrun	*Befehl, Pflicht; Angelegenheit; Sache*	أَمْرٌ ج أُمُورٌ

Übungen zur Aussprache (Teil 1): sīn und zāy – beachten Sie den Unterschied· تَمارِينُ في ٱلنُّطْقِ (الجُزْءُ الأَوَّلُ): سِين وَزاي - لاحِظُوا الفَرْقَ.

__Name__ – Wie liest man (w: wie lese ich)[1] *diesen Namen? Mit „i“ oder „a"?*
اِسْمٌ – كَيْفَ أَقْرَأُ هٰذا ٱلاِسْمَ؟ بِٱلكَسْرةِ أَمْ بِٱلفَتْحةِ؟

__Hamza__ – Wie schreibt man (w: wie schreibe ich)[1] *das Hamza im Wort „suˀāl“?*
هَمْزةٌ – كَيْفَ أَكْتُبُ الهَمْزةَ في كَلِمةِ سُؤال؟

***nicht wahr? – ausgezeichnet** – Das ist ausgezeichnet, nicht wahr?*
أَلَيْسَ كَذٰلِكَ؟ – مُمْتازٌ – هٰذا مُمْتازٌ، أَلَيْسَ كَذٰلِكَ؟

Übungen zur Aussprache (Teil 2): Schwierige Wörter – schwierige Sätze تَمارِينُ في ٱلنُّطْقِ (الجُزْءُ الثّانِي): كَلِماتٌ صَعْبةٌ - جُمَلٌ صَعْبةٌ

***leicht, schwierig:** Ist das schwierig? – Nein, im Gegenteil, das ist leicht.*
سَهْلٌ، صَعبٌ: هَلْ هٰذا صَعبٌ؟ - لا، بِٱلعَكْسِ، هٰذا سَهْلٌ.

***das heißt:** Wo sind Sie m/f geboren ... d.h. in welchem Land, in welcher Stadt?*
يَعْنِي: أَيْنَ.وُلِدْتَ/وُلِدْتِ ... يَعْنِي في أَيِّ بَلَدٍ، في أَيّةِ مَدِينةٍ؟

***er/sie/es liegt:** Wo liegt dieses Land? – Wo liegt diese Stadt?*
يَقَعُ/تَقَعُ: أَيْنَ.يَقَعُ هٰذا ٱلبَلَدُ؟ – أَيْنَ.تَقَعُ هٰذِهِ ٱلمَدِينةُ؟

Achten Sie auf die Betonungsunterschiede! لاحِظُوا الفُرُوقَ في ٱلنَّبْرِ!

***Heft:** Ist das dein m. (od. Ihr) Heft? – Ja, das ist mein Heft.*
دَفْتَرٌ: هَلْ هٰذا دفْتَرُكَ؟ - نَعَمْ، هٰذا دَفْتَرِي.

***Zeitung:** Ist das deine f. (od. Ihre) Zeitung? – Ja, das ist meine Zeitung.*
جَرِيدةٌ: هَلْ هٰذِهِ جَرِيدَتُكِ؟ - نَعَمْ، هٰذِهِ جَرِيدَتِي.

***Zeitschrift:** Ist das ist eure Zeitschrift? – Ja, das ist unsere Zeitschrift.*
مَجَلّةٌ: هَلْ هٰذِهِ مَجَلَّتُكُمْ/مَجَلَّتُكُنَّ؟ - نَعَمْ، هٰذِهِ مَجَلَّتُنا.

***Tasche:** Wo ist meine Tasche? – Ihre f. Tasche? Ich weiß nicht, wo sie ist.*
شَنْطةٌ: أَيْنَ شَنْطَتِي؟ – شَنْطَتُكِ؟ لا أَعْرِفُ أَيْنَ هِيَ.

***Koffer:** Wo ist mein Koffer? – Ihr f. Koffer? Ich weiß nicht, wo er ist.*
حَقِيبةٌ: أَيْنَ حَقِيبَتِي؟ – حَقِيبَتُكِ؟ لا أَعْرِفُ أَيْنَ هِيَ.

***letztes:** und so weiter (w: bis zu letztem-sein) – erstens, zweitens, drittens ... usw.*
آخِرٌ: إلىٰ آخِرِهِ (إلخ) – أَوَّلاً، ثانِياً، ثالِثاً ... إلخ (= إلىٰ آخِرِهِ)

1 *man* wird, je nach *Kontext*, durch die *1. Pers. Sg.* od. *Pl.* ausgedrückt; oft benutzt man auch das *Passiv* (L10 §3).

L 4 – Vorletzte Seite: Verschiedenes — الصَّفْحةُ قَبْلَ ٱلأَخِيرة: مُتَفَرِّقات

Die arab. Länder in Nordafrika: Tragen Sie die Nr. des Landes und seine Hauptstadt ein. — البُلْدانُ العَرَبيّةُ في شِمالِ إفْرِيقِيا: ضَعْ رَقْمَ البَلَدِ وَعاصِمَتَهُ.

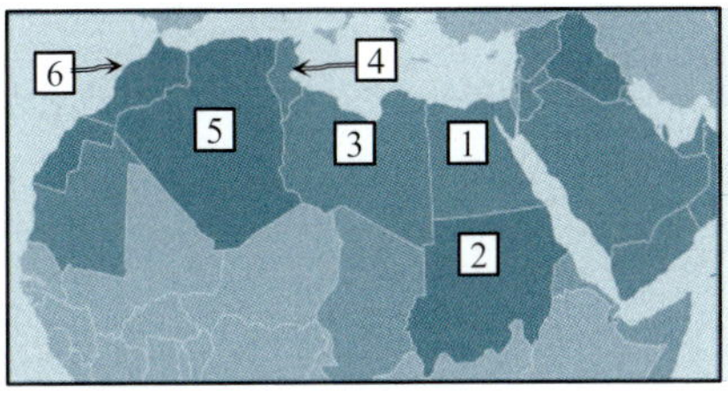

البُلْدان:	☐ الجَزائِر	☐ تُونِس	☐ لِيبيا
	☐ المَغْرِب	☐ السودان	☐ مِصْر
العَواصِم:	☐ القاهِرة	☐ طَرابُلُس	☐ الرِّباط
	☐ الجَزائِر	☐ الخَرْطوم	☐ تُونِس

Wie schreibt man das? — كَيْفَ نَكْتُبُ هٰذا؟
(w: wie wir schreiben diesesn?)

1 im Namen Gottes
2 im Namen des Volkes

١ .... ٢ ....

3 Gott sei Dank
4 so Gott will; hoffentlich

٣ .... ٤ ....

Einige wichtige Dinge – Wie heißen sie auf arabisch? — بَعْضُ الأَشْياءِ المُهِمَّةِ – ما هِيَ أَسْماؤُها العَرَبِيّةُ؟

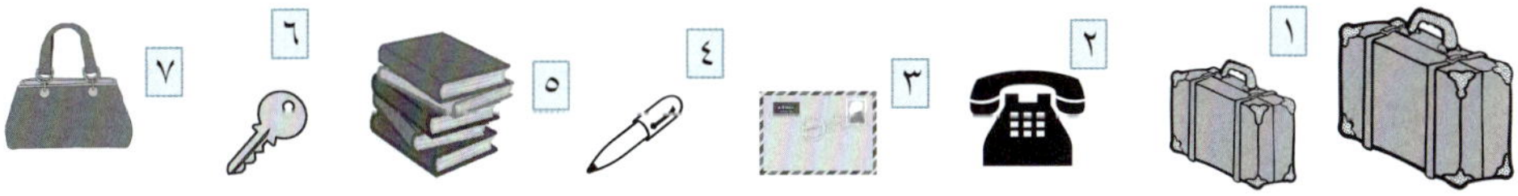

Wie lautet das Gegenteil? Tragen Sie das passende Wort ein. — ما هُوَ ٱلعَكْسُ؟ ضَعْ الكَلِمةَ المُناسِبةَ.

١ صَغِيرٌ ⇔ .... ٢ صَحِيحٌ ⇔ .... ٣ سَهْلٌ ⇔ ....

٤ وَراءَ ⇔ .... ٥ قَبْلَ ⇔ .... ٦ نِهايةٌ ⇔ ....

٧ بِبُطْءٍ ⇔ .... ٨ صَباحٌ ⇔ .... ٩ سَماءٌ ⇔ ....

Richtig oder falsch? – Ja oder nein? — صَحِيحٌ أَمْ خَطَأٌ؟ – نَعَمْ أَمْ لا؟

١ بَلَدانِ في إفْرِيقِيا: **مالي وَأَثْيُوبيا**

٢ بَلَدانِ في آسْيا: **الهِنْد وَمَدَغَشْقَر**

٣ بَلَدانِ في أُرُوبا: **مالْطا وَٱليُونان**

L 4 – Letzte Seite: Wiederholung الصَّفْحةُ الأَخِيرةُ: مُراجَعةٌ

Noch einmal:
Lektionstext – aber *ohne* Vokalisierung مَرَّةً أُخرىٰ: نَصُّ الدَّرْسِ – وَلٰكِنْ بِدُونِ تَشْكِيلٍ

الدرس الرابع: كيف الحال؟ - حواران قصيران - الحوار الأوّل: أمام الكافتيريا - يسلّم طالب سوري اسمه كريم على صديقه الألماني ميخائيل. ميخائيل طبيب ويعمل في مستشفى كبير. يتعلّم العربيّة منذ سنة. لنستمع إليهما: - أهلاً، يا ميخائيل. كيف حالك؟ - أنا بخير، شكراً. وأنت؟ كيف حالك أنت؟ - أنا كذلك بخير، الحمد لله. هل عندك وقت الآن لنشرب فنجان قهوة؟ - فكرة جميلة، ولكن اليوم أنا مشغول، للأسف. غداً عندي وقت، هل ممكن غداً؟ - للأسف لا، غداً عندي امتحان. - وبعد غد؟ - نعم، بعد غد هٰذا ممكن.

الحوار الثاني: أمام المكتبة – اليوم هو يوم الإثنين. تسلّم طالبة تونسيّة اسمها فاطمة على صديقتها الألمانيّة لينا. لينا طبيبة وتعمل في مستشفى الجامعة، يعني في مستشفى كبير ومهمّ. تتعلّم لينا العربيّة منذ سنتيْن. لنستمع إليهما: أهلاً، يا لينا. كيف حالك؟ – أنا بخير، شكراً. وأنت؟ كيف حالك أنت؟

- يعني ... بين بين ... – لماذا؟ – لديّ امتحان في يوم الأربعاء، امتحان في اللّغة الألمانيّة.
- هل أساعدك – نعم، بكلّ سرور. هل عندك وقت اليوم؟ أو غداً؟
- اليوم أنا مشغولة. ولكن غداً لديّ وقت. أين نلتقي؟ هنا في المكتبة أو في بيتي؟
- أفضّل في بيتي أنا، يعني في بيت الطلبة. أحضّر لنا شاياً، شاياً بالنعناع. هل تحبّينه؟
- نعم، أحبّه كثيراً. وأحبّ كذلك الموسيقى التونسيّة، مثلاً أغنيّة « اللّٰه اللّٰه يا بابا ... »

Einige Fragen zum Lektionstext بَعْضُ الأَسْئلةِ حَوْلَ نَصِّ الدَّرْسِ

Wen begrüßte (*w: auf wen grüßte*) *der syrische Student? Und wo arbeitet sein Freund?* عَلىٰ مَنْ سَلَّمَ الطَّالِبُ السُّورِيُّ؟ وَأَيْنَ يَعْمَلُ صَدِيقُهُ؟

Wen begrüßte (*w: auf wen grüßte*) *die tunes. Studentin? Und wo arbeitet ihre Freundin?* عَلىٰ مَنْ سَلَّمَتْ الطَّالِبةُ التُّونِسيّةُ؟ وَأَيْنَ تَعْمَلُ صَدِيقَتُها؟

Zum Auswendiglernen: Gängige Redewendungen u. bekannte Sprichwörter لِلْحِفْظِ: عِباراتٌ شائِعةٌ وَأَمثالٌ سائِرةٌ

Der Überlieferung nach saß der vorislam. Dichter *Imrulqais* امرؤ القيس (520 – 565) beim Wein, als ihn die Nachricht von der Tötung seines Vaters erreichte. Als Sohn war er zur Blutrache verpflichtet, doch da sein Vater ihn einst verstoßen hatte, wollte er sich Zeit lassen mit dieser „Sache". Darauf bezieht er sich in seinem vielzitierten Vers „'al-yawma ḫamrun wa-ġadan ʾamrun" *Heute der Wein und morgen die Pflicht*, d.h. *Morgen ist auch noch ein Tag.*

اليوم خمر وغدا أمر *Heute der Wein und morgen die Pflicht* اليَوْمَ خَمْرٌ وَغَداً أَمْرٌ

Hier machen wir Schluß. Danke und auf Wiedersehen! – Auf Wiedersehen in der 5. Lektion! – Lebt wohl!

إلىٰ هُنا وَنَنْتَهِي. شُكْراً وَإلىٰ ٱللِّقاءِ! – إلىٰ ٱللِّقاءِ في ٱلدَّرْسِ ٱلخامِسِ! – مَعَ ٱلسَّلامةِ!

5. Lektion

'ad-darsu 'al-ḫāmis(u)
die-Lektion die-fünfte

الدّرس الخامس

Herzlich willkommen!
Herzlich willkommen in der 5. Lektion!

أَهْلاً وَسَهْلاً! أَهْلاً وَسَهْلاً فِي ٱلدَّرْسِ الخامِسِ!

Die neuen Wörter (Teil 1) — الكَلِماتُ الجَدِيدةُ (القِسْمُ الأَوَّلُ)

safarun[1] pl. ˀasfārun	Reise; (das) Reisen	سَفَرٌ ج أَسْفارٌ
maṭārun pl. -ātun	Flughafen; Flugplatz	مَطارٌ ج اتٌ
ṭāˀiratun pl. -ātun	Flugzeug	طائِرةٌ ج اتٌ
maqˁadun pl. maqāˁidu	Sitz; (Sitz-)Platz	مَقْعَدٌ ج مَقاعِدُ
ğalasa/ yağlisu	sitzen; sich setzen	جَلَسَ / يَجْلِسُ
munḏu – munḏu matā?	seit; vor – seit wann?	مُنْذُ – مُنْذُ مَتىٰ؟
ˀağnabiyyun pl. ˀağānibu	fremd; Fremder, Ausländer	أَجْنَبِيٌّ ج أَجانِبُ
zāra (zurtu)/ yazūru	besuchen; besichtigen	زارَ (زُرْتُ) / يَزُورُ
muddatun – li-muddatin	Zeitspanne; Frist – für eine Weile	مُدّةٌ – لِمُدّةٍ
šahrun pl. šuhūrun	Monat	شَهْرٌ ج شُهُورٌ
li-ˀan – li-ˀanna-hu/hā	weil (w: für-daß) – weil er/sie/es	لِأَنْ – لِأَنَّهُ/لأَنَّها
ṣaˁida/ yaṣˁadu + Akk.	hinaufsteigen auf; einsteigen in	صَعِدَ / يَصْعَدُ
fattaša II/ yufattišu ˁan	suchen etwas od. nach etwas	فَتَّشَ / يُفَتِّشُ عَنْ
ˁalā – ˁalay-ya	auf, an; gemäß – auf mir; ich muß	عَلىٰ – عَلَيَّ
qāmūsun pl. qawāmīsu	Wörterbuch	قامُوسٌ ج قَوامِيسُ

mutarğimun pl. -ūna	Übersetzer; Dolmetscher	مُتَرْجِمٌ ج ونَ
nāfiḏatun pl. nawāfiḏu	Fenster	نافِذةٌ ج نَوافِذُ
naẓara/ yanẓuru ˀilā	anschauen etw.; schauen auf etw.	نَظَرَ / يَنْظُرُ إلىٰ
ğawwun pl. ˀāğwaˀun	Luft; Wetter; Atmosphäre	جَوٌّ ج أَجْواءٌ
tamannā V/ yatamannā	wünschen	تَمَنَّىٰ / يَتَمَنَّىٰ
mabsūṭun – masrūrun bi-	zufrieden – froh, erfreut über	مَبْسُوطٌ – مَسْرُورٌ بِـ
ˁuṭlatun pl. ˁuṭalun	Ferien; Urlaub; arbeitsfreier Tag	عُطْلةٌ ج عُطَلٌ
ˁīdun pl. ˀaˁyādun	Fest; Feiertag	عِيدٌ ج أَعْيادٌ
ğānibun – ˀilā ğānibi	Seite; Aspekt – neben; außer	جانِبٌ – إلى جانِبِ
samiˁa/ yasmaˁu	hören	سَمِعَ / يَسْمَعُ
raˀā/yarā – tarawna	sehen; meinen – ihr seht; ihr meint	رَأىٰ / يَرىٰ – تَرَوْنَ
muḍīfun pl. -ūna	Gastgeber; Steward	مُضِيفٌ ج ونَ
raḥḥaba II/ yuraḥḥibu bi-	willkommen heißen, begrüßen j-n	رَحَّبَ / يُرَحِّبُ بِـ
marḥaban (bi-ka/i, bi-kum)!	(Sei, Seid/Seien Sie) willkommen!	مَرْحَباً (بِكَ/بِكِ، بِكُمْ)!
qāla/(qultu)/ yaqūlu	sagen; reden	قالَ (قُلْتُ)/ يَقُولُ

1 Davon abgeleitet: *Safari* = „Reise“, um große Wildtiere zu beobachten; *Safari* entstammt dem stark vom Arab. beeinflußtein *Suahili*, einer in *Ostafrika* (z.B. Kenia, Tansania) verbreiteten Verkehrssprache, vgl. S. 141 Anm. 3.

Die Zahlen von 21 bis 99

21*	wāḥid(un) wa-ˁišrūn(a) *m.*	واحِدٌ وَعِشْرونَ	٢١	28	ṯamāniya(tun) wa-ˁišrūn(a) *m.*	ثَمانِيَةٌ وَعِشْرونَ	٢٨
22*	'iṯnān(i) wa-ˁišrūn(a) *m.*	اِثْنانِ وَعِشْرونَ	٢٢	29	tisˁa(tun) wa-ˁišrūn(a) *m.*	تِسْعَةٌ وَعِشْرونَ	٢٩
23*	ṯalāṯa(tun) wa-ˁišrūn(a) *m.*	ثَلاثَةٌ وَعِشْرونَ	٢٣	31	wāḥid (un) wa-ṯalāṯūn(a) *m.*	واحِدٌ وَثَلاثُونَ	٣١
24	ˀarbaˁa(tun) wa-ˁišrūn(a) *m.*	أَرْبَعَةٌ وَعِشْرونَ	٢٤	32	'iṯnān(i) wa-ṯalāṯūn(a) *m.*	اِثْنانِ وَثَلاثُونَ	٣٢
25	ḫamsa(tun) wa-ˁišrūn(a) *m.*	خَمْسَةٌ وَعِشْرونَ	٢٥	33	ṯalāṯa(tun) wa-ṯalāṯūn(a) *m.*	ثَلاثَةٌ وَثَلاثُونَ	٣٣
26	sitta(tun) wa-ˁišrūn(a) *m.*	سِتَّةٌ وَعِشْرونَ	٢٦	98	ṯamāniya(tun) wa-tisˁūn(a) *m.*	ثَمانِيَةٌ وَتِسْعُونَ	٩٨
27	sabˁa(tun) wa-ˁišrūn(a) *m.*	سَبْعَةٌ وَعِشْرونَ	٢٧	99	tisˁa(tun) wa-tisˁūn(a) *m.*	تِسْعَةٌ وَتِسْعُونَ	٩٩

*** Fem.-Formen: 21, 22, 23 ...** إِحْدَى وَعِشْرُونَ (21)، اِثْنَتانِ وَعِشْرُونَ (22)، ثَلاثٌ وَعِشْرُونَ (23) ...
(vgl. L3, S. 62, Zahlen 11-19)

Zum Gebrauch der Grundzahlen

Die **Zahlen 1 u. 2** gelten als *Adjektive* und sind dem Gezählten *nachgestellt.* **Zahlwörter ab 3** gelten als *Substantive* und werden dem Gezählten *vorangestellt.* Die **Zahlwörter** werden dem **Geschlecht** des **Gezählten** angepaßt.

1 u. 2: Wie ein **Adjektiv** passen sie sich sich dem **Gezählten an,** doch benutzt man sie nur, wenn die *Anzahl* hervorgehoben werden soll, z.B.
ein Tag yawm(un) wāḥid(un) – *ein* Jahr sana(tun) wāḥida(tun)
zwei Tage yawmān(i) 'iṯnān(i) – *zwei* Jahre sanatān(i) 'iṯnatān(i).

١: يَوْمٌ واحِدٌ – سَنَةٌ واحِدَةٌ
٢: يَوْمانِ اِثْنانِ – سَنَتانِ اِثْنَتانِ

3 - 10: Das **Gezählte** folgt im **Genitiv Plural**, z.B.
drei Tage ṯalāṯatu ˀayyām(in) – *drei Jahre* ṯalāṯu sanawāt(in)

٣ إلى ١٠: ثَلاثَةُ أَيّامٍ – ثَلاثُ سَنَواتٍ

11 - 99: Das **Gezählte** folgt im **Akkusativ Singular**, z.B.
40 Tage ˀarbaˁūna yawman – *40 Jahre* ˀarbaˁūna sana(tan)

١١ إلى ٩٩: أَرْبَعُونَ يَوْماً – أَرْبَعُونَ سَنَةً

100 u. Das **Gezählte** folgt im **Genitiv Singular** (= *Gen.-Verbindung*), z.B.
100 Tage miˀatu yawmin – *100 Jahre* miˀatu sana(tin)
1000: *1000 Tage* ˀalfu yawmin – *1000 Jahre* ˀalfu sana(tin).

١٠٠: مِئَةُ يَوْمٍ – مِئَةُ سَنَةٍ
١٠٠٠: أَلْفُ يَوْمٍ – أَلْفُ سَنَةٍ

Lektionstext 5 – Übersetzung: Die Reise nach Amman (1)

Im Flugzeug: Wo ist mein Platz? Peter Meyer ist Übersetzer für die Sprachen Englisch u. Französisch. Vor 3 Jahren begann er, Arabisch zu lernen (w: er begann er lernt Ar.). – Warum? – Weil er Fremdsprachen liebt u. gern reist. Er kennt einige ar. Länder: Er war (w: besuchte) schon dreimal in Marokko, zweimal in Äg. u. einmal im Oman. Herr M. hat viele Freunde, u. unter ihnen ist einer, der seit 3 Monaten in Jordanien wohnt (w: u. von-ihnen [ist] Freund er wohnt in J. seit ...). Er ist Dozent u. arbeitet an der Dt.-Jordanischen Universität. – Wo ist Herr Meyer jetzt? – Er ist auf dem Flughafen, auf dem Flughafen München ... Vor kurzem (w: seit wenig) ist er ins Flugzeug gestiegen, u. jetzt sehen wir, wie er seinen Platz sucht (w:sehen-ihn u.-er sucht ...). Deshalb liest er die Nummern: 20, 21, 22, 23, 24, 25 ... „Ja, das hier (w: dieser) ist mein Platz, hier am (w: beim) Fenster". Er setzt sich hin u. schaut aus dem Fenster: Das Wetter ist heute schön ... sehr schön.

Wir wünschen Ihnen eine gute (w: glückliche) Reise! Peter M. ist zufrieden (w: froh): Das Wetter ist schön, u. er hat Urlaub, 10 Tage Urlaub (w: bei-ihm [ist] Urlaub, U. für-Dauer [von] 10 der Tage). Auch sein Freund hat frei (w: Ferien). – Warum? – Weil in (w: nach) 3 Tagen ein wichtiges Fest beginnt, es heißt „Großes Fest" (= Opferfest, 10. Tag des Pilgermonats Dhu l-Ḥiğğa, vgl. L 9). Daher sind im Flugzeug alle Plätze besetzt. Auch die beiden Plätze neben (w: zur Seite [des]) Peter M. sind besetzt. Kurz darauf hört er, wie die Stewardess sie begrüßt (w: er hört die Stewardess u.-sie bietet willkommen an-sie), zuerst auf englisch, dann auf dt. u. schließlich auf arabisch. Peter M. versteht nicht alles, was die Stewardess sagt (w: alles [des] sie sagt-es). Der erste Satz ist leicht zu verstehen (w: leicht des-Verstehens): „Meine Damen u. Herren, herzlich willkommen, seien Sie herzlich willkommen!" Er versteht auch den letzten Satz: „Wir wünschen Ihnen eine gute (w: glückliche) Reise". Peter kennt das Wort „glücklich" aus dem Unterricht. Oftmals hat er gehört, wie sein Lehrer zu ihnen gesagt hat (w: viel[mals] was er hörte und-sein Lehrer sagt zu-ihnen): „Ich wünsche euch einen schönen (w: glücklichen) Abend!"

L 5: Die Reise nach Amman (1) اَلدَّرْسُ الخامِسُ: السَّفَرُ إلىٰ عَمّان (القِسْمُ الأَوَّلُ)

Im Flugzeug: Wo ist mein Platz?

في ٱلطّائِرة: أَيْنَ مَقْعَدِي؟

✈ طائِرة فَرَنْسِيّة

بيتر ماير مُتَرْجِمٌ لِلُّغَتَيْنِ الإنْكليزِيّةِ وَٱلفَرَنْسِيّةِ. مُنْذُ ثَلاثِ سَنَواتٍ بَدَأَ يَتَعَلَّمُ العَرَبِيّةَ. - لِماذا؟ - لِأَنَّهُ يُحِبُّ اللُّغاتِ ٱلأَجْنَبِيّةَ وَلأَنَّهُ يُحِبُّ السَّفَرَ. يَعْرِفُ بَعْضَ ٱلبُلْدانِ العَرَبِيّةِ: لَقَدْ زارَ ٱلمَغْرِبَ ثَلاثَ مَرّاتٍ وَمِصْرَ مَرَّتَيْنِ وَعُمان مَرّةً واحِدةً. لِلسَّيِّدِ ماير أَصْدِقاءُ كَثِيرُونَ وَمِنْهُمْ صَدِيقٌ يَسْكُنُ مُنْذُ ثَلاثةِ شُهُورٍ في ٱلأُرْدُنِّ. هُوَ مُدَرِّسٌ وَيَعْمَلُ في ٱلجامِعةِ الأَلْمانِيّةِ الأُرْدُنِّيّةِ. - أَيْنَ السَّيِّدُ ماير الآنَ؟ - هُوَ في ٱلمَطارِ، في مَطارِ ميونخ ... مُنْذُ قَلِيلٍ صَعِدَ الطّائِرةَ وَٱلآنَ نَراهُ وَهُوَ يُفَتِّشُ عَنْ مَقعَدِهِ. لِذٰلِكَ يَقْرَأُ الأَرْقامَ: ٢٠، ٢١، ٢٢، ٢٣، ٢٤، ٢٥ ... «نَعَمْ، هٰذا مَقْعَدِي، هُنا عِنْدَ ٱلنّافِذةِ.» يَجْلِسُ وَيَنْظُرُ مِنَ النّافِذةِ. الجَوُّ جَمِيلٌ اليَوْمَ ... جَمِيلٌ جِدّاً.

Wir wünschen Ihnen eine gute Reise!

نَتَمَنّىٰ لَكُمْ سَفَراً سَعِيداً!

في الطّائِرة

بيتر ماير مَسْرُورٌ: الجَوُّ جَمِيلٌ وَعِنْدَهُ عُطْلةٌ، عُطْلةٌ لِمُدّةِ عَشَرةِ أَيّامٍ. عِنْدَ صَدِيقِهِ أَيْضاً عُطْلةٌ. - لِماذا؟ - لِأَنَّهُ بَعْدَ ثَلاثةِ أَيّامٍ يَبْدَأُ عِيدٌ مُهِمٌّ إسْمُهُ العِيدُ الكَبِيرُ. لِذٰلِكَ في ٱلطّائِرةِ كُلُّ المَقاعِدِ مَشْغُولةٌ. أَيْضاً المَقْعَدانِ إلىٰ جانِبِ بيتر ماير مَشْغُولانِ. بَعْدَ قَلِيلٍ يَسْمَعُ المُضِيفةَ وهِيَ تُرَحِّبُ بِهِمْ، أَوَّلاً بِٱلانْكلِيزِيّةِ، ثُمَّ بِٱلأَلْمانِيّةِ وَأَخِيراً بِٱلعَرَبِيّةِ. لا يَفْهَمُ بيتر ماير كُلَّ ما تَقُولُهُ المُضِيفةُ. أَمّا الجُمْلةُ الأُولىٰ فَهِيَ سَهْلةُ الفَهْمِ: «سَيِّداتي وَسادَتي، أَهْلاً وَسَهْلاً وَمَرْحَباً، مَرْحَباً بِكُمْ!» يَفْهَمُ أَيْضاً الجُمْلةَ الأَخِيرةَ: «نَتَمَنّىٰ لَكُمْ سَفَراً سَعِيداً!» يَعْرِفُ بيتر كَلِمةَ «سَعِيد» مِنَ ٱلدَّرْسِ. كَثِيراً ما سَمِعَ مُدَرِّسَهُ وَهُوَ يَقُولُ لَهُمْ: «أَتَمَنّىٰ لَكُمْ مَساءً سَعِيداً!»

 L 5 – Grammatik und Sprache   الدَّرْسُ الخَامِسُ – القَوَاعِدُ وَٱللُّغَةُ

§ 1. Genitiv-Verbindung (Teil 2)

Ist der hinzugesetzte **Genitiv unbestimmt**, so gilt die gesamte Genitiv-Verbindung als **unbestimmt**.

| ğawāzu safarin – ğawāzu_s-safari[1] | *ein Reisepaß* (wörtl. [der] Paß einer Reise) – *der Reisepaß* (wörtl. [der] Paß der-Reise) | جَوَازُ سَفَرٍ – جَوَازُ ٱلسَّفَرِ |

Leitwort u. **Genitiv** bilden eine **untrennbare Einheit**; zum Leitwort gehörende **Adjektive** werden **nachgestellt**. Bei mehreren Adjektiven oder unklarem Bezug umschreibt man die Gen.-Verbindung, vgl. L8 §1.

| ğawāzu safarin ğadīdun (p: ğawāz_as-safari 'al-ğadīd) | *ein neuer Reisepaß* wörtl. [der] Paß einer Reise ein neuer | جَوَازُ سَفَرٍ جَدِيدٌ |
| ğawāzu_s-safari 'al-ğadīdu[1] (p: ğawāz_as-safar 'al-ğadīd) | *der neue Reisepaß* wörtl. [der] Paß der Reise | جَوَازُ السَّفَرِ الجَدِيدُ |

Auch **Verbundpronomen** (z.B. -ī *mein*, -nā *unser*) fügt man stets an den *Genitiv* an.

| ğawāzu safar-ī ğadīdun. (p: ğawāz_as-safar 'al-ğadīd) | *Mein Reisepaß ist neu.* wörtl. [der] Paß meiner Reise [ist] [ein] neuer | جَوَازُ سَفَرِي جَدِيدٌ. |
| hāḏā huwa ğawāzu safar-ī 'al-ğadīdu | *Das ist mein neuer Reisepaß.* wörtl. [der] Paß meiner Reise der-neue | هٰذا هُوَ جَوَازُ سَفَرِي الجَدِيدِ. |

§ 2. Wörter auf -an und -in (pausal: -ā und -ī)

Die **Endung -a**n wird zu **-ā**, wenn man „'al-" od. einen **Genitiv** hinzusetzt: mustašfan ⇨ 'al-mustašfā *Klinik* – mustašfā 'al-ğāmiᶜa(ti) *die Universitätsklinik*. Wörter auf **-a**n sind **unveränderlich** (Nom. = Gen. = Akk.).

مُسْتَشْفًى ⇦ المُسْتَشْفَى – مُسْتَشْفَى الجَامِعَةِ

Die **Endung -i**n (pausal: -ī) wird mit yāʾ ي geschrieben, wenn man „'al-" od. einen **Genitiv** hinzusetzt: wādin (p: wādī) ⇨ 'al-wādī *Flußtal, Wadi* – wādī 'al-mulūk(i) *das Tal der Könige*. Die **Deklination** (Nom. = Gen., Akk. -iyan/-iya) finden Sie in L10 §5.

وَادٍ ⇦ الوَادِي – وَادِي المُلُوكِ

§ 3. Grundlagen der Wortbildung – „Wurzel" – Wurzelkonsonanten (Wk)

Eine **Wurzel** besteht aus **drei** (selten 4) **aufeinanderfolgenden Konsonanten**; sie ist Grundlage der Wort- und Formenbildung und zeigt den **Bedeutungsrahmen** an, z.B. **k-t-b** = *was mit „schreiben" zu tun hat*[2].

| k-t-b ⇨ kataba – kitābun – maktabun – maktūbun | *schreiben – Buch – Büro – geschrieben* | ك-ت-ب ⇦ كَتَبَ – كِتَابٌ – مَكْتَبٌ – مَكْتُوبٌ |

Wurzeln werden erst durch **Zusätze** (meist Vokale, aber auch Konsonanten) zu Wörtern, z.B. f-h-m = *was mit „verstehen" zu tun hat* ⇨ *fahm*un *Verständnis* – *mafhūm*un *verstanden; verständlich*. Das **Erkennen der Wurzelkonsonanten (Wk)** ist wichtig, wenn Sie im **Wörterbuch** z.B. nach gebrochenen Pluralen oder Verbformen suchen. Auch beim Verstehen bzw. Erlernen neuer Wörter hilft das Zuordnen zu einer Wurzel oft. Achten Sie also künftig immer auch auf die zugrundeliegende **Wurzel** – auch beim *Hören* u. *Lesen*[3].

---

1 Die Gen.-Verbindung empfindet man nicht als so eng zusammengehörig, daß gebunden werden *muß*, daher wird mündlich oft *pausal* gebunden, z.B. *Reisepaß* ğawāzu_s-safari (= klass. Bindg.) od. ğawāz_as-safar (= Pausalbindung).
2 Die *Wurzel* entspricht somit im Dt. dem *Stamm*, z.B. -*schreib*-, *Schreib*-ung, be-*schreib*-en, be-*schrieb*-en, *Schrift*.
3 Schon ab dem 8. Jh. verfaßten Sprachgelehrte umfangreiche arabische *Wörterbücher*. Allmählich setzte sich die Anordnung nach *Wurzeln* durch, z.B. im „lisān al-ᶜarab" لسان العرب w: *Zunge (= Sprache) der Araber* (entstanden im 13. Jh.). Auch zahlreiche moderne Wörterbücher folgen dem Wurzelprinzip, zumindest bei den Verben.

§ 4. Grundverb und abgeleitetes Verb[1] – „Stämme"

Grundverben bezeichnet man als **I. Stamm**, **abgeleitete Verben** als **Stämme II – X**.
Grundverben bestehen in der **3. P. Sg. mask. Perf.** nur aus der **Wurzel** (z.B. **k-t-b**), dabei unterscheidet man – je nach Vokalisierung des *mittleren* Wurzelkonsonanten (Wk 2) – **drei Typen**.

Typ 1a)	**ka**taba/**ya**ktubu	*schreiben*	١) كَتَبَ/يَكْتُبُ - سَأَلَ/يَسْأَلُ - جَلَسَ/يَجْلِسُ
1b)	sa?ala/**ya**s?alu	*fragen*	
1c)	ǧ**a**lasa/**ya**ǧlisu	*sich setzen; sitzen*	
Typ 2)	**fa**hima/**ya**fhamu	*verstehen*	٢) فَهِمَ/يَفْهَمُ ٣) كَبُرَ/يَكْبُرُ
Typ 3)	**ka**bura/**ya**kburu	*groß od. alt sein*	

Die **Stämme II – X** haben ein jeweils eigenes Bildemuster, es folgen Beispiele für die Wurzel f-h-m.

II. Stamm Wk 2 *verdoppelt* (Präsens: yu-)	**fa**hhama II/yu**fa**hhimu (Muster: **ba**ddala/yu**ba**ddilu)	*zu verstehen geben; verständlich machen*	فَهَّمَ/يُفَهِّمُ
VI. Stamm Vorsilbe *ta-* (Präsens: ya-) *ʾalif* zwischen Wk 2 u. 3	ta**fā**hama VI/yata**fā**hamu (Muster: ta**bā**dala/yata**bā**dalu)	*sich verständigen*	تَفَاهَمَ/يَتَفَاهَمُ
X. Stamm Vorsilbe *'ista-* (Präsens: ya-) *kein Vokal* zwischen Wk 1 u. 2	'ista**f**hama X/yasta**f**himu (Muster: 'ista**b**dala/yasta**b**dilu)	*sich erkundigen, erfragen, nachfragen*	اِسْتَفْهَمَ/يَسْتَفْهِمُ

Zwar sind zu jeder **Wurzel** *alle* Stämme bildbar, doch nur *wenige* sind tatsächlich auch gebräuchlich[2]. Für die Stämme II-X gibt es *typische* Bedeutungen, so bezeichnet z.B. der IX. Stamm fast ausschließlich Farben. Näheres finden Sie im grammat. Anhang. Als **Musterwurzel** wird in den dortigen Übersichtstafeln **b-d-l** (zum Grundverb: **ba**dala/**ya**bdulu بدل/يبدل *ersetzen*) benutzt – sie ist leichter auszusprechen ist als die in der arab. Nationalgrammatik übliche **Musterwurzel f-ʿ-l** (zum Grundverb: **fa**ʿala/**ya**fʿalu فعل/يفعل *machen, tun*).

§ 5. Konjunktiv

Der Konjunktiv steht nur nach **Konjunktionen** od. **Partikeln**, z.B. lan لَنْ *niemals; nie* – ʾan أَنْ *daß*, li-ʾan لِأَنْ *damit*. Man bildet den Konjunktiv aus dem *Präsens*: die **Endung -u** wird zu **-a**, die **Endungen -īna**, **-ūna** werden zu **-ī** ي bzw. **-ū** وا (letzteres mit *stummem* ʾ**a**lif, vgl. L2 §3). Die Endung *-na* bleibt unverändert.

Tafel: Konjunktiv – kataba/yaktubu *schreiben* كَتَبَ/يَكْتُبُ

Singular		
-a	ʾan ʾ**a**ktuba *daß ich schreibe*	أَنْ أَكْتُبَ
-a	ʾan t**a**ktuba *daß du m. schreibst*	أَنْ تَكْتُبَ
-ī	ʾan t**a**ktubī *daß du f. schreibst*	أَنْ تَكْتُبِي
-a	ʾan y**a**ktuba *daß er schreibt*	أَنْ يَكْتُبَ
-a	ʾan t**a**ktuba *daß sie schreibt*	أَنْ تَكْتُبَ

Plural		
-a	ʾan n**a**ktuba *daß wir schreiben*	أَنْ نَكْتُبَ
-ū	ʾan t**a**ktubū *daß ihr m. schreibt*	أَنْ تَكْتُبُوا
-na	ʾan tak**tu**bna *daß ihr f. schreibt*	أَنْ تَكْتُبْنَ
-ū	ʾan y**a**ktubū *daß sie m. schreiben*	أَنْ يَكْتُبُوا
-na	ʾan yak**tu**bna *daß sie f. schreiben*	أَنْ يَكْتُبْنَ

Verneinung: ʾan lā od. ʾallā *daß nicht* أَنْ لا أَوْ: أَلَّا

Dual		
-ā	ʾan taktub**ā** *daß ihr(2) schreibt*	أَنْ تَكْتُبَا
-ā	ʾan yaktub**ā** *daß sie m. (2) schreiben*	أَنْ يَكْتُبَا
-ā	ʾan taktub**ā** *daß sie f. (2) schreiben*	أَنْ تَكْتُبَا

1 Im Dt. erkennt man *abgeleitete* Verben daran, daß sie ein *Präfix* (= Vorsilbe) haben, z.B. *ab*schreiben. Aus dem Grundverb *schreiben* lassen sich zahlreiche Ableitungen bilden, z.B. *auf-, vor-, um-, be-, unterschreiben* usw.
2 Das ist auch im Dt. der Fall, z.B. *stehen* ⇨ *ge-stehen* (nicht aber: *sitzen* ⇨ °*ge-sitzen*). Manchmal fehlt auch das Grundverb, z.B. dt. *gebären* (nicht aber: °*bären*) – ebenso z.B. ar. taka**l**lama (V. Stamm) *sprechen* (nicht aber: °**ka**lama).

L 5 – Die neuen Wörter (Teil 2) الكَلِماتُ الجَدِيدةُ (القِسْمُ الثّانِي)

ǧawāzun *pl.* -ātun	*Paß (Kurzform); Genehmigung*	جَوازٌ ج اتٌ	ʿumrun *pl.* ʾaʿmārun	*Altersstufe; (Lebens-) Alter*	عُمْرٌ ج أَعْمارٌ
maktabun *pl.* makātibu	*Büro; Dienstzimmer*	مَكْتَبٌ ج مَكاتِبُ	siʿrun *pl.* ʾasʿārun	*Preis (e-r Ware)*	سِعْرٌ ج أَسْعارٌ
wādin (p: wādī)[1] *pl.* widyānun	*Wadi (Fluß, nicht ständig wasserführend); Flußbett*	وادٍ ج وِدْيانٌ	ʾarāda IV/ yurīdu ʾan	*wollen etw. (w: daß)*	أَرادَ / يُرِيدُ أَنْ
malikun[2] *pl.* mulūkun	*König; Malik m.*	مَلِكٌ ج مُلُوكٌ	yadun *f.* *pl.* ʾaydin (p: ʾaydī)	*Hand; Pfote; Griff*	يَدٌ ج أَيْدٍ
ʿabdun *pl.* ʿabīdun[3]	*Diener, Knecht; Sklave*	عَبْدٌ ج عَبِيدٌ	ruznāmatun *pl.* -ātun	*Kalender; Almanach*	رُزْنامةٌ ج اتٌ
dāʾiman ⇔ ʾaḥyānan	*immer ⇔ manchmal*	دائِماً ⇔ أَحْياناً	naẓẓāratun – ʿulbatun	*Brille – Etui; Schachtel*	نَظّارةٌ – عُلْبةٌ
kam (+ Akk. Sg.) – kam marratan	*wieviel – wieviel Mal; wie oft*	كَمْ – كَمْ مَرّةً	'al-wālidu wa-l-wālidatu[4]	*(der) Vater und (die) Mutter*[3]	الوالِدُ وَٱلوالِدةُ

wieviel? kam? – *zu wieviel* bi-kam كَمْ؟ – بِكَمْ؟

Nach „**kam**" folgt der **Akk. Singular**, z.B. kam yawman? *Wieviel Tage?* – kam sana(tan)? *Wieviel Jahre?* Ist „**kam**" mit einer **Präposition** kombiniert, folgt der **Gen. Singular**, z.B. munḏu kam yawm(in)? *Seit wieviel Tagen?* – munḏu kam sana(tin)? *Seit wieviel Jahren?*
Bedeutet „**kam**" *wieviel ist …*, so folgt die **Satzergänzung** im **Nominativ**, z.B. kam ʿumru-hu/ʿumru-hā? *Wie alt ist er/sie? (w: wieviel [ist] sein/ihr Alter?)* – kam siʿru 'al-ǧarīda(ti)? *Wieviel kostet die Zeitung? (w: wieviel [ist] der Preis der Zeitung?)* – kam siʿru-hā? – *Wieviel kostet sie? (w: Wieviel ist ihr Preis?)*
Den *Preis* kann man auch mit „**bi-kam**" erfragen, z.B. bi-kami‿l-ǧarīda(tu)? *Wieviel kostet die Zeitung? (w: die Zeitung [ist] zu wieviel?)* – oder ganz kurz: bi-kam hāḏā? *od.* hāḏā bi-kam? *w: Dies [ist] zu wieviel? Zu wieviel?* od. *Dies [ist] zu wieviel?*
Oft benutzt man auch: „**kam mina‿l-…**" (+ Gen.), z.B. kam mina‿l-waqti laday-nā? *Wieviel Zeit haben wir? (w: wieviel von der-Zeit [ist] bei-uns?)*

كَمْ يَوْماً؟ - كَمْ سَنةً؟ -
مُنْذُ كَمْ يَوْمٍ؟ - مُنْذُ كَمْ سَنةٍ؟
كَمْ عُمْرُهُ؟ / كَمْ عُمْرُها؟
كَمْ سِعْرُ الجَرِيدةِ؟ - كَمْ سِعْرُها؟
بِكَمْ؟ - بِكَمِ ٱلجَرِيدةُ؟ - بِكَمْ هٰذا؟
أَوْ: بِكَمْ هٰذا؟ - كَمْ مِنَ ٱلوَقْتِ لَدَيْنا؟

Arabische Namen (Teil 2) أَسْماءٌ عَرَبِيّةٌ (الجُزْءُ الثّانِي)

Häufig begegnet man Namen, die mit ʿabdun *Diener, Knecht, Sklave* beginnen, z.B. ʿabdu‿l-malik(i) (p: ʿabd‿al-malik) *Abdelmalik (w: Knecht des Königs)*. Zugrunde liegt das Muster: ʿabdu‿aḷḷāh(i) (p: ʿabd‿aḷḷāh) *Abdullah (w: Knecht Gottes)*, wobei das Wort „'aḷḷāh(u)" *Gott* durch einen der sog. *99 Schön(st)en Namen*[5] ersetzt ist, mit denen im Koran (Sure 59, Vers 22f.) die Eigenschaften Gottes beschrieben sind, z.B. 'ar-raḥmān(i) *der Erbarmer*: ʿabdu‿r-raḥmān(i) *Abderrahman* – 'ar-raḥīmu *der Barmherzige*: ʿabdu‿r-raḥīm(i) *Abderrahim*– 'as-salāmu *der Friede*: ʿabdu‿s-salām *Abdelsalam*.

عَبْدٌ – عَبْدُ المَلِكِ – عَبْدُ اللهِ –
الرَّحْمٰنُ: عَبْدُ الرَّحْمٰنِ – الرَّحِيمُ:
عَبْدُ الرَّحِيمِ – السَّلامُ: عَبْدُ السَّلامِ

1 Davon abgeleitet ist z.B. der span. Flußname *Guadalquivir*, eigtl. 'al-wādī 'al-kabīr الوادي الكبير *das große Wadi*.
2 Das zugehörige Adjektiv (= Nisbe) hat eine leicht veränderte Vokalisation: malakiyyun مَلَكيّ *königlich; Königs-*
3 Plural auch: ʿibādun عباد – man benutzt diesen Plural z.B. in: ʿibādu‿ḷḷāhi عباد الله *Diener Gottes (= Menschen)*.
4 Nur *mit* Artikel, respektvoller als ʾabun أب *Vater* bzw. ʾummun أُمّ *Mutter*, vgl. dt. *(Herr) Vater* bzw. *(Frau) Mutter*. Dual: 'al-wālidāni الوالدان *die Eltern (einer Person)*, vgl. L6 §1 – Plural: 'al-ʾābāʾun الآباء *die Eltern (mehrerer Personen)*
5 ar. 'al-'asmāʾu 'al-ḥusnā الأَسْماءُ الحُسْنَى *die „Schön(st)en Namen"* – zur grammat. Form von „'al-ḥusnā" vgl. L9 §3.

L 5 – Übungen — الدَّرْسُ الخامِسُ - التَّمارِينُ

Ü 1: Ich suche meine Brille.
– Und *ich* suche meinen Schlüssel
التَّمْرِينُ الأَوَّل: أُفَتِّشُ عَنْ نَظّارَتي. - وَأَنا أُفَتِّشُ عَنْ مِفْتاحِي.

Ich suche Herrn Ahmed.
➤ Und ich suche Frau Fatima.
أُفَتِّشُ عَنْ السَّيِّدِ أَحْمد. ➤ وَأَنا أُفَتِّشُ عَنْ السَّيِّدةِ فاطِمة.

Ich suche meinen Reisepaß.
➤ Und ich suche meine Handtasche.
أُفَتِّشُ عَنْ جوازِ سَفَرِي. ➤ وَأَنا أُفَتِّشُ عَنْ حَقِيبةِ يَدِي.

Manchmal suche ich mein Heft.
➤ Und ich suche manchmal meinen Stift.
أَحْياناً أُفَتِّشُ عَنْ دَفْتَرِي. ➤ وَأَنا أَحْياناً أُفَتِّشُ عَنْ قَلَمِي.

Oft suche ich meinen Kalender.
➤ Und ich suche oft mein Wörterbuch.
كَثِيراً ما أُفَتِّشُ عَنْ رُزْنامَتي. ➤ وَأَنا كَثِيراً ما أُفَتِّشُ عَنْ قامُوسِي.

Ü 2: Wieviel Tage, Wochen, Monate, Jahre?
التَّمْرِينُ الثّانِي: كَمْ يَوْماً، كَمْ أُسْبُوعاً، كَمْ شَهْراً، كَمْ سَنةً؟

Wieviel Tage hat die Woche?
➤ Die Woche hat immer 7 Tage.
كَمْ يَوْماً في ٱلأُسْبُوعِ؟ ➤ في ٱلأُسْبُوعِ دائِماً سَبْعةُ أَيّامٍ.

Wieviel Wochen hat der Monat?
➤ Der Monat hat 4 oder 5 Wochen.
كَمْ أُسْبُوعاً في ٱلشَّهْرِ؟ ➤ في ٱلشَّهْرِ أَرْبَعةٌ أَوْ خَمْسةُ أَسابِيعَ.

Wieviel Wochen hat das Jahr?
➤ Das Jahr hat immer 52 Wochen.
كَمْ أُسْبُوعاً في ٱلسَّنةِ؟ ➤ في ٱلسَّنةِ دائِماً اِثْنانِ وَخَمْسُونَ أُسْبُوعاً.

Wieviel Monate hat das Jahr?
➤ Das Jahr hat immer 12 Monate.
كَمْ شَهْراً في ٱلسَّنةِ؟ ➤ في ٱلسَّنة دائِماً اِثْنا عَشَرَ شَهْراً.

Ü 3: 10 Jahre – 20 Jahre – 100 Jahre?
التَّمْرِينُ الثّالِث: عَشْرُ سَنواتٍ عِشْرُونَ سَنةً - مِئةُ سَنةٍ؟

mein Bruder u. meine Schwester
➤ Mein Bruder ist 31 Jahre alt,
u. meine Schwester ist 32 Jahre.
أَخِي وَأُخْتِي ➤ عُمْرُ أَخِي إِحْدىٰ وَثَلاثُونَ سَنةً وَعُمْرُ أُخْتِي اِثْنانِ وَثَلاثُونَ سَنةً.

mein Vater und meine Mutter
➤ Mein Vater ist 63 Jahre alt
und meine Mutter ist 60 Jahre.
والِدِي وَوالِدَتِي ➤ عُمْرُ والِدِي ثَلاثٌ وَسِتُّونَ سَنةً وَعُمْرُ والِدَتِي سِتُّونَ سَنةً.

mein Sohn und meine Tochter
➤ Mein Sohn ist 12 Jahre alt
und meine Tochter ist 11 Jahre.
اِبْنِي وَاِبْنَتِي ➤ عُمْرُ اِبْنِي اِثْنَتا عَشْرةَ سَنةً وَعُمْرُ اِبْنَتِي اِحْدىٰ عَشْرةَ سَنةً.

Und Sie, wie alt sind Sie m/f?
(w: wieviel [ist] dein Alter)
➤ Ich bin 38 Jahre alt.
وَأَنْتَ، كَمْ عُمْرُكَ؟ / وَأَنْتِ، كَمْ عُمْرُكِ؟ ➤ أَنا عُمْرِي ثَمانِي وَثَلاثُونَ سَنةً.

Ü 4: Ich fange an ➤ Ich möchte anfangen (w: ich will, daß ich …)
التَّمْرِينُ الرّابِعُ: أَبْدَأُ ➤ أُرِيدُ أَنْ أَبْدَأَ

Ich lese eine arabische Zeitung.
➤ Ich möchte eine arabische Zeitung lesen.
أَقْرَأُ جَرِيدةً عَرَبِيّةً. ➤ أُرِيدُ أَنْ أَقْرَأَ جَرِيدةً عَرَبِيّةً.

Ich schreibe meinen Namen auf arabisch.
➤ Ich möchte meinen Namen auf arabisch schreiben.
أَكْتُبُ اِسْمِي بِٱلعَرَبِيّةِ. ➤ أُرِيدُ أَنْ أَكْتُبَ اِسْمِي بِٱلعَرَبِيّةِ.

Ich stelle euch einige Fragen.
➤ Ich möchte euch einige Fragen stellen.
أَسْأَلُكُمْ بَعْضَ ٱلأَسْئِلةِ. ➤ أُرِيدُ أَنْ أَسْأَلَكُمْ بَعْضَ ٱلأَسْئِلةِ.

1 Wie im Dt. kann bei *Altersangaben* der Zusatz *Jahre* (sana سنة bzw. sanawāt سنوات) weggelassen werden.

L 5 – Die neuen Wörter (Teil 3) الكَلِماتُ الجَدِيدةُ (القِسْمُ الثّالِثُ)

rubba-mā[1] ⇔ bi-t-taʔkīd(i)[1]	*vielleicht*[1] ⇔ *bestimmt, sicher*	رُبَّما ⇔ بِٱلتَّأْكِيدِ	sūratun *pl.* suwarun	*Korankapitel, Sure*	سُورَةٌ ج سُوَرٌ
mudīrun *pl.* -ūna (*ugs.* mudarāʔu)	*Direktor; Leiter; Manager*	مُدِيرٌ ج ونَ (مُدَراءُ)	ʔinsānun *pl.* nāsun	*Mensch*	إِنْسانٌ ج ناسٌ
ʔamīrun – sulṭānun	*Fürst; Prinz; Emir – Macht; Sultan (Titel)*	أَمِيرٌ - سُلْطانٌ	mihnatun *pl.* mihanun	*Beruf; berufliche Tätigkeit*	مِهْنَةٌ ج مِهَنٌ
nāma/yanāmu – nawmun	*schlafen – Schlaf*	نامَ / يَنامُ - نَوْمٌ	nahrun *pl.* ʔanhārun	*Fluß; Strom*	نَهْرٌ ج أَنْهارٌ
ʔinǧīlun – qurʔānun	*Evangelium; Bibel – Koran (w: Vorzutragendes)*	إِنْجِيلٌ - قُرْآنٌ	yaǧibu – lā budda min	*es ist erforderlich – kein Ausweg aus*	يَجِبُ - لا بُدَّ مِن

Zur Wiedergabe von „müssen"

Es gibt kein Verb für *müssen*, als Umschreibung dient:

1. ʕalā + Personalsuffix + ʔan: ʕalay-ya, ʕalay-ka/ki, ʕalay-hi/hā *w: auf mir, dir m/f, ihm/ihr [ist] daß = ich muß, du mußt, er/sie muß*, z.B. ʕalay-ya ʔan ʔasʔala-kum *ich muß euch fragen* – ʕalay-hi ʔan yasʔala-kum *er muß euch fragen* / ʕalay-hā ʔan tasʔala-kum *sie muß euch fragen*.
2. yaǧibu ʔan *w: es ist erforderlich daß*, z.B. yaǧibu ʔan nasʔala-hu/nasʔala-hā *wir müssen sie/ihn fragen*.
3. la budda min … *w: kein Ausweg [ist] aus …*, z.B. la budda min ḏālika. *Das muß sein.* od. *Das ist notwendig.* – mit Verb, z.B. la budda min ʔan nasʔala-kum *wir müssen euch fragen*.

١) عَلَيَّ، عَلَيْكَ / عَلَيْكِ، عَلَيْهِ / عَلَيْها: عَلَيَّ أَنْ أَسْأَلَكُمْ - عَلَيْهِ أَنْ يَسْأَلَكُمْ / عَلَيْها أَنْ تَسْأَلَكُمْ

٢) يَجِبُ أَنْ نَسْأَلَهُمْ / نَسْأَلَهُنَّ.

٣) لا بُدَّ مِنْ ... : لا بُدَّ مِنْ ذٰلِكَ - لا بُدَّ مِنْ أَنْ نَسْأَلَكُمْ

Übungen zur Aussprache (Teil 1): rāʔ und ġayn – ein wichtiger Unterschied

تَمارِينُ فِي ٱلنُّطْقِ (الجُزْءُ الأَوَّلُ): راء وَغَيْن - فَرْقٌ مُهِمٌّ

Direktor, Karim, Ghali (w: teuer): Wie heißt der Direktor? – Er heißt Abdelkarim Ghali.
مُدِيرٌ، كَرِيم، غالِي: ما ٱسْمُ المُدِيرِ؟ - اِسْمُهُ عَبْدُ الكَرِيم غالِي.

Direktorin, Ghalia: Wie heißt die Direktorin? – Sie heißt Ghaliya al-Furati.
مُدِيرةٌ، غالِية: ما ٱسْمُ المُدِيرةِ؟ - اِسْمُها غالِيةُ الفُراتي.

vielleicht, morgen: Haben Sie m. die Direktorin gesehen? – Nein, ich habe sie nicht gesehen. Vielleicht[1] sehe ich sie morgen.
رُبَّما، غَداً: هَلْ رَأَيْتَ المُدِيرةَ؟ - لا، ما رَأَيْتُها. رُبَّما أَراها غَداً.

übermorgen: Haben Sie f. den Direktor gesehen? – Nein, ich habe ihn nicht gesehen. Bestimmt[2] sehe ich ihn übermorgen.
بَعْدَ غَدٍ: هَلْ رَأَيْتِ المُدِيرَ؟ - لا، ما رَأَيْتُهُ. بِٱلتَّأْكِيدِ سَأَراهُ بَعْدَ غَدٍ.

Übungen zur Aussprache (Teil 2): Schwierige Wörter – schwierige Sätze

تَمارِينُ فِي ٱلنُّطْقِ (الجُزْءُ الثاني): كَلِماتٌ صَعْبَةٌ - جُمَلٌ صَعْبَةٌ

***qāf, rāʔ, sīn:** Koran – Der Koran hat 114 Suren (w: in dem-Koran [ist] 114 Sure).*
ق، ر، س: القُرْآنُ - فِي القُرْآنِ ١١٤ (مِئَةٌ وأَرْبَعَ عَشْرَةَ) سُورةً.

***sīn, raʔ, ḥāʔ:** die Sure(n) – 'al-Fātiḥa („Die Eröffnung") – 'an-Nās („Die Menschen").*
س، ر، ح: السُّورَةُ ج السُّوَرُ - الفاتِحَةُ - النّاسُ.

Die erste Sure heißt „'al-Fātiḥa", und die letzte Sure heißt „'an-Nās".
السُّورَةُ الأُولَى اِسْمُها الفاتِحَةُ، وَٱلسُّورَةُ الأَخِيرةُ اِسْمُها النّاسُ.

***rāʔ, ḥāʔ:** Willkommen! – Seien Sie od. Sei m/f herzlich willkommen bei uns zu Hause:*
ر، ح: مَرْحَباً! - مَرْحَباً بِكَ فِي بَيْتِنا / مَرْحَباً بِكِ فِي بَيْتِنا!

1 Statt „rubba-mā" oft auch: „qad" قد + Präsens, z.B. qad ʔarā-hā ġadan قد أراها غداً *Vielleicht sehe ich sie morgen.*
2 Nach „bi-t-taʔkīd" *bestimmt* stellt man dem Verb oft die *Futur-Partikel* „sa-" *(w: [es] wid [sein])* voran, vgl. L6 §4.

L 5 – Vorletzte Seite: Verschiedenes الصَّفْحةُ قَبْلَ ٱلأَخِيرة: مُتَفَرِّقاتٌ

Die arab. Staaten in Asien und Israel:
Tragen Sie die passenden Nummern ein.

ٱلدُّوَلُ العَرَبِيّةُ في آسيا وَإسْرائِيل: ضَعِ الأَرْقامَ المُناسِبة.

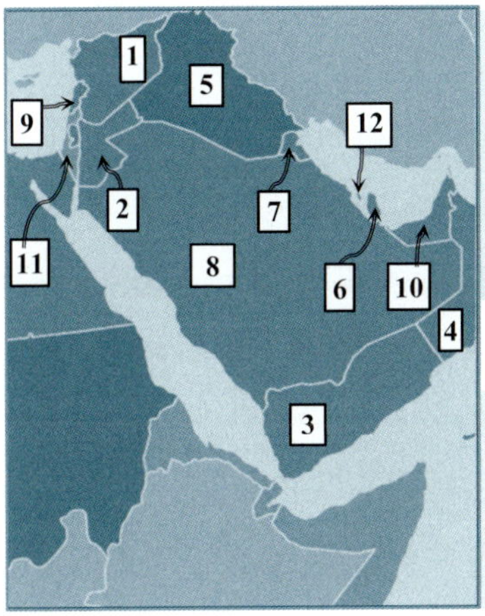

☐ سُورِيّة	☐ العِراق	☐ السُّعُودِيّة
☐ البَحْرَيْن	☐ قَطَر	☐ اليَمَن
☐ الكُوَيْت	☐ عُمان	☐ الأُرْدُنّ
☐ الإمارات	☐ لُبْنان	☐ إسرائيل وَفِلَسْطِين

Und nun die Namen der Hauptstädte: وَٱلآنَ أَسْماءُ العَواصِمِ:

☐ الدَّوْحة	☐ أَبو ظَبِي	☐ القُدْس	☐ صَنْعاء
☐ المَنامة	☐ بَغْداد	☐ الرِّياض	☐ دِمَشْق
☐ الكُوَيْت	☐ عَمّان	☐ مَسْقَط	☐ بَيْرُوت

Erinnern Sie sich? –
Wie lautet die richtige Antwort?

هَلْ تَذْكُرُونَ؟ – ما هُوَ الجَوابُ الصَّحِيحُ؟

1. Wieviel Suren hat der Koran?
2. Wie heißt die erste Sure?

١ كَمْ سُورةً في ٱلقُرْآنِ؟ ٢ ما ٱسْمُ السُّورةِ الأُولَىٰ؟

3. Wie heißt die letzte Sure?
4. Wieviel „Schön(st)e Namen“ gibt es?

٣ ما ٱسْمُ السُّورةِ الأَخِيرةِ؟ ٤ كَمْ عَدَدُ الأَسْماءِ الحُسْنَىٰ؟

Sieben Dinge:
Wie heißen sie auf arabisch?

سَبْعةُ أَشْياءَ: ما هِيَ أَسْماؤُها بِٱلعَرَبِيّةِ؟

Tragen Sie unten die passenden Zahlen ein:

٣

٧ ٦ ٥ ٤ ٢ ١

☐ رُزْنامة - ☐ ساعة - ☐ نَظّارة - ☐ إنْجِيل - ☐ قُرْآن - ☐ جواز سَفَر - ☐ قامُوس عَرَبِي أَلْمانِي

Drei große Flüsse –
Richtig oder nicht?

ثَلاثةُ أَنْهارٍ كَبِيرةٌ – صَحِيحٌ أَمْ لا؟

١ تَقَعُ عَمّان عَلَىٰ هٰذا ٱلنَّهْر: ٢ تَقَعُ بَغْداد عَلَىٰ هٰذا ٱلنَّهْر: ٣ تَقَعُ القُدْس عَلَىٰ هٰذا ٱلنَّهْر:

نَهْرُ الأُرْدُنّ | دِجلة | نَهْرُ الفُرات

L 5 – Letzte Seite: Wiederholung — الصَّفْحَةُ الأَخِيرَةُ: مُراجَعَةٌ

Noch einmal: Lektionstext – aber *ohne* Vokalisierung — مَرَّةً أُخْرىٰ: نَصُّ الدَّرْسِ – وَلٰكِنْ بِدُونِ تَشْكِيلٍ

الدرس الخامس: السفر إلى عمّان (١) – في الطائرة: أين مقعدي؟– بيتر ماير مترجم للغتين الإنكليزيّة والفرنسيّة. منذ ثلاث سنوات بدأ يتعلّم العربيّة. – لماذا؟ – لأنّه يحبّ اللغات الأجنبيّة ولأنّه يحبّ السفر. يعرف بعض البلدان العربيّة: لقد زار المغرب ثلاث مرّات ومصر مرّتين وعُمان مرّة واحدة. للسيّد ماير أصدقاء كثيرون ومنهم صديق يسكن منذ ثلاثة شهور في الأردنّ. هو مدرّس ويعمل في الجامعة الألمانيّة الأردنيّة. – أين السيّد ماير الآن؟ – هو في المطار، في مطار ميونخ ... منذ قليل صعد الطائرة والآن نراه وهو يفتّش عن مقعده. لذلك يقرأ الأرقام: ٢٠، ٢١، ٢٢، ٢٣، ٢٤، ٢٥ ... «نعم، هذا مقعدي، هنا عند النافذة.» يجلس وينظر من النافذة. الجوّ جميل اليوم ... جميل جدّاً.

نتمنّى لكم سفراً سعيداً! – بيتر ماير مسرور: الجوّ جميل وعنده عطلة، عطلة لمدّة عشرة أيّام. عند صديقه أيضاً عطلة. – لماذا؟ – لأنّه بعد ثلاثة أيّام يبدأ عيد مهمّ اسمه العيد الكبير. لذلك في الطائرة كلّ المقاعد مشغولة. أيضاً المقعدان إلى جانب بيتر ماير مشغولان. بعد قليل يسمع المضيفة وهي ترحّب بهم، أوّلاً بالانكليزيّة، ثمّ بالألمانيّة وأخيراً بالعربيّة. لا يفهم بيتر ماير كلّ ما تقوله المضيفة.
أمّا الجملة الأولى فهي سهلة الفهم: «سيّداتي وسادتي، أهلاً وسهلاً ومرحباً، مرحباً بكم!»
يفهم أيضاً الجملة الأخيرة: «نتمنّى لكم سفراً سعيداً!». يعرف بيتر كلمة «سعيد» من الدرس.
كثيراً ما سمع مدرّسه وهو يقول لهم: «أتمنّى لكم مساءً سعيداً!»

Drei Fragen zum Lektionstext — ثَلاثَةُ أَسْئِلَةٍ حَوْلَ نَصِّ الدَّرْسِ

1 Was ist Peter Meyer von Beruf?
2 Wen wollte er in Jordanien besuchen?
3 Warum waren alle Plätze im Flugzeug besetzt?

١ ما مِهْنَةُ بيتر ماير؟ ٢ مَنْ أَرادَ أَنْ يَزُورَهُ فِي ٱلْأُرْدُنِّ؟
٣ لِماذا كانَتْ كُلُّ ٱلْمَقاعِدِ فِي ٱلطّائِرَةِ مَشْغُولَةً؟

Zum Auswendiglernen: Gängige Redewendungen und bekannte Sprichwörter — لِلْحِفْظِ: عِباراتٌ شائِعَةٌ وَأَمْثالٌ سائِرَةٌ

Der folgende Spruch, wie immer rechts in *Naskhi*, links in *Andalus*, bedeutet sinngemäß: Gegen das Schlafbedürfnis kann man nichts machen, wörtl. *Der Schlaf ist eine [unbezwingbare] Macht* – Umschrift: 'an-nawmu sulṭān(un).

النوم سلطان — *Gegen Schlaf ist man machtlos* — النَّوْمُ سُلْطانٌ

Hier machen wir Schluß. Danke und auf Wiedersehen! – Auf Wiedersehen in der 6. Lektion! – Lebt wohl!

إِلىٰ هُنا وَنَنْتَهِي. شُكْراً وَإِلىٰ ٱللِّقاءِ! – إِلىٰ ٱللِّقاءِ فِي ٱلدَّرْسِ السادِسِ! – مَعَ ٱلسَّلامَة!

6. Lektion

الدّرس السّادس

'ad-dars(u) 'as-sādis(u)
die-Lektion die-sechste

Herzlich willkommen!
Herzlich willkommen in der 6. Lektion!

أَهْلاً وَسَهْلاً! أَهْلاً وَسَهْلاً بِكُمْ فِي ٱلدَّرْسِ السّادِسِ!

Die neuen Wörter (Teil 1)

الكَلِماتُ الجَدِيدةُ (القِسْمُ الأَوَّلُ)

sāʿatun *pl.* -ātun	*Uhr; Stunde*	ساعةٌ ج ات
daqīqatun *pl.* daqāʾiqu	*Minute; Moment* *(z.B. Moment, bitte)*	دَقِيقةٌ ج دَقائِقُ
ẓuhrun – ẓuhran	*Mittag –* *mittags*	ظُهْرٌ - ظُهْراً
laylun – laylan	*Nacht (als Gs. zu Tag) –* *nachts*	لَيْلٌ - لَيْلاً
laylatun *pl.* layālin	*Nacht (einzelne);* *auch: (späterer) Abend*	لَيْلةٌ ج لَيالٍ
ʾinṭalaqa VII/ yanṭaliqu	*abfahren, -fliegen;* *losgehen, -fahren*	اِنْطَلَقَ / يَنْطَلِقُ
qāma (qumtu)/ yaqūmu bi-	*aufstehen;* *durchführen etw.*	قامَ (قُمْتُ) / يَقُومُ بِـ
taʿibun ʾaw: taʿbānu	*müde; ermüdet*	تَعِبٌ أَوْ: تَعْبانُ
ǧawʿānu – ʿaṭšānu	*hungrig –* *durstig*	جَوْعانُ - عَطْشانُ
kay, li-kay (+ Konjunktiv)	*damit, um zu*	كَيْ، لِكَيْ
waṣala/ yaṣilu ʾilā	*ankommen in;* *gelangen zu*	وَصَلَ / يَصِلُ إلى
ʾaṣlun – ʾaṣlan	*Ursprung; Herkunft –* *ursprünglich; eigentlich*	أَصْلٌ - أَصْلاً
hā huwa/ hā hiya	*da ist er/sie (w: siehe* *er/sie [ist], vgl. frz. voilà)*	ها هُوَ / ها هِيَ
qaddama II/ yuqaddimu	*präsentieren; anbieten;* *vorstellen (j-n od. sich selbst)*	قَدَّمَ / يُقَدِّمُ
ʾaḫaḏa/ yaʾḫuḏu	*nehmen; mit nachfolgen-* *dem Präsens: beginnen*	أَخَذَ / يَأْخُذُ
mašrūbun *pl.* -ātun	*Getränk*	مَشْرُوبٌ ج ات
ḥalībun – ʿaṣīrun	*Milch –* *Saft (w: Ausgepreßtes)*	حَلِيبٌ - عَصِيرٌ
burtuqālun – laymūnun	*Apfelsine(n) –* *Zitrone(n)*	بُرْتُقالٌ - لَيْمُونٌ
ṭamāṭimu, ḫiyārun, baṣalun	*Tomate(n), Gur-* *ke(n), Zwiebel(n)*	طَماطِمُ، خِيارٌ، بَصَلٌ
kaʾs *f.* *pl.* kuʾūsun	*(Trink-)Glas;* *Pokal (auch Sport)*	كَأْسٌ ج كُؤُوسٌ
māʾun maʿdiniyyun	*Mineralwasser* *(w: mineralisches Wasser)*	ماءٌ مَعْدِنِيٌّ
ʾaʿṭā IV/ yuʿṭī + dopp. Akk.	*geben j-m etwas* *(vgl. auch: L12 §3)*	أَعْطى / يُعْطِي
kilā-humā / kiltā-humā	*beide, sie beide,* *alle beide m/f*	كِلاهُما / كِلْتاهُما
ṭabʿan ʾaw: bi-ṭ-ṭabʿ(i)	*natürlich;* *selbstverständlich*	طَبْعاً أَوْ: بِٱلطَّبْعِ
šakara/yaškuru šaḫṣan ʿalā	*danken* *e-r Person für etw.*	شَكَرَ / يَشْكُرُ شَخْصاً عَلى
nafsun *f.* *pl.* nufūsun	*Seele; Selbst*	نَفْسٌ ج نُفُوسٌ
nafsu-hu *pl.* ʾanfusu-hum	*er selbst* *pl. sie selbst*	نَفْسُهُ ج أَنْفُسُهُمْ
dirāsatun *pl.* -ātun	*Studium; Studieren;* *(intensives) Lernen*	دِراسةٌ ج ات
qaryatun *pl.* quran (p: qurā)	*Dorf; Ansiedlung*	قَرْيةٌ ج قُرىً
qurbun – bi-l-qurbi min	*Nähe –* *in der Nähe von*	قُرْبٌ - بِٱلْقُرْبِ مِنْ
ʾaǧāda IV/ yuǧīdu (+ Akk.)	*sehr gut können,* *beherrschen (z.B. Sprache)*	أَجادَ / يُجِيدُ
miṯlu (+ Gen.) – miṯla-mā	*wie; wie zum Beispiel –* *genauso wie; so wie*	مِثْلُ - مِثْلَما
munāsabatun – bi-l-munāsaba(ti)	*Anlaß –* *übrigens*	مُناسَبةٌ - بِٱلْمُناسَبةِ
zawǧun/ zawǧatun	*(Ehe-)Mann/* *(Ehe-)Frau*	زَوْجٌ / زَوْجةٌ

Die Ordnungszahlen von 11 – 100 sowie 1000

11.*	'al-ḫādiya ʿašar(a) *m.*	الحادِيَ عَشَرَ	١١)	20.	'al-ʿišrūn(a) *m/f*	العِشْرُونَ	٢٠)
12.*	'aṯ-ṯāniya ʿašar(a) *m.*	الثّانِيَ عَشَرَ	١٢)	21.*	'al-ḥādī *m.* wa-l-ʿišrūn(a)	الحادِي وَٱلعِشْرُونَ	٢١)
13.	'aṯ-ṯāliṯ(a) ʿašar(a) *m.*	الثّالِثَ عَشَرَ	١٣)	22.*	'aṯ-ṯānī *m.* wa-l-ʿišrūn(a)	الثّانِي وَٱلعِشْرُونَ	٢٢)
14.	'ar-rābiʿ(a) ʿašar(a) *m.*	الرّابِعَ عَشَرَ	١٤)	23.	'aṯ-ṯāliṯ(u) wa-l-ʿišrūn(a) *m.*	الثّالِثُ وَٱلعِشْرُونَ	٢٣)
15.	'al-ḫāmis(a) ʿašar(a) *m.*	الخامِسَ عَشَرَ	١٥)	30.	'aṯ-ṯalāṯūn(a) *m/f*	الثّلاثُونَ	٣٠)
16.	'as-sādis(a) ʿašar(a) *m.*	السّادِسَ عَشَرَ	١٦)	31.	'al-ḥādī *m.* wa-ṯ-ṯalāṯūn(a)	الحادِي وَٱلثّلاثُونَ	٣١)
17.	'as-sābiʿ(a) ʿašar(a) *m.*	السّابِعَ عَشَرَ	١٧)	32.	'aṯ-ṯānī *m.* wa-ṯ-ṯalāṯūn(a)	الثّانِي وَٱلثّلاثُونَ	٣٢)
18.	'aṯ-ṯāmin(a) ʿašar(a) *m.*	الثّامِنَ عَشَرَ	١٨)	100.	'al-miʾa(tu) *m/f*	المِائَةُ أَوْ : المِئَةُ	١٠٠)
19.	'at-tāsiʿ(a) ʿašar(a) *m.*	التّاسِعَ عَشَرَ	١٩)	1000.	'al-ʾalf(u) *m/f*	الأَلْفُ	١٠٠٠)

*** Fem.-Formen: 11., 12., 21., 22. ...**
(11. – 19. = undeklinierbar)

الحادِيَةَ عَشْرَةَ (11.)، الثّانِيَةَ عَشْرَةَ (12.)، الحادِيَةُ وَٱلعِشْرُونَ (21.)، الثّانِيَةُ وَٱلعِشْرُونَ (22.) ...

Wieviel Uhr ist es? *od.* Wie spät ist es? (w: wieviel [ist] die Uhr/Stunde?)

kam 'as-sāʿa(tu)? od. gebunden (= eleganter): kami‿s-sāʿa(tu)?

كَمِ ٱلسّاعَةُ؟

Für *1 (Uhr)* benutzt man die *fem.* **Grundzahl**, für *2 – 12 (Uhr)* die *fem.* **Ordnungszahlen**: **1** 'as-sāʿatu‿l-ʾān(a) 'al-wāḥida(tu) *Es ist jetzt 1 Uhr (w: die Stunde [ist] jetzt die eine)* **2** 'aṯ-ṯāniya(tu) **3** 'aṯ-ṯāliṯa(tu) **4** 'ar-rābiʿa(tu) **5** 'al-ḫāmisa(tu) **6** 'as-sādisa(tu) **7** 'as-sābiʿa(tu) **8** 'aṯ-ṯāmina(tu) **9** 'as-tāsiʿa(tu) **10** 'al-ʿāšira(tu) **11** 'al-ḥādiya*ta* ʿašra(ta) **12** 'aṯ-ṯāniya*ta* ʿašra(ta). – Nicht als Uhrzeit benutzt werden die Zahlen von *13 bis 24 (Uhr)*, falls nötig, setzt man hinzu: ṣabāḥan *morgens*, ẓuhran *mittags*, masāʾan *abends*, laylan *nachts*.

١ السّاعةُ الآنَ الواحِدةُ ٢ الثّانِيةُ ٣ الثّالِثةُ
٤ الرّابِعةُ ٥ الخامِسةُ ٦ السّادِسةُ ٧ السّابِعةُ
٨ الثّامِنةُ ٩ التّاسِعةُ ١٠ العاشِرةُ ١١ الحادِيةَ عَشْرةَ
١٢ الثّانِيةَ عَشْرةَ. - صَباحاً، ظُهْراً، مَساءً، لَيْلاً.

Lektionstext 6 – Übersetzung: Die Reise nach Amman (2)

Was möchten Sie (w: daß Sie) trinken, mein Herr, meine Dame? Vor 5 Minuten ist das Flugzeug abgeflogen. Peter Meyer ist müde. – Warum? – Er mußte heute morgen um 5 Uhr aufstehen (w: es war auf-ihm, daß er aufsteht aus Schlaf-sein w: in der-Stunde der-5. diesen Morgen), um um 8 Uhr am Flughafen zu sein (w: damit er ankommt). Eigentlich wollte er (w: daß er) dort noch einen Kaffee trinken, aber er hatte keine Zeit mehr dazu (w: für-jenes). Jetzt hat er Hunger und Durst. Er schaut auf seine Uhr: Es ist jetzt 11 Uhr. Gott sei Dank ... da ist die Stewardess mit Getränken (w: da ... sie die Stewardess präsentiert einige der-Getränke). Sie fragt Peters Nachbarn (w: die 2 Nachbarn [des] Peter): Was möchten Sie trinken? (w: was Sie trinken?) Wir haben Orangensaft, Tomatensaft u. auch noch Mineralwasser. Beide wollen Orangensaft trinken. Peter möchte lieber (w: bevorzugt) Tomatensaft. Deshalb sagt er – auf arabisch: Bitte geben Sie mir einen Tomatensaft. Dann fragt er: Könnte ich auch noch ein Glas Mineralwasser bekommen? (w: [ist] von dem-möglichen, daß ich nehme Glas des ...). Ich bin sehr durstig. Die Stewardess antwortet: Natürlich, mein Herr, sehr gern. Bitteschön, hier ist das Wasser u. der Saft. Peter dankt ihr mit den Worten (w: sagend): Danke, 1000 Dank, meine Dame (w: mein Fräulein).

Mein Freund aus Syrien kann sehr gut Deutsch. Nach einer Weile sagt Peters Nachbar: Gratuliere, herzlichen Glückwunsch (w: gesegnet, 1000 [des] gesegnet)! Sie sprechen gut Arabisch. Wo haben Sie das gelernt? – Angefangen zu lernen habe ich (w: ich fing an [das] Studieren-sie) an der Universität, am Sprachenzentrum. Aber jetzt (w: was betrifft jetzt, so) lerne ich mit einem arabischen Freund. Wir treffen uns einmal in der Woche für ein oder zwei Stunden. – Und aus welchem Land kommt (w: ist) Ihr Freund? – Er stammt aus Syrien (w: er [ist] von Herkunft syrischer). Er wurde in einem kleinen Dorf in der Nähe von (w: [der] Stadt) Deir Ez-Zor geboren. Seit etwa 20 Jahren ist er in Deutschland, und er kann sehr gut Deutsch (w: er beherrscht die-Sprache die-deutsche). – Genauso, wie Sie gut Arabisch können. Nochmals: Gratuliere, herzlichen Glückwunsch (w: Gesegnet, 1000 [des] gesegnet)! Übrigens: Ich bin Ayman, Ayman Saʿid, und das ist meine Frau, Fatima al-Masri. – Angenehm! (w: wir wurden geehrt) Und ich heiße (w: u.-ich Name-mein [ist]) Peter Meyer.

L 6: Die Reise nach Amman (2) الدَّرْسُ السّادِسُ: السَّفَرُ إلىٰ عَمّان (القِسْمُ الثاني)

Was möchten Sie trinken, mein Herr, meine Dame?

ماذا تُرِيدُ أنْ تَشْرَبَ يا سَيِّدِي؟ ماذا تُرِيدِينَ أنْ تَشْرَبِي يا سَيِّدَتِي؟
مُنْذُ خَمْسِ دَقائِقَ اِنْطَلَقَتْ الطّائِرَةُ. بيتر ماير تَعْبانُ. - لِماذا؟
كانَ عَلَيْهِ أنْ يَقُومَ مِنْ نَوْمِهِ في ٱلسّاعةِ الخامِسةِ هٰذا الصَّباحَ لِكَيْ
يَصِلَ إلى ٱلْمَطارِ في ٱلسّاعةِ الثّامِنةِ. أَصْلاً أرادَ أنْ يَشْرَبَ قَهْوةً
هُناكَ، وَلٰكِنْ ما كانَ لَدَيْهِ وَقْتٌ لِذٰلِكَ. الآنَ هُوَ عَطْشانُ وَجَوْعانُ أَيْضاً. يَنْظُرُ إلىٰ ساعَتِهِ:
السّاعةُ الآنَ الحادِيَةَ عَشْرةَ. الحَمْدُ لله ... ها هِيَ المُضِيفةُ تُقَدِّمُ بَعْضَ المَشْرُوباتِ.
تَسْأَلُ جارَيْ بيتر: ماذا تَشْرَبانِ؟ عِنْدَنا عَصِيرُ بُرْتُقالٍ وَعَصِيرُ طَماطِم وَأيضاً ماءٌ مَعْدِنِيٌّ.
كِلاهُما يُرِيدانِ أَنْ يَشْرَبا عَصِيرَ بُرْتُقالٍ. أَمّا بيتر فَيُفَضِّلُ عَصِيرَ طَماطِم. لِذٰلِكَ يَقُولُ -
بِٱلعَرَبِيّةِ: مِنْ فَضْلِكِ، أَعْطِينِي عَصِيرَ طَماطِم. ثُمَّ يَسْأَلُ: هَلْ مِنَ ٱلْمُمْكِنِ أَنْ آخُذَ كَأْسَ
ماءٍ مَعْدِنِيّ أَيْضاً؟ أنا عَطْشانُ جِدّاً. فَتُجِيبُ المُضِيفةُ: طَبْعاً، يا سَيِّدِي، بِكُلِّ سُرُورٍ.
تَفَضَّلْ، هُنا الماءُ وَٱلْعَصِيرُ. أَمّا بيتر فَيَشْكُرُها قائلاً[1]: شُكْراً، أَلْفُ شُكْرٍ، يا آنِسَتي!

Mein Freund aus Syrien kann sehr gut Deutsch صَدِيقِي مِنْ سُورِيَةَ يُجِيدُ الأَلْمانِيّةَ

بَعْدَ مُدّةٍ يَقُولُ جارُ بيتر: مَبْرُوكٌ، أَلْفُ مَبْرُوكٍ! أَنْتَ تَتَكَلَّمُ العَرَبِيّةَ
جَيِّداً. أَيْنَ تَعَلَّمْتَها؟ - بَدَأْتُ دِراسَتَها في ٱلجامِعةِ، في مَرْكَزِ اللُّغاتِ.
أَمّا ٱلآنَ فَأَتَعَلَّمُ مَعَ صَدِيقٍ عَرَبِيّ. نَلْتَقِي مَرّةً في ٱلأُسْبُوعِ لِمُدّةِ ساعةٍ
أَوْ ساعَتَيْنِ. - وَمِنْ أَيِّ بَلَدٍ صَدِيقُكَ؟ - هُوَ مِنْ أَصْلٍ سُورِيٍّ. وُلِدَ في قَرْيةٍ صَغِيرةٍ
بِٱلقُرْبِ مِنْ مَدِينةِ دَيْر الزُّور. مُنْذُ حَوالَيْ عِشْرِينَ سَنةً هُوَ في أَلْمانيا وَهُوَ يُجِيدُ اللُّغةَ
الأَلْمانِيّةَ. - مِثْلَما أَنْتَ تُجِيدُ العَرَبِيّةَ. مَرّةً أُخْرىٰ: مَبْرُوكٌ، أَلْفُ مَبْرُوكٍ! بِٱلْمُناسَبةِ:
أَنا أَيْمَن، أَيْمَن سَعِيد وَهٰذِهِ زَوْجَتِي، فاطِمة المَصْرِي. - تَشَرَّفْنا! وَأَنا اِسْمِي بيتر ماير.

1 **qāʾilun** قائِل *sagend* – bei sog. *hohlen Verben* (L7 §2) wird das *Partizip Präsens* (L10 §4) mit *Hamza* gebildet.

L 6 – Grammatik und Sprache الدَّرْسُ السادِسُ - القَواعِدُ وَٱللُّغةُ

§ 1. Genitiv-Verbindung (Teil 3) vgl. L 3 §3, L 5 §1, L 8 §1

Die **Plural-Endg. -ūna** *kürzt* man zu **-ū** (G/A: -īna ⇨ -ī), ebenso die **Dual-Endg. -āni** ⇨ **-ā** (G/A: **-ayni** ⇨ **-a**).

mudarrisūna ⇨ mudarrisū ʾaḫ-ī ⇨ mudarrisū-hu	*Lehrer (ab 3)* ⇨ *die Lehrer meines Bruders* ⇨ *seine Lehrer*	مُدَرِّسُونَ ⇦ مُدَرِّسُو أَخِي ⇦ مُدَرِّسُوهُ
ibnāni ⇨ 'ibnā ʾaḫ-ī ⇨ 'ibnā-hu	*2 (od. beide) Söhne* ⇨ *die 2 (od. beiden) Söhne meines Bruders* ⇨ *seine 2 (od. beiden) Söhne*	اِبْنانِ ⇦ اِبْنا أَخِي ⇦ اِبْناهُ
'ibnatāni ⇨ 'ibnatā ʾaḫ-ī ⇨ 'ibnatā-hu	*2 (od. beide) Töchter* ⇨ *die 2 (od. beiden) Töchter meines Bruders* ⇨ *seine 2 (od. beiden) Töchter*	اِبْنَتانِ ⇦ اِبْنَتا أَخِي ⇦ اِبْنَتاهُ

Statt -ī *mein* wird an *gekürzte* Dual- u. Plural-Endungen **-ya** angefügt, z.B. 'al-wālidāni *die Eltern* ⇨ wālidā-ya *meine Eltern* (G/A: wāliday-ya) الوالِدانِ ⇦ والِدايَ (والِدَيَّ)

§ 2. Imperativ (Befehlsform)

Ausgangspunkt ist die **3. P. mask. Sg. Präsens**: Man streicht die Endung *-u* und fügt die Imperativ-Endung an. Beim **Grundverb** ersetzt man die Vorsilbe **ya-** durch **'u-**, wenn der *mittlere* Präsensvokal **/u/** ist.

Tafel: Imperativ – Beispiel: kataba/yaktubu *schreiben* كَتَبَ/يَكْتُبُ

---	'uktub! *schreib m.!*	اُكْتُبْ!
-ī	'uktubī! *schreib f.!*	اُكْتُبِي!
-ū	'uktubū*! *schreibt m.!*	اُكْتُبُوا!*
-na	'uktubna! *schreibt f.!*	اُكْتُبْنَ!
-ā	'uktubā! *schreibt (2) m./f.!*	اُكْتُبا!

Ist hingegen beim Grundverb der *mittlere* Präsensvokal **/i/** oder **/a/**, ersetzt man die Vorsilbe **ya-** durch **'i-**.

yaǧlisu ⇨ 'iǧlis/'iǧlisī! 'iǧlisū*/'iǧlisna!	*er sitzt; er setzt sich* ⇨ *Setz dich! Setzen Sie sich! m/f* *Setzt euch! Setzen Sie sich! m/f*	يَجْلِسُ ⇦ اِجْلِسْ / اِجْلِسِي ! اِجْلِسُوا* / اِجْلِسْنَ!
yabdaʾu ⇨ 'ibdaʾ/'ibdaʾī! 'ibdaʾū*/'ibdaʾna!	*er fängt an* ⇨ *Fang od. Fangen Sie an! m/f* *Fangt od. Fangen Sie an m/f!*	يَبْدَأُ ⇦ اِبْدَأْ / اِبْدَئِي ! اِبْدَؤُوا* / اِبْدَأْنَ!

* Die **Imperativ-Endung -ū** schreibt man mit *stummem* ʾalif – genauso im **Perfekt** u. **Konjunktiv**.

Lernen Sie einge Imperative mit Besonderheiten:
1 ʾakala/yaʾkulu *essen:* kul/ kulī! *iß m/f!* 2 ʾaḫaḏa/yaʾḫuḏu *nehmen:* ḫuḏ/ḫuḏī! *nimm m/f!* – 3 ʾaʿṭā/yuʿṭī *geben:* ʾaʿṭi/ ʾaʿṭī! *gib m/f!* –ʾaʿṭi-nī hāḏā/ʾaʿṭī-nī hāḏā! *Gib m/f mir das!*
4 kāna/yakūnu *sein:* kun/kūnī! *sei m/f!* – kun mutafāʾilan/ kūnī mutafāʾilatan! *Sei m/f od. Seien Sie optimistisch!* (**Anm.** nach „kāna" folgen *Ergänzungen* im *Akk.*, vgl. L7 §3)
5 waḍaʿa/yaḍaʿu *legen, setzen, stellen*: ḍaʿ/ ḍaʿī *m/f* 'ar-ruznāmata ʾilā hunā! *Leg den Kalender hierhin (w: hier)!*

١ أَكَلَ/يَأْكُلُ: كُلْ/ كُلِي! - ٢ أَخَذَ/ يَأْخُذُ:
خُذْ/خُذِي! - ٣ أَعْطَى/يُعْطِي: أَعْطِ/أَعْطِي!
- أَعْطِنِي هٰذا!/أَعْطِينِي هٰذا! - ٤ كانَ/يَكُونُ:
كُنْ/كُونِي!- كُنْ مُتَفائِلاً!/ كُونِي مُتَفائِلَةً!
٥ وَضَعَ/يَضَعُ: ضَعْ/ضَعِي الرُّزْنامةَ هُنا!

Die **Stämme II – X** haben feste **Bildemuster** (s. Anhang), z.B. **V. Stamm** = „tabaddal!", dazu zwei Verben:
1 takallama/yatakallamu V *sprechen* ⇨ takallam/takallamī *sprich!* takallamū! *sprecht!*
2 tafaḍḍala/yatafaḍḍalu V *sich die Ehre geben* ⇨ tafaḍḍal/tafaḍḍalī! tafaḍḍalū! *bitte (gewährend)!*

١ تَكَلَّمَ / يَتَكَلَّمُ ⇦ تَكَلَّمْ / تَكَلَّمِي ! تَكَلَّمُوا!
٢ تَفَضَّلَ / يَتَفَضَّلُ ⇦ تَفَضَّلْ / تَفَضَّلِي ! تَفَضَّلُوا!

§ 3. Apokopat (od. Jussiv)[1] – Verneinter Imperativ

Der Apokopat ist eine Art „Kurzpräsens", d.h. man *kürzt* die **Endungen** -īna, -āni, -ūna zu **-ī** ي , **-ā** ا u. **-ū** وا (mit stummem ʾalif!), während die **Präsens-Endung -u** wegfällt; nur die **Präsens-Endung -na** bleibt gleich. Gebraucht wird der Apokopat nach einigen **Partikeln**, die wichtigsten sind: **li-** *auf daß!* u. **lam** *nicht [war es]*.

Beispiele: 1. li-naktub! *Schreiben wir! Laß od. Laßt od. Lassen Sie uns schreiben!* – ١) لِنَكْتُبْ!

2. lam ʾaktub (= mā katabtu) *ich schrieb nicht, ich habe nicht geschrieben.* ٢) لَمْ أَكْتُبْ (= مَا كَتَبْتُ)

Die **Verneinung** durch **lam** + Apokopat (statt: mā + Perfekt) gilt als eleganter, daher man bevorzugt man sie im Standardarabisch, vor allem *schriftlich.*

Tafel 1: Apokopat – Beispiel: kataba/yaktubu *schreiben* كَتَبَ/يَكْتُبُ

Singular		
--	lam ʾaktub *ich schrieb nicht*	لَمْ أَكْتُبْ
--	lam taktub *m.* *du schriebst nicht*	لَمْ تَكْتُبْ
-ī	lam taktubī *f.* *du schriebst nicht*	لَمْ تَكْتُبِي
--	lam yaktub *er schrieb nicht*	لَمْ يَكْتُبْ
--	lam taktub *sie schrieb nicht*	لَمْ تَكْتُبْ

Plural		
--	lam naktub *wir schrieben nicht*	لَمْ نَكْتُبْ
-ū	lam taktubū *m.* *ihr schriebt nicht*	لَمْ تَكْتُبُوا
-na	lam taktubna *f.* *ihr schriebt nicht*	لَمْ تَكْتُبْنَ
-ū	lam yaktubū *m.* *sie schrieben nicht*	لَمْ يَكْتُبُوا
-na	lam yaktubna *f.* *sie schrieben nicht*	لَمْ يَكْتُبْنَ

Dual		
-ā	lam taktubā *ihr (2) schriebt nicht*	لَمْ تَكْتُبَا
-ā	lam yaktubā *m.* *sie (2) schrieben nicht*	لَمْ يَكْتُبَا
-ā	lam taktubā *f.* *sie (2) schrieben nicht*	لَمْ تَكْتُبَا

In Verbindung mit der Partikel **lā** *nicht!* dient der Apokopat zur **Verneinung des Imperativs**.

Tafel 2: Verneinter Imperativ (lā + Apokopat) – Beispiel: kataba/yaktubu *schreiben* كَتَبَ/يَكْتُبُ

lā taktub! *schreib m. nicht!*	لَا تَكْتُبْ!
lā taktubī! *schreib f. nicht!*	لَا تَكْتُبِي!
lā taktubū! *schreibt m. nicht!*	لَا تَكْتُبُوا!
lā taktubna! *schreibt f. nicht!*	لَا تَكْتُبْنَ!
lā taktubā! *schreibt (2) nicht!*	لَا تَكْتُبَا!

§ 4. Futur (Zukunft)

Es wird gebildet, indem man die **Futurpartikel sawfa** سوف od. **sa-** سَـ *(w: „es wird sein")* **vor** das **Präsens** setzt; **„sa-"** klingt etwas *entschiedener und bestimmter* als **„sawfa"**, vgl. dt. *sicherlich* bzw. *wahrscheinlich*.

sawfa ʾaktubu *od.* sa-ʾaktubu[2]	*ich werde [wahrscheinlich] schreiben* *od. ich werde [sicherlich] schreiben*	سَوْفَ أَكْتُبُ أَوْ سَأَكْتُبُ

Man benutzt **sawfa** und **sa-** vor allem dann, wenn man **betonen** möchte, daß es um **Zukünftiges** geht. Ist der Zusammhang klar, wird oft auch **Präsens** verwendet. **Verneint** wird das Futur durch **lan** (+ Konjunktiv) *niemals, nie, [bestimmt] nicht* – oder, besonders *mündlich*, durch **sawfa lā** (+ Präsens) *[wahrscheinlich] nicht.*

lan ʾaktuba (ʾaw: sawfa lā ʾaktubu)	*ich werde [wahrscheinlich] nicht schreiben* *od. ich werde [bestimmt] nicht schreiben*	لَنْ أَكْتُبَ (أَوْ: سَوْفَ لَا أَكْتُبُ)

1 Der Name *Apokopat* verweist auf die *gekürzten Formen,* z.B. -ū statt –ūna; *Jussiv* hingegen bezieht sich auf dessen *Funktion* als eine Art *Befehls*modus, z.B. li-nabdaʾ! *Fangen wir an!* (= Selbstaufforderung), lā taktub! *Schreib nicht!*

2 Wörtlich etwa: *es wird [wahrscheinlich] sein ich schreibe* bzw. *es wird [bestimmt] sein ich schreibe.*

L 6 – Die neuen Wörter (Teil 2) الكَلِماتُ الجَدِيدَةُ (القِسْمُ الثّانِي)

ʾakala/ yaʾkulu	*essen; fressen (Tiere)*	أَكَلَ / يَأْكُلُ	niṣfun – ṯulṯun	*Hälfte; halb – Drittel*	نِصْفٌ - ثُلْثٌ
mutafāʾilun ⇔ mutašāʾimun	*optimistisch ⇔ pessimistisch*	مُتَفائِلٌ ⇔ مُتَشائِمٌ	rubʿun – talātatu ʾarbāʿin	*Viertel (Bruchzahl) – drei Viertel*	رُبْعٌ - ثَلاثَةُ أَرْباعٍ
ṭawīlun ⇔ qaṣīrun	*lang ⇔ kurz*	طَوِيلٌ ⇔ قَصِيرٌ	ḥāwala III / yuḥāwilu ʾan	*versuchen zu (w: versuchen daß)*	حاوَلَ / يُحاوِلُ أَنْ
ṣūratun *pl.* ṣuwarun	*Bild; Foto; (Foto-)Kopie*	صُورَةٌ ج صُوَرٌ	'iḥtāğa VIII/ yaḥtāğu ʾilā	*brauchen etw. (w: Bedarf haben nach)*	اِحْتاجَ / يَحْتاجُ إِلَى
ʾillā[1] (= ʾin lā)	*außer; wenn nicht*	إِلّا (= إِنْ لا)	musāʿadatun *pl.* -ātun	*Hilfe; Beistand; Unterstützung*	مُساعَدَةٌ ج اتٌ

Arabische Namen (Teil 3) أَسْماءٌ عَرَبِيَّةٌ (الجُزْءُ الثّالِثُ)

Oft enthalten arab. Namen die Wörter ʾabun/ʾummun *Vater/Mutter*, 'ibnun/bintun *Sohn/Tochter*. Ursprünglich war das durchaus wörtlich aufzufassen; heute gilt es nur noch für ʾabū/ʾumm(u) *Vater/Mutter (des/der ...)* und auch nur im Familien- und Freundeskreis. Dort ist es nämlich weithin üblich, nach Geburt des *ersten* Kindes dessen *Eltern* fortan nicht mehr mit ihrem eigentlichen Vornamen anzureden, sondern mit ʾabū[2] bzw. ʾumm(u) *Vater/Mutter (des/der ...)* plus *Name des Kindes*[3]. Heißt das Kind also z.B. nabīl(un) *Nabil*, so nennt man dessen *Vater* nun „ʾabū nabīl(in)" und dessen *Mutter* „ʾumm(u) nabīl(in)".

أَبٌ / أُمٌّ، اِبْنٌ / بِنْتٌ

نَبِيلٌ: أَبُو نَبِيلٍ/أُمُّ نَبِيلٍ

Steht **'ibnun** *Sohn* zwischen Namen, schreibt man es **ohne 'alif**, z.B. *Ibn Saud* 'ibn saʿūd(in)[4] – aber: muḥammad ('i)bn ʿabdi‿l-wahhāb[5]. „'ibnun" hat **2 Plurale**: ʾabnāʾun u. banūna – letzterer wird jedoch nur in übertragener Bedeutung gebraucht, z.B. banū hilāl(in) *Banu Hilal*[6] *(w: [die] Söhne des Halbmonds)* – banū ʾādam *die Menschen (w: [die] Söhne Adams)*.

اِبْنُ سَعُودٍ - مُحَمَّدُ بنُ عَبْدِ الوَهّابِ

أَبْناءٌ - بَنُونَ ⇐ بَنُو هِلالٍ - بَنُو آدَم

Um wieviel Uhr? (w: in welcher Stunde?) فِي أَيَّةِ ساعَةٍ؟

Will man eine Uhrzeit *zwischen* den vollen Stunden angeben, so ist es am einfachsten, die *Minutenzahl* zu nennen, z.B. **8:01** 'aṯ-ṯāmina(tu) wa-daqīqa(tun) **8:02** 'aṯ-ṯāmina(tu) wa-daqīqatān(i) **8:03** 'aṯ-ṯāmina(tu) wa-ṯalāṯ(u) daqāʾiq(a) **8:10** 'aṯ-ṯāmina(tu) wa-ʿašr(u) daqāʾiq(a) **8:20** 'aṯ-ṯāmina(tu) wa-ʿišrūn(a) daqīqa(tan).

8:01 الثّامِنةُ وَدَقِيقةٌ **8:02** الثّامِنةُ وَدَقِيقَتانِ **8:10** الثّامِنةُ وَعَشْرُ دَقائِقَ **8:20** الثّامِنةُ وَعِشْرُونَ دَقِيقةً

Häufiger benutzt werden *Hälfte, Drittel, Viertel*, kombiniert mit den Wörtern „wa-" *und* bzw. „ʾillā" *außer* (+ Akk.), z.B.

8:15 'aṯ-ṯāmina(tu) wa-r-rubʿ(u) *w: die 8. und-das-Viertel* –
8:20 'aṯ-ṯāmina(tu) wa-t-ṯulṯ(u) *w: die 9. und-das Drittel*
8:30 'aṯ-ṯāmina(tu) wa-n-niṣf(u) *w: die 8. und-die Hälfte* –
8:40 'at-tāsiʿa(tu) ʾilla‿t-ṯulṯ(a) aw: 'at-tāsiʿa(tu) ʾilla ʿišrīn(a) daqīqa(tan) *w: die 9. außer 1/3 od. die 9.außer 20 Min.)* –
8:45 'at-tāsiʿa(tu) ʾilla‿r-rubʿ(a) *w: die 9. außer einem Viertel*
8:50 'at-tāsiʿa(tu) ʾillā ʿašr(a) daqāʾiq(a) *w: die 9. außer 10 Min.*

8:15 الثّامِنةُ وَالرُّبْعُ - **8:20** الثّامِنةُ وَالثُّلْثُ
8:30 الثّامِنةُ وَالنِّصْفُ - **8:40** التّاسِعةُ إِلّا الثُّلْثَ أَوْ:
التّاسِعةُ إِلّا عِشْرِينَ دَقِيقةً - **8:45** التّاسِعةُ إِلّا الرُّبْعَ
8:50 التّاسِعةُ إِلّا عَشْرَ دَقائِقَ

1 Sprechen Sie das /ll/ *hörbar* verdoppelt aus: ʾillā إِلّا *außer* – zum Vergleich (mit *einfachem* /l/): ʾilā إِلَى *zu, bis zu; nach*.
2 Folgt ein *Genitiv* od. *Pronomen*, so wird ʾabun zu ʾabū, z.B. ʾabū nabīl(in) *Nabils Vater* – ʾabū-hu *sein Vater*, vgl. L9 §1.
3 Traditionell wurde nur der Name eines *Sohnes* berücksichtigt, auch wenn das erstgeborene Kind ein *Mädchen* war.
4 *ʿAbd al-ʿAzīz Ibn Saʿūd* (1880-1953), Gründer *Saudi-Arabiens* u. erster König, er regierte von 1932 bis zu seinem Tod.
5 *Muḥammad Ibn ʿAbd al-Wahhāb* (1703-92), Gründer der *Wahhabiten*, streng orientiert an Koran u. Sunna (= Tradition).
6 Beduinenstamm, der im 11. Jh. in Nordafrika einfiel, „wie ein Schwarm Heuschrecken" (*Ibn Khaldoun*, 1332-1406).

L 6 – Übungen | الدَّرْسُ السّادِسُ - التَّمارِينُ

Ü 1: Bitte geben Sie *m/f* **mir** od. **Bitte gib** *m/f* **mir das Foto.**	التَّمْرِينُ الأَوّل: مِنْ فَضْلِكَ أَعْطِني الصُّورة. / مِنْ فَضْلِكِ أَعْطِيني الصُّورة.
die Zeitung von heute ➢ *Mein Herr, geben Sie mir bitte die Zeitung von heute.*	جَرِيدةُ اليَوْمِ ◂ يا سَيِّدِي، أَعْطِني جَرِيدةَ اليَوْمِ، مِنْ فَضْلِكَ.
ein Glas Wasser ➢ *Meine Dame, geben Sie mir bitte ein Glas Wasser.*	كَأْسُ ماءٍ ◂ يا سَيِّدَتي، أَعْطِيني كَأْسَ ماءٍ ، مِنْ فَضْلِكِ.
eine Tasse Kaffee ➢ *Mein Fräulein, geben Sie mir bitte eine Tasse Kaffee.*	فِنْجانُ قَهْوةٍ. ◂ يا آنِستي، أَعْطِيني فِنْجانَ قَهْوةٍ، مِنْ فَضْلِكِ.
Ü 2: Um wieviel Uhr kommen wir an?	التَّمْرِينُ الثّانِي: . في أَيّةِ ساعةٍ سَنَصِلُ؟
Wann kommen wir an? Um 10? ➢ *Nein,um halb elf.*	مَتىٰ سَنَصِلُ؟ في ٱلعاشِرة؟ ◂ لا، في ٱلعاشِرة وَٱلنِّصْف.
Wann komme ich an? Um 11? ➢ *Nein, um viertel nach elf.*	مَتىٰ سَأَصِلُ؟ في ٱلحادِيةَ عَشْرة؟ ◂ لا، في ٱلحادِيةَ عَشْرة وَٱلرُّبْع.
Wann kommen Sie m. *an? Um 12?* ➢ *Nein, um viertel vor eins.*	مَتىٰ سَتَصِلُ؟ في ٱلثّانِيةَ عَشْرة؟ ◂ لا، في ٱلواحِدة إلّا ٱلرُّبْع.
Wann kommen Sie f. *an? Um halb 2?* ➢ *Nein, um zehn nach halb zwei.*	مَتىٰ سَتَصِلِينَ؟ في ٱلواحِدةِ وَٱلنِّصْف؟ ◂ لا، في ٱلثّانِية إلّا ٱلثُّلْث.
Ü 3: Brauchst du od. **Brauchen Sie** *m/f* **etwas?**	التَّمْرِينُ الثّالِث: هَلْ تَحْتاجُ / هَلْ تَحْتاجِينَ إلىٰ شَيءٍ؟
Unterstützung, Hilfe – Entschuldigung! ➢ *Entschuldigung, ich brauche Hilfe.*	مُساعَدةٌ - عَفْواً! ◂ عَفْواً، أَحْتاجُ إلىٰ مُساعَدةٍ.
Zucker und Milch ➢ *Ich brauche keinen Zucker, ich brauche nur Milch.*	سُكَّرٌ وَحَلِيبٌ ◂ لا أَحْتاجُ إلىٰ سُكَّرٍ، أَحْتاجُ إلىٰ حَلِيبٍ فَقَطْ.
seine/ihre Adresse ➢ *Ich brauche seine/ihre Adresse.*	عُنْوانُهُ / عُنْوانُها ◂ أَحْتاجُ إلىٰ عُنْوانِهِ/أَحْتاجُ إلىٰ عُنْوانِها.
deine od. *Ihre* m/f *Telefonnummer* ➢ *Ich brauche deine* od. *Ihre Tel.-Nr.*	رَقْمُ هاتِفِكَ/رَقْمُ هاتِفِكِ ◂ أَحْتاجُ إلىٰ رَقْمِ هاتِفِكَ /إلىٰ رَقْمِ هاتِفِكِ.
Stift ➢ *Ich brauche einen Stift. – Bitte, nimm* od. *nehmen Sie* m/f *den hier* (w: diesen).	قَلَمٌ ◂ أَحْتاجُ إلىٰ قَلَمٍ. - تَفَضَّلْ، خُذْ هٰذا/تَفَضَّلِي، خُذِي هٰذا.
Ü 4: Kannst[1] du od. **Können Sie** *m/f* **mir helfen? – Ich werde es versuchen …**	التَّمْرِينُ الرّابِع: هَلْ تُساعِدُنِي / تُساعِدِينَنِي؟ - سَأُحاوِلُ …
mein Name – ich schreibe ➢ *Ich werde versuchen, meinen Namen auf arabisch zu schreiben.*	اِسْمِي - أَكْتُبُ ◂ سَأُحاوِلُ أَنْ أَكْتُبَ اِسْمِي بِٱلعَرَبِيّةِ.
kurz – Das ist ein kurzer und leichter Text. ➢ *Ich werde versuchen, ihn zu übersetzen.*	قَصِيرٌ - هٰذا نَصٌّ قَصِيرٌ وَصَعْبٌ. ◂ سَأُحاوِلُ أَنْ أُتَرْجِمَهُ.
lang – Das ist ein langer u. schwieriger Satz. ➢ *Ich werde versuchen, ihn zu lesen.*	طَوِيلٌ - هٰذِهِ جُمْلةٌ طَوِيلةٌ وَصَعْبةٌ ◂ سَأُحاوِلُ أَنْ أَقْرَأَها.
die Hilfe – ich danke euch ➢ *Ich danke euch für eure Hilfe.*	المُساعَدةُ – أَشْكُرُكُمْ ◂ أَشْكُرُكُمْ عَلىٰ مُساعَدَتِكُمْ.

1 od. *würdest du/würden Sie* – höflich gemeintes *kannst* od. *würdest* wird meist durch einfaches *Präsens* ausgedrückt.

L 6 – Die neuen Wörter (Teil 3) الكَلِماتُ الجَدِيدةُ (القِسْمُ الثّالِثُ)

ġurfatun *pl.* ġurafun	*Zimmer; Raum*	غُرْفةٌ ج غُرَفٌ	ʾāyatun *pl.* -ātun	*Vers (e-s heiligen Buches, z.B. Koran, Bibel); (göttl.) Wunder*	آيةٌ ج اتٌ
ʾišāra *pl.* -ātun	*Zeichen; Hinweis; Signal; Ampel*	إشارةٌ ج اتٌ	ḫaṭṭun *pl.* ḫuṭūṭun	*Schrift; Linie; Leitung (z.B. Telefon)*	خَطٌّ ج خُطُوطٌ
sākinun *pl.* sukkānun	*ruhend; still; wohnend; Bewohner*	ساكِنٌ ج سُكّانٌ	waḍaʿa ḫaṭṭan taḥta	*unterstreichen (w: e-e Linie setzen unter)*	وَضَعَ خَطّاً تحتَ
ḥarfun sākinun	*Konsonant, Mitlaut (w: ruhender Buchstabe)*	حَرْفٌ ساكِنٌ	muʿarrabun	*arabisiert; ins Arab. übersetzt; ins Arab. übernommen (z.B. Wort)*	مُعَرَّبٌ
ḥarakatun *pl.* -ātun	*Bewegung; Vokal, Selbstlaut*	حَرَكةٌ ج اتٌ	kūbun – ʾibrīqun	*Becher – Kanne (Tee, Kaffee)*	كُوبٌ - إبْرِيقٌ

Übungen zur Aussprache (Teil 1): rāʾ u. ġayn – beachten Sie den Unterschied! تَمارِينُ في ٱلنُّطْقِ (الجُزْءُ الأَوَّلُ): راء وَغَيْن – لاحِظُوا الفَرْقَ!

Westen, Dorf: Mein Dorf liegt im Westen Jordaniens, in der Nähe des Jordans.
غَرْبٌ، قَرْيةٌ: تَقَعُ قَرْيَتِي في غَرْبِ الأُرْدُنّ، بِٱلقُرب مِن نَهْرِ الأُرْدُنّ.

Foto: Schauen wir uns dieses Foto an! Das sind meine Brüder und Schwestern.
صُورةٌ: لِنَنْظُرْ إلىٰ هٰذِهِ ٱلصُّورةِ! هٰؤُلاءِ إخْوَتِي وَأَخَواتِي.

Zimmer: Wer wohnt in diesem kleinen Zimmer? – Meine Tante Raghad.
غُرْفةٌ: مَن يَسْكُنُ في هٰذِهِ ٱلغُرْفةِ الصَغِيرةِ؟ - عَمَّتِي رَغَد.

Zimmernummer: Wie (w: was) ist deine m/f od. Ihre m/f Zi-Nr.? – Meine Zi-Nr. ist 20.
رَقْمُ ٱلغُرْفةِ: ما هُوَ رَقْمُ غُرْفَتِكَ/غُرْفَتِكِ؟ - رَقْمُ غُرْفَتِي عِشْرُونَ.

Übungen zur Aussprache (Teil 2): ṭāʾ, ḍād, qāf – schwierige Konsonanten تَمارِينُ في ٱلنُّطْقِ (الجُزْءُ الثّانِي): ض، ط، ح - حُرُوفٌ ساكِنةٌ صَعْبةٌ

Linie; Schrift – unter: Ich unterstreiche die ins Arabische übernommenen Wörter.
خَطٌّ – تَحْتَ: أَضَعُ خَطّاً تَحْتَ ٱلكَلِماتِ المُعَرَّبةِ.

Und bitte unterstreicht ihr od. unterstreichen Sie (pl.) die neuen Wörter!
وَمِنْ فَضْلِكُمْ، ضَعُوا أَنْتُمْ خَطّاً تَحْتَ ٱلكَلِماتِ الجَدِيدةِ.

nur: Einen Moment (w: Minute) bitte m/f, nur einen Moment!
فَقَطْ: دَقِيقةً، مِنْ فَضْلِكَ / دَقِيقةً، مِنْ فَضْلِكِ، دَقِيقةً فَقَطْ!

1 Minute, 2 Minuten, 5 Minuten: 1 Stunde hat (w: in der-Std. [sind]) 60 Minuten.
دَقِيقةٌ، دَقِيقَتانِ، خَمْسُ دَقائِقَ - في السّاعةِ ٦٠ (سِتّون) دَقِيقةً.

Übungen zur Aussprache (Teil 3): Zwei lange Vokale in *einem* Wort تَمارِينُ في ٱلنُّطْقِ (الجُزْءُ الثّالِث): حَرَكَتانِ طَوِيلَتانِ في كَلِمةٍ واحِدةٍ

Vers (e-s heiligen Buchs), zwei Verse, (ab 3) Verse: Wieviel Verse hat die erste Sure? (w: wieviel [ist] die Anzahl der Verse in der 1. Sure?)
آيةٌ، آيَتانِ، آياتٌ: كَمْ عَدَدُ ٱلآياتِ في ٱلسُّورةِ الأُولىٰ؟

– Die erste Sure hat sieben Verse. (w: die Anzahl der Verse in der 1. Sure [ist] sieben)
– عَدَدُ ٱلآياتِ في ٱلسُّورةِ الأُولىٰ سَبْعٌ.

Wörterbuch, zwei Wörterbücher: Ich habe (w: bei mir [ist]) zwei Wörterbücher, ein arab.-dt. u. ein dt.-arab. Wörterbuch.
قامُوسٌ، قامُوسانِ: لَدَيَّ قامُوسانِ، قامُوسٌ عَرَبِي - أَلْماني

– Wörterbücher (ab 3): Und wem gehören diese Wörterbücher?
وقامُوسٌ أَلْماني-عَرَبي. – قَوامِيسُ: وَلِمَنْ هٰذِهِ القَوامِيسُ؟

L 6 – Vorletzte Seite: Verschiedenes — الصَّفْحةُ قَبْلَ الأَخِيرةِ: مُتفرِّقاتٌ

Lesen Sie die Namen der Getränke u. tragen Sie links die (w. ihre) passenden Nummern ein.

اِقْرَأْ أَسْماءَ المَشْرُوباتِ وَضَعْ أَرْقامَها المُناسِبةَ إلى ٱليَسارِ.

٣	٢	١
حليب	شاي	قهوة

....

Unterstreichen Sie die beiden Ausdrücke, die nicht zu den anderen passen.

ضَعْ خَطّاً تَحْتَ العِبارَتَيْنِ غَيْرِ المُناسِبَتَيْنِ لِلْعِباراتِ الأُخْرى.

فِنْجانُ قهوةٍ - كُوبُ حَلِيبٍ - كَأْسُ شاي - جوازُ سَفَرٍ - عَصِيرُ لَيْمُونٍ - كَأْسُ ماءٍ - غُرْفَةُ نَوْمٍ

Wie lautet das Gegenteil? Tragen Sie daspassende Wort ein.

ما هُوَ ٱلعَكْسُ؟ ضَعْ الكَلِمةَ المُناسِبةَ.

١ إلى ٱليَسار ⇔ .... ٢ بِسُرْعة ⇔ .... ٣ مُتَشائِم ⇔ ....

٤ غَيْرُ مُهِمّ ⇔ .... ٥ أَحْياناً ⇔ .... ٦ قَصِير ⇔ ....

٧ بِدُونِ سُكَّر ⇔ .... ٨ ⇔ قَدِيم.................. ٩ يَنطَلِقُ ⇔ ....

Nicht leicht zu lesen: Einige ins Arabische übernommene Fremdwörter

لَيْسَ سَهْلاً لِلْقِراءةِ: بَعْضُ الكَلِماتِ الأَجْنَبِيّةِ المُعَرَّبةِ

١ ميكروفون - كاميرا - بورتريه - سيلفي - كمبيوتر - إنترنت - إيميل - فيسبوك - اِستوديو

٢ ديموقراطِيّة - ليبيراليّة - اِستراتيجيّة - تَكْتِيك - سيناريو – أجندة - إيديولوجي - أكاديمي

Lesen Sie, was rechts steht, u. tragen Sie links die passende Nummer ein.

اِقْرَأ ما هُوَ مَكْتُوبٌ إلى ٱليَمِينِ وَضَعْ الرَّقَمَ المُناسِبَ إلى ٱليَسارِ.

...... مَكْتَبةٌ
...... مَرْكَزُ اللُّغاتِ
...... أَلْفُ شُكْرٍ
...... أَلْفُ مَبْرُوكٍ
...... نِهايةُ الصَّفْحةِ

١ مركز اللغات

٢ مكتبة

٣ ألف شكر

٤ أَلْفُ مَبْرُوكٍ

٥ نهاية الصفحة

L 6 – Letzte Seite: Wiederholung — الصَّفْحةُ الأَخِيرةُ: مُراجَعةٌ

Noch einmal:
Der Lektionstext – aber *ohne* Vokalisierung — مَرَّةً أُخرىٰ: نَصُّ الدَّرْسِ – وَلٰكِنْ بِدُونِ تَشْكِيلٍ

الدرس السادس: السفر إلى عمّان (٢) – ماذا تريد أن تشرب يا سيّدي؟ ماذا تريدين أن تشربي يا سيّدتي؟
منذ خمس دقائق انطلقت الطائرة. بيتر ماير تعبان. – لماذا؟ – كان عليه أن يقوم من نومه في الساعة الخامسة هذا الصباح لكي يصل إلى المطار في الساعة الثامنة. أصلاً أراد أن يشرب قهوة هناك، ولكن ما كان لديه وقت لذلك. الآن هو عطشان وجوعان أيضاً. ينظر إلى ساعته: السّاعة الآن الحادية عشرة. الحمد لله ... ها هي المضيفة تقدّم بعض المشروبات. تسأل جاري بيتر: ماذا تشربان؟ عندنا عصير برتقال وعصير طماطم وأيضاً ماء معدنيّ. كلاهما يريدان أن يشربا عصير برتقال. أمّا بيتر فيفضّل عصير طماطم. لذلك يقول – بالعربيّة: من فضلك، أعطيني عصير طماطم. ثمّ يسأل: هل من الممكن أن آخذ كأس ماء معدنيّ أيضاً؟ أنا عطشان جدّاً. فتجيب المضيفة: طبعاً، يا سيّدي، بكلّ سرور. تفضّل، هنا الماء والعصير. أمّا بيتر فيشكرها قائلاً: شكراً، ألف شكر، يا آنستي!

صديقي من سوريّة يجيد الألمانيّة: بعد مدّة يقول جار بيتر: مبروك، ألف مبروك! أنت تتكلّم العربيّة جيّداً. أين تعلّمتها؟ – بدأت دراستها في الجامعة، في مركز اللغات. أمّا الآن فأتعلّم مع صديق عربيّ. نلتقي مرّة في الأسبوع لمدّة ساعة أو ساعتين. – ومن أيّ بلد صديقك؟ – هو من أصل سوري. ولد في قرية صغيرة بالقرب من مدينة دير الزور. منذ حوالي عشرين سنة هو في ألمانيا وهو يجيد اللغة الألمانيّة.
– مثلما أنت تجيد العربيّة. مرّةً أخرى: مبروك، ألف مبروك! بالمناسبة: أنا أيمن، أيمن سعيد وهذه زوجتي، فاطمة المصري. – تشرّفنا! وأنا اسمي بيتر ماير.

Einige Fragen zum Lektionstext — بَعْضُ الأَسْئِلةِ حَوْلَ نَصِّ الدَّرْسِ

Hatte Peter Meyer Durst? – Was hat er getrunken? – Und was haben seine beiden Nachbarn getrunken?	هَلْ كانَ بيتر ماير عَطْشانُ؟ - ماذا شَرِبَ؟ - وَماذا يَشْرَبُ جاراهُ؟
Hatte Peter Meyer auch Hunger? – Wo hat er begonnen, Arabisch zu lernen?	هَلْ كانَ بيتر ماير أَيضاً جَوْعانُ؟ - أَيْنَ بَدَأَ يَتَعَلَّمُ اللُّغةَ العَرَبِيّةَ؟

Zum Auswendiglernen: Gängige Redewendungen und bekannte Sprichwörter — لِلْحِفْظِ: عِباراتٌ شائِعةٌ وَأَمثالٌ سائِرةٌ

Ein Spruch, der nicht immer zutrifft: *Auf jede Frage gibt es eine Antwort* (Umschrift: li-kulli suʾālin ǧawāb(un)).

لكل سؤال جواب — *Auf jede Frage gibt es eine Antwort* — لِكُلِّ سُؤالٍ جَوابٌ

Hier machen wir Schluß. Danke und auf Wiedersehen! – Auf Wiedersehen in der 7. Lektion! – Lebt wohl!

إِلىٰ هُنا وَنَنْتَهِي. شُكْراً وَإِلىٰ اللِّقاءِ! - إِلىٰ اللِّقاءِ فِي الدَّرْسِ السّابِعِ! – مَعَ السَّلامةِ!

7. Lektion

'ad-dars(u) 'as-sābiʿ(u)
die-Lektion die-siebte

الدَّرس السّابع

Herzlich willkommen!
Herzlich willkommen in der 7. Lektion!

أَهْلاً وَسَهْلاً! أَهْلاً وَسَهْلاً بِكُمْ فِي ٱلدَّرْسِ السّابِعِ!

Die neuen Wörter (Teil 1) — الكَلِماتُ الجَدِيدةُ (القِسْمُ الأَوَّلُ)

ʾatā/yaʾtī – ʾātin (p: ʾātī)	*kommen – kommend*	أَتَى / يَأْتِي - آتٍ	ʾakṯaru min ⇔ ʾaqallu min	*mehr als ⇔ weniger als*	أَكْثَرُ مِنْ ⇔ أَقَلُّ مِنْ
ṭaʿāmun *pl.* ʾaṭʿimatun	*Speise; Essen; Nahrung*	طَعامٌ ج أَطْعِمَةٌ	ḫāṣṣun – ḫāṣṣatan	*speziell; privat – besonders; vor allem*	خاصٌّ - خاصّةً
samakun *pl.* ʾasmākun	*Fisch (koll.)*[1] *pl. Fische*	سَمَكٌ ج أَسْماكٌ	baṭāṭis, ruzzun, maʿkarūna(tun)	*Kartoffel(n), Reis, Nudel(n)*	بَطاطِس، رُزٌّ، مَعْكَرُونةٌ
daǧāǧun – laḥmun	*Huhn, Geflügel – Fleisch*	دَجاجٌ - لَحْمٌ	fākihatun *pl.* fawākihu	*Frucht pl. Früchte; Obst*	فاكِهةٌ ج فَواكِهُ
baqarun – ḫinzīrun	*Rind; Kuh (koll.) – Schwein*	بَقَرٌ - خِنْزِيرٌلا	tuffāḥun – mišmišun	*Äpfel (koll.)*[1] *– Aprikosen*	تُفّاحٌ - مِشْمِشٌ
šurbatun[2] – salaṭatun	*Suppe – Salat*	شُورْبَةٌ - سَلَطَةٌ	ʿinabun – zabībun	*Weintrauben – Rosinen*	عِنَبٌ - زَبِيبٌ
ṣaḥnun *pl.* ṣuḥūnun	*Teller; Schüssel*	صَحْنٌ ج صُحُونٌ	'istayqaẓa X/ yastayqiẓu	*aufwachen, erwachen*	اِسْتَيْقَظَ / يَسْتَ
baqiya/ yabqā	*bleiben; übrigbleiben*	بَقِيَ / يَبْقَى	fuṭūrun, ġadāʾun, ʿašāʾun	*Frühstück, Mittagessen, Abendessen*	فُطُورٌ، غَداءٌ، عَشاءٌ
ʿinda-mā – ʾiḏā (+ Perf.)	*während – wenn; als*	عِنْدَما - إِذا	wuṣūlun ⇔ 'inṭilāqun	*Ankunft ⇔ Abfahrt, -flug*	وُصُولٌ ⇔ اِنْطِلاقٌ
rāʾiʿun – laḏīḏun	*wunderbar; herrlich – wohlschmeckend*	رائِعٌ - لَذِيذٌ	mawʿidun – tārīḫun	*Termin; Verabredung – Datum; Geschichte (Fach)*	مَوْعِدٌ - تارِيخٌ
ʾaklun – šahiyyatun	*Essen; Futter – Appetit*	أَكْلٌ - شَهِيّةٌ	ʿalā kulli ḥāl(in)	*auf jeden Fall; für alle Fälle*	عَلَى كُلِّ حالٍ
ṭayyibun ⇔ sayyiʾun	*gut; gutherzig ⇔ schlecht; bösartig*	طَيِّبٌ ⇔ سَيِّءٌ	fiʿlan ʾaw: bi-l-fiʿl(i)	*wirklich, in der Tat; tatsächlich*	فِعْلاً أَو: بِالْفِعْلِ
mā zāla/ mā yazālu[3]	*nicht aufhören; immer noch [tun]*[3]	ما زالَ / ما يَزالُ	biṭāqatun *pl.* -ātun	*Karte (z.B. Postkarte; Eintrittskarte; Visitenkarte)*	بِطاقةٌ ج ات
ḥattā – ḫalfa	*bis zu; sogar – hinter*	حَتَّى - خَلْفَ	ḥaḍratu-ka/ ḥaḍratu-ki	*Sie m/f Sg. (höflicher Zusatz, w: deine Hoheit)*	حَضْرَتُكَ / حَضْرَتُكِ
ziyāratun *pl.* -ātun	*Besuch; Besichtigung*	زِيارةٌ ج ات	ḥaḍarātu-kum/ ḥaḍarātu-kunna	*Sie pl. (höflicher Zusatz, w: eure Hoheiten)*	حَضَراتُكُمْ / حَضَراتُكُنَّ

1 Einzelbegriffe sind oft mit ة gebildet, z.B. *(einzelner) Fisch* samakatun سَمَكَة – *(einzelner) Apfel* tuffāḥatun تُفّاحة
2 šurbatun (Schreibung meist mit و) kommt von türk. çorba *Suppe*, es hat nichts zu tun mit „šariba“ شرب *trinken*.
3 od. lā yazālu. Es folgt das Präsens, z.B. mā zāla yaktubu/mā od. lā yazālu yaktubu *er schrieb/schreibt immer noch*

Die Monatsnamen أَسْماءُ الشُّهُور

Für die **Monate** gibt es **regional** unterschiedliche Namensformen, nachfolgend sind die *überall* verständlichen abgedruckt. In Klammern darunter stehen die hauptsächlich in **Jordanien**, **Libanon**, **Syrien** u. **Irak** gebrauchten Monatsnamen – sie gehen auf das *Babylonische* zurück und sind über *das Aramäische* ins Arabische gekommen.

Jan.*	yanāyir* (kānūn 'aṯ-ṯānī)	يَنايِر (كانُون الثَّاني)	**Juli***	yūlyū* (tammūz)	يُولْيُو (تَمُّوز)
Febr.*	fibrāyir* (šubbāṭ)	فِبْرايِر (شُبّاط)	**Aug.***	ˀaġusṭus* (ˀāb)	أَغُسْطُس (آب)
März	māris (ˀāḏār)	مارِس (آذار)	**Sept.**	sibtambar (ˀaylūl)	سِبْتَمْبَر (أَيْلُول)
April*	ˀabrīl* (nīsān)	أَبْرِيل (نِيسان)	**Okt.**	ˀuktōbar (tišrīn 'al-ˀawwal)	أُكْتُوبَر (تِشْرِين الأَوَّل)
Mai*	māyū* (ˀayyār)	مايُو (أَيّار)	**Nov.**	nūvambar (tišrīn 'aṯ-ṯānī)	نُوفَمْبَر (تِشْرِين الثَّاني)
Juni*	yūnyū* (ḥuzayrān)	يُونْيُو (حُزَيْران)	**Dez.**	disambar (kānūn 'al-ˀawwal)	دِيسَمْبَر (كانُون الأَوَّل)

* Im **Maghreb** sind – aufgrund des französischen Einflusses – folgende Varianten üblich: *Januar* ʒānvī جانفي – *Februar* fīvrī فيفري – *April* ˀavrīl أفريل – *Mai* māy ماي – *Juni* ʒwān جوان – *Juli* ʒwīl/ʒwīliyā جويليا/جويل – *August* ˀūt أوت. – Zur **Umschrift**: **v** = wie *dt. w* (z.B. *wir*), **ʒ** = stimmhaftes *sch*, wie *franz. j* (z.B. *Journal*)

Weiteres zum Gebrauch der Monatsnamen:

Häufig setzt man das Wort **„šahr"** *Monat* vor den Monatsnamen, z.B. *im Januar* fī šahri yanāyir فِي شهرِ يَنايِر
Anstelle des Monatsnamens wird oft auch einfach nur die *Nummer* des jeweiligen Monats genannt, d.h. nach dem Wort „**šahr**" folgt die passende **Grundzahl**, z.B. *Januar* šahr wāḥid شَهْر واحِد – *Februar* šahr 'iṯnān شَهْر إثنان – *März* šahr ṯalāṯa شَهْر ثلاثة – *April* šahr ˀarbaˁa شَهْر أَرْبَعة **. . .** *September* šahr tisˁa شَهْر تِسْعة – *Oktober* šahr ˁašara شَهْر عَشَرة – *November* šahr ˀaḥada ˁašar شَهْر أَحَدَ عَشَر – *Dezember* šahr 'iṯnā ˁašar شَهْر إثنا عَشَر

Lektionstext 7 - Übersetzung: Die Reise nach Amman (3)

Fisch mit Reis oder Huhn mit Kartoffelsalat? Peter Meyer hat noch einmal ein bißchen geschlafen, und als er aufwacht (w: er erwachte aus Schlaf-sein), *sieht er, daß sein Nachbar in einer ar. Zeitung liest* (w: sah ... las). *Peter ist hungrig, denn er hatte keine Zeit mehr zu frühstücken* (w: nicht war bei ihm Zeit für das Frühstück). *Deshalb ist er froh, weil die Stewardess kommt* (w. kam) *und das Essen serviert; sie sagt* (w: sie [ist] sagend): *Wir haben Fisch mit* [w: dem] *Reis und Huhn mit Kartoffelsalat. Peter nimmt Fisch, weil er ihn sehr gern ißt* (w: weil-er [er] liebt ihn sehr). *Hingegen* (w: was betrifft ...) *nehmen Frau Fatima und ihr Mann Huhn. Das Essen schmeckt gut* (w: [ist] wohlschmeckend) *... sehr gut. Bevor sie angefangen haben zu essen, hat Peter „Guten Appetit!" gesagt.* (w: er sagte bevor daß sie anfingen mit dem Essen)

Ist das Ihr erster Besuch in (w: zu) *Jordanien? Peter aß, bis nichts mehr auf dem Teller war* (w: bis nicht blieb Sache in Teller-sein), *weder Fisch noch Reis noch Obstsalat* (w: nicht von dem-Fisch, nicht von ...). *Er mag Obst* (w: die Früchte), *besonders Weintrauben, Apfelsinen, Aprikosen, Äpfel u. Bananen. Nach dem Essen schlief er ein bißchen. Als er aufwachte, schaute er auf seine Uhr: Es waren noch* (w: nicht aufhörte dort) *mehr als zwei Stunden bis zur* (w: auf die) *Ankunft. Kurz danach sagte sein Nachbar zu ihm: Ist das Ihr erster Besuch in* (w: zu) *Jordanien? – Ja, das ist mein erster Besuch, aber ich habe viel über dieses Land u. besonders über seine Geschichte gelesen. Ich möchte zum Beispiel den Berg* (w: des) *Nebo besuchen, und auf jeden Fall werde ich Petra besichtigen. – Petra ist wirklich sehr schön. Übrigens wohne ich in Wadi Musa* (= Wadi [des] Mose), *das* (w: u. sie) *ist eine kleine Stadt in der Nähe von Petra. Ich gebe Ihnen für alle Fälle meine Karte. Peter nimmt die Karte und liest, was in der ersten Zeile steht* (w: was es [ist] geschrieben in ...): *Ingenieur Ayman Saˁid. Der Nachbar sagte auch noch* (w: ergänzte sagend): *Wenn Sie Petra besuchen, herzlich willkommen* (w: an Sie) *bei mir zu Hause! – Ja, seien Sie herzlich willkommen bei uns zu Hause! wiederholte seine Frau.*

L 7: Die Reise nach Amman (3) الدَّرْسُ السّابِعُ : السَّفَرُ إِلىٰ عَمّان (القِسْمُ الثالِثُ)

Fisch mit Reis oder Huhn mit Kartoffelsalat?

سَمَكٌ مَعَ رُزٍّ أَوْ دَجاجٌ مَعَ سَلَطةِ بَطاطِس؟

نامَ بيتر ماير مَرّةً أُخرىٰ قَليلاً، وعِنْدَما اِسْتَيْقَظَ مِنْ نَوْمِهِ رَأىٰ أَنَّ[1] جارَهُ يَقْرَأُ في جَريدةٍ عَرَبيّةٍ. بيتر جَوْعانُ إذْ لَمْ يَكُنْ لَدَيْهِ وَقْتٌ لِلفُطورِ، لا في بَيْتِهِ وَلا في المَطارِ. لِذٰلِكَ هُوَ مَسْرُورٌ لِأَنَّ المُضيفةَ أَتَتْ[2] وَها هِيَ تُقَدِّمُ الطَّعامَ قائِلةً: لَدَيْنا سَمَكٌ بِٱلرُّزِّ وَدَجاجٌ مَعَ سَلَطةِ بَطاطِس. يَأْخُذُ بيتر السَّمَكَ لِأَنَّهُ يُحِبُّهُ كَثيراً. أَمّا السَّيِّدةُ فاطِمةُ وَزَوْجُها فَيَأْخُذانِ الدَّجاجَ. الأَكْلُ لَذيذٌ ... لَذيذٌ جِدّاً. «شَهِيّةً طَيِّبةً!» قالَ بيتر قَبْلَ أَنْ يَبْدَؤُوا بِٱلطَّعامِ.

Ist das Ihr erster Besuch in Jordanien?

هَلْ هٰذِهِ هِيَ زِيارَتُكَ الأُولىٰ لِلأُرْدُنِّ؟

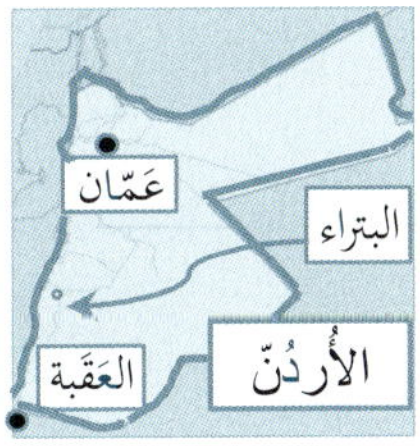

أَكَلَ بيتر حَتّىٰ لَمْ يَبْقَ في صَحْنِهِ شَيْءٌ، لا مِنَ ٱلسَّمَكِ وَلا مِنَ ٱلرُّزِّ وَلا مِن سَلَطةِ الفَواكِهِ. هُوَ يُحِبُّ الفَواكِهَ، خاصّةً العِنَبَ والبُرْتُقالَ وٱلتُّفّاحَ وَٱلمِشْمِشَ وَٱلمَوْزَ. بَعْدَ ٱلأَكْلِ نامَ قَليلاً. عِنْدَما اِسْتَيْقَظَ نَظَرَ إِلىٰ ساعَتِهِ: ما زالَ هُناكَ أَكْثَرُ مِنْ ساعَتَيْنِ عَلىٰ ٱلوُصُولِ. بَعْدَ قَليلٍ قالَ لَهُ جارُهُ: هَلْ هٰذِهِ زِيارَتُكَ الأُولىٰ لِلأُرْدُنِّ؟ - نَعَمْ، هٰذِهِ زِيارَتي الأُولىٰ، وَلٰكِنْ، قَرَأْتُ الكَثيرَ عَنْ هٰذا ٱلبَلَدِ وَخاصّةً عَنْ تاريخِهِ. أُريدُ أَنْ أَزُورَ جَبَلَ نيبو مَثَلاً. وَعَلىٰ كُلِّ حالٍ سَأَزُورُ البَتْراء. قالَ الجارُ: البَتْراء فِعْلاً جَميلةٌ جِدّاً. بِٱلمُناسَبةِ، أَنا أَسْكُنُ في وادي مُوسىٰ وَهِيَ مَدينةٌ صَغيرةٌ بِٱلقُرْبِ مِنَ ٱلبَتْراء. سَأُعْطيكَ بِطاقَتي عَلىٰ كُلِّ حالٍ. يَأْخُذُ بيتر البِطاقةَ وَيَقْرَأُ ما هُوَ مَكْتُوبٌ في ٱلسَّطْرِ الأَوَّلِ: المُهَنْدِسُ أَيْمَن سَعيد. أَكْمَلَ الجارُ قائِلاً: عِنْدَما تَزُورُ البَتْراء، أَهْلاً وَسَهْلاً بِكَ في بَيْتي! - نَعَمْ، أَهْلاً وَسَهْلاً بِحَضْرَتِكَ في بَيْتِنا! كَرَّرَتْ زَوْجَتُهُ.

1 Vor *Substantiven* wird ʾan *daß* zu „ʾanna“ + Akk., dasselbe gilt für „lākin“ *aber* (⇨ lākinna + Akk.), vgl. L11 §3.
2 ʾatat *sie kam* = unregelmäßige Verbform, entstanden aus „ʾatayat“, Konjugation wie „mašā“ *gehen*, vgl. L11 §1.

L 7 – Grammatik und Sprache — الْقَوَاعِدُ وَٱللُّغَةُ

§ 1. Abweichende Formenbildung – Unregelmäßige Verben

Unregelmäßigkeiten entstehen nur, wenn die **Wurzel** ('al-ʾaṣl الأَصْلُ) **wāw**, **yāʾ** od. **Hamza** enthält, oder wenn die **Wurzelkonsonanten 2** und **3 gleich** sind: **Wk2 = Wk3**. Da **Abweichungen** in der Formenbildung fast immer **lautgesetzlich** bedingt sind, gelten sie stets für *alle* Wörter *gleicher* Struktur, d.h. mit *gleichem* Wurzelaufbau.

kāna/yakūnu *sein* – ebenso z.B. qāla/yaqūlu *sagen*	Wurzel enthält wāw: k-w-n كون ⇨ q-w-l قول	كَانَ/يَكُونُ ⇦ قَالَ/يَقُولُ
nasiya/yansā *vergessen* – ebenso z.B. laqiya/ yalqā *treffen*	Wurzel enthält yāʾ: n-s-y نسي ⇨ l-q-y لقي	نَسِيَ/يَنْسَى ⇦ لَقِيَ/يَلْقَى
badaʾa/yabdaʾu *beginnen* – ebenso z.B. qaraʾa/yaqraʾu *lesen*	Wurzel enthält Hamza: b-d-ʾ بدء ⇨ q-r-ʾ قرء	بَدَأَ/يَبْدَأُ ⇦ قَرَأَ/يَقْرَأُ
hamma/yahummu *wichtig sein* – ebenso z.B. marra/yamurru *vorbeigehen*	Geminierte Wurzel (Wk2 = Wk3): h-m-m همم ⇨ m-r-r مرر	هَمَّ/يَهُمُّ ⇦ مَرَّ/يَمُرُّ

§ 2. Hohle Verben: 2. Wurzelkonsonant ist „wāw“ od. „yāʾ“ (z.B. kāna *sein* – Wurzel: k-w-n)

Je nach angefügter Endung gibt es *gedehnte* und *gekürzte* Formen sowie *Vokalwechsel*, z.B. kānat *sie war* – aber: kuntu *ich war*. Lernen Sie die Formen von „kāna“ als Muster. Genauso konjugiert wird z.B. qāla/yaqūlu *sagen*.

Tafel 1: kāna/yakūnu *sein* – **Perfekt** كَانَ/يَكُونُ

-tu	kuntu *ich war*	كُنْتُ
-ta	kunta *du warst m.*	كُنْتَ
-ti	kunti *du warst f.*	كُنْتِ
-a	kāna *er war*	كَانَ
-at	kānat *sie war*	كَانَتْ

-nā	kunnā *wir waren*	كُنّا
-tum	kuntum *ihr wart m.*	كُنْتُمْ
-na	kuntunna *ihr wart f.*	كُنْتُنَّ
-ū	kānū *sie waren m.*	كَانُوا
-na	kunna *sie waren f.*	كُنَّ

mā kuntu ما كُنْتُ
ich war nicht
(= lam ʾakun, vgl. Tafel 3) (= لَمْ أَكُنْ)

-tumā	kuntumā *ihr (2) wart*	كُنْتُمْا
-ā	kānā *sie (2) waren m.*	كَانَا
-atā	kānatā *sie (2) waren f.*	كَانَتَا

Tafel 2: kāna/yakūnu *sein* – **Präsens** كَانَ/يَكُونُ

ʾa- -u	ʾakūnu *ich bin*	أَكُونُ
ta- -u	takūnu *du bist m.*	تَكُونُ
ta- -īna	takūnīna *du bist f.*	تَكُونِينَ
ya- -u	yakūnu *er ist*	يَكُونُ
ta- -u	takūnu *sie ist*	تَكُونُ

na- …-u	nakūnu *wir sind*	نَكُونُ
ta- …-ūna	takūnūna *ihr seid m.*	تَكُونُونَ
ta- …-na	takunna *ihr seid f.*	تَكُنَّ
ya- …-ūna	yakūnūna *sie sind m.*	يَكُونُونَ
ya- …-na	yakunna *sie sind f.*	يَكُنَّ

Konjunktiv:
ʾan ʾakūna أَنْ أَكُونَ
daß ich bin

ta- …-āni	takūnāni *ihr (2) seid*	تَكُونانِ
ya- …-āni	yakūnāni *sie (2) sind m.*	يَكُونانِ
ta- …-āni	takūnāni *sie (2) sind f.*	تَكُونانِ

Die **Präsensformen** von „k**ā**na" gebraucht man nur, um *Zukünftiges* od. *Mögliches* auszudrücken, oft geschieht das in Kombination mit den Partikeln **saw**fa سوف bzw. sa- (vgl. L6 §4) od. qad قد *möglicherweise, vielleicht, wohl.*

ʔ**a**yna tak**ū**nu/tak**ū**n**ī**na ġadan? – sa-ʔak**ū**nu h**u**nā.	*Wo bist du/sind Sie m/f. morgen?* *– Ich bin [bestimmt] hier.*	أَيْنَ تَكُونُ/تَكُونِينَ غَداً؟ - سَأَكُونُ هُنا.
qad ʔak**ū**nu h**u**nā. – qad lā ʔak**ū**nu h**u**nā.	*Ich bin möglicherweise hier.* *– Ich bin möglicherweise nicht hier.*	قَدْ أَكُونُ هُنا. - قَدْ لا أَكُونُ هُنا.

Lernen Sie nun auch noch den *Apokopat*, hier mit „lam" *nicht [war es]* (L6 §4). Den *Konjunktiv* finden Sie im Anhang.

Tafel 3: kāna/yakūnu *sein* – Apokopat كانَ/يَكُونُ

---	lam ʔ**a**kun *ich war nicht*	لَمْ أَكُنْ
---	lam t**a**kun *m.* *du warst nicht*	لَمْ تَكُنْ
-ī	lam tak**ū**nī *f.* *du warst nicht*	لَمْ تَكُونِي
---	lam y**a**kun *er war nicht*	لَمْ يَكُنْ
---	lam t**a**kun *sie war nicht*	لَمْ تَكُنْ

---	lam n**a**kun *wir waren nicht*	لَمْ نَكُنْ
-ū*	lam tak**ū**nū *m.* *ihr wart nicht*	لَمْ تَكُونُوا
-na	lam tak**u**nna *f.* *ihr wart nicht*	لَمْ تَكُنَّ
-ū*	lam yak**ū**nū *f.* *sie waren nicht*	لَمْ يَكُونُوا
-na	lam yak**u**nna *f.* *sie waren nicht*	لَمْ يَكُنَّ

Imperativ:
kun!/k**ū**nī! *sei! m/f* كُنْ! / كُونِي!

-**ā**	lam tak**ū**n**ā** *ihr (2) wart nicht*	لَمْ تَكُونا
-**ā**	lam yak**ū**n**ā** *m.* *sie (2) waren nicht*	لَمْ يَكُونا
-**ā**	lam tak**ū**n**ā** *f.* *sie (2) waren nicht*	لَمْ تَكُونا

Schreibregel für Verben mit Wk 3 = *nūn* ن: Fügt man die **Endung -nā** *od.* **-na** an, wird nur *ein* ن geschrieben, z.B. sak**a**nnā سَكَنَّا *wir wohnten*, sak**a**nna سَكَنَّ *sie f. wohnten* – k**u**nnā كُنَّا *wir waren*, k**u**nna كُنَّ *sie f. waren*.

§ 3. laysa *nicht sein* – Gebrauch des Akkusativs nach laysa *nicht sein* u. kāna *sein*

Nominalsätze (L3 §5) **verneint** man mit l**a**ysa *nicht sein*, z.B. h**u**wa/h**i**ya h**u**nā. *Er/Sie ist hier.* – l**a**ysa/l**a**ysat h**u**nā. – *Er/Sie ist nicht hier.* هُوَ/هِيَ هُنا. - لَيْسَ/لَيْسَتْ هُنا.

Tafel: laysa *nicht sein* لَيْسَ

l**a**stu	*ich* *bin nicht*	لَسْتُ
l**a**sta	*du m.* *bist nicht*	لَسْتَ
l**a**sti	*du f.* *bist nicht*	لَسْتِ
l**a**ysa	*er* *ist nicht*	لَيْسَ
l**a**ysat	*sie* *ist nicht*	لَيْسَتْ

l**a**snā	*wir* *sind nicht*	لَسْنا
l**a**stum	*ihr m.* *seid nicht*	لَسْتُمْ
last**u**nna	*ihr f.* *seid nicht*	لَسْتُنَّ
l**a**ysū	*sie m.* *sind nicht*	لَيْسُوا
l**a**sna	*sie f.* *sind nicht*	لَسْنَ

ʔa-l**a**ysa ka-ḏ**ā**lika? *nicht wahr?* أَلَيْسَ كَذٰلِكَ؟
Denken Sie ans „scharfe" /s/: „layßa".

lastum**ā**	*ihr (2)* *seid nicht*	لَسْتُما
lays**ā** *m.*	*sie (2) m.* *sind nicht*	لَيْسا
laysat**ā** *f.*	*sie (2) f.* *sind nicht*	لَيْسَتا

Nach **kāna** *sein* und **laysa** *nicht sein* folgt **das Prädikatsnomen** (= die Satzergänzung) **im Akkusativ**.

ʔanā mar**ī**ḍ(un)/mar**ī**ḍa(tun). *Ich bin krank (m./f.).*	أَنا مَرِيضٌ/مَرِيضَةٌ.	l**a**stu mar**ī**ḍan/mar**ī**ḍa(tan). *Ich bin nicht krank (m./f.).*	لَسْتُ مَرِيضاً/مَرِيضَةً.
k**u**ntu mar**ī**ḍan/mar**ī**ḍa(tan). *Ich war krank (m./f.).*	كُنْتُ مَرِيضاً/مَرِيضَةً.	mā k**u**ntu mar**ī**ḍan/mar**ī**ḍa(tan). *Ich war nicht krank (m./f.).*	ما كُنْتُ مَرِيضاً/مَرِيضَةً.

L 7 – Die neuen Wörter (Teil 2) الكَلِماتُ الجَدِيدةُ (القِسْمُ الثّاني)

faṣlun *pl.* fuṣūlun	*Abschnitt; Kapitel; Jahreszeit*	فَصْلٌ ج فُصُولٌ	mīlādun – mīlādiyyun[1]	*Geburt – christlich [Jahr]*	مِيلادٌ - مِيلادِيٌّ[1]
rabīʿun – ṣayfun	*Frühling – Sommer*	رَبِيعٌ - صَيْفٌ	ʿīdu 'al-mīlādi[2]	*Geburtstag; Weihnachten (Kurzf.)*[2]	عِيدُ المِيلادِ
ḫarīfun – šitāʾun	*Herbst – Winter*	خَرِيفٌ - شِتاءٌ	yawmu ʿuṭlatin	*arbeitsfreier Tag; Feiertag; Ferientag*	يَوْمُ عُطْلَةٍ
raḥmatun – bi-lā raḥmatin	*Erbarmen; Gnade – erbarmungslos*	رَحْمَةٌ - بِلا رَحْمَةٍ	darrāğatun *pl.* -ātun	*Fahrrad*	دَرّاجةٌ ج اتٌ
barakatun *pl.* -ātun	*Segen, Segnung; Segenskraft*	بَرَكَةٌ ج اتٌ	sayyāratun *pl.* -ātun	*Auto*	سَيّارةٌ ج اتٌ
šarikatun *pl.* -ātun	*Firma; Betrieb*	شَرِكَةٌ ج اتٌ	ḥāfilatun, bāṣ *pl.* -ātun	*Omnibus, Bus*	حافِلةٌ، باصٌ ج اتٌ
nahārun – fi‿n-nahāri	*Tag (Gs. zu Nacht) – am Tag, tagsüber*	نَهارٌ - فِي ٱلنَّهارِ	nasiya/ yansā	*vergessen*	نَسِيَ / يَنْسَى

Einige Begrüßungsformeln

Beachten Sie, daß sich „'as-salāmu ʿalay-kum!“ *Friede sei mit euch!* nicht veränder, auch wenn man nur *eine* Person begrüßt. Hingegen paßt sich das Pronomen bei *„Dein Tag sei glücklich!“* der zu begrüßenden Person an.

nahāru-ka/ki saʿīd(un)! nahāru-kum saʿīd(un)!	*Guten Tag!* *(w: dein/euer Tag [sei] glücklich)*	نَهارُكَ/ نَهارُكِ سَعِيدٌ! نَهارُكُم سَعِيدٌ!
'as-salāmu ʿalay-kum! – wa-ʿalay-kumu‿s-salām(u)!	*Friede sei mit (w: auf) euch!* *– Und mit euch sei Friede!*	السَّلامُ عَلَيْكُمْ! - وَعَلَيْكُمُ ٱلسَّلامُ!
ausführliche Form: 'as-salāmu ʿalay-kum wa-raḥmatu‿llāhi wa-barakātu-hu[3]!	*Friede sei mit euch und Gottes Barmherzigkeit und sein Segen (w: Segnungen).*	السَّلامُ عَلَيْكُمْ وَرَحْمَةُ ٱللهِ وَبَرَكاتُهُ[3]!

Welches Datum ist heute? (w: was es [ist] das Datum des Tages?) ما هُوَ تارِيخُ اليَوْمِ؟

Für **Datumsangaben** benutzt man – wie im Dt. – die **mask. Ordnungszahl**, gefolgt von **„min“** + **Monatsname.**

'al-yawma huwa 'al-ḥādiya ʿašar min fibrāyir/šubbāṭ.	*Heute ist der 11. Februar.* *(w:heute er [ist] der 11. [Tag] von Febr.).*	اليَوْمَ هُوَ ٱلحادِيَ عَشَرَ مِنْ فِبْرايِر/شُبّاط.
tabdaʾu‿l-ʿuṭla fi‿r-rābiʿa ʿašar min yūliyū/tammūz wa-hiya tantahī fi‿l-ḥādī wa-t-talātīna min ʾaġusṭus/ʾāb.	*Die Ferien fangen am (w:im) 14. Juli an, und sie enden am (w:im) 31. August.*	تَبْدَأُ العُطْلَةُ فِي ٱلرّابِعَ عَشَرَ مِنْ يولِيو/تَمُّوز. وَهِيَ تَنْتَهِي فِي ٱلحادِي وَٱلثَّلاثِينَ مِنْ أَغُسْطُس/آب.
ʿīdu mīlād-ī fi‿l-ʿāšir min disambar/kānūn 'al-ʾawwal.	*Ich habe am 10. Dez. Geburtstag (w: mein Geb. [ist] im 10. [Tag] von Dez.).*	عِيدُ مِيلادِي فِي ٱلعاشِرِ مِنْ دِيسَمْبَر/ كانُون الأَوَّل.
'al-ʾawwalu min māyū/ʾayyār huwa yawmu ʿuṭlatin.	*Der 1. Mai ist ein Feiertag.* *(w: der 1. [Tag] von Mai er [ist] Tag der Ferien).*	الأَوَّلُ مِنْ مايو/أَيّار هُوَ يَوْمُ عُطْلَةٍ.

1 م (= mīlādī): Abkürzung für christl. Jahreszahlen, z.B. *2019* م ٢٠١٩ – musl. Jahr: هـ (= hiğrī *Hidschra-*), vgl. L 9.

2 ausführl. ʿīdu mīlādi yasūʿ(a) *od.* 'al-masīḥ(i) عيد ميلاد يسوع أو المسيح *Fest der Geburt [des] Jesu* od. *des-Christus.*

3 Die ausführliche Grußformel wird hauptsächlich bei offiziellen Anlässen u. in religiösen Kontexten gebraucht.

L7 – Übungen

الدَّرْسُ السّابِعُ – التَّمارِينُ

Ü 1: Ist das möglich? – Nein, das ist nicht möglich.
التَّمْرِينُ الأَوّلُ: هَلْ هٰذا مُمْكِنٌ؟ – لا، هٰذا لَيْسَ مُمْكِناً.

Ist das wirklich wichtig?
➤ Nein, das ist nicht [so] wichtig.
هَلْ هٰذا فِعْلاً مُهِمٌّ؟ ➤ لا، هٰذا لَيْسَ مُهِمّاً.

Stimmt das immer?
➤ Nein, manchmal stimmt das nicht.
هَلْ هٰذا دائِماً صَحِيحٌ؟ ➤ لا، أَحْياناً هٰذا لَيْسَ صَحِيحاً.

Ist das unser Hotel?
➤ Nein, das ist nicht unser Hotel.
هل هٰذا فُنْدُقُنا؟ ➤ لا، هٰذا لَيْسَ فُنْدُقَنا .

Ist das unser Bus?
➤ Nein, das ist nicht unser Bus.
هل هٰذِهِ حافِلَتُنا؟ ➤ لا، هٰذِهِ لَيْسَتْ حافِلَتَنا.

Ü 2: Wann hast du *m/f* **Geburtstag? In welcher Jahreszeit?**
التَّمْرِينُ الثّانِي: مَتىٰ عِيدُ مِيلادِكَ / مِيلادِكِ؟ في أَيِّ فَصْلٍ مِنَ ٱلسَّنَةِ؟

der Frühling ➤ Ich habe im Frühling Geburtstag, am 21. April.
الرَّبِيعُ ➤ عِيدُ مِيلادِي في ٱلرَّبِيعِ، في ٱلحادِي وَٱلعِشْرِين مِنْ أَبْرِيل/نِيسان.

der Sommer ➤ Ich habe im - Sommer Geburtstag, am 12. Juni.
الصَّيْفُ ➤ عِيدُ مِيلادِي في ٱلصَّيْفِ، في ٱلثّاني عَشَر مِنْ يونيو/حُزَيْران.

der Herbst ➤ Er hat im Herbst Geb., am 22. Okt.
الخَرِيفُ ➤ عِيدُ مِيلادِهِ في ٱلخَرِيفِ، في ٱلثّاني وَٱلعِشْرِين مِنْ أُكْتوبر/تِشْرِين الأَوَّل.

der Winter ➤ Sie hat im Winter Geburtstag, am 20. Januar.
الشِّتاءُ ➤ عِيدُ مِيلادِها في ٱلشِّتاءِ، في ٱلعِشْرِين مِنْ يَنايِر/كانون الثّاني.

Ü 3: Morgen bin ich nicht in der Firma. – Und übermorgen?
التَّمْرِينُ الثّالِثُ: غَداً لَسْتُ في ٱلشَّرِكةِ. – وبَعْدَ غَدٍ؟

Morgen früh bin ich nicht im Büro.
➤ Und morgen nachmittag?
غَداً في ٱلصَّباحِ لَسْتُ في ٱلمَكْتَبِ. ➤ وَغَداً بَعْدَ ٱلظُّهْرِ؟

Morgen mittag bin ich nicht zu Hause:
➤ Und morgen abend?
غَداً في ٱلظُّهْرِ لَسْتُ في ٱلبَيْتِ. ➤ وَغَداً في ٱلمَساءِ؟

Übermorgen bin nicht im Institut.
➤ Und nächste Woche?
بَعْدَ غَدٍ لَسْتُ في ٱلمَعْهَدِ. ➤ وَفي ٱلأُسْبُوعِ القادِمِ؟

Im August bin ich nicht in der Firma. ➤ Und im September?
في شَهْرِ أَغُسْطُس/آب لَسْتُ في ٱلشَّرِكةِ. ➤ وَفي شَهْرِ سِبْتَمْبَرر/أَيْلُول؟

Ü 4: O je (w: o Friede, d.h. o Gott)**, ich habe es vergessen! Ich habe es ganz vergessen!**
التَّمْرِينُ الرّابِعُ: يا سَلام، نَسِيتُ! نَسِيتُهُ تَماماً!

Reisepass: Wo ist mein Reisepass?
➤ O je, ich habe ihn zu Hause vergessen.
جَوازُ سَفَرٍ: أَيْنَ جَوازُ سَفَرِي ➤ يا سَلام، نَسِيتُهُ في ٱلبَيْتِ.

Autoschlüssel: Wo ist mein Autoschlüssel?
➤ O je, ich habe ihn im Hotel vergessen.
مِفْتاحُ سَيّارةٍ: أَيْنَ مِفْتاحُ سَيّارتي ➤ يا سَلام، نَسِيتُهُ في ٱلفُنْدُقِ.

Tasche: Wo ist meine Tasche?
➤ O je, ich habe sie im Bus vergessen.
شَنْطَةٌ: أَيْنَ شَنْطَتي ➤ يا سَلام، نَسِيتُها في ٱلحافِلةِ (أَو: في ٱلباص).

Brille: Wo ist meine Brille ➤ O je, ich habe meine Brille im Büro vergessen.
نَظّارَةٌ: أَيْنَ نَظّارَتي ➤ يا سَلام، نَسِيتُ نَظّارَتي في ٱلمَكْتَبِ.

L7 – Die neuen Wörter (Teil 3) الكَلِماتُ الجَدِيدةُ (القِسْمُ الثّالِثُ)

ġarībun *pl.* ġurabāˀun	*fremd; seltsam, komisch; befremdlich; Fremder*	غَرِيبٌ ج غُرَباءُ	safīnatun *pl.* sufunun	*Schiff*	سَفِينةٌ ج سُفُنٌ
riwāyatun *pl.* -ātun	*Roman; Bericht, Erzählung*	رِوايةٌ ج اتٌ	qiṭārun *pl.* -ātun	*Zug; Bahn*	قِطارٌ ج اتٌ
'intaẓara VIII/ yantaẓiru	*warten*	اِنْتَظَرَ / يَنْتَظِرُ	barīdun – barīdiyyun	*Post – postalisch*	بَرِيدٌ – بَرِيدِيٌّ
ḏahaba/ yaḏhabu	*gehen; fahren*	ذَهَبَ / يَذْهَبُ	maṣrifun *pl.* maṣārifu	*Bank, Geldinstitut*	مَصْرِفٌ ج مَصارِفُ
laḥẓatun *pl.* laḥaẓātun	*Augenblick; Moment*	لَحْظةٌ ج لَحَظاتٌ	'aw: bank(un) *pl.* bunūk(un)	*od.* *Bank, Geldinstitut*	أَوْ: بَنْكٌ ج بُنُوكٌ

Übungen zur Aussprache (Teil 1): rāˀ und ġayn in *einem* Wort

تَمارِينُ فِي ٱلنُّطْقِ (الجُزْءُ الأَوَّلُ): راء وَغَيْن فِي كَلِمةٍ واحِدةٍ

befremdlich, merkwürdig: Das ist merkwürdig. – Ja, das ist wirklich sehr merkwürdig.	غَرِيبٌ: هٰذا غَرِيبٌ. – نَعَم، هٰذا فِعلاً غَرِيبٌ جِدّاً.
der Fremde: „Der Fremde" ist ein Roman des französ. Schriftstellers Albert Camus.	الغَرِيبُ: «الغَرِيبُ» رِوايةٌ لِلْكاتِبِ الفَرَنْسِيّ ألبير كامو.
Raghad: Wie heißt die Direktorin der Firma? – Sie heißt Raghad al-Baghdadi.	رَغَد: ما ٱسْمُ مُدِيرةِ الشَّرِكةِ؟ – اِسْمُها رَغَد البَغْدادِي.

Übungen zur Aussprache (Teil 2): Schwierige Konsonanten

تَمارِينُ فِي ٱلنُّطْقِ (الجُزْءُ الثّانِي): حُرُوفٌ ساكِنةٌ صَعْبةٌ

rāˀ, ṣād, qāfˀ – Bank: Die Bank ist in der Nähe der Post. Das ist nicht weit.	ر، ص، ق - مَصْرِفٌ: المَصْرِفُ بِٱلقُرْبِ مِنَ ٱلبَرِيدِ. هٰذا لَيْسَ بَعِيداً.
rāˀ, ẓāˀ – ich warte: Soll ich warten? – Ja, warte od. *warten Sie* m/f *hier.*	ر، ظ - أَنْتَظِرُ: هل أَنْتَظِرُ؟ - نَعَمْ، اِنْتَظِرْ/اِنْتَظِرِي هُنا.
ḍād, ẓāˀ, qāfˀ – Hotel: Bitte wartet od. *warten Sie (pl.) hier, vor dem Hotel!*	ض، ظ، ق - فُنْدُقٌ: مِنْ فَضْلِكُمْ، اِنْتَظِرُوا هُنا، أَمامَ ٱلفُنْدُقِ.
ḥāˀ, ṭāˀ, ẓāˀ – Moment: Einen Moment bitte (pl.), nur einen Moment!	ح، ط، ظ - لَحْظةٌ: لَحْظة، مِنْ فَضْلِكُمْ، لَحْظة فَقَطْ!

Übungen zur Aussprache (Teil 3): ṯ, ḏ, z, ẓ – beachten Sie den Unterschied!

تَمارِينُ فِي ٱلنُّطْقِ (الجُزْءُ الثّالِثُ): ث، ذ، ز، ظ - لاحِظُوا الفَرْقَ!

gehen od. *fahren: Zuerst gehe (*od. *fahre) ich zur Bank und dann zur Post.*	ذَهَبَ/يَذْهَبُ: أَوَّلاً أَذْهَبُ إِلىٰ ٱلبَنْك، ثُمَّ إِلىٰ ٱلبَرِيدِ.
warten: Wo soll ich auf euch od. *Sie* pl. *warten? – Dort, vor dem Postamt* (w: Büro der Post).	اِنْتَظَرَ/يَنْتَظِرُ - أَيْنَ أَنْتَظِرُكُمْ؟ - هُناكَ، أَمامَ مَكْتَبِ البَرِيدِ.
besuchen: Ich habe meinen Bruder besucht, dieses Mal bin ich mit dem Auto gefahren.	زارَ/يَزُورُ: زُرْتُ أَخِي، هٰذِهِ المَرّةَ ذَهَبْتُ بِٱلسَّيّارةِ.
aufwachen: Heute bin ich spät aufgewacht, d.h. nach 8 Uhr.	اِسْتَيْقَظَ/يَسْتَيْقِظُ: اليَومَ اِسْتَيْقَظْتُ مُتَأَخِّراً، أَيْ بَعْدَ ٱلسّاعة الثّامِنةِ.

L 7 – Vorletzte Seite: Verschiedenes

الصَّفْحةُ قَبْلَ الأَخِيرةِ: مُتَفَرِّقاتٌ

Sie sehen eine Anzahl von Schiffen, Autos, Fahrrädern und Bussen.

تَرىٰ عَدَداً مِنْ السُّفُن والسَّيارات وَالدَّرّاجاتِ والباصاتِ.

Schreiben Sie in Worten auf, was Sie sehen, z.B. vier Schiffe …

أُكْتُبْ ما تَراهُ بِكَلِماتٍ، مَثَلاً: أَرْبَعُ سُفُنٍ

١ ....

٢ ....

٣ ....

٤ ....

Ergänzen Sie die Sätze mit dem passenden Ausdruck.

أَكْمِلْ الجُمَلَ بِٱلْعِبارةِ المُناسِبةِ.

مَوْعِدٌ مُهِمٌّ – شُورْبةُ الطَّماطِم – فُصُولُ السَّنةِ الأَرْبَعةُ – عِيدُ مِيلادِي

١ أُحِبُّ .... ٢ لَيْسَ عِنْدِي وَقْتٌ، لَدَيَّ ....

٣ لَيْسَ .... في شَهْرِ تِشْرِين الثّانِي بَلْ في شَهْرِ كانُون الأَوَّلِ.

٤ تَسْكُنُ صَدِيقَتِي وَأُمُّها وخالَتُها بِٱلقُرْبِ مِنْ فُنْدُقِ ....

Einige Früchte – Wie heißen sie auf arabisch?

بَعْضُ الفَواكِهِ – ما هِيَ أَسْماؤُها بِٱلعَرَبِيّةِ؟

١ 

٢ 

٣ 

٤ 

٥ 

٦ 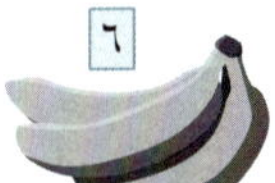

Nicht leicht zu lesen: Einige ins Arabische übernommene Fremdwörter

لَيْسَ سَهْلاً لِلْقِراءةِ: بَعْضُ الكَلِماتِ الأَجْنَبِيّةِ المُعَرَّبة

تكنلوجيا - كود - كتالوج - كاكاو - شوكولاتة - بيسبول - تنس - يوغا - فايروس - كورونا

Richtig oder falsch? – Ja oder nein?

صَحِيحٌ أَمْ خَطَأٌ؟ – نَعَمْ أَمْ لا؟

١ تَقَعُ مَدِينةُ العَقَبة — فِي جَنُوبِ العِراق.

٢ تَقَعُ مَدِينةُ دَيْر الزور — عَلىٰ نَهرِ الأُرْدُنّ.

٣ تَقَعُ مَدِينةُ وادِي مُوسىٰ — بِٱلْقُرْبِ مِن ٱلبَتْراء.

L 7 – Letzte Seite: Wiederholung — الصَّفْحةُ الأَخِيرةُ: مُراجَعةٌ

Noch einmal:
Der Lektionstext – aber *ohne* Vokalisierung — مَرَّةً أُخرىٰ: نَصُّ الدَّرْسِ – وَلٰكِنْ بِدُونِ تَشْكِيلٍ

الدرس السابع: السفر إلى عمّان (٣) – سمك مع رزّ أو دجاج مع سلطة بطاطس؟

نام بيتر ماير مرّةً أخرى قليلاً، وعندما استيقظ من نومه رأى أنّ جاره يقرأ في جريدة عربيّة. بيتر جوعان إذ لم يكن لديه وقت للفطور، لا في بيته ولا في المطار. لذلك هو مسرور لأنّ المضيفة أتت وها هي تقدّم الطعام قائلة: لدينا سمك بالرزّ ودجاج مع سلطة بطاطس. يأخذ بيتر السمك لأنّه يحبّه كثيراً. أمّا السيّدة فاطمة وزوجها فيأخذان الدجاج. الأكل لذيذ، لذيذ جدّاً. «شهيّة طيّبة!» قال بيتر قبل أن يبدؤوا بالطعام.

هل هذه هي زيارتك الأولى للأردن؟ – أكل بيتر حتّى لم يبق في صحنه شيء، لا من السمك ولا من الرز ولا من سلطة الفواكه. هو يحبّ الفواكه، خاصّةً العنب والبرتقال والتفّاح والمشمش والموز. بعد الأكل نام قليلاً. عندما اسْتيقظ نظر إلى ساعته: ما زال هناك أكثر من ساعتين على الوصول. بعد قليل قال له جاره: هل هذه زيارتك الأولىٰ للأردنّ؟ – نعم، هذه زيارتي الأولى، ولكن، قرأت الكثير عن هذا البلد وخاصّة عن تاريخه. أريد أن أزور جبل نيبو مثلاً. وعلى كلّ حال سأزور البتراء. قال الجار: البتراء فعلاً جميلة جدّاً. بالمناسبة، أنا أسكن في وادي موسى وهي مدينة صغيرة بالقرب من البتراء. سأعطيك بطاقتي على كلّ حال. يأخذ بيتر البطاقة ويقرأ ما هو مكتوب في السطر الأوّل: المهندس أيمن سعيد. أكمل الجار قائلاً: عندما تزور البتراء أهلاً وسهلاً بك في بيتي! – نعم، أهلاً وسهلاً بحضرتك في بيتنا! كرّرت زوجته.

Fünf Fragen zum Lektionstext — خَمْسةُ أَسْئِلةٍ حَوْلَ نَصِّ الدَّرْسِ

1 Warum war Peter müde?
2 War er auch hungrig? 3 Was aß er?
4 Und was aßen Fatima u. ihr Mann?
5 In welcher Stadt wohnen sie?

١ لِماذا كانَ بيتر تَعْبانَ؟ ٢ هَلْ كانَ كَذٰلِكَ جَوْعانَ؟ ٣ ماذا أَكَلَ؟

٤ وَماذا أَكَلَتْ فاطِمة وَزَوْجُها؟ ٥ في أَيّةِ مَدِينَةٍ يَسْكُنانِ؟

Zum Auswendiglernen:
Gängige Redewendungen u. bekannte Sprichwörter — لِلْحِفْظِ: عِباراتٌ شائِعةٌ وَأَمثالٌ سائِرةٌ

Der folgende gereimte Spruch heißt wörtlich *Die Bewegung [ist] Segen* (Umschrift: 'al-ḥaraka(tu) baraka(tun)), und er zeigt, daß altes Erfahrungswissen durchaus mit neuesten medizinischen Erkenntnissen in Einklang stehen kann.

الحركة بركة — *Sich regen bringt Segen* — الحَرَكة بَرَكة

Hier machen wir Schluß. Danke und auf Wiedersehen! – Auf Wiedersehen in der 8. Lektion! – Lebt wohl!

إِلىٰ هُنا وَنَنْتَهِي. شُكْراً وَإِلىٰ ٱللِّقاءِ! – إِلىٰ ٱللِّقاءِ في ٱلدَّرْسِ الثّامِنِ! – مَعَ ٱلسَّلامَةِ!

8. Lektion

الدَّرس الثّامن

'ad-dars(u) 'aṯ-ṯāmin(u)
die-Lektion die-achte

Herzlich willkommen! Herzlich willkommen in der 8. Lektion!	أَهْلاً وَسَهْلاً! أَهْلاً وَسَهْلاً بِكُمْ فِي الدَّرْسِ الثّامِنِ!

Die neuen Wörter (Teil 1) الكَلِماتُ الجَدِيدةُ (القِسْمُ الأَوَّلُ)

'iḫtiṣārun – muḫtaṣarun	*Abkürzung – abgekürzt*	إِخْتِصارٌ – مُخْتَصَرٌ
masāfatun pl. -ātun	*Entfernung; Abstand; Strecke*	مَسافةٌ ج اتٌ
baḥrun[1] pl. biḥārun	*Meer; (die) See*	بَحْرٌ ج بِحارٌ
ẓahara/ yaẓharu	*erscheinen; zu sehen sein*	ظَهَرَ / يَظْهَرُ
šāšatun pl. -ātun	*Leinwand (Film); Bildschirm*	شاشةٌ ج اتٌ
ʕālamun – ʕālamiyyu	*Welt – weltweit; Welt-*	عالَمٌ – عالَمِيٌّ
ʔasfal(u) ⇔ ʔaʕlā (L9 §3)	*unter(st)er ⇔ ober(st)er*	أَسْفَلُ ⇔ أَعْلَى
ṭalaba/ yaṭlubu	*verlangen; erbitten; streben*	طَلَبَ / يَطْلُبُ
mutabaqqin (p. mutabaqqī)	*verbleibend; übrig; noch vorhanden; Rest*	مُتَبَقٍّ
balaġa/ yabluġu	*erreichen; betragen*	بَلَغَ / يَبْلُغُ
kīlomitr pl. -ātun	*Kilometer (km)*	كيلومِتْر ج اتٌ (كم)
taqrīban – tawqītun	*annähernd, etwa – Zeitmessung*	تَقْرِيباً – تَوْقِيتٌ
ḍabaṭa/ yaḍbiṭu	*regeln; (Uhr) stellen*	ضَبَطَ / يَضْبِطُ
kāda (kidtu)/ yakādu + Präs.	*fast, beinahe (etw.) tun*	كادَ (كِدْتُ)/يَكادُ
šāhada III/ yušāhidu	*anschauen; ansehen*	شاهَدَ / يُشاهِدُ
maʕlūmatun pl. -ātun	*Information*	مَعْلُومةٌ ج اتٌ
mamnūʕun ⇔ masmūḥun	*verboten ⇔ erlaubt*	مَمْنُوعٌ ⇔ مَسْمُوحٌ
ṣawtun pl. ʔaṣwātun	*Stimme; Ton; Laut; Geräusch*	صَوتٌ ج أَصْواتٌ
ʔaġlaqa IV/ yuġliqu	*schließen; ausschalten (el. Gerät)*	أَغْلَقَ / يُغْلِقُ
fataḥa/ yaftaḥu	*öffnen; erobern; einschalten (el. Gerät)*	فَتَحَ / يَفْتَحُ
muġlaqun ⇔ maftūḥun	*geschlossen ⇔ geöffnet; offen*	مُغْلَقٌ ⇔ مَفْتُوحٌ
hātifun maḥmūlun	*Mobiltelefon (w: Telefon tragbares)*	هاتِفٌ مَحْمُولٌ
risālatun pl. rasāʔilu	*Brief; Schreiben*	رِسالةٌ ج رَسائِلُ
risālatun ʔiliktroniyyatun	*e-Mail (w: Brief elektronischer)*	رِسالةٌ إِلِكْتْرُونِيّةٌ
ʔarsala IV/ yursilu	*schicken; senden*	أَرْسَلَ / يُرْسِلُ
ğumrukun pl. ğamāriku	*Zollabfertigung; Zollstation; Zoll*	جُمْرُكٌ ج جَمارِكُ
muwaẓẓafun pl. -ūna	*Angestellter; Beamter*	مُوَظَّفٌ ج ونَ
masʔūlun ʕan	*verantwortlich für; Verantwortlicher*	مَسْؤُولٌ عَنْ
'iqtaraba VIII/ yaqtaribu min	*sich nähern j-m, hingehen zu j-m*	اِقْتَرَبَ/يَقْتَرِبُ مِن
laṭīfun – luṭfun	*nett; freundlich – Freundlichkeit*	لَطِيفٌ – لُطْفٌ
hāḏā luṭfun min-ka/ki, hāḏā luṭfun min-kum	*Das ist sehr nett von dir od. Ihnen m/f, von euch.* (w: das [ist] eine Freundlichkeit od. Nettigkeit von-dir, von-euch)	هٰذا لُطْفٌ مِنْكَ/مِنْكِ، مِنكُمْ.
'al-ḥamdu li-llāh(i)! ʕala s-salāma(ti)!	*Schön, daß die Fahrt/Reise gut verlaufen ist!* (w: Gottlob für-die-Unversehrtheit = Spruch nach e-r Fahrt od. Reise)	الحَمْدُ لِلّٰهِ عَلَى السَّلامةِ!

1 Davon leitet sich ab: buḥayratun بُحَيْرةٌ *(der) See (w: kleines Meer)*, z.B. buḥayratu tšād بُحَيْرةُ تشاد *Tschadsee.*

Zahlen ab 100

100	miˀa(tun) *pl.* -ātun	مِئةٌ (= مِائةٌ) ج ات	١٠٠
101	miˀa(tun) wa-wāḥid(un)	مِئةٌ وَواحِدٌ	١٠١
102	miˀa(tun) wa-'iṯnān(i)	مِئةٌ وَإثْنانِ	١٠٢
103	miˀa(tun) wa-ṯalāṯa(tun)	مِئةٌ وَثَلاثةٌ	١٠٣
200	miˀatān(i) (G/A: miˀatayn(i)	مِئَتانِ (مِئَتَيْنِ)	٢٠٠
300	ṯalāṯu miˀa(tin)	ثَلاثُمِئةٍ	٣٠٠
400	ˀarbaʕu miˀa(tin)	أَربَعُمِئةٍ	٤٠٠
800	ṯamānī miˀa(tin)	ثَمانيمِئةٍ	٨٠٠
900	tisʕu miˀa(tin)	تِسْعُمِئةٍ	٩٠٠

1000	ˀalf(un) *pl.* ˀālāf(un)	أَلْفٌ ج آلافٌ	١٠٠٠
2000	ˀalfān(i) (G/A: ˀalfayn(i))	أَلْفانِ (أَلْفَيْنِ)	٢٠٠٠
3000	ṯalāṯat(u) ˀālāf(in)	ثَلاثةُ آلافٍ	٣٠٠٠
50.000	ḫamsūna ˀalfan	خَمْسُونَ أَلْفاً	٥٠٠٠٠
100.000	miˀatu ˀalf(in)	مِئةُ (= مِائةُ) أَلْفٍ	١٠٠٠٠٠
200.000	miˀatā ˀalf(in)	مِئتا (= مِائَتا) أَلْفٍ	٢٠٠٠٠٠
300.000	ṯalāṯu miˀati ˀalf(in)	ثَلاثُمِئةِ أَلْفٍ	٣٠٠٠٠٠
1, 2, 3 Mio	milyōn(un), milyōnān(i), ṯalāṯatu malāyīn(a)	مِلْيُون، مِلْيُونانِ، ٣ مَلايِينَ	
1, 2, 3 Mrd	milyār(un), miliārān(i), ṯalāṯatu milyārāt(in)	مِلْيار، مِلْيارانِ، ٣ مِلْياراتٍ	

Bei **vollen Hunderten**, **Tausendern** usw. folgt das **Gezählte** im **Gen. Sing.**, z.B. **200 Dinar/Lira** miˀatā dīnār(in) / līra(tin), **3000 Dinar/Lira** ṯalāṯat(u) ˀālāf(i) dīnār(in)/līra(tin).
Bei **mehrstelligen Zahlen** richtet sich das **Gezählte** nach den **letzten 2 Ziffern**, z.B. **110** (wie 10 ⇨ Gen. Pl.) **Dinar/Lira** miˀa(tun) wa-ʕašara(tu) danānīr(a)/miˀa(tun) wa-ʕašr(u) līrāt(in) – **162** (wie 62 ⇨ Akk.Sg.) **Dinar/Lira** miˀa(tun) wa-'iṯnān(i) wa-sittūn(a) dīnāran / miˀa(tun) wa-'iṯnatān(i) wa-sittūn(a) līra(tan).

مِئَتا دِينارٍ/لِيرةٍ، ثَلاثةُ آلافِ دِينارٍ/لِيرةٍ –
مِئةٌ وَعَشَرةُ دَنانِيرَ/مِئةٌ وَعَشْرُ لِيراتٍ – مِئةٌ
وَاِثْنانِ وَسِتُّونَ دِيناراً/مِئةٌ وَاِثْنَتانِ وَسِتُّونَ لِيرةً

Lektionstext 8 – Übersetzung: Die Reise nach Amman (Schluß)

Wie weit ist es noch bis Amman? (w: Wieviel [ist] die-Entfernung die-verbleibende bis A.?) Peter Meyer ist immer noch (w: hörte nicht auf) im Flugzeug. Nun schaut er aus dem Fenster: Unten sieht er das Meer, u. manchmal sieht er auch ein Schiff (w: ein Schiff was = irgendein). Vor ihm befindet sich (w: ist) ein kleiner Bildschirm. Von Zeit zu Zeit (w: von Zeit zu-anderer) schaut er auch auf diesen Bildschirm. Dort befindet sich (auf-ihm [ist]) eine Weltkarte. Ganz unten (w: im untersten-von ihr) stehen einige Informationen auf englisch u. arabisch, z.B. daß die Entfernung) nach Amman noch etwa 450 km beträgt (w: ist) u. daß das Flugzeug jetzt eine Geschwindigkeit von 830 km/h hat (w:erreicht), und das bedeutet, daß es bis zur Ankunft noch ungefähr eine halbe Stunde dauert (w: daß die Ankunft [ist] nach ungefähr Hälfte e-r Stunde). In diesem Moment bemerkt Peter, daß sein Nachbar seine Uhr stellt. Ja ... natürlich, beinahe hätte er es vergessen (w: er war nahe daran er vergißt): Es gibt einen Zeitunterschied (w: dort [ist] Unterschied in ...) zwischen Deutschland u. Jordanien, einen Unterschied von (w:er beträgt) 1 Stunde, und so stellt auch er seine Armbanduhr (w: Uhr [der] Hand-sein).

Wir wünschen Ihnen einen angenehmen Aufenthalt in unserem Land! Nach ca. 20 Minuten hörte Peter die Stimme des Stewards, der sie auffordert, die Mobiltelefone auszuschalten (w: u.-er verlangt von ihnen, daß-sie schließen ...). Zum Schluß sagt er: Wir wünschen Ihnen einen angenehmen (w: guten) Aufenthalt in unserem Land. Der Ingenieur Ayman sagt zu Peter: Und auch ich wünsche Ihnen schöne (w: glückliche) Tage in Jordanien. Übrigens: Sollen wir Sie mit in die Stadt nehmen (w: willst du, daß wir nehmen-dich mit-uns)? – Danke, das ist sehr nett von Ihnen, doch ich bekam eine e-Mail von meinem Freund, wo er schrieb: (w: es erreichte-mich von ... ein Brief ... er sagt in-ihm): Ich erwarte dich am Flughafen u. bringe (w: nehme) dich ins Hotel. Nach der Ankunft schaute der Paßbeamte (w: Angestellte der verantwortliche) die Pässe an. Dann holte (w: nahm) Peter sein Gepäck (w: Koffer-seine) und ging zum Zoll. Als er fertig war, sah er seinen Freund Michael auf sich zukommen (w: er sah Freund-sein er nähert sich von-ihm); dieser begrüßt ihn mit den Worten (und-er heißt willkommen an ihn sagend): Wie schön, daß du gut angekommen bist! Und sei herzlich willkommen (w: willkommen an-euch) in Jordanien!

L 8: Die Reise nach Amman (Schluß) — الدَّرْسُ الثّامِنُ: السَّفَرُ إِلىٰ عَمّان (خاتِمة)

Wie weit ist es noch nach Amman? — كَمْ المَسافةُ المُتبَقِّية إِلىٰ عَمّان؟

فَرْق في التَّوْقِيت

ما زال بيتر ماير في ٱلطّائرة. الآنَ يَنْظُرُ مِنَ ٱلنّافِذةِ: يَرىٰ البَحْرَ في الأَسْفَلِ وَأَحْياناً يَرىٰ سَفِينةً ما. أَمامَهُ شاشةٌ صَغِيرةٌ وَمِنْ وَقْتٍ لِآخَر يَنْظُرُ كَذٰلِكَ إِلىٰ هٰذِهِ ٱلشّاشةِ، عَلَيْها خَرِيطةُ العالَمِ، وَفي أَسْفَلِها بَعْضُ المَعْلُوماتِ المَكْتُوبةِ بِٱلإِنْكليزيّةِ وَٱلعَرَبيّةِ، مَثَلاً أَنَّ ٱلمَسافةَ المُتبَقِّيةَ إِلىٰ عَمّان ٤٥٠ كم (أَرْبَعُمِئةٍ وَخَمْسُونَ كِيلومِتْراً) تَقْرِيباً، وَأَنَّ سُرْعةَ الطّائِرةِ تَبْلُغُ الآنَ ٨٣٠ كم (ثَمانِمِئةٍ وَثَلاثِينَ كِيلومِتْراً) في السّاعةِ، وَهٰذا يَعْني أَنَّ ٱلوُصُولَ بَعْدَ حَوالَيْ نِصْفِ ساعةٍ. في هٰذِهِ ٱللَّحْظةِ يُلاحِظُ بيتر أَنَّ جارَهُ يَضْبِطُ ساعَتَهُ. نَعَمْ ... طَبْعاً، لَقَدْ كادَ يَنْسىٰ أَنَّ هُناكَ فَرْقاً في ٱلتَّوْقِيتِ بَيْنَ أَلْمانيا وَٱلأُرْدُنِّ يَبْلُغُ ساعةً واحِدةً، فَيَضْبِطُ هُوَ ساعةَ يَدِهِ أَيْضاً.

Wir wünschen Ihnen einen angenehmen Aufenthalt in unserem Land! — نَتَمَنّىٰ لَكُمْ إِقامةً[1] طَيِّبةً في بِلادِنا[2]!

حَقِيبة كَبِيرة

بَعْدَ عِشْرِينَ دَقِيقةً تَقْرِيباً سَمِعَ بيتر صَوْتَ المُضِيفِ وَهُوَ يَطْلُبُ مِنْهُمْ أَنْ يُغْلِقُوا هَواتِفَهِمْ المَحْمُولةَ. أَخِيراً يَقُولُ: نَتَمَنّىٰ لَكُمْ إِقامةً طَيِّبةً في بِلادِنا. يَقُولُ المُهَنْدِسُ أَيْمَن لِبيتر: وَأَنا أَيْضاً أَتَمَنّىٰ لَكَ أَيّاماً سَعِيدةً في ٱلأُرْدُنِّ. بِٱلمُناسَبةِ: هَلْ تُرِيدُ أَنْ نَأْخُذَكَ مَعَنا إِلىٰ المَدِينةِ؟ - شُكْراً، هٰذا لُطْفٌ مِنْكَ، لَقَدْ وَصَلَتْني مِنْ صَدِيقي رِسالةٌ بِٱلبَرِيدِ الإِلِكْترونيّ يَقُولُ فِيها: ‹أَنْتَظِرُكَ في ٱلمَطارِ وَسَوْفَ آخُذُكَ إِلىٰ ٱلفُنْدُقِ.› بَعْدَ ٱلوُصُولِ شاهَدَ ٱلمُوَظَّفُ المَسْؤُولُ الجَوازاتِ. ثُمَّ أَخَذَ بيتر حَقائِبَهُ وَذَهَبَ إِلىٰ ٱلجَمارِكِ. وَبَعْدَ أَنْ ٱنْتَهىٰ رَأىٰ صَدِيقَهُ مِيخائيل يَقْتَرِبُ مِنْهُ وَهُوَ يُرَحِّبُ بِهِ قائِلاً: الحَمْدُ لِلّٰهِ عَلىٰ السَّلامةِ! وَأَهْلاً وَسَهْلاً بِكُمْ في ٱلأُرْدُنِّ!

1 ʾiqāmatun إقامة *Aufenthalt* – abgeleitet vom Verb: ʾaqāma/yuqīmu IV أقام/يقيم *sich aufhalten; wohnen.*

2 baladun hat *zwei* Plurale: 1. buldānun *(einzelne) Länder* 2. bilādun بلاد *Lande (als Gebiet, vgl. Niederlande), oft: Heimatland*, z.B. „bilād-ī, bilād-ī,/ la-ki ḥubb-ī wa-fuʾād-ī“ بِلادِي، بِلادِي، لَكِ حُبِّي وَفُؤادِي *Mein Heimatland (2x), dir [gehört] meine Liebe u. mein Herz* (= Beginn der äg. Nationalhymne)

L 8 – Grammatik und Sprache الدَّرْسُ الثّامِنُ - القَواعِدُ وَٱللُّغةُ

§ 1. Genitiv-Verbindung (Teil 4) vgl. L 3 §3, L 5 §1, 6 §1

Da Genitiv-Verbindungen häufig als etwas zu „gehoben“ empfunden werden, umschreibt man sie – vor allem in der *mündlich* gebrauchten Standardsprache – häufig mit der Präposition **li-** *für; von; zugehörig zu*[1].

'al-mudarrisūna ⇨ mudarrisū nabīl(in)	*die Lehrer ⇨ Nabils Lehrer* od. *die Lehrer von (w: des) Nabil*	المُدَرِّسُونَ ⇦ مُدَرِّسُو نَبِيلٍ
Umschreibung: 'al-mudarrisūna li-nabīl(in)	*die Lehrer von Nabil* od. *Nabils Lehrer* *(w: die-Lehrer zugehörig zu Nabil)*	المُدَرِّسُونَ لِنَبِيلٍ
'al-wālidāni ⇨ walidā nabīl(in)	*die Eltern ⇨ Nabils Eltern* od. *die Eltern von (w: des) Nabil*	الوالِدانِ ⇦ والِدا نَبِيلٍ
Umschreibung: 'al-wālidāni li-nabīl(in)	*die Eltern von Nabil* *(w: die Eltern zugehörig zu Nabil)*	الوالِدانِ لِنَبِيلٍ

Die **Genitiv-Verbindung** *muß* mit **li-** umschrieben werden, wenn **Leitwort** *u.* **Genitiv** *dasselbe* Geschlecht haben; wegen der üblichen Pausalaussprache wäre sonst *unklar*, worauf sich ein hinzugesetztes Adjektiv bezieht. **li-** *muß* auch benutzt werden, wenn *zwei* **Gen.-Verbindungen** direkt aufeinanderfolgen.

'al-baytu‿l-ğadīdu li-zamīl-ī (statt: °baytu zamīl-ī 'al-ğadīdu)	*das neue Haus meines Kollegen* *(w: das-Haus das-neue zugehörig zu-Kollegen-mein)*	البَيْتُ الجَدِيدُ لِزَمِيلِي
'al-baytu li-zamīl-ī‿l-ğadīdi (statt: °baytu zamīl-ī 'al-ğadīdi)	*das Haus meines neuen Kollegen* *(w: das-Haus zugehörig zu-Kollegen-mein dem-neuen)*	البَيْتُ لِزَمِيلِي الجَدِيدِ
ğawāzu‿s-safari li-ˀuḫt-ī (statt: °ğawāzu safari ˀuḫt-ī)	*der Reisepaß meiner Schwester* *(w: der Paß der Reise zugehörig zu-Schwester-mein)*	جَوازُ السَّفَرِ لِأُخْتِي

Ist das **Leitwort unbestimmt**, z.B. Das ist *ein Sohn meines Bruders*, so umschreibt man die **Genitiv-Verbindung** durch 1. li- od. 2. min: *st*

١ هٰذا اِبْنٌ لِأَخِي

٢ هٰذا اِبْنٌ مِنْ أَبْناءِ أَخِي

1. hāḏā 'ibnun li-ˀaḫ-ī. w: *dieser [ist] Sohn zugehörig zu-Bruder-mein*
2. hāḏā 'ibnun min ˀabnāˀi ˀaḫ-ī. w: *Dieser [ist] S. von d. Söhnen zu-Bruder-mein*

§ 2. Zum Gebrauch von *„beinahe, kaum“* und *„immer noch“*

Beide Adverbien gibt man durch Verben wieder[2]: *1. beinahe; kaum* kāda (1. P. Sg. kidtu)/yakādu *nahe daran sein* *2. immer noch* mā zāla (1. P. Sg. mā ziltu)/mā yazālu *nicht aufhören zu*. Das Verb folgt jeweils im Präsens.

1. kidtu ˀansā.	*Beinahe hätte ich vergessen.* *(w: ich war nahe daran ich vergesse)*	١- كِدْتُ أَنْسىٰ.
ˀakādu lā ˀusaddiqu.	*Ich kann es kaum glauben.* *(w: ich bin nahe daran nicht ich glaube)*	أَكادُ لا أُصَدِّقُ.
2. mā ziltu ˀantaẓiru 'al-ğawāb(a).	*Ich warte immer noch auf eine Antwort.* *(w: ich hörte nicht auf ich erwarte die-Antwort)*	٢- ما زِلْتُ أَنْتَظِرُ الجَوابَ.

1 Auch im Dt. wird der Genitiv manchmal als etwas zu gehoben empfunden, und man umschreibt ihn deshalb – vor allem im mündl. Gebrauch – oft mit *„von“*, z.B. *der Sohn meines Bruders ⇨ der Sohn von meinem Bruder.*

2 Beides sind *hohle* Verben, d.h. es wechseln – je nach angefügter Endung – *gedehnte* u. *gekürzte* Formen (L7 §2).

§ 3. Geminierte Verben: 2. und 3. Wurzelkonsonant sind gleich (Wk 2 = Wk 3)

Grundregel: Folgt nach **Wk 3** ein **Vokal** (z.B. Endung -a/-at), so werden **Wk 2 und 3** zu einem **Doppelkonsonanten** zusammengezogen; folgt ein **Konsonant** (z.B. Endung -nā), so bleiben **Wk 2 und 3 getrennt**.

marra bi-nā. /yamurru bi-nā. (Endung beginnt mit *Vokal*)	*Er ging an uns vorüber od. vorbei./ Er geht an uns vorüber od. vorbei.*	مَرَّ بِنا. / يَمُرُّ بِنا.
mararnā bi-kum/bi-kunna. (Endung beginnt mit *Konsonant*)	*Wir gingen an euch m/f vorüber od. vorbei.*	مَرَرْنا بِكُمْ / بِكُنَّ.

Für das **Grundverb** im **Perfekt** gilt: Beginnt die Endung **konsonantisch** (z.B. Endung -tu), so ist bei **Typ 1** (Muster: bad*a*la) **Wk 2** mit /**a**/ vokalisiert, z.B. *vorbei-, vorübergehen* marra (eigtl. °mar*a*ra) ⇨ marartu usw.); bei **Typ 2** (Muster: bad*i*la) ist **Wk 2** mit /**i**/ vokalisiert, z.B. etw. *satt haben* malla (eigtl. °mal*i*la) ⇨. maliltu usw.).

marartu bi-hi/bi-hā. (Endung beginnt mit Konsonant)	*Ich ging an ihm/ihr vorüber od. vorbei.*	مَرَرْتُ بِهِ / بِها.
malla/mallat min ḏālika. (Endung beginnt mit Vokal)	*Er/Sie hatte es satt. od. Er/Sie hatte genug davon.* *(w: er/sie war überdrüssig von jenem)*	مَلَّ / مَلَّتْ مِنْ ذٰلِكَ.
maliltu min ḏālika. (Endung beginnt mit Konsonant)	*Ich hatte es satt. od. Ich hatte genug davon.* *(w: ich war überdrüssig von jenem)*	مَلِلْتُ مِنْ ذٰلِكَ.

Konjugationstafeln für Perfekt, Präsens, Konjunktiv und Apokopat finden Sie im Grammatischen Anhang.

§ 4. Relativpronomen und Relativsatz

Relativpronomen haben nur im Dual eine eigene Gen./Akk.-Endung, Singular u. Plural sind *unveränderlich*. Alle Relativpronomen enthalten *hörbar* verdoppeltes „**ll**“. Beachten Sie: Im Arab. werden die Formen „'alladī“/„'allatī“ u. „'alladīna“ mit nur *einem* „**lām**“ geschrieben, die übrigen schreibt man *zwei* „**lām**“.

'alladī	*welcher m., der(jenige)*	اَلَّذِي	'alladīna	*welche m. pl., die(jenigen)*	اَلَّذِينَ	'alladāni (G/A: 'alladayni)	*welche (2) m., die(jenigen)*	اَللَّذانِ (اللَّذَيْنِ)
'allatī	*welche f., die(jenige)*	اَلَّتِي	'allawātī	*welche f. pl., die(jenigen)*	اَللَّواتِي	'allatāni (G/A: 'allatayni)	*welche (2) f., die(jenigen)*	اَللَّتانِ (اللَّتَيْنِ)

Relativpronomen passen sich dem **Bezugswort** an, der „Relativsatz“ selbst folgt als **unabhängiger Satz**.

hāḏā huwa 'al-kitābu 'alladī lā ʾaʿrifu-hu.	*Das ist das Buch, das ich nicht kenne.* *(w: dieser er [ist] das Buch das[jenige] nicht ich kenne-es)*	هٰذا هُوَ الكِتابُ الَّذِي لا أَعْرِفُهُ.
hāḏihi hiya 'al-ğumlatu 'allatī lā ʾafhamu-hā.	*Das ist der Satz, den ich nicht verstehe.* *(w: dieser er [ist] der Satz der[jenige] nicht ich verstehe-ihn)*	هٰذِهِ هِيَ الجُمْلَةُ الَّتِي لا أَفْهَمُها.

Relativpronomen benutzt man aber nur, wenn das **Bezugswort** *determiniert* ist, wie z.B. durch den Artikel. Ist das **Bezugswort** *indeterminiert*, so fehlt das **Relativpronomen**, d.h. der Relativsatz folgt **uneingeleitet**.

hāḏā kitābun lā ʾaʿrifu-hu.	*Das ist ein Buch, das ich nicht kenne.* *(w: dieses [ist] ein Buch ... nicht ich kenne-es)*	هٰذا كِتابٌ لا أَعْرِفُهُ.
hāḏihi ğumlatun lā ʾafhamu-hā.	*Das ist ein Satz, den ich nicht verstehe.* *(w: dieser [ist] ein Satz ... nicht ich verstehe-ihn)*	هٰذِهِ جُمْلَةٌ لا أَفْهَمُها.

Damit Sie sich schnell an die unterschiedliche *Struktur* deutscher und arabischer Relativsätze gewöhnen, empfiehlt es sich, anfangs jeden arabischen Relativsatz immer auch ganz *wörtlich* ins Dt. zu übersetzen.

L8 – Die neuen Wörter (Teil 2) الكَلِماتُ الجَدِيدةُ (القِسْمُ الثّانِي)

ḍabṭun – bi-ḍ-ḍabṭ(i)	*Genauigkeit – genau (Adv.)*	ضَبْطٌ - بِٱلضَّبْطِ	šaḫṣun *pl.* ʾašḫāṣun	*Person*	شَخْصٌ ج أَشْخاصٌ
marra (marartu)/ yamurru bi-	*vorüber-, vorbei-gehen od. -kommen an*	مَرَّ (مَرَرْتُ) / يَمُرُّ بِـ	rağulun *pl.* riğālun	*Mann*	رَجُلٌ ج رِجالٌ
makānun *pl.* ʾamkinatun	*Ort; Stelle; Platz*	مَكانٌ ج أَمْكِنةٌ	ʾimraʾatun *pl.* nisāʾun[1]	*Frau*	اِمْرَأَةٌ (المَرْأَةُ) ج نِساءٌ[1]
ʿāmun *pl.* ʾaʿwāmun	*Jahr*	عامٌ ج أَعْوامٌ	ʿammun[2]/ ʿammatun	*Onkel/Tante (väterliche Linie)*	عَمٌّ/عَمّةٌ
qarnun *pl.* qurūnun	*Jahrhundert*	قَرْنٌ ج قُرُونٌ	mufīdun ⇔ ḍārrun	*nützlich ⇔ schädlich*	مُفِيدٌ ⇔ ضارٌّ
ḥarbun *f.* *pl.* ḥurūbun	*Krieg*	حَرْبٌ ج حُرُوبٌ	ğāhizun – mustaʿğilun	*bereit; fertig – in Eile; eilig*	جاهِزٌ - مُسْتَعْجِلٌ
ḥadaṯa/ yaḥduṯu	*geschehen; stattfinden; passieren*	حَدَثَ / يَحْدُثُ	baʿdu – laysa baʿdu	*nachher; noch – noch nicht*	بَعْدُ - لَيْسَ بَعْدُ

Schreibung des Datums:
Wann war das? In welchem Jahr genau? كِتابةُ التّارِيخِ: مَتىٰ كانَ ذٰلِكَ؟ في أَيَّةِ سَنةٍ بِٱلضَّبْطِ؟

Vor der **Jahreszahl** steht meist das Wort ʿām(un) *od.* sana(tun) *Jahr* – *ohne* Artikel, da die Zahl im Genitiv (= Gen.-Verbindung) folgt, z.B.

عامُ ٢٠١٨: عامُ أَلْفَيْنِ وَثَمانِيةَ عَشَرَ

*das Jahr **2018*** ʿām(u) ʾalfayni wa-ṯamānīyata ʿašar(a) *od.* sana(tu) ʾalfayn(i) wa-ṯamānī ʿašra(ta)

أو: سَنةُ أَلْفَيْنِ وَثَمانِي عَشْرةَ

*das Jahr **1989*** ʿām(u) ʾalf(in) wa-tisʿimiʾa(tin) wa-tisʿa(tin) wa-ṯamānīn(a) *od.* sana(ta) ʾalf(in) wa-tisʿimiʾatin wa-tisʿ(in) wa-ṯamānīn(a)[2].

عامُ ١٩٨٩: عامُ أَلْفٍ وَتِسْعِمِئةٍ وَتِسْعةٍ وثَمانِينَ

أو: سَنةُ أَلْفٍ وَتِسْعِمِئةٍ وَتِسْعٍ وثَمانِينَ

im Jahr ... fī ʿāmi / fī sanati *od.* ʿāma / sanata …

في عامِ/ في سَنةِ ... أو: عامَ/سَنةَ ...

Als Zusatz bevorzugt wird „ʿām" عام, da danach das *mask.* Zahlwort folgt – es ist geläufiger, weil man es auch beim *Zählen* gebraucht.

Bei **Datumsangaben in Zahlen** setzt man **Bindestriche** oder **Schrägstriche** zwischen **Tag**, **Monat** und **Jahr**, z.B.

*am **9.11.1989*** fi ͜ t-tāsiʿ(i) min šahr(i) nuvimbir ʿāma ʾalf(in) wa-tisʿimiʾa(tin) wa-tisʿa(tin) wa-ṯamānīn(a) ʾaw: fi ͜ t-tāsiʿ(i) min nuvimbir ʿāma ʾalf(in) wa- tisʿimiʾa(tin) wa-tisʿa(tin) wa-ṯamānīn(a).

في ٩-١١-١٩٨٩ أو ٩/١١/١٩٨٩: في ٱلتّاسِعِ مِنْ شَهْرِ نوفيمبر عامَ أَلْفٍ وَتِسْعِمِئةٍ وَتِسْعةٍ وَثَمانِينَ أو: في ٱلتّاسِعِ مِنْ نوفيمبر عامَ أَلْفٍ وتِسْعِمِئةٍ وَتِسْعةٍ وَثَمانِينَ

Wann geschah das? In welchem Jahrhundert? مَتىٰ حَدَثَ ذٰلِكَ؟ في أَيِّ قَرْنٍ؟

19., 20., 21. Jh. – Im 20. Jh. fanden zwei Weltkriege statt: der 1. und der 2. Weltkrieg.

القَرْنُ التّاسِعَ عَشَرَ، القَرْنُ العِشْرُونَ، القَرْنُ الواحِدُ وٱلعِشْرُونَ - حَدَثَتْ في ٱلقَرْنِ العِشْرِينَ حَرْبانِ عالَمِيّتانِ: الحَرْبُ العالَمِيَّةُ الأُولىٰ وَٱلحَرْبُ العالَمِيَّةُ الثّانِيةُ.

1 Unregelmäßig: ʾimraʾatun (ʾal-marʾatu) *pl.* nisāʾun (ʾan-nisāʾu) *(die) Frau* („nisāʾun" leitet sich ab von: „ʾinsānun" *pl.* nāsun إِنْسانٌ ج ناسٌ *Mensch*). Die *mask.* Form (= ʾimruʾun اِمْرُؤٌ *Mann*) kommt nur noch in *Namen* vor, z.B. *Imrulqais* (= vorislam. Dichter *w: Mann [aus dem Stamm] der Qais* اِمْرُؤُ ٱلقَيْسِ), mit Artikel heute *unpersönlich* gebraucht: ʾal-marʾu المَرْءُ *man*.

2 *pl.* ʾaʿmāmun / ʿammātun أَعْمامٌ/عَمّاتٌ . Zur Erinnerung (4.B): *Onkel/Tante (mütterl. Linie)* ḫālun / ḫālatun خالٌ/خالةٌ

L 8 – Übungen

الدَّرْسُ الثّامِنُ - التَّمارِينُ

Ü 1: Wer ist das (w: dieser/diese)**? –**
Schauen wir uns das Foto an!

التَّمْرِينُ الأَوَّلُ: مَنْ هٰذا؟ / مَنْ هٰذِهِ؟ - لِنَنْظُرْ إِلَى ٱلصُّورَةِ!

Ist das dein od. *Ihr* m./f. *Vater?*
➢ *Nein, das ist mein Onkel* (väterl./mütterl. Linie).

هَلْ هٰذا والِدُكَ / والِدُكِ ➢ لا، هٰذا عَمِّي / خالِي.

Ist das deine od. *Ihre* m./f. *Mutter?*
➢ *Nein, das ist meine Tante* (väterl./mütterl. Linie).

هَلْ هٰذِهِ والِدَتُكَ/ والِدَتُكِ؟ ➢ لا، هٰذِهِ عَمَّتِي/ خالَتِي.

Ist das dein od. *Ihr Mann?*
➢ *Nein, das ist mein Cousin* (väterl./mütterl. Linie).

هَلْ هٰذا زَوْجُكِ؟ ➢ لا، هٰذا اِبْنُ عَمِّي / اِبْنُ خالِي.

Ist das deine od. *Ihre Frau?*
➢ *Nein, das ist meine Kusine* (väterl./mütterl. Linie).

هل هٰذِهِ زَوْجَتُكَ؟ ➢ لا، هٰذِهِ اِبْنَةُ عَمِّي / اِبْنَةُ خالِي.

Ü 2: Schauen wir einige Fotos an! –
Wer ist diese Person?

التَّمْرِينُ الثّانِي: لِنَنْظُرْ إِلَى بَعْضِ ٱلصُّوَرِ! - مَنْ هٰذا ٱلشَّخْصُ؟

ein Mann – ich kenne ihn nicht
➢ *Das ist ein Mann, den ich nicht kenne.*

رَجُلٌ - لا أَعْرِفُهُ ➢ هٰذا رَجُلٌ لا أَعْرِفُهُ.

eine Frau – ich kenne sie nicht
➢ *Das ist eine Frau, die ich nicht kenne.*

اِمْرَأَةٌ - لا أَعْرِفُها ➢ هٰذِهِ اِمْرَأَةٌ لا أَعْرِفُها.

ein Junge – ich kenne ihn nicht
➢ *Das ist ein Junge, den ich nicht kenne.*

وَلَدٌ - لا أَعْرِفُهُ ➢ هٰذا وَلَدٌ لا أَعْرِفُهُ.

ein Mädchen – ich kenne sie nicht
➢ *Das ist ein Mädchen, das ich nicht kenne.*

بِنْتٌ - لا أَعْرِفُها ➢ هٰذِهِ بِنْتٌ لا أَعْرِفُها.

Ü 3: Schauen wir einige Fotos an –
Wer sind diese Personen?

التَّمْرِينُ الثّالِث: لِنَنْظُرْ إِلَى بَعْضِ ٱلصُّوَرِ! - مَنْ هٰؤُلاءِ ٱلأَشْخاصُ؟

der Mann ➢ *Das ist der Mann,*
mit dem ich gestern gesprochen habe.

الرَّجُلُ ➢ هٰذا هُوَ الرَّجُلُ ٱلَّذِي تَكَلَّمْتُ مَعَهُ بِالأَمْسِ.

die Männer ➢ *Das sind die Männer,*
mit denen ich gestern gesprochen habe.

الرِّجالُ ➢ هٰؤُلاءِ هُمُ الرِّجالُ ٱلَّذِينَ تَكَلَّمْتُ مَعَهُمْ بِالأَمْسِ.

die Frau ➢ *Das ist die Frau,*
mit der ich gestern gesprochen habe.

المَرْأَةُ ➢ هٰذِهِ هِيَ المَرْأَةُ ٱلَّتِي تَكَلَّمْتُ مَعَها بِالأَمْسِ.

die Frauen ➢ *Das sind die Frauen,*
mit denen ich gestern gesprochen habe.

النِّساءُ ➢ هٰؤُلاءِ. هُنَّ النِّساءُ اللَواتِي تَكَلَّمْتُ مَعَهُنَّ بِالأَمْسِ.

Ü 4: Ich habe es eilig m/f **–**
Ich muß jetzt gehen

التَّمْرِينُ الرّابِعُ: أَنا مُسْتَعْجِلٌ / أَنا مُسْتَعْجِلَةٌ - عَلَيَّ أَنْ أَذْهَبَ الآنَ

Ich bin fertig m/f:
Bist du auch fertig m/f*?*

أَنا جاهِزٌ / أَنا جاهِزَةٌ: هَلْ أَنْتَ جاهِزٌ أَيضا؟ / هَلْ أَنْتِ جاهِزَةٌ أَيضا؟

noch nicht: Wir müssen gehen.
Seid ihr fertig? – Nein, noch nicht.

لَيْسَ بَعْدُ: عَلَيْنا أَنْ نَذْهَبَ. هَلْ أَنْتُمْ جاهِزُونَ؟ - لا، لَيْسَ بَعْدُ.

gleich (w: nach wenig)*: Wir haben*
es eilig. Unser Bus fährt. gleich los.

بَعْدَ قَلِيلٍ: نَحْنُ مُسْتَعْجِلُونَ. حافِلَتُنا سَتَنْطَلِقُ بَعْدَ قَلِيلٍ.

Ich warte: Ich kann warten.
Ich habe es nicht eilig m/f.

أَنْتَظِرُ: يُمْكِنُنِي أَنْ أَنْتَظِرَ. لَسْتُ مُسْتَعْجِلاً / لَسْتُ مُسْتَعْجِلَةً.

L8 – Die neuen Wörter (Teil 3) — الكَلِماتُ الجَدِيدةُ (القِسْمُ الثّالِثُ)

milḥun – ḫallun, zaytun	*Salz – Essig, Öl*	مِلْحٌ - خَلٌّ، زَيْتٌ	ʿumla *pl.* ʿumalātun	*Währung; Währungseinheit*	عُمْلَةٌ ج عُمَلاتٌ
naqdun *pl.* nuqūdun[1]	*Bargeld pl. Geld*[1]	نَقْدٌ ج نُقُودٌ	maḥaṭṭatun *pl.* -ātun	*Station; Haltestelle; Bahnhof (Kurzform)*	مَحَطَّةٌ ج ات
naqdan – dafaʿa/yadfaʿu	*bar, in bar – bezahlen*	نَقْداً - دَفَعَ / يَدْفَعُ	baʿuda/ yabʿudu ʿan	*entfernt sein von*	بَعُدَ / يَبْعُدُ عَنْ
ṣarrafa II/ yuṣarrifu	*umtauschen, wechseln (Geld)*	صَرَّفَ / يُصَرِّفُ	ṭūlun ⇔ ʿarḍun	*Länge ⇔ Breite*	طُولٌ ⇔ عَرْضٌ
yūro *pl.* -hātun, dōlārun *pl.* -ātun	*Euro, Dollar*	يُورو ج هاتٌ، دولار ج ات	ʿazīzun *pl.* 'aʿizzā'u	*lieb, sehr geehrt (als Briefanrede); Aziz m.*	عَزِيزٌ ج أَعِزّاءُ

Übungen zur Aussprache (Teil 1): Achten Sie besonders auf die Verdoppelung! — تَمارِينُ فِي ٱلنُّطْقِ (الجُزْءُ الأَوَّلُ): لاحِظُوا خاصّةً الشَّدّةَ!

Zucker, mit/ohne Zucker – ich ziehe vor: Ich trinke den Tee lieber ohne Zucker.	سُكَّرٌ، بِسُكَّرٍ/بِدُونِ سُكَّرٍ - أُفَضِّلُ: أُفَضِّلُ الشّاي بِدُونِ سُكَّرٍ.
Essig: Wir brauchen Essig u. Öl. – Braucht ihr auch Salz? – Ja.	خَلٌّ: نَحْتاجُ إِلىٰ خَلٍّ وَزَيْتٍ. - هَلْ تَحْتاجُونَ كَذٰلِكَ إِلىٰ مِلْحٍ؟ - نَعَمْ.
Fahrrad: Das ist mein neues Fahrrad. – Auto: Und das ist mein neues Auto.	دَرّاجةٌ: هٰذِهِ دَرّاجَتِي الجَدِيدةُ. - سَيّارةٌ: وَهٰذِهِ سَيّارَتِي الجَدِيدةُ.
Ich zahle in bar: Kann ich in bar zahlen (w: ist möglich-mir daß ich ...), mit (w: dem) Dollar od. Euro?	أَدْفَعُ نَقداً: هَلْ يُمْكِنُنِي أَنْ أَدْفَعَ نَقداً بِٱلدُّولار أَوْ بِٱلْيُورو؟
Ich tausche: Ich möchte etwas Geld tauschen. Ist das in der Bank dort möglich?	أُصَرِّفُ: أُرِيدُ أَنْ أُصَرِّفَ بَعْضَ النُّقُودِ. هَلْ يُمْكِنُ فِي ٱلْمَصْرِفِ هُناكَ؟
Ich bin vorbeigegangen od. -gekommen: Zuerst bin ich an der Post vorbeigegangen, dann an der ARAB BANK.	مَرَرْتُ، ثُمَّ: أَوَّلاً مَرَرْتُ بِٱلْبَرِيدِ، ثُمَّ بِٱلْبَنْكِ العَرَبِيِّ.
Bahnhof (Kurzf.) – Bahnhof (ausführl. Form): Ich bin auch am Bahnhof vorbeigekommen.	مَحَطّةٌ - مَحَطّةُ القِطارِ: مَرَرْتُ كَذٰلِكَ بِمَحَطّةِ القِطارِ.

Übungen zur Aussprache (Teil 2): ʿayn, qāf, ṭāʾ – schwierige Konsonanten — تَمارِينُ فِي ٱلنُّطْقِ (الجُزْءُ الثّانِي): ع، ق، ط - حُرُوفٌ صَعْبةٌ

Amman, Damaskus: Von Amman nach Damaskus sind es[2] *ungefähr 180 km*[4].	عَمّانُ، دِمَشْقُ: تَبْعُدُ عَمّان عَنْ دِمَشْق ١٨٠ كم تَقْرِيباً[4].
Jerusalem[3], *nur: Von Amman nach Jerusalem sind es nur ca. 70 km*[4].	القُدْسُ، فَقَطْ: تَبْعُدُ عَمّان عَنِ القُدْسِ حَوالَيْ ٧٠ كم فَقَطْ[4].
Länge: Der (w: Fluß des) Jordan ist nicht lang, nur ca. 250 km[4] *(w: Länge-sein [ist] ...).*	طُولٌ: نَهْرُ الأُرْدُنّ لَيْسَ طَوِيلاً، طُولُهُ حَوالَيْ ٢٥٠ كم فَقَطْ[4].

1 Umgangssprachlich statt „nuqūdun" *Geld* oft: „maṣārī" مصاري od. „fulūs" فلوس (zu *Sg.* fils) فلس *kleine Münze; Fils.* In einigen ar. Ländern (z.B. Irak, Kuweit, Bahrein, Emirate, Jemen) heißt die kleinste Münze *Fils* fils(un) *pl.* fulūs(un).
2 *w: [es] ist entfernt A. von D. 180 km.* Zur Erinnerung: *Städte*namen sind stets *fem.*, *Länder*namen *mask.* od. *fem.*
3 *Jerusalem* 'al-quds(u) *w: das Heiligtum*; Name in der *arab. Bibel*: 'urušalīm اورشليم (vgl. *hebr.* yerušalayim ירושלים).
4 Lies: *180 km* miʾa(tun) wa-ṯamānūn(a) kilūmitran – *70 km* sabʿūna kilūmitran – *250 km* miʾatān(i) wa-ḫamsūn(a) kilūmitran

L 8 – Vorletzte Seite: Verschiedenes الصَّفْحةُ قَبْلَ الأَخيرةِ: مُتَفَرِّقاتٌ

Arabische Währungen: Lernen Sie ihre Namen und auch ihren Plural. العُمْلاتُ العَرَبِيّةُ: اِحْفَظْ أَسْماءَها وَأَيْضاً جَمْعَها.

Währung u. Abkürzung	العُمْلةُ وَٱلِاخْتِصار	Land البَلَدُ	Wieviel kostet das? Schreiben Sie den Preis auf. بِكَمْ هٰذا؟ أُكْتُبْ السِّعْرَ.
Lira	لَيْرةٌ ج لَيْراتٌ (ل)	لُبنانُ، سُورِيّةُ (= سُورِيا)	٢ ل. ....
Pfund	جُنَيهٌ ج جُنَيْهاتٌ (ج)	مِصْرُ، السُودانُ	٥ ج. ....
Dirham	دِرْهَمٌ ج دَراهِمُ (د)	المَغْرِبُ، الإماراتُ	١٠ د. ....
Rial	رِيالٌ ج رِيالاتٌ (ر)	السُّعُودِيّةُ، اليَمَنُ، عُمانُ	٥٠ ر. ....
Dinar	دِينارٌ ج دَنانِيرُ (د)	لِيبيا، تُونِسُ، الجَزائِرُ، الأُرْدُنُّ،	١٠٠ د. ....
		العِراقُ، الكُوَيْتُ، البَحْرَيْن	١٠٠٠ د. ....

Links: *sudanesische 1-Pfund-Münze*
Rechts: *äg. 200-Pfund-Note*, mit Azhar-Moschee.
Oft ist *Kleingeld*, wie früher in Italien, Mangelware.
Prägen Sie sich die beiden Wörter dafür ein:
Kleingeld **fakka**tun ʾaw: **frāṭa**tun فَكّةٌ أو: فراطة

Die Namen der beiden wichtigsten *Kleinmünzen* sind:

1. **fils**un *pl.* fu**lūs**un (z.B. Irak, Jordanien, Emirate, Bahrain)
2. **qirš**un *pl.* qu**rūš**un (z.B. Äg., Syrien, Libyen, Libanon, Saudi-Arabien)

فِلْسٌ ج فُلُوسٌ – قِرْشٌ ج قُرُوشٌ

Einige nützliche Informationen zu den Namen des arabischen Geldes: بَعْضُ المَعْلُوماتِ المُفِيدةِ عَنْ أَسْماءِ النُّقُودِ العَرَبِيّةِ

Viele arab. Geldbezeichnungen sind aus europäischen Sprachen entlehnt, z.B. ri**yāl** (aus: span. *Real*), d**īnā**r (aus lat. *denarius*), ǧun**ay**h (aus: engl. *guinea*). Da man „qu**rūš**" (aus: dt./österr. *Groschen*) und „da**rā**him" (aus: griech. *Drachme*) ursprünglich als Pluralformen auffaßte, wurden daraus nachträglich die Singulare „**qirš**" und „**dir**ham" gebildet.

In welcher Währung zahlt man in diesem Supermarkt?
(w: mit-welcher [der] Währg. zahlen die-Menschen in diesem dem-Superm.)

بِأَيّةِ عُمْلةٍ يَدْفَعُ النّاسُ فِي هٰذا السُّوبرمارِكت؟

Was steht rechts? Tragen Sie links die passende Nummer ein. ما هُوَ مَكْتُوبٌ فِي اليَمِينِ؟ ضَعْ الرَّقْمَ المُناسِبَ إلى اليَسارِ.

☐ عَزِيزَتِي لَيْلى (= بِدايةُ رِسالةٍ)

☐ أَلْفُ شُكْرٍ ☐ أَلْفُ مَبْرُوكٍ

☐ الحَمْدُ لِلّٰه عَلى ٱلسَّلامةِ

٢ 

١ 

٣ 

٤ 

L8 – Letzte Seite: Wiederholung — الصَّفْحةُ الأَخِيرةُ: مُراجَعةٌ

Noch einmal:
Der Lektionstext – aber *ohne* Vokalisierung — مَرَّةً أُخْرىٰ: نَصُّ الدَّرْسِ – وَلٰكِنْ بِدُونِ تَشْكِيلٍ

الدرس الثامن: السفر إلى عمّان (خاتمة) – كم المسافة المتبقّية إلى عمّان؟

ما زال بيتر ماير في الطائرة. الآن ينظر من النافذة: يرى البحر في الأسفل وأحياناً يرى سفينة ما. أمامه شاشة صغيرة ومن وقت لآخر ينظر كذلك إلى هذه الشاشة. عليها خريطة العالم وفي أسفلها بعض المعلومات المكتوبة بالانكليزيّة والعربيّة، مثلاً أنّ المسافة المتبقّية إلى عمّان ٤٥٠ كم (أربعمئة وخمسون كيلومتراً) تقريباً، وأنّ سرعة الطائرة تبلغ الآن ٨٣٠ كم (ثمانمئة وثلاثين كيلومتراً) في الساعة، وهذا يعني أنّ الوصول بعد حوالي نصف ساعة. في هذه اللحظة يلاحظ بيتر أنّ جاره يضبط ساعته. نعم ... طبعاً، لقد كاد ينسى أنّ هناك فرقاً في التوقيت بين ألمانيا والأردنّ، يبلغ ساعة واحدة، فيضبط هو ساعة يده أيضاً.

نتمنّى لَكم إقامة طيّبة في بلادِنا! – بعد عشرين دقيقة تقريباً سمع بيتر صوت المضيف وهو يطلب منهم أن يغلقوا هواتفهم المحمولة. أخيراً يقول: نتمنّى لكم إقامة طيّبة في بلادنا. يقول المهندس أيمن لبيتر: وأنا أيضاً أتمنّى لك أيّاما سعيدة في الأردنّ. بالمناسبة: هل تريد أن نأخذك معنا إلى المدينة؟

– شكراً، هذا لطف منك، لقد وصلتني من صديقي رسالة بٱلبريد الإلكترونيّ يقول فِيها: ‹أنتظرك في المطار وسوف آخذك إلى الفندق.› بعد الوصول شاهد الموظّف المسؤول الجوازات. ثمّ أخذ بيتر حقائبه وذهب إلى الجمارك. وبعد أن انتهى رأى صديقه ميخائيل يقترب منه وهو يرحّب به قائلاً: الحمد للّٰه على السلامة! وأهلاً وسهلاً بكم في الأردنّ!

Einige Fragen zum Lektionstext — بَعْضُ الأَسْئِلةِ حَوْلَ نَصِّ الدَّرْسِ

Wie groß (w: was er) ist der Zeitunterschied zwischen Deutschland und Jordanien? — ما هُوَ الفَرْقُ في ٱلتَّوْقِيتِ بَيْنَ أَلْمانيا وَٱلأُرْدُنِّ؟

Bei der Ankunft in Amman: Was sagte der Freund, als er Peter sah? — عِنْدَ الوُصُولِ إلىٰ عَمّان: ماذا قالَ الصَّدِيقُ عِنْدَما رَأىٰ بيتر؟

Zum Auswendiglernen:
Gängige Redewendungen und bekannte Sprichwörter — لِلْحِفْظِ: عِباراتٌ شائِعةٌ وَأَمثالٌ سائِرةٌ

Zur Zeit der abbassid. Kalifen – am bekanntesten: *Hārūn ar-Raschīd* هارون الرَّشِيد (786 – 809) – gelangten Medizin, Astrononomie, Geographie und andere Wissenschaften zu großer Blüte, auch wurden in *Bagdad*, im *Haus der Weisheit* (bayt 'al-ḥikma بيت الِحكمة), wichtige Werke griech. Gelehrter übersetzt. Dies alles spiegelt sich im populären Spruch wider, daß kein Weg zu weit sein sollte, um Wissen zu erwerben (Umschrift: 'uṭlub 'al-ʿilm(a) wa-law fi ̮ ṣ-ṣīn).

اطلب العلم ولو في الصين — *Strebe nach Wissen, und sei es in China* — أُطْلُبِ ٱلعِلْمَ وَلَوْ فِي ٱلصِّين

Hier machen wir Schluß. Danke und auf Wiedersehen! – Auf Wiedersehen in der 9. Lektion! – Lebt wohl!

إلىٰ هُنا وَنَنْتَهِي. شُكْراً وَإلىٰ ٱللِّقاءِ! – إلىٰ ٱللِّقاءِ في ٱلدَّرْسِ التّاسِعِ! – مَعَ ٱلسَّلامِةِ!

9. Lektion

الدّرس التّاسع

'ad-dars(u) 'at-tāsiʿ(u)
die-Lektion die-neunte

Herzlich willkommen!
Herzlich willkommen in der 9. Lektion!

أَهْلاً وَسَهْلاً! أَهْلاً وَسَهْلاً بِكُمْ فِي ٱلدَّرْسِ التّاسِعِ!

Die neuen Wörter (Teil 1)

الكَلِماتُ الجَدِيدَةُ (القِسْمُ الأَوَّلُ)

hibatun *pl.* -**ā**tun	*Gabe; Geschenk*	هِبَةٌ ج ات	**ṭifl**un *pl.* ʾa**ṭfā**lun	*(kleineres) Kind*	طِفْلٌ ج أَطْفالٌ
ʿa**rū**sun *f.* *pl.* ʿa**rā**ʾisu	*Braut; „Perle" (als Beiname für Städte am Meer)*	عَرُوسٌ ج عَرائِسُ	mu**marri**ḍatun *pl.* -**ā**tun	*Kranken-schwester*	مُمَرِّضَةٌ ج ات
taraka/ yatruku	*verlassen; lassen*	تَرَكَ / يَتْرُكُ	ʿi**yā**datun – ṣayda**liyya**tun	*(Arzt-)Praxis – Apotheke*	عِيادَةٌ - صَيْدَلِيَّةٌ
'inta**qa**la VIII/ yan**ta**qilu ʾilā	*wechseln zu; umziehen nach*	اِنْتَقَلَ / يَنْتَقِلُ إلى	ʿ**ā**ša/ yaʿ**ī**šu	*leben*	عاشَ / يَعِيشُ
ḥā**liyy**un – ḥā**liyy**an	*gegenwärtig, jetzig – zur Zeit; momentan*	حالِيٌّ - حالِيّاً	**mā**ta/ ya**mū**tu	*sterben (Mensch u. Tier)*	ماتَ / يَمُوتُ
ma**nā**ratun *pl.* -**ā**tun	*Leuchtturm; Minarett*	مَنارَةٌ ج ات	tu**wuff**iya/ tu**wuff**iyat	*er/sie starb (respektvoll, w: er/sie wurde abberufen)*	تُوُفِّيَ / تُوُفِّيَتْ
taʾ**all**afa V/ yataʾ**all**afu min	*bestehen aus*	تَأَلَّفَ / يَتَأَلَّفُ مِن	baʿ**ī**dun ʿan ⇔ qa**rī**bun[2] min	*weit von ⇔ nah von*	بَعِيدٌ عَنْ ⇔ قَرِيبٌ مِنْ
ʾ**ass**asa II/ yuʾ**ass**isu[1]	*gründen; errichten*	أَسَّسَ / يُؤَسِّسُ[1]	ʾiḏ – ʾiḏan	*denn – also; folglich*	إذْ - إذاً (أو: إذَنْ)
banā/ yabnī[1]	*bauen; erbauen*	بَنَى / يَبْنِي[1]	**minḥa**tun *pl.* mi**naḥ**un	*Stipendium; Beihilfe*	مِنْحَةٌ ج مِنَحٌ
kul**liyya**tun *pl.* -**ā**tun	*Gesamtheit; Fakultät; College*	كُلِّيَّةٌ ج ات	**ḥa**ṣala/ yaḥṣulu ʿalā	*bekommen etw.; erhalten etw.*	حَصَلَ / يَحْصُلُ عَلى
ṭibbun – **ṣay**dalatun	*Medizin (als Fach) – Pharmazie*	طِبٌّ - صَيْدَلَةٌ	wi**lā**yatun *pl.* -**ā**tun	*Bundesstaat, -land; Gouvernement*	وِلايَةٌ ج ات
handasatun – kahru**bā**ʾun	*Ingenieurwesen – Elektrizität; Strom*	هَنْدَسَةٌ - كَهْرُباءٌ	wi**zā**ratun *pl.* -**ā**tun	*Ministerium*	وِزارَةٌ ج ات
ḫu**rū**ǧun – ta**ḫarr**uǧun	*Ausgang – Abschluß (z.B. Studium)*	خُرُوجٌ - تَخَرُّجٌ	ṣi**ḥḥa**tun ⇔ **ma**raḍun	*Gesundheit ⇔ Krankheit*	صِحَّةٌ ⇔ مَرَضٌ
ḥ**ayt**u – bi-ḥ**ayt**u	*wo; während – so daß*	حَيْثُ - بِحَيْثُ	ḥa**yā**tun ⇔ **maw**tun	*Leben ⇔ Tod*	حَياةٌ ⇔ مَوْتٌ
taʿ**arr**afa V/ yataʿ**arr**afu ʿalā	*kennenlernen etwas* od. *j-n*	تَعَرَّفَ / يَتَعَرَّفُ عَلى	na**biyy**un *pl.* ʾanbi**yā**ʾu	*Prophet*	نَبِيٌّ ج أَنْبِياءُ

1 Passiv (vgl. L10 §3): ʾ**u**ssisa II/yuʾ**a**ssasu أُسِّسَ/يُؤَسَّسُ *gegründet werden* – b**u**niyā/y**u**bnā بُنِيَ/يُبْنَى *gebaut werden.*

2 Als Substantiv: *Verwandter* qa**rī**bun قَرِيبٌ *pl.* ʾaqri**bā**ʾu أَقْرِباءُ – *meine Verwandten, Verwandtschaft* ʾaqri**bā**ʾ-ī أَقْرِبائِي

Islamische Monatsnamen, Hidschra-Jahr und Feste

Bezugspunkt des **islam. Kalenders** (= **Jahr 0**) ist die „Auswanderung“ ('al-hiğra *Hidschra* الهجرة), das Jahr **622 n. Chr.**, als Mohammed mit seinen Getreuen Mekka verließ und zu seinen „Helfern“ in Medina ('al-ʾanṣār الأنصار) zog. Das **Hidschra-Jahr** (Abkürzung: **H** هـ) ist am *Mond* ausgerichtet, die 12 Monate haben **29** od. **30 Tage**, je nach Mondphase.

1	**Muḥarram**	'al-muḥarram(u)	المُحَرَّمُ	**7**	**Rağab**	rağab(un)	رَجَبٌ
2	**Ṣafar**	ṣafar(un)	صَفَرٌ	**8**	**Šaʿbān**	šaʿbān(u)	شَعْبَانُ
3	**Rabīʿ I**	rabīʿ(u) 'al-ʾawwal(u)	رَبِيعُ الأَوَّلُ	**9**	**Ramaḍān** (Fastenmonat)	ramaḍān(u)	رَمَضَانُ
4	**Rabīʿ II**	rabīʿu 'aṯ-ṯānī	رَبِيعُ الثَّانِي	**10**	**Šawwāl**	šawwāl(un)	شَوَّالٌ
5	**Ğumādā I**	ğumādā 'al-ʾūlā	جُمَادَىٰ الأُولَىٰ	**11**	**Ḏū l-Qaʿda**	ḏū‿l-qaʿda(ti)	ذُو ٱلْقَعْدَةِ
6	**Ğumādā II**	ğumādā 'al-ʾāḫira(tu)	جُمَادَىٰ الآخِرَةُ	**12**	**Ḏū l-Ḥiğğa** (Pilgermonat)	ḏū‿l-ḥiğğa(ti)	ذُو ٱلْحِجَّةِ

١ العِيدُ الصَّغِيرُ أَوْ: عِيدُ الفِطْرِ

٢ العِيدُ الكَبِيرُ أَوْ: عِيدُ الأَضْحىٰ

Da das islam. Jahr 10 od.11 Tage kürzer ist als das christl. Sonnenjahr, „wandern“ die Monate, z.B. der **Ramadan**, *rückwärts* durch die Jahreszeiten. Von *allen* Muslimen gefeiert wird: 1. **Kleines Fest** od. **Fastenbrechen-Fest** ('al-ʿīd 'aṣ-ṣağīr ʾaw: ʿīd 'al-fiṭr), direkt *nach* dem **Ramaḍān**, am 1. Tag des Šawwāl.
2. **Großes Fest** od. **Opferfest** ('al-ʿīd 'al- kabīr ʾaw: ʿīd 'al-ʾaḍḥā), am 10. Tag des Ḏū l-Ḥiğğa (= Pilgermonat), d.h. das Opferfest ist Teil der **Pilgerfahrt** ('al-ḥağğ). Übrigens feiert man das *„Große Fest“* (türk. *Zuckerfest* şeker bayramı) meist nicht so „groß“ wie das *„Kleine Fest“*. Hingegen wird der **Geburtstag des Propheten** (mawlid 'an-nabiyy od. mawlid) nicht von *allen* Muslimen gefeiert Begangen wird das volkstümliche Fest am 12. Tag des Rabīʿ al-ʾawwal, auch wenn unter muslim. Gelehrten umstritten ist, ob der Prophet Mohammed an genau diesem Tag geboren wurde.

الحَجُّ – مَوْلِدُ النَّبِيِّ أَوْ: مَوْلِدٌ

Lektionstext 9 – Übersetzung: Ägypten, ein Geschenk des Nils (Herodot)

Alexandria – Perle am Mittelmeer (w: Braut des Meeres) *Wir verlassen nun Peter Meyer u. wenden uns einer dt.-äg. Familie zu, die zur Zeit Ägypten besucht. Die Familie besteht aus 4 Personen: Vater, Mutter, Sohn u. Tochter. Was den Vater betrifft, so ist er Ägypter u. heißt Fahmi. Er wurde in Alexandria geboren, der Stadt* (w: u. sie ist die Stadt), *die Alexander der Große im Jahr 331 v. Chr. gründete. Alexandria ist berühmt für seinen Leuchtturm u. seine Bibliothek, die im Jahr 2002 neu aufgebaut wurde. Fahmi studierte zunächst an der Technischen Fakultät, dann wechselte er an die Medizinische Fakultät, und nachdem er seinen Abschluß gemacht hatte* (w: u.-nach Absolvieren-sein), *setzte er sein Studium in Deutschland fort, wo er seine Frau Christa kennenlernte. Er arbeitet in einem großen Krankenhaus als Kinderarzt. Christa hingegen arbeitet als Krankenschwester* (w: was betrifft Christa, so-sie ...) *in einer Kinderarztpraxis. Seit einer Woche ist die ganze Familie* (w: die-Familie Gesamtheit-ihre) *in Alexandria, wo noch Fahmis Mutter, seine Schwester Fatima und einige seiner Verwandten leben* (w: wo nicht aufhörte sie lebt [die] Mutter-[des] Fahmi und-seine Schwester und-einige [der] Verwandten-sein). *Sein Vater aber* (w: was betrifft Vater-sein) *ist vor 3 Jahren gestorben.*

Kairo – Stadt der Millionen Fahmi will mit seiner Familie auch Kairo besuchen, wo sein Bruder Ahmed mit seiner Frau u. seinen drei Kindern wohnt (w: will Fahmi u.-seine Familie daß sie besuchen die-Stadt [des] Kairo die[jenige] wohnt in-ihr Bruder-sein A. u.-Kinder-seine die-3). *Ahmeds Haus liegt in der Nähe der Deutschen Schule u. nicht weit vom Nil* (w: Haus-ihr [ist] nah von der-Schule der-dt. u.-ist nicht weit von Fluß des-Nil). *Ahmed begann sein Studium an* (w: in) *der Azhar-Universität, an der Fakultät für Pharmazie. Übrigens: Die Azhar-Universität wurde im 9. Jh. n. Chr. gegründet, sie gehört zu* (w: und-sie [ist] von) *den ältesten Universitäten auf* (w: in) *der Welt. Dann wechselte Ahmed an die Amerikanische Universität. Als er dort seinen Abschluß gemacht hatte* (w: u.-nach seinem Absolvieren von-ihr), *erhielt er ein Stipendium, um sein Studium in den Vereinigten Staaten fortzusetzen. Jetzt ist er Angestellter im Ministerium für Gesundheit und Bevölkerung* (w: in [dem] Ministerium der Gesundheit u.-der Einwohner). *Seine Frau heißt Mary. Sie stammt aus der Schweiz* (w: [ist] von Herkunft schweizerischer) *u. hat Ahmed in Amerika kennengelernt. Zur Zeit arbeitet sie in einem Übersetzungsbüro, denn sie spricht sehr gut Englisch u. Französisch, neben Deutsch, ihrer Muttersprache. Sie mag* (w:sie liebt) *das Leben in Kairo, aber Arabisch fällt ihr noch schwer* (w: hörte nicht auf [ist] schwer auf-ihr), *besonders die Aussprache u. das Lesen* (w: im Aussprechen u. Lesen).

L 9: Ägypten – ein Geschenk des Nils (Herodot) — الدَّرْسُ التّاسِع: مِصْر - هِبةُ النِّيل (هيرودوت)

Alexandria – Perle des Mittelmeeres (w: Braut des Meeres) — الإسْكَنْدَرِيّة - عَرُوسُ البَحْرِ

نَتْرُكُ الآنَ بيتر ماير وَنَنْتَقِلُ إلىٰ عائِلةٍ أَلْمانِيّةٍ مِصْرِيّةٍ تَزُورُ مِصْرَ حالِيّاً. تَتَأَلَّفُ العائِلةُ مِنْ ٤ (أَرْبَعةِ) أَشْخاصٍ: الأَبُ وَٱلأُمُّ وَبِنْتٌ وَوَلَدٌ. أَمّا ٱلأَبُ فَهُوَ مِصْرِيٌّ وَٱسْمُهُ فَهْمِي. لَقَدْ وُلِدَ وَنَشَأَ فِي ٱلإسْكَنْدَرِيّة وَهِيَ المَدِينةُ الَّتِي أَسَّسَها الإسْكَنْدَر الأَكْبَرُ عامَ ٣٣١ ق م (ثَلاثُمِئةٍ وَواحِدٍ وَثَلاثِينَ قَبْلَ ٱلمِيلادِ). الإسْكَنْدَرِيّة مَشْهُورةٌ بِمَنارَتِها وَأَيْضاً بِمَكْتَبَتِها ٱلَّتِي بُنِيَتْ مِنْ جَدِيدٍ عامَ ٢٠٠٢ (أَلْفَيْنِ وَٱثْنَيْنِ). دَرَسَ فَهْمِي فِي كُلِّيةِ الهَنْدَسةِ أَوَّلاً، ثُمَّ ٱنْتَقَلَ إلىٰ كُلِّيةِ الطِّبِّ، وَبَعْدَ تَخَرُّجِهِ تابَعَ دِراسَتَهُ فِي أَلْمانيا حَيْثُ تَعَرَّفَ عَلىٰ زَوْجَتِهِ كريسْتا. حالِيّاً يَعْمَلُ فِي مُسْتَشْفىً كَبِيرٍ طَبِيباً لِلْأَطْفالِ. أَمّا كريسْتا فَتَعْمَلُ مُمَرِّضةً فِي عِيادةٍ لِلْأَطْفالِ. العائِلةُ كُلُّها فِي ٱلإسْكَنْدَرِيّة مُنْذُ أُسْبُوعٍ حَيْثُ ما زالَ يَعِيشُ أُمُّ فَهْمِي وَأُخْتُهُ فاطِمة وَبَعْضُ أَقْرِبائِهِ. أَمّا أَبُوهُ فَقَدْ تُوُفِّيَ قَبْلَ ثَلاثِ سَنَواتٍ.

Kairo – eine Millionenstadt — القاهِرة - مَدِينةُ المَلايِين

يُرِيدُ فَهْمِي وَعائِلَتُهُ أَنْ يَزُورُوا القاهِرةَ أَيْضاً حَيْثُ يَسْكُنُ أَخُوهُ أَحْمَدُ مَعَ زَوْجَتِهِ وَأَوْلادِهِ الثَّلاثةِ. بَيْتُ أَحْمَد قَرِيبٌ مِنَ ٱلمَدْرَسةِ الأَلْمانِيّةِ وَلَيْسَ بَعِيداً عَنْ نَهْرِ النِّيل. بَدَأَ أَحْمَدُ دِراسَتَهُ فِي جامِعةِ الأَزْهَر، فِي كُلِّيةِ الصَّيْدَلةِ. - بِٱلمُناسَبةِ: جامِعةُ الأَزْهَر هِيَ مِنْ أَقْدَمِ الجامِعاتِ فِي ٱلعالَمِ إذْ أُسِّسَتْ فِي ٱلقَرْنِ العاشِرِ المِيلادِيِّ. ثُمَّ ٱنْتَقَلَ أَحْمَد إلىٰ ٱلجامِعةِ الأَمْرِيكِيّةِ ٱلَّتِي أُسِّسَتْ عامَ ١٩١٩ (أَلْفٍ وَتِسْعِمِئةٍ وَتِسْعةَ عَشَرَ). وَبَعْدَ تَخَرُّجِهِ مِنْها حَصَلَ عَلىٰ مِنْحةٍ لِمُتابَعةِ دِراسَتِهِ فِي ٱلوِلاياتِ المُتَّحِدةِ. الآنَ هُوَ مُوَظَّفٌ فِي وِزارةِ الصِّحّةِ وَٱلسُّكّانِ. أَمّا زَوْجَتُهُ فَٱسْمُها ماري. هِيَ مِنْ أَصْلٍ سويسْرِيٍّ، وَتَعَرَّفَتْ عَلىٰ أَحْمَد فِي أَمْرِيكا. تَعْمَلُ حالِيّاً فِي مَكْتَبٍ لِلتَّرْجَمةِ إذْ أَنَّها تُجِيدُ الإنْكلِيزِيّةَ وَٱلفَرَنْسِيّةَ إلىٰ جانِبِ الأَلْمانِيّةِ لُغَتِها الأُمِّ. تُحِبُّ الحَياةَ فِي ٱلقاهِرة وَلٰكِنَّ العَرَبِيّةَ ما زالَتْ صَعْبةً عَلَيْها، خاصّةً فِي ٱلنُّطْقِ وَٱلقِراءةِ.

L 9 – Grammatik und Sprache الدَّرْسُ التّاسِعُ - القَواعِدُ وَٱللُّغةُ

§ 1. Verben, deren 1. Wurzelkonsonant „wāw" و ist (Wk 1 = w و)

Das **Grundverb** ist im **Perfekt regelmäßig**; im **Präsens**, **Konjunktiv**, **Apokopat** und **Imperativ** fällt **wāw** و (= Wk 1) weg, z.B. wağada/yağidu *finden* ⇨ wağadtu[1] *ich fand* – lā ʾağidu-hu *ich finde ihn nicht* – kay ʾağida-hu *damit ich ihn finde*.

وَجَدَ/يَجِدُ ⇦ وَجَدْتُ

لا أَجِدُهُ - كَيْ أَجِدَهُ

Tafel: **wağada/yağidu** ***finden*** **– Präsens** وَجَدَ/يَجِدُ

ʾağidu	*ich finde*	أَجِدُ
tağidu	*du m. findest*	تَجِدُ
tağidīna	*du f. findest*	تَجِدِينَ
yağidu	*er findet*	يَجِدُ
tağidu	*sie findet*	تَجِدُ

nağidu	*wir finden*	نَجِدُ
tağidūna	*ihr m. findet*	تَجِدُونَ
tağidna	*ihr f. findet*	تَجِدْنَ
yağidūna	*sie m. finden*	يَجِدُونَ
yağidna	*sie f. finden*	يَجِدْنَ

Apokopat: lam ʾağid-hu لَمْ أَجِدْهُ *ich fand ihn nicht*

tağidāni	*ihr (2) findet*	تَجِدانِ
yağidāni	*sie (2) m. finden*	يَجِدانِ
tağidāni	*sie (2) f. finden*	تَجِدانِ

Die **Stämme II**, **III**, **V**, **VI** sind **regelmäßig**, für die übrigen gelten feste Lautregeln: /**uw**/ ⇨ /**ū**/, /**iw**/ ⇨ /**ī**/, z.B. waqafa/yaqifu *stehenbleiben; anhalten*: qif[2]! *halt an! Stop!* – ʾawqafa IV/yūqifu (aus: yuwqifu) *zum Stehen bringen; parken* – ʾayna ʾūqifu sayyārat-ī? *Wo kann ich mein Auto parken?*

وَقَفَ/يَقِفُ : قِفْ!

أَوْقَفَ/يُوقِفُ : أَيْنَ أُوقِفُ سَيّارَتِي؟

Im **VIII. Stamm** wird das و **assimiliert**, als Lautregel gilt: /**wt**/ ⇨ /**tt**/, z.B. 'ittaṣala VIII/yattaṣilu[3] (aus: 'iwtaṣala/yawtaṣilu) *sich verbinden; anrufen, telefonieren* – 'ittaṣaltu bi-hi/bi-hā. *Ich habe mit ihm/ihr telefoniert.* – hal ʾattaṣilu bi-ka/bi-ki ġadan? *Soll ich dich od. Sie m/f morgen anrufen?*

اِتَّصَلَ/يَتَّصِلُ - اِتَّصَلْتُ بِهِ/بِها.

هَلْ أَتَّصِلُ بِكَ/بِكِ غَداً؟

§ 2. Besonderheiten der Substantive ʾabun *Vater*, ʾaḫun *Bruder*, ḥamun *Schwiegervater*

Sind diese Substantive **Leitwort** einer **Gen.-Verbindung** od. mit einem **Personalsuffix** verbunden, wird der **Fall-Vokal gedehnt**, z.B. ʾaḫū ğār-ī أخو جاري *der Bruder meines Nachbarn* – ʾaḫū-hu أخوه *sein Bruder*.

Tafel: ʾabun أَبٌ *Vater*, **ʾaḫun** أَخٌ *Bruder*, **ḥamun** حَمٌ *Schwiegervater* **mit Genitiv bzw. Personalsuffix**

Nom.	ʾabū nabīl(in) ⇨ ʾabū-hu/ ʾabū laylā ⇨ ʾabū-hā	*der Vater von Nabil ⇨ sein Vater/ der Vater von Laila ⇨ ihr Vater*	أَبُو نَبِيلٍ ⇦ أَبُوهُ / أَبُو لَيْلَى ⇦ أَبُوها
Gen.	ʾabī nabīl(in) ⇨ ʾabī-hi/ ʾabī laylā ⇨ ʾabī-hā	*des Vaters von Nabil ⇨ seines Vaters/ des Vaters von Laila ⇨ ihres Vaters*	أَبِي نَبِيلٍ ⇦ أَبِيهِ / أَبِي لَيْلَى ⇦ أَبِيها
Akk.	ʾabā nabīl(in) ⇨ ʾabā-hu/ ʾabā laylā ⇨ ʾabā-hā	*den Vater von Nabil ⇨ seinen Vater/ den Vater von Laila ⇨ ihren Vater*	أَبا نَبِيلٍ ⇦ أَباهُ / أَبا لَيْلَى ⇦ أَباها

1 Man spricht /dt/ wie /tt/ aus, z.B. wağadtu (wie: wağattu) *ich fand* – achten Sie auf *hörbares* Verdoppeln!
2 Die Stopp-Schilder in den arabischen Ländern tragen die Aufschrift: qif قف *Stop* – oft sind sie zweisprachig.
3 Auch hier muß /tt/ *hörbar* verdoppelt werden. Zur Erinnerung: *ṣād* muß wie *dumpfes ß* klingen (vgl. 4.C).

§ 3. Das Adjektiv: Steigerungsform (= Elativ)

Die **Steigerungform** kann – je nach Kontext – **Komparativ** od. **Superlativ** ausdrücken. Die **mask. Steigerungsform** (Bildemuster: ˀ**a**bdal**u**) ist **diptotisch** (L2 § 1), z.B. ka**ṯī**r**un** viel ⇨ ˀ**a**kṯar**u** *mehr* od. *am meisten* – kab**ī**r**un** *groß; alt* *(nur Pers.)* ⇨ ˀ**a**kbar**u** *größer; älter* od. *am größten; am ältesten* – ṣaġ**ī**r**un** *klein; jung* *(nur Pers.)* ⇨ ˀ**a**ṣġar**u** *kleiner; jünger* od. *am kleinsten; am jüngsten.* Die **Vergleichspartikel „min"** *als (w: von)* gebraucht man stets in Verbindung mit der *mask.* Steigerungsform, auch wenn das Bezugswort *femininum* ist oder im *Plural* steht.

كَثِيرٌ ⇦ أَكْثَرُ
كَبِيرٌ ⇦ أَكْبَرُ
صَغِيرٌ ⇦ أَصْغَرُ

ˀa**ḫ**-ī ˀ**a**kbar**u** m**i**n-nī, min-ka/ki, m**i**n-hu/hā.	*Mein Bruder ist älter als ich, als du m./f., als er/sie.*	أَخِي أَكْبَرُ مِنِّي، مِنْكَ/مِنْكِ، مِنْهُ/مِنْهَا.
ˀ**u**ḫt-ī ˀ**a**kbar**u** m**i**n-nī, m**i**n-ka/ki, m**i**n-hu/hā.	*Meine Schwester ist älter als ich, als du m./f., als er/sie.*	أُخْتِي أَكْبَرُ مِنِّي، مِنْكَ/مِنْكِ، مِنْهُ/مِنْهَا.
ˀ**i**ḫwat-ī ˀ**a**kbar**u** m**i**n-nī, wa-ˀaḫaw**a**t-ī ˀ**a**ṣrar**u** m**i**n-nī.	*Meine Brüder sind älter als ich, und meine Schwestern sind jünger als ich.*	إِخْوَتِي أَكْبَرُ مِنِّي، وأَخَوَاتِي أَصْغَرُ مِنِّي.

Die **Steigerungsform** kann auch die **Absolutheit** ausdrücken, z.B. ˀ**a**kbar**u** *äußerst* od. *unvorstellbar groß* – 'all**ā**hu ˀ**a**kbar(u) *Gott ist [unvorstellbar] groß.* In allen folgenden Beispielen wird die Steigerungsform *adjektivisch* gebraucht, daher paßt sie sich dem Bezugswort an.

أَكْبَرُ – اللّٰهُ أَكْبَرُ

'al-ˀisk**a**ndar 'al-ˀ**a**kbar**u** – b**u**ṭrus 'al-ˀ**a**kbar(u)	*Alexander der Große* *(w. der-[äußerst] große)* – *Peter der Große* *(w. Petrus der-[äußerst] große)*	الإِسْكَنْدَرُ الأَكْبَرُ – بُطْرُسُ الأَكْبَرُ
'aš-š**a**rq**u** 'al-ˀ**a**wṣaṭu[1] – 'aš-š**a**rq**u** 'al-ˀ**a**dnā	*der Mittlere Osten* *(w. d.-Osten d. [äußerst] mittl.)* – *der Nahe Osten* *(w. d.-Osten d. [äußerst] nahe)*	الشَّرْقُ الأَوْسَطُ – الشَّرْقُ الأَدْنَى
'al-m**a**ġrib**u** 'al-ˀ**a**qṣā[2] – 'al-m**a**sǧid**u** 'al-ˀ**a**qṣā[3]	*Marokko* *(w. das Westland das [äußerst] ferne)* – *Aqsa-Moschee*[2] *(w: die Moschee die-[äußerst] ferne)*	المَغْرِبُ الأَقْصَى – المَسْجِدُ الأَقْصَى

Die **fem. Steigerungsform** (Bildemuster: „b**u**dlā") endet mit ˀ**alif maqṣūra** ى, z.B. k**u**brā كُبْرَى – ṣ**u**ġrā صُغْرَى

mad**ī**na**tun** k**u**brā *pl.* m**u**dun**un** k**u**brā	*Großstadt; Metropole* *(w. Stadt-[äußerst] große)*	مَدِينَةٌ كُبْرَى ج مُدُنٌ كُبْرَى
pl. d**u**wal**un** ṣ**u**ġrā – ˀ**ā**siyā *f.* 'aṣ-ṣ**u**ġrā	*Kleinstaaten* *(w. Staaten [äußerst] kleine)* – *Kleinasien* *(w. Asien das-[äußerst] kleine)*	دُوَلٌ صُغْرَى – آسيا الصُّغْرَى
ˀ**ā**siyā *f.* 'al-w**u**sṭā[1] – ˀamr**ī**kā *f.* 'al-w**u**sṭā	*Mittelasien* *(w. Asien das-[äußerst] zentrale)* – *Mittelamerika* *(w. Amerika das-[äußerst] mittlere)*	آسِيا الوُسْطَى – أَمْرِيكا الوُسْطَى

Adjektive mit Wk 3 = wāw enden in der fem. Form mit ˀ**alif** ا, z.B.

1. ˁ**ā**l**in** (p: ˁ**ā**lī) *hoch* ⇨ ˀ**a**ˁlā/ˁ**u**lyā *höher; am höchsten; äußerst hoch*, z.B. madrasa**tun** ˁ**u**lyā *Hochschule* – m**i**ṣr**u** 'al-ˁ**u**lyā *Oberägypten*
2. d**ā**n**in** (p: dānī) *nah* ⇨ ˀ**a**dnā/ d**u**nyā *näher; am nächsten, äußerst nah.* Die *fem.* Form „d**u**nyā" kann auch als *Substantiv* gebraucht werden: 'ad-d**u**nyā *die [nahe] Welt; das Diesseits* ⇔ 'al-ˀ**ā**ḫira**tu** *das Jenseits* *(w: die-letzte)*

١ عالٍ ⇦ أَعْلَى/ عُلْيا
مَدْرَسَةٌ عُلْيا – مِصْرُ العُلْيا
٢ دانٍ ⇦ أَدْنَى / دُنْيا
الدُّنْيا ⇔ الآخِرَةُ

Adjektive mit Wk 2 = Wk 3 (L8 §2) benutzt man nur in mask. Form, z.B. daq**ī**q**un** *genau* ⇨ ˀ**a**d**a**qq**u** *genauer* – bi-š**a**kl**in** ˀad**a**qq(a) *genauer* *(in-Form genauerer)*

دَقِيقٌ ⇦ أَدَقُّ – بِشَكْلٍ أَدَقَّ

1 Die zugehörige *Grundform* lautet: w**a**s**a**ṭ**un** وسط *zentral; mittlerer* bzw. als Substantiv *Mitte; Zentrum.*
2 Die zugehörige *Grundform* lautet: q**ā**ṣ**in** (pausal: q**ā**ṣī) قاص *fern; entfernt; am äußersten Rand gelegen.*
3 Der Name *Aqṣā-Moschee* bezieht sich auf den *Koran, Sure 17, Vers 1*, wo es heißt, daß *Gott* seinen *Knecht* (= *Mohammed)* nachts reisen ließ, *von der heiligen Anbetungsstätte zur „Entfernten", d.h.* nach muslim. Auslegung von der in *Mekka* gelegenen *Kaaba* *(w: der Würfel* ar. 'al-k**a**ˁba(tu) الكعبة) zum in *Jerusalem* befindlichen *Tempelberg.*

L 9 – Die neuen Wörter (Teil 2) الكَلِماتُ الجَدِيدةُ (القِسْمُ الثّانِي)

wağada/ yağidu	finden	وَجَدَ / يَجِدُ	tilmīḏun pl. talāmīḏu	Schüler; Jünger (z.B. Jesu)	تِلْمِيذٌ ج تَلامِيذُ
šaklun pl. ʔaškālun	Form; Gestalt; Art und Weise	شَكْلٌ ج أَشْكالٌ	fakkara II/ yufakkiru fī	überlegen; denken an; nachdenken über	فَكَّرَ/يُفَكِّرُ في
daqīqun – ʔadaqqu	fein; zart; genau – genauer; sehr genau	دَقِيقٌ - أَدَقُّ	lātīniyyun 'al-lātīniyyatu	lateinisch – Latein (als Sprache)	لاتِينِيٌّ - اللاتينيّةُ
masğidun pl. masāğidu	Moschee (w: Ort der-Anbetung)	مَسْجِدٌ ج مَساجِدُ	mīlun pl. ʔamyālun	Meile	مِيلٌ ج أَمْيالٌ
ğāmiʕun pl. ğawāmiʕu	Freitagsmoschee, Große Moschee[1]	جامِعٌ ج جَوامِعُ	mitrun pl. ʔamtārun	Meter	مِتْرٌ ج أَمْتارٌ
ʔadnā ⇔ ʔaqṣā	(äußerst) nah ⇔ (äußerst) entfernt	أَدْنىٰ ⇔ أَقْصىٰ	ğisrun – saddun	Brücke – Sperre; Staudamm	جِسْرٌ - سَدٌّ
wasaṭun pl. ʔawsāṭun	Mitte; Milieu; mittlerer	وَسَطٌ ج أَوْساطٌ	ʕālin (p: ʕālī) ⇔ munḫafiḍun	hoch; laut (Stimme) ⇔ niedrig; leise (Stimme)	عالٍ ⇔ مُنْخَفِضٌ
nuktatun pl. nukatun	Witz; Anekdote	نُكْتَةٌ ج نُكَتٌ	qanātun pl. qanawātun	Kanal	قَناةٌ ج قَنَواتٌ
muzāḥun – māziḥun	Scherz; Spaß – scherzend	مُزاحٌ - مازِحٌ	qādimun ⇔ sābiqun	kommend; nächster ⇔ vorhergehend; früherer	قادِمٌ ⇔ سابِقٌ
sababun pl. ʔasbābun	Ursache; Grund	سَبَبٌ ج أَسْبابٌ	sāfara III/ yusāfiru	reisen; fahren	سافَرَ / يُسافِرُ
muʕallimun pl. -ūna	Lehrer; Meister (Handwerk)	مُعَلِّمٌ ج ونَ	miḥfaẓatun pl. maḥāfiẓu	Mappe; Brieftasche; Geldbeutel (Kurzf.)	مِحْفَظَةٌ ج مَحافِظُ

Kleiner (w: kurzer) **Witz: Was ist der Grund?**
– Warum gibt es in Argentinien keine Feigen?
– Weil Argentinien zu den Staaten Lateinamerikas gehört (w: weil A. von d.-Staaten Amerikas des-lateinischen [ist])[2].

نُكْتَةٌ قَصِيرةٌ: ما هُوَ السَّبَبُ؟ - لِماذا لا يُوجَدُ التِّين في الأَرْجَنْتِين؟ - لِأَنَّ الأَرْجَنْتِين مِنْ دُوَلِ أَمْرِيكا اللاتينِيَّةِ.[2]

Noch ein kleiner (w: kurzer) **Witz: Das längste Wort in der arab. Sprache**

Lehrer: Wie heißt (w: was es [ist]) das längste arabische Wort? Die Schüler überlegen, sie überlegen lange. Schließlich sagt einer von ihnen: Vielleicht das Wort „mustašfayāt“ (= Krankenhäuser)? Keiner findet ein längeres Wort (w: nicht einer findet Wort längeres als-es). Da sagt der Lehrer scherzend: Das längste Wort (w: es) ist „ğamīla“ (= *schön f.* bzw. als Vorname: *„Djamila“*). Die Schüler: Aber das hat (w. in-ihm [sind]) doch nur fünf Buchstaben! – Der Lehrer: Richtig, aber zwischen dem ersten u. dem letztem Buchstaben ist *eine Meile* (= „mīl“)!

نُكْتَةٌ قَصِيرةٌ أُخرىٰ: أَطوَلُ كَلِمةٍ في ٱللُّغةِ العَرَبِيّةِ

المُعَلِّمُ: ما هِيَ أَطوَلُ كَلِمةٍ عَرَبِيّةٍ؟ يُفَكِّرُ التَّلامِيذُ، يُفَكِّرُونَ طَوِيلاً. أَخِيراً يَقُولُ أَحَدُهُمْ: رُبَّما كَلِمةُ «مُسْتَشْفَيات»؟ لا أَحَدَ يَجِدُ كَلِمةً أَطوَلَ مِنْها. فَيَقُولُ المُعَلِّمُ مازِحاً: أَطْوَلُ كَلِمةٍ هي «جَمِيلة». التَّلامِيذُ: وَلٰكِنْ فِيها خَمْسَةُ حُرُوفٍ فَقَطْ! - المُعَلِّمُ: صَحِيحٌ، وَلٰكِنْ هُناكَ «مِيل» بَيْنَ ٱلحَرْفِ الأَوَّلِ وَٱلحَرْفِ الأَخِيرِ!

1 In einer *Großen* bzw. *Freitagsmoschee* جامع wird immer auch eine *Freitagspredigt* ḫuṭba(tun) خُطبة gehalten.

2 Wortspiel: Man kann „lātīniyyun“ لاتينِيّ *lateinamerikanisch* auch verstehen als: lā-tīniyyun *feigenlos (w: nicht-Feigen habend)* – analog z.B. nihāyatun *Ende* ⇨ lā-nihāʔiyyun لانِهائِيّ *endlos* – silkun *Draht* ⇨ lā-silkiyyun لاسلكِيّ *drahtlos*.

L 9 – Übungen

الدَّرْسُ التّاسِعُ - التَّمارِينُ

Ü 1: Wo liegt das?
In welchem Land? In welcher Stadt?

التَّمْرِينُ الأَوَّلُ: أَيْنَ يَقَعُ هٰذا؟ في أَيِّ بَلَدٍ؟ في أَيَّةِ مَدِينةٍ؟

Omayaden-Moschee, Damaskus ➢
Die Omayaden-Moschee liegt in Damaskus.

الجامِعُ الأُمَوِيُّ، دِمَشْق ➢ يَقَعُ الجامِعُ الأُمَوِيُّ في دِمَشْق.

Maria-Moschee[1], Abu Dhabi ➢
Die Maria-Moschee liegt in Abu Dhabi.

مَسْجِدُ مَرْيَم أُمِّ عِيسىٰ، أَبُو ظَبِي ➢ يَقَعُ مَسْجِدُ مَرْيَم أُمِّ عِيسىٰ في أَبُو ظَبِي.

Assuan-Staudamm (w: der hohe Damm), Oberäg. ➢
Der Assuan-Stadudamm liegt in Oberägypten.

السَّدُّ العالي، مِصْر العُلْيا ➢ يَقَعُ السَّدُّ العالي في مِصْر العُلْيا.

Suezkanal ➢ Der Suezkanal liegt
in Äg., genauer: im Nordosten.

قَناةُ السُّوَيْس ➢ تَقَعُ قَناةُ السُّوَيْس في مِصْر وَبِشَكْلٍ أَدَقَّ في شِمالِها الشَّرْقِيِّ.

Ü 2: Ich finde meinen Schlüssel nicht.
Hat ihn jemand von euch *od.* **Ihnen gesehen?**

التَّمْرِينُ الثّاني: لا أَجِدُ مِفتاحِي. هَلْ رَآهُ أَحَدُكُمْ؟

mein Paß ➢ Ich finde meinen Paß nicht.
Hast du od. Haben Sie m/f ihn gesehen?

جَوازي ➢ لا أَجِدُ جَوازي. هَلْ رَأَيْتَهُ؟ هَلْ رَأَيْتِهِ؟

mein Kalender ➢ Ich finde meinen Kalender
nicht. Hast du od. Haben Sie m/f ihn gesehen?

رُزْنامَتي ➢ لا أَجِدُ رُزْنامَتي. هَلْ رَأَيْتَها؟ هَلْ رَأَيْتِها؟

meine Brille ➢ Ich finde meine Brille
nicht. Habt ihr m/f sie gesehen?

نَظّارَتي ➢ لا أَجِدُ نَظّارَتي. هَلْ رَأَيْتُمُوها؟ / هَلْ رَأَيْتُنَّها؟

mein Geldbeutel ➢ Ich finde meinen Geld-
beutel nicht. Hat ihn jemand gesehen?

مِحْفَظةُ نُقُودي ➢ لا أَجِدُ مِحْفَظَةَ نُقُودي. هَلْ رَآها أَحَدٌ؟

Ü 3: Wohin fährst du *m/f od.* **fahren Sie?**
Wohin fahrt ihr *od.* **fahren Sie?**

التَّمْرِينُ الثّالِث: إِلىٰ أَيْنَ تُسافِرُ / تُسافِرِينَ؟ إِلىٰ أَيْنَ تُسافِرُونَ؟

Suez ➢ Nächste Woche (w. in der Woche ...)
bin ich nicht hier, ich fahre nach Suez.

السُّوَيْس ➢ في ٱلأُسْبوعِ القادِمِ لَسْتُ هُنا، سَأُسافِرُ إِلىٰ ٱلسُّوَيْس.

Sinai ➢ Gestern war ich nicht hier, ich
fuhr in den Sinai, nach Sharm El Sheikh[3].

سِيناءُ ➢ بِٱلأَمْسِ لَمْ أَكُنْ هُنا، سافَرْتُ إِلىٰ سِيناء، إِلىٰ شَرْمِ الشَّيْخ.

Luxor ➢ Letzte Woche fuhr ich
nach Oberägypten, nach Luxor[4].

الأُقْصُر ➢ في ٱلأُسْبوعِ الماضِي سافَرْتُ إِلىٰ مِصْرَ العُلْيا، إِلىٰ ٱلأُقْصُر.

Ü 4: Mein Bruder ist älter als ich,
und meine Schwester ist jünger.

التَّمْرِينُ الرّابِعُ: أَخِي أَكْبَرُ مِنّي، وَأُخْتِي أَصْغَرُ.

älter, 1 Jahr, sein Bruder ➢
Sein Bruder ist (w: um) ein Jahr älter als er.

سَنةٌ (واحِدةٌ)، أَكْبَرُ، أَخُوهُ ➢ أَخُوهُ أَكْبَرُ مِنْهُ بِسَنةٍ (واحِدةٍ).

älter, 2 Jahre, seine Schwester ➢
Seine Schwester ist 2 Jahre älter als er.

سَنَتانِ (اِثنتانِ)، أَكْبَرُ، أُخْتُهُ ➢ أُخْتُه أَكْبَرُ مِنْهُ بِسَنَتَيْنِ (اِثْنَتَيْنِ).

jünger, 3 Jahre, ihr Bruder ➢
Ihr Bruder ist 3 Jahre jünger als sie.

ثَلاثُ سَنَواتٍ، أَصْغَرُ، أَخُوها ➢ أَخُوها أَصْغَرُ مِنْها بِثَلاثِ سَنَواتٍ.

jünger, 10 Jahre, ihre Schwester ➢
Ihre Schwester ist 10 Jahre jünger als sie.

عَشْرُ سَنَواتٍ، أَصْغَرُ، أُخْتُها ➢ أُخْتُها أَصْغَرُ مِنْها بِعَشْرِ سَنَواتٍ.

1 Der volle Name: masğidu maryam ʾumm ʿīsā *Maria-Mutter-Jesu-Moschee* (w: *Moschee [der] Maria [der] Mutter [des] Jesu*), engl. *Mary, Mother of Jesus Mosque* (bis 2017 *Muhammad-Ibn-Zayid-Moschee*, umbenannt als Zeichen der Toleranz). *Maria* (= Mariam) ist, wie *Jesus* (= ʿIsa, vgl. 4.B Anm. 5), bei Muslimen hochverehrt, Sure 19 heißt nach ihr „sūrat maryam".

2 Die Stadt *Assuan* ʾaswān أسوان hat ca. 200 000 Einwohner u. liegt nördlich des Staudamms (Bauzeit 1960-70).

3 Touristenort und Konferenzzentrum, w: šarmun شرم ج شروم *(kleinere) Bucht* – šayḫun شيخ *alter Mann; Scheikh.*

4 *Luxor* (= antikes *Theben*), abgeleitet von: qaṣrun *pl.* ʾuqṣurun (*od.* quṣūrun) *Schloß, Palast* قصر ج أقصر (أو: قصور)

L 9 – Die neuen Wörter (Teil 3) الكَلِماتُ الجَدِيدةُ (القِسْمُ الثّالِثُ)

'ištarā VIII/yaštarī – 'ištaraytu	*kaufen – ich kaufte*	اِشْتَرىٰ/يَشْتَري - اِشْتَرَيْتُ	ğazīratun pl. ğuzurun[1]	*Insel*	جَزِيرةٌ ج جُزُرٌ
bāʿa/yabīʿu – biʿtu	*verkaufen – ich verkaufte*	باعَ/يَبِيعُ - بِعْتُ	qubbatun – saqfun	*Kuppel – Dach; (Zimmer-)Decke*	قُبّةٌ - سَقْفٌ
zubdatun, ḫubzun, ğubnatun	*Butter, Brot, Käse*	زُبْدةٌ، خُبْزٌ، جُبْنةٌ	ṣaḫratun – ḥağarun	*Felsen – Stein*	صَخْرةٌ - حَجَرٌ
simsimun, zaʿtarun, qirfatun	*Sesam, Thymian, Zimt*	سِمْسِمٌ، زَعْتَرٌ، قِرْفةٌ	miṣbāḥun pl. maṣābīḥu	*Lampe; Leuchte*	مِصْباحٌ ج مَصابِيحُ
ḍaḥika/yaḍḥaku	*lachen*	ضَحِكَ / يَضْحَكُ	siḥrun – siḥriyyun	*Zauber – Zauber-; Wunder-*	سِحْرٌ - سِحْرِيٌّ
bakā/yabkī – bakaytu	*weinen – ich weinte*	بَكىٰ / يَبْكِي	liṣṣun pl. luṣūṣun	*Räuber; Dieb; Einbrecher*	لِصٌّ ج لُصُوصٌ
tālin (p: tālī) – šibhu (+ Gen.)	*folgend; nachfolgend – ähnlich wie; quasi; Halb-*	تالٍ - شِبْهُ	qiṣṣatun pl. qiṣaṣun	*Erzählung; Geschichte*	قِصّةٌ ج قِصَصٌ

Übungen zur Aussprache (Teil 1): **z/s/ṣ, ḏ/ṯ – beachten Sie den Unterschied!** تَمارِينُ في ٱلنُّطْقِ (الجُزْءُ الأَوَّلُ): ز/س/ص، ذ/ث – لاحِظُوا الفَرْقَ!

Sesam, Thymian, Zimt: Gestern habe ich Sesam, Thymian und Zimt gekauft. سِمْسِمٌ، زَعْتَرٌ، قِرْفةٌ: بِالأَمْسِ اِشْتَرَيْتُ سِمْسِماً وَزَعْتَراً وَقِرْفةً.

Brot, Butter, Käse: Heute werde ich Brot kaufen, und auch noch Butter u. Käse. خُبْزٌ، زُبْدةٌ، جِبْنةٌ: اليَوْمَ سَأَشْتَرِي خُبْزاً وَكَذٰلِكَ زُبْدةً وَجُبْنةً.

Montag, ich rufe an: Ich werde dich m./f. *Sie vielleicht am Montag anrufen.* يَوْمُ الاِثْنَيْنِ، أَتَّصِلُ: رُبَّما سَأَتَّصِلُ بِكَ/بِكِ في يَوْمِ ٱلاِثْنَيْنِ.

viele Geschichten: Ich kenne viele Geschichten aus 1001 Nacht (w: tausend [der] Nacht und-Nacht). قِصَصٌ كَثِيرةٌ: أَعْرِفُ قِصَصاً كَثِيرةً مِنْ أَلْفِ لَيْلةٍ وَلَيْلة.

Übungen zur Aussprache (Teil 2): **Einige Namen mit schwierigen Konsonanten** تَمارِينُ في ٱلنُّطْقِ (الجُزْءُ الثّانِي): بَعْضُ الأَسْماءِ بِحُرُوفٍ ساكِنة صَعْبة

der Berg Mose[2]: Der Berg Mose liegt in Ägypten, auf der Halbinsel Sinai. جَبَلُ مُوسىٰ: يَقَعُ جَبَلُ مُوسىٰ في مِصْرَ، في شِبْهِ جَزِيرةِ سِيناء.

Al-Azhar: Al-Azhar ist der Name e-r Moschee in Kairo, und auch der Name e-r Universität. الأَزْهَرُ: اَلأَزْهَرُ اِسْمُ جامِعٍ في القاهِرةِ، وَهُوَ أَيْضاً اِسْمُ جامِعةٍ.

die Azhar-Moschee: Die Azhar-Moschee ist die wichtigste Moschee (w: der Moscheen) *in Ägypten.* جامِعُ الأَزْهَر: جامِعُ الأَزْهَر أَهَمُّ المَساجِدِ في مِصْرَ.

die Aqṣā-Moschee: Diese Moschee liegt in Jerusalem, in der Altstadt. المَسْجِدُ الأَقْصىٰ: يَقَعُ هٰذا ٱلمَسْجِدُ في القُدْسِ، في ٱلمَدِينةِ القَدِيمةِ.

der Felsendom[3]: Er liegt auch in Jerusalem, und er wurde im 7. Jh. erbaut. قُبّةُ الصَّخْرةِ: تَقَعُ في ٱلقُدْسِ كَذٰلِكَ، وَقَد بُنِيَتْ في ٱلقَرْنِ السّابِعِ.

1 *pl.* auch: ğazāʾiru جزائر , z.B. 'al-ğazāʾir الجزائر *Algerien; Algier* *w: die Inseln (Name wg. kleiner Felsenriffe vor der Küste)*
2 *Mose* ar. mūsā موسىٰ ist der im Koran meistgenannte Prophet, fast ebenso wichtig ist *Abraham* ar. *Ibrahim* إبراهيم
3 Erbauer: Omayyaden-Kalif *Abdelmalik* عبد المَلِك. Die *Omayyaden* بنو أميّة banū ʾumayya *(w: Söhne des Umayya)* verlegten das Kalifat 661, nach der Ermordung von *Ali* (4. Kalif, reg. 656-61), von *Medina* nach *Damaskus*.

L 9 – Vorletzte Seite: Verschiedenes

الصَّفْحةُ قَبْلَ الأَخِيرةِ: مُتَفَرِّقاتٌ

Was steht (w: [ist] geschrieben) **rechts?**
Tragen Sie links die passende Nr. ein.

ما هُوَ مَكْتُوبٌ في ٱليَمِينِ؟ ضَعْ الرَّقْمَ المُناسِبَ لَهُ في ٱليَسارِ.

١

٢

٣

٤

☐ أَلْفُ لَيْلةٍ وَلَيْلةٌ

☐ عَلِي بابا وَٱللُّصُوص الأَرْبَعُونَ

☐ سِنْدَباد البَحْرِيُّ

☐ عَلاء الدِّين وَٱلمِصْباحُ السِّحْرِيّ

1001 Nacht – Sesam öffne dich[1]:
Markieren Sie die richtige Antwort.

أَلْفُ لَيْلةٍ وَلَيْلةٌ - اِفْتَحْ يا سِمْسِم: ضَعْ إشارةً عَلىٰ الجَوابِ الصَّحِيحِ.

مَنْ مِنْ هٰؤُلاءِ الأَشْخاصِ قالَ «اِفْتَحْ يا سِمْسِم»؟ ☐ عَلِي بابا ☐ عَلاء الدِّين ☐ شَهْرَزاد

Wie lautet das Gegenteil der folgenden Wörter?

ما هُوَ عَكْسُ ٱلكَلِماتِ التّالِيةِ؟

١ مُنْخَفِضٌ ⇔ .... ٢ ⇔ طُولٌ.................. ٣ المَوْتُ ⇔ ....

٤ آكُلُ ⇔ .... ٥ أَبِيعُ ⇔ .... ٦ أَبْكِي ⇔ ....

Was steht auf den Schildern?
Tragen Sie links die Nummer ein.

ما هُوَ المَكْتُوبُ في ٱللّافِتاتِ؟ ضَعْ الرَّقْمَ إلىٰ اليَسارِ.

١
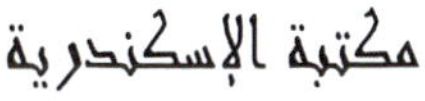

٢

٣

٤
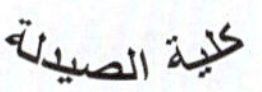

☐ وِزارةُ الصِّحّةِ ☐ كُلِّيّةُ الصَّيْدَلة

☐ مَكْتَبةُ الإسْكَنْدَرِيّة ☐ جامِعةُ الأَزْهَر

Schauen Sie auf die Karte u. ergänzen Sie die Sätze mit den passenden Städtenamen.

أُنْظُرْ إلىٰ الخَرِيطةِ وَأَكْمِلْ الجُمَلَ بِأَسْماءِ المُدُنِ المُناسِبةِ.

١ تَقَعُ مَدِينةُ .... عَلىٰ نَهْرِ النِّيل وَهِيَ عاصِمةُ مِصْر.

٣ تَقَعُ مَدِينةُ .... في شَمالِ مِصْر وَهِيَ مَعْرُوفةٌ بِمَكْتَبَتِها.

٢ تَقَعُ مَدِينةُ .... الصَّغِيرةُ في جَنُوبِ شِبْهِ جَزِيرةِ سِيناء.

٤ تَقَعُ مَدِينةُ .... عَلىٰ قَناةِ السُّوَيس.

1 'iftaḥ yā simsim *w: öffne [dich] oh Sesam* = auch Name der *arab.* Adaptation der amerikan. Fernsehserie *„Sesamstraße“.*

L 9 – Letzte Seite: Wiederholung — الصَّفْحةُ الأَخِيرةُ: مُراجَعةٌ

Noch einmal:
Der Lektionstext – aber *ohne* Vokalisierung
مَرَّةً أُخْرىٰ: نَصُّ الدَّرْسِ – وَلٰكِنْ بِدُونِ تَشْكِيلٍ

الدرس التاسع: مصر – هبة النيل (هيرودوت) – الإسكندرية – عروس البحر – نترك الآن بيتر ماير وننتقل إلى عائلة ألمانية مصرية تزور مصر حاليّا. تتألّف العائلة من ٤ أشخاص: الأب والأم وبنت وولد. أما الأب فهو مصري واسمه فهمي. لقد ولد ونشأ في الإسكندرية وهي المدينة التي أسّسها الإسكندر الأكبر عام ٣٣١ ق.م. الإسكندرية مشهورة بمنارتها وأيضاً بمكتبتها التي بنيت من جديد عام ٢٠٠٢. درس فهمي في كلّية الهندسة أوّلاً، ثمّ انتقل إلى كلّية الطبّ، وبعد تخرجه تابع دراسته في ألمانيا حيث تعرّف على زوجته كريستا. حاليّاً يعمل في مستشفىٰ كبير طبيباً للأطفال. أما كريستا فتعمل ممرّضة في عيادة للأطفال. العائلة كلّها في الإسكندرية منذ أسبوع حيث ما زال يعيش أمّ فهمي وأخته فاطمة وبعض أقربائه. أمّا أبوه فتوفّي قبل ثلاث سنوات.

القاهرة – مدينة الملايين – يريد فهمي وعائلته أن يزوروا القاهرة أيضا حيث يسكن أخوه أحمد مع زوجته وأولاده الثلاثة. بيت أحمد قريب من المدرسة الألمانيّة وليس بعيداً عن نهر النيل. بدأ أحمد دراسته في جامعة الأزهر، في كلّية الصيدلة. بالمناسبة: جامعة الأزهر هي من أقدم الجامعات في العالم إذ أسّست في القرن العاشر الميلاديّ. ثمّ انتقل أحمد إلىٰ الجامعة الأمريكية التي أسّست عام ١٩١٩. وبعد تخرّجه منها حصل على منحة لمتابعة دراسته في الولايات المتحّدة. الآن هو موظّف في وزارة الصحّة والسكّان. أمّا زوجته فاسمها ماري. هي من أصل سويسري وتعرّفت على أحمد في أمريكا. تعمل حاليّاً في مكتب للترجمة إذ أنّها تجيد الإنكليزِيّة والفرنسِيّة إلىٰ جانب الألمانيّة لغتها الأمّ. تحبّ الحياة في القاهرة ولكنّ العربيّة ما زالت صعبة عليها، خاصّةً في النطق والقراءة.

Vier Fragen zum Lektionstext — أَرْبَعَةُ أَسْئِلةٍ حَوْلَ نَصِّ الدَّرْسِ

1. Was ist Christa von Beruf?
2. Arbeitet sie in einem Krankenhaus oder in einer Praxis?
3. Wo arbeitet Fahmis Bruder?
4. Mag seine Frau das Leben in Kairo?

١ ما هِيَ مِهْنةُ كريستا؟ ٢ هَلْ تَعْمَلُ في مُسْتَشْفىٰ أَوْ في عِيادةٍ؟
٣ أَيْنَ يَعْمَلُ أَخُو فَهْمِي؟ ٤ هَلْ تُحِبُّ زَوْجَتُهُ الحَياةَ في ٱلقاهِرةِ؟

Zum Auswendiglernen:
Gängige Redewendungen und bekannte Sprichwörter
لِلْحِفْظِ: عِباراتٌ شائِعةٌ وَأَمثالٌ سائِرةٌ

„*Wie man in den Wald hineinruft, so schallt es heraus*“ ist die sinngemäße Bedeutung von „'iḍḥak taḍḥak la-ka 'ad-dunyā“ *w: Lache! – [dann] sie lacht für-dich die-Welt.* – Zur grammatischen Struktur: Folgt nach einem *Imperativ* (hier: 'iḍḥak! *lache!*) der *Apokopat* (hier: taḍḥak), so entspricht das dem dt. Satzmuster *„wenn ... dann“*, wie z.B. auch bei dem Bibelspruch: 'uṭlubū tağidū *Suchet, so werdet ihr finden!* *(Matth. 7:7, Lukas 11:9)* أُطْلُبُوا تَجِدُوا! .

اضحك، تضحك لك الدنيا — *Lache, so lacht dir die Welt* — اِضْحَكْ، تَضْحَكْ لَكَ الدُّنْيا

Hier machen wir Schluß. Danke und auf Wiedersehen! – Auf Wiedersehen in der 10. Lektion! – Lebt wohl!

إِلىٰ هُنا وَنَنْتَهِي. شُكْراً وَإِلىٰ ٱللِّقاءِ! – إِلىٰ ٱللِّقاءِ في ٱلدَّرْسِ العّاشِرِ! – مَعَ ٱلسَّلامةِ!

10. Lektion

الدّرس العاشر

'ad-dars(u) 'al-ʿāšir(u)
die-Lektion die-zehnte

Herzlich willkommen!
Herzlich willkommen in der 10. Lektion!

أَهْلاً وَسَهْلاً! أَهْلاً وَسَهْلاً بِكُمْ فِي ٱلدَّرْسِ العاشِرِ!

Die neuen Wörter (Teil 1)

الكَلِماتُ الجَدِيدةُ (القِسْمُ الأَوَّلُ)

hadiyyatun *pl.* hadāyā	*Geschenk*	هَدِيَّةٌ ج هَدايا	ḫilāfatun – ʾumawiyyun	*Kalifat – omayyadisch*[1]	خِلافةٌ - أُمَوِيٌّ
tamma/ yatimmu	*zustandekommen; vor sich gehen; erfolgen*	تَمَّ / يَتِمُّ	ʿuṯmāniyyun – ʾandalusiyyun	*osmanisch*[2] *– andalusisch*	عُثْمانِيٌّ - أَنْدَلُسِيٌّ
malakiyyun – rasmiyyun	*königlich – offiziell; amtlich*	مَلَكِيٌّ - رَسْمِيٌّ	ʾuslūbun *pl.* ʾasālību	*Stil; Methode; Verfahrensweise*	أُسْلُوبٌ ج أَسالِيبُ
muǧāwirun – muḥīṭun	*benachbart – umgebend; Ozean*	مُجاوِرٌ - مُحِيطٌ	hākaḏā – wa- hākaḏā	*wie dieses; so – und so weiter od. fort*	هٰكَذا - وَهٰكَذا
mutawassiṭun	*mittlerer, Mittel-; durchschnittlich; Durchschnitt*	مُتَوَسِّط	dīniyyun ⇔ madaniyyun	*religiös; Religions- ⇔ weltlich; profan; Zivil-*	دِينِيٌّ ⇔ مَدَنِيٌّ
raʾsun *pl.* ruʾūsun	*Kopf; Haupt; Spitze; Kap*	رَأْسٌ ج رُؤُوس	muršidun *pl.* -ūna	*Leiter; Führer; Instrukteur; Lotse*	مُرْشِدٌ ج ونَ
šakkala II/ yušakkilu	*bilden; formen; gestalten*	شَكَّلَ / يُشَكِّلُ	maǧmūʿatun *pl.* -ātun	*Gruppe; Sammlung (z.B. Münzen)*	مَجْمُوعةٌ ج اتٌ
ḥaddun *pl.* ḥudūdun	*Grenze; Begrenzung*	حَدٌّ ج حُدُودٌ	bināʾun *pl.* ʾabniyatun	*Gebäude; Bau*	بِناءٌ ج أَبْنِيةٌ
ḫalīǧun *pl.* ḫulǧānun	*Meeresbucht; Golf*	خَلِيجٌ ج خُلْجانٌ	burǧun *pl.* ʾabrāǧun	*Turm; Sternbild; Sternzeichen*	بُرْجٌ ج أَبْراجٌ
mīnāʾun *pl.* mawāniʾu	*Hafen; Hafenstadt*	مِيناءٌ ج مَوانِئُ	miʾḏanatun *pl.* maʾāḏinu	*Minarett*	مِئْذَنةٌ ج مَآذِنُ
yūǧadu/ tūǧadu	*es gibt (w: er/sie wird gefunden)*	يُوجَدُ / تُوجَدُ	ʾaḏānun – muʾaḏḏinun	*Gebetsruf – Gebetsrufer; Muezzin*	أَذانٌ - مُؤَذِّنٌ ج ونَ
sāʾiḥun *pl.* suyyāḥun	*Tourist*	سائِحٌ ج سُيّاحٌ	mustadīrun ⇔ murabbaʿun	*rund; kreisförmig ⇔ viereckig; quadratisch*	مُسْتَدِيرٌ ⇔ مُرَبَّعٌ
siyāḥatun – siyāḥiyyun	*Tourismus – touristisch*	سِياحةٌ - سِياحِيٌّ	miṣʿadun *pl.* maṣāʿidu	*Aufzug; Lift*	مِصْعَدٌ ج مَصاعِدُ
faqīrun ⇔ ġaniyyun	*arm; Armer ⇔ reich; Reicher*	فَقِيرٌ ⇔ غَنِيٌّ	'ittasaʿa VIII/ yattasiʿu	*groß od. weit genug sein; ausreichen*	اِتَّسَعَ / يَتَّسِعُ
maʿlamun *pl.* maʿālimu	*Sehenswürdigkeit; Wahrzeichen*	مَعْلَمٌ ج مَعالِمُ	rasūlun *pl.* rusulun	*Bote; Gesandter; Apostel (christl.)*	رَسُولٌ ج رُسُلٌ

1 Den vier rechtgeleiteten Kalifen (siehe Anm. 2) folgten die *Omayyaden* (banū ʾumayya بنو أميّة, 661-750) mit Sitz in *Damaskus*, danach die *Abbasiden* (banū ʿabbās بنو عبّاس, 750-1258), die 762 die Stadt *Bagdad* gründeten.

2 Bezieht sich auf *Osman* (ar. ʿuṯmān عُثمان), den Begründer des *Osman. Reiches*, das 1299 entstand u. 1923 endete. Der gleichnamige *ʿUṯmān* عُثمان hingegen regierte als *dritter* der *vier „Rechtgeleiteten Kalifen"* ('al-ḫulafāʾ 'ar-rāšidūn الخلفاء الرّاشدون) von 644-56 – nach *Abū Bakr* (reg. 632-34) u. *Omar* (reg. 634-44) und vor *Ali* (reg. 656-61).

L 10: Meere – Meerengen – Inseln الدَّرْسُ العاشر: بِحارٌ – مَضائِقُ – جُزُرٌ

'al-baḥru 'al-ˀaswadu, 'al-baḥru 'al-ˀaḥmar(u), 'al-baḥru 'al-mayyit(u)	*Schwarzes Meer, Rotes Meer, Totes Meer*	البَحْرُ الأَسْوَدُ، البَحْرُ الأحْمَرُ، البَحْرُ المَيِّتُ
'al-baḥru 'al-ˀabyaḍu 'al-mutawassiṭ(u) ˀaw: 'al-baḥru 'al-mutawassiṭ(u)	*Mittelmeer (w: das Meer das-weiße das-mittlere)*	البَحْرُ الأَبْيَضُ المُتَوَسِّطُ أَوْ: البَحْرُ المُتَوَسِّطُ
ğabalu ṭāriq[1] – maḍīqu ğabali ṭāriq	*Gibraltar (w: Berg [des] Tariq)[1] – Straße (w: Meerenge) von Gibraltar*	جَبَلُ طارِق – مَضِيقُ جَبَلِ طارِق
maḍīqu hormuz – bābu 'al-mandab(i)[2]	*Straße (w: Meerenge) von Hormuz – Bab el Mandeb[2]*	مَضِيقُ هُرْمُز – بابُ المَندَبِ
'al-ḫalīğu 'al-ʿarabiyyu, ḫalīğu ʿumān, ḫalīğu ʿadan	*Persischer (w: arab.) Golf, Golf v. Oman, Golf v. Aden*	الخَلِيجُ العَرَبِيّ، خَلِيجُ عُمان، خليجُ عَدَن
raˀsu horn, raˀsu ˀar-rağāˀi 'aṣ-ṣāliḥ(i)	*Kap Horn, Kap der Guten Hoffnung (w: der frommen Bitte)*	رَأْسُ هورْن، رَأْسُ الرَّجاءِ الصَّالِحِ
ğazīratu suquṭrā – ğuzuru 'al-qamar(i)	*Insel Sokotra – Komoren (w: Inseln des Mondes)*	جَزِيرةُ سُقُطْرىٰ – جُزُرُ القَمَرِ
madaġašqar – zanğabār – mālṭā – ṣiqilliyyā	*Madagaskar – Sansibar – Malta – Sizilien*	مَدَغَشْقَر – زَنْجَبار – مالْطا – صِقِلِّيا
'al-muḥīṭu 'al-ˀaṭlasī[3] – 'al-muḥīṭu 'al-hindī	*Atlantischer Ozean – Indischer Ozean*	المُحِيطُ الأَطْلَسِي – المُحِيط الهِنْدِي

Lektionstext 10 – Übersetzung: Im Norden Afrikas (Teil 1)

Marokko (w:das Westland das äußerste), Teil des Maghrebs (w:des Westlandes des-arabischen)
In dieser Lektion nehmen wir Sie mit ins „Westland" (= Kurzform für „Marokko") od. genauer gesagt (w: in-Art genauerer) ins „Äußerste Westland" (= „Marokko"), wie der volle Name dieses Landes lautet. Sein offizieller Name aber (w: was betrifft ...) ist „Königreich Marokko" (das-Königreich das-marokkanische). Marokko liegt im äußersten Nordwesten Afrikas, u. es ist Teil des Maghrebs (w: des „arab. Westlandes"). Es hat nur zwei Nachbarstaaten: Mauretanien im Süden u. Algerien im Osten. Im Norden aber (w: was betrifft im N.) finden wir das Meer, genauer gesagt: das Mittelmeer. Dort ist auch die Straße (w: Meerenge) von Gibraltar, die die Grenze (w: die Grenzen) zwischen Mittelmeer und Atlantischem Ozean bildet. Die wichtigsten Häfen in Marokko sind: Tanger, Casablanca (w: das-Haus das-weiße) und – last but not least – Agadir.

Viele Sehenswürdigkeiten – viele Touristen – Marokko ist reich an wundervollen touristischen Sehenswürdigkeiten, darunter (w: u.-von-ihnen) sind z.B. die bekannten Sehenswürdigkeiten in den vier Königsstädten, nämlich Rabat, Meknes, Fes und Marrakesch. In Casablanca aber (w: was betrifft Casablanca, so) gibt es eine berühmte religiöse Sehenswürdigkeit, und zwar (w: u.-es [ist]) die Hassan II.-Moschee, wie ihr offizieller Name lautet. Diese Moschee wurde Ende des letzten Jahrhunderts erbaut, u. sie gehört zu (w: ist von) den größten Moscheen der Welt. Wir wollen (w: auf daß wir) uns nun dorthin begeben u. einem der Touristenführer zuhören, der gerade (w: u. er) einer Gruppe deutscher Touristen auf deutsch erklärt, wie der Bau dieser Moschee vor sich ging: „Vor sich sehen Sie die größte Moschee Afrikas, (w: u.-sie [ist]) ein Geschenk Hassan II. an sein Volk. Das Minarett ist sogar das höchste in der ganzen Welt, es ist im (w: gemäß dem) andalusischen Stil erbaut, d.h. in viereckiger Form (w: d.h. daß-es [ist] viereckig der-Form [nach]) – im Gegensatz zum osmanischen Stil, den wir beispielsweise in der Türkei finden." Der Führer fährt mit seiner Erklärung folgendermaßen (w: so) fort: „In diesem Minarett gibt es einen Aufzug für 12 Personen, der in weniger als einer Minute oben ankommt (w: (w: [ist] ein Aufzug er reicht aus für 12 Pers. und-er erreicht oberstes-sein in weniger als...), und ... " In diesem Moment ist der Gebetsruf zu hören (w: wird gehört der Gebetsruf), seine ersten Worte lauten: Gott ist groß (4 x)! Es gibt keinen Gott außer Gott, und Mohammed ist sein Gesandter ... (= muslim. Glaubensbekenntnis)

1 *w: Berg des Ṭāriq*, d.h. des Ṭāriq ibn Ziyād (gest. 780), muslim. Heerführer, leitete 711 die Eroberung der Iberischen Halbinsel ein. Ursprünglich sprach man ج wie „g" aus, d.h. „gabal ṭāriq", daraus wurde: *„Gibraltar"*.
2 *w: Tor der Totenklage*. Der Name bezieht sich auf die Gefährdung durch Riffe, Strömungen sowie Piraterie.
3 Ebenso, aber seltener verwendet wird: 'al-muḥīṭu 'al-ˀaṭlanṭī المُحيط الأطلَنطي *Atlantischer Ozean.*

L 10 – Im Norden Afrikas (Teil 1) الدَّرْسُ العاشِر: في شَمالِ اِفْريقِيا (القِسْمُ الأَوَّل)

Marokko – Teil des Maghrebs
المَغْرِبُ الأَقْصىٰ – جُزْءٌ مِنَ ٱلمَغرِبِ العَرَبِيّ

الدار البيضاء: الميناء

في هٰذا ٱلدَّرْسِ نَأْخُذُكُمْ إلىٰ ٱلمَغْرِبِ أَوْ بِشَكْلٍ أَدَقَّ إلىٰ ٱلمَغْرِبِ الأَقْصىٰ كَما هُوَ الاِسْمُ الكامِلُ لِهٰذا ٱلبَلَدِ. أَمّا اِسْمُهُ الرَّسمِيُّ فَهُوَ المَمْلَكَةُ المَغْرِبِيَّةُ. يَقَعُ المَغْرِبُ في أَقْصىٰ شَمالِ غَرْبِ اِفْريقِيا وَهُوَ جُزْءٌ مِنَ ٱلمَغْرِبِ العَرَبِيّ. لَهُ دَوْلَتانِ مُجاوِرَتانِ فَقَطْ وَهُما موريتانيا في ٱلجَنُوبِ وَٱلجَزائِرُ في ٱلشَّرْقِ.

أَمّا في ٱلشَّمالِ فَنَجِدُ البَحْرَ أَوْ بِشَكْلٍ أَدَقَّ البَحْرَ الأَبْيَضَ المُتَوَسِّطَ. وَهُناكَ كَذٰلِكَ مَضيقُ جَبَلِ طارِقِ الَّذي يُشَكِّلُ الحُدُودَ بَيْنَ ٱلبَحرِ الأَبيَضِ المُتَوَسِّطِ وَٱلمُحيطِ الأَطْلَسِي. أَهَمُّ المَوانِئُ في ٱلمَغْرِبِ: هِيَ ميناءِ طَنْجة وَميناءِ الدّارِ البَيْضاء[1] وَأَخيراً وَلَيْسَ آخِراً ميناءُ أَكادير[2] (أو: أَغادير).

Viele Sehenswürdigkeiten – viele Touristen
مَعالِمُ كَثيرةٌ – سُيّاحٌ كَثيرُونَ

مَسْجِدُ الحَسَنِ الثّاني

المَغْرِبُ الأَقْصىٰ غَنِيٌّ بِمَعالِمَ سِياحِيَّةٍ رائِعةٍ وَمِنْها مَثَلاً المَعالِمُ المَعْرُوفَةُ في ٱلمُدُنِ المَلَكِيَّةِ الأَرْبَعِ أَيْ الرِّباطِ وَمِكْناس وَفاس وَمَرّاكِش. أَمّا الدّارُ البَيْضاء فَيُوجَدُ فِيها مَعْلَمٌ دِينِيٌّ مَشْهُورٌ وَهُوَ مَسْجِدُ الحَسَنِ الثّاني كَما هُوِ اِسْمُهُ الرَّسْمِيُّ. بُنِيَ هٰذا ٱلمَسجِدُ في نِهايةِ القَرْنِ الماضِي وَهُوَ مِنْ أَكْبَرِ المَساجِدِ في ٱلعالَمِ. لِنَنْتَقِلْ الآنَ إلىٰ هُناكَ وَلِنَستَمِعْ إلى أَحَدِ المُرْشِدِينَ السِّياحِيِّينَ وَهُوَ يَشْرَحُ بِٱلأَلْمانِيّةِ لِمَجْمُوعَةٍ مِنْ السُّيّاحِ الأَلْمانِ كَيْفَ تَمَّ بِناءُ هٰذا ٱلمَسْجِدِ. «تَرَوْنَ أَمامَكُمْ أَكبَرَ مَسْجِدٍ في إفْريقِيا وَهُوَ هَدِيَّةٌ مِنَ ٱلمَلِكِ الحَسَنِ الثّاني لِشَعْبِهِ. أَمّا المِئْذَنةُ فَهِيَ أَعْلىٰ مِئْذَنةٍ في ٱلعالَمِ وَقَدْ بُنِيَتْ عَلىٰ ٱلأُسْلُوبِ الأَنْدَلُسِيِّ أَيْ أَنَّها مُرَبَّعةُ الشَّكْلِ – بِعَكْسِ الأُسْلُوبِ العُثْمانِيِّ اَلَّذِي نَجِدُهُ في تُرْكِيا مَثَلاً.» يُتابِعُ المُرْشِدُ شَرْحَهُ هٰكَذا: «يُوجَدُ في هٰذِهِ ٱلمِئْذَنةِ مِصْعَدٌ يَتَّسِعُ لِاثْنَيْ عَشَرَ شَخْصاً وَيَصِلُ المِصْعَدُ إلىٰ أَعْلاها في أَقَلَّ مِنْ دَقِيقةٍ وَ... » – في هٰذِهِ ٱللَّحْظةِ يُسْمَعُ الأَذانُ وَكَلِماتُهُ الأُولىٰ هِيَ: اَللهُ أَكْبَر (أَرْبَعَ مَرّاتٍ)! لا إلٰهَ إلّا ٱللهُ وَمُحَمَّدٌ رَسُولُ ٱللهِ ...

1 'ad-dār(u) 'al-bayḍā'(u) w: *das-Haus das-weiße* – vgl. 'al-bayt(u) 'al-'abyaḍ(u) *das Weiße Haus (USA)* البَيْتُ الأَبْيَض
2 ك spricht man hier wie dt. *g* aus, genauso wie z.B. سيكارة sīgāra *Zigarette* – Näheres dazu in Anm. 2 (S. 138).

L 10 – Grammatik und Sprache اَلدَّرْسُ العاشِرُ – القَواعِدُ وَٱللُّغةُ

§ 1. Verben, deren Wurzel Hamza (ء) enthält

Beachten Sie die – je nach *Position* und *lautlicher Umgebung* – **veränderliche Schreibweise** des Hamza.

Tafel: badaʾa/yabdaʾu *anfangen; beginnen* – Präsens بَدَأَ/يَبْدَأُ

ʾabdaʾu	*ich beginne*	أَبْدَأُ
tabdaʾu	*du m. beginnst*	تَبْدَأُ
tabdaʾīna	*du f. beginnst*	تَبْدَئِينَ
yabdaʾu	*er beginnt*	يَبْدَأُ
tabdaʾu	*sie beginnt*	تَبْدَأُ

nabdaʾu	*wir beginnen*	نَبْدَأُ
tabdaʾūna	*ihr m. beginnt*	تَبْدَؤُونَ
tabdaʾna	*ihr f. beginnt*	تَبْدَأْنَ
yabdaʾūna	*sie m. beginnen*	يَبْدَؤُونَ
yabdaʾna	*sie f. beginnen*	يَبْدَأْنَ

Imperativ:
'ibdaʾ/'ibdaʾī!
fang an m/f! اِبْدَأْ/اِبدَئِي!

tabdaʾāni	*ihr (2) beginnt*	تَبْدَآنِ
yabdaʾāni	*sie (2) m. beginnen*	يَبْدَآنِ
tabdaʾāni	*sie (2) f. beginnen*	تَبْدَآنِ

Beginnt *und* endet eine Silbe mit Hamza, wird sie *gedehnt*, z.B. ʾākulu (aus: ʾaʾkulu =1. P. Sg. Präsens) *ich esse*. Bei Grundverben mit Wk 1 = Hamza fällt im *Imperativ* die *1. Silbe* weg, z.B. kul! (aus: ʾuʾkul!) *iß!*

ʾakala/yaʾkulu I ⇨ ʾākulu – kul/kulī! – kulū!	*essen* ⇨ *ich esse – iß m./f.! eßt!*	أَكَلَ/يَأْكُلُ ⇦ آكُلُ – كُلْ/كُلِي! كُلُوا!
ʾaḫaḏa/yaʾḫuḏu I ⇨ ʾāḫuḏu – ḫuḏ/ḫuḏī! – ḫuḏū!	*nehmen* ⇨ *ich nehme – nimm m./f.! nehmt!*	أَخَذَ/يَأْخُذُ ⇦ آخُذُ – خُذْ/خُذِي! خُذُوا!

Die Stämme II – X sind weitgehend regelmäßig, z.B. ʾāḫaḏa/ yuʾāḫiḏu III *etw. übelnehmen* – lā tuʾāḫiḏ-nī/lā tuʾāḫiḏī-nī! *Nimm es mir nicht übel m./f.! Sei mir nicht böse m./f.!* Im VIII. Stamm wird das Hamza assimiliert, z.B. 'ittaḫaḏa/yattaḫiḏu VIII (aus: 'iʾtaḫaḏa/yaʾtaḫiḏu) *annehmen (z.B. Kind; Namen)*

آخَذَ / يُؤاخِذُ – لا تُؤاخِذْني /
لا تُؤاخِذِيني! – اِتَّخَذَ / يَتَّخِذُ

§ 2. Farb-Adjektive

Grundfarben haben das Bildemuster ʾabdalu[1]/badlāʾu *pl.* budlun

ʾabyaḍu/bayḍāʾu *pl.* bīḍun	*weiß*	أَبْيَضُ/بَيْضاءُ ج بِيضٌ	ʾaswadu/sawdāʾu *pl.* sūdun	*schwarz*	أَسْوَدُ/سَوْداءُ ج سُودٌ
ʾaṣfaru/ṣafrāʾu *pl.* ṣufrun	*gelb*	أَصْفَرُ/صَفْراءُ ج صُفْرٌ	ʾazraqu/zarqāʾu *pl.* zurqun	*blau*	أَزْرَقُ/زَرْقاءُ ج زُرْقٌ
ʾaḫḍaru/ḫaḍrāʾu *pl.* ḫuḍrun	*grün*	أَخْضَرُ/خَضْراءُ ج خُضْرٌ	ʾaḥmaru/ḥamrāʾu *pl.* ḥumrun	*rot*	أَحْمَرُ/حَمْراءُ ج حُمْرٌ

Farbwörter werden oft auch im übertragenen Sinn gebraucht, z.B. 'al-ḥumr(u) *die Roten (auch politisch); die Indianer (vgl. „Rothäute")* – 'as-sūd(u) *die Schwarzen,* 'as-sūdān(u) *Sudan (w: „Schwarzenland").* الحُمْرُ – السُّودُ، السُّودانُ – أَطْرَشُ
Auch *körperliche* Besonderheiten folgen meist dem Muster „ʾabdalu/badlāʾu", z.B. ʾaṭrašu *taub*[2].

1 Die *mask.* Form der *Grundfarben* ist also genauso gebildet wie die mask. *Steigerungsform* (= *Elativ*, vgl. L9 §3).
2 'al-ʾaṭraš *„der Taube"* = Nachname des berühmten arab. Sängers *Farīd Al-Aṭrache* (1915-74) فريد الأطرش.

§ 3. Passiv

Im Passiv ändert sich nur die **Vokalisierung**, im **Perfekt Passiv** ist die **Vokalfolge „u-i"**, z.B. fahima *er verstand* ⇨ fuhima *er wurde verstanden* – kataba *er schrieb* ⇨ kutiba *er wurde geschrieben*. Im **Präsens Passiv** lautet die **Vokalfolge „u-a"**, z.B. yafhamu *er versteht* ⇨ yufhamu *er wird verstanden* – yaktubu *er schreibt* ⇨ yuktabu *er wird geschrieben.*

فَهِمَ ⇦ فُهِمَ - كَتَبَ ⇦ كُتِبَ

يَفْهَمُ ⇦ يُفْهَمُ - يَكْتُبُ ⇦ يُكْتَبُ

kutiba hāḏa ‿l-kitābu fi ‿l-qarni 'at-tāsiʿi ʿašar(i).	*Dieses Buch wurde im 19. Jh. geschrieben.*	كُتِبَ هٰذا ٱلْكِتابُ فِي ٱلْقَرْنِ التاسِعَ عَشَرِ.
kutibat hāḏihi ‿l-qaṣīdatu fi ‿l-qarni 'al-ʿišrīn(a).	*Dieses Gedicht wurde im 20. Jh. geschrieben.*	كُتِبَتْ هٰذِهِ ٱلْقَصِيدةُ فِي ٱلْقَرْنِ العِشْرِينَ.

Auch bei den **Stämmen II - X** verändert sich im **Passiv** nur die **Vokalisierung**, z.B. 'istaʿmala (X. Stamm) *er benutzte* ⇨ 'ustuʿmila *er wurde benutzt* – yastaʿmilu *er benutzt* ⇨ yustaʿmalu *er wird benutzt.*

اِسْتَعْمَلَ ⇦ أُسْتُعْمِلَ

يَسْتَعْمِلُ ⇦ يُسْتَعْمَلُ

Passivformen benutzt man meist nur dann, wenn der „Täter" nicht genannt ist, z.B. hāḏā lā yufhamu. *Das wird nicht verstanden.* od. *Das ist nicht zu verstehen.*

هذا لا يُفْهَمُ.

§ 4. Partizipien

Für **Grundverben** lautet das Bildemuster bādilun (= Aktivpartizip) bzw. mabdūlun (= Passivpartizip), z.B. kātibun *schreibend* ⇨ maktūbun *geschrieben*. Partizipien gebraucht man oft auch noch **adjektivisch** oder **substantivisch**, z.B. mawǧūdun *vorhanden (w: gefunden)*, masʾūlun *verantwortlich; Verantwortlicher (w: gefragt)*. Bei **hohlen Grundverben** (L6 §2) fügt man **Hamza** ein, z.B. nāʾimun *schlafend*, qāʾilun *redend*, kāʾinun *seiend; existent; Lebewesen; Geschöpf.* Alle **Partizipien** der **Stämme II – X** beginnen mit **„mu-"**, z.B. mustaʿmilun (X. Stamm) *benutzend* ⇨ mustaʿmalun *benutzt* (vgl. Übersicht im Anhang). Das **Aktiv-Partizip** dient oft dazu, eine Handlung in ihrem *Verlauf* darzustellen.

كاتِبٌ ⇦ مَكْتُوبٌ

مَوْجُودٌ - مَسْؤُولٌ

نائِمٌ، قائِلٌ، كائِنٌ

مُسْتَعْمِلٌ ⇦ مُسْتَعْمَلٌ

hal huwa kātibun? hal hiya kātibatun?	*Schreibt er/sie gerade?* *(w: ? er/sie [ist] schreibend)*	هَلْ هُوَ كاتِبٌ؟ / هَلْ هِيَ كاتِبةٌ؟
hal huwa nāʾimun? hal hiya nāʾimatun?	*Schläft er/sie gerade?* *(w: ? er/sie [ist] schlafend)*	هَلْ هُوَ نائِمٌ؟ / هَلْ هِيَ نائِمةٌ؟

§ 5. Deklination der Wörter auf -in (Endung ist entstanden aus: -iyun)

Die Abweichungen sind dadurch bedingt, daß der *3. Wurzelkonsonant* /y/ ist (vgl. L5 §2). **Pausal** spricht man die Endung -in wie **-ī** (ohne ي!). Beim Hinzusetzen von **„'al"** od. eines **Genitivs** fügt man ي an, z.B. ṯānin *p:* ṯānī *(ein) zweiter* ⇨ 'aṯ-ṯānī *der zweite*, wādin *Wadi* ⇨ 'al-wādī *das Wadi*, wādi ‿l-mulūk(i)[1] *das Tal der Könige*.

ثانٍ ⇦ الثّانِي

وادٍ ⇦ الوادِي، وادِي المُلُوك

Tafel: Wörter mit der Endung -in

		(ein) Wadi			*das Wadi*		*das Tal der Könige*	
N	-in p: -ī	wādin p: wādī	وادٍ	-ī	'al-wādī	الوادِي	wādī 'al-mulūk(i) gebunden: wādi ‿l-mulūk(i)	وادِي ٱلْمُلُوكِ
G	-in p: -ī	wādin p: wādī	وادٍ	-ī	'al-wādī	الوادِي	wādī 'al-mulūk(i) gebunden: wādi ‿l-mulūk(i)	وادِي ٱلْمُلُوكِ
A	-iyan	wādiyan	وادِياً	-iya p: -ī	'al-wādiya p: 'al-wādī	الوادِيَ	wādī 'al-mulūk(i) gebunden: wādiya ‿l-mulūk(i)	وادِيَ ٱلْمُلُوكِ

1 Da Gen.-Verbindungen als nicht so eng zusammengehörig empfunden werden, kann die Bindung auch fehlen.

L 10 – Die neuen Wörter (Teil 2) الكَلِماتُ الجَدِيدةُ (القِسْمُ الثّانِي)

'istaˁmala X/ yastaˁmilu	*benutzen; verwenden*	اِسْتَعْمَلَ / يَسْتَعْمِلُ	hiğratun – hiğriyyun	*Auswanderung – Hidschra-[Jahr]* [1]	هِجْرةٌ – هِجْرِيٌّ
naṭaqa/ yanṭuqu	*aussprechen; artikulieren*	نَطَقَ / يَنْطُقُ	bi-l-ˀaḫrā	*besser gesagt; vielmehr; beziehungsweise (bzw.)*	بِٱلأَحْرىٰ
qaṣīdatun *pl.* qaṣāˁidu	*Gedicht*	قَصِيدةٌ ج قَصائِدُ	lawnun *pl.* ˀalwānun	*Farbe; Art, Sorte*	لَوْنٌ ج أَلْوانٌ
qāˀidun *pl.* qādatun	*Führer, Anführer*	قائِدٌ ج قادةٌ	'istaṭāˁa X/ yastaṭīˁu	*imstande sein; können* (als Fähigkeit)	اِسْتَطاعَ / يَسْتَطِيعُ
ˁaskarun – ˁaskariyyun	*Militär – militärisch*	عَسْكَرٌ – عَسْكَرِيٌّ	manṭiqun – manṭiqiyyun	*Logik – logisch; vernünftig*	مَنْطِقٌ – مَنْطِقِيٌّ
taḥta ˀimrati (+ Gen.)	*unter dem Befehl/ Kommando von ...*	تَحْتَ إِمْرةِ ...	balā ⇔ kallā	*gewiß! aber ja! doch! ⇔ keineswegs! absolut nicht!*	بَلىٰ ⇔ كَلّا
sammā II/ yusammī	*nennen; benennen; e-n Namen geben*	سَمّىٰ / يُسَمِّي	musāfirun *pl.* -ūna	*reisend; verreist; Reisender*	مُسافِرٌ ج ونَ

Wer ist Ṭāriq ibn Ziyād?

Ṭāriq ibn Ziyād[1] war ein muslim. Feldherr, u. unter seinem Befehl wurde die Iberische Halbinsel oder Andalusien, wie die Araber sie nennen, erobert. – Wann war das? Ich meine, in welchem Jahr? – Das war im Jahr 711 n.Chr. bzw. (w: oder) 92 H (Hidschri)[2]. Übrigens: Der Name „Gibraltar" ist arab. Herkunft, denn der erste Teil von „Gibraltar" ist „ğabal" bzw. (w: oder besser gesagt) „gabal"[3], wie dieses Wort damals (w: in jener Zeit) ausgesprochen wurde. Und der zweite Teil von „Gibraltar" ist „tar", und das ist der Anfang des Namens Ṭāriq ibn Ziyād.

مَنْ هُوَ طارِق بْنُ[1] زِياد؟

كانَ طارِقُ بْنُ زِياد قائِداً عَسْكَرِيّاً مُسْلِماً وَتَحْتَ إِمْرَتِهِ فُتِحَتْ شِبْهُ الجَزِيرةِ الإِيبِيرِيّةِ أَوْ الأَنْدَلُس كَما كانَ يُسَمِّيها ٱلعَرَبِ.
– مَتىٰ كانَ ذٰلِكَ؟ أَعْنِي فِي أَيّةِ سَنةٍ؟ – كانَ ذٰلِكَ عامَ ٧١١ م (سَبْعِمِئةٍ وَأَحَدَ عَشَر مِيلادِيّاً) أَوْ عامَ ٩٢ هـ (اِثْنَينِ وتِسْعِينَ هِجْرِيّاً). بِٱلمُناسَبةِ: اِسْمُ «جِبْرَلْتار» أَصْلُهُ عَرَبِيٌّ فَٱلجُزْءُ الأَوَّلُ لـ«جِبرَلْتار» هُوَ «جَبَل» أَوْ بِٱلأَحْرىٰ «جَبَل»[3] كَما كانَتْ تُنْطَقُ هٰذِهِ ٱلكَلِمةُ فِي ذٰلِكَ ٱلوَقْتِ.
أَمّا الجُزْءُ الثّانِي لِجِبْرَلْتار فَهُوَ «تار» وَهٰذِه بِدايةُ اِسْمِ طارِقِ بْنِ زِياد.

Ein kleines Kind fragt seinen Vater

– Papa, das Rote Meer, ist es (w: seine Farbe) wirklich rot ?
  – Nein, es ist blau.
– Und der stille Ozean, ist der wirklich still?
– Nein, natürlich nicht …
  Hör mal, Ahmed, kannst du nicht mal etwas Vernünftiges (w: eine Sache eine logische) fragen?
– Doch, Papa … Weißt du, wann das Tote Meer gestorben ist?"

طِفْلٌ صَغِيرٌ يَسْأَلُ أَباهُ

– يا بابا، البَحْرُ الأَحْمَرُ، هَلْ لَوْنُهُ أَحْمَرُ؟
– لا، هُوَ أَزْرَقُ. – وَٱلمُحِيطُ الهادِئُ، هَلْ هُوَ فِعْلاً هادِئٌ؟
– لا، طَبْعاً لا ...
اِسْمَعْ يا أَحْمَد، أَلا تَسْتَطِيعُ أن تَسْأَلَ شَيْئاً مَنْطِقِيّاً؟
– بَلىٰ، يا بابا ... هَلْ تَعْرِفُ مَتىٰ ماتَ البَحْرُ المَيِّتُ؟

1 Trotz Schreibung *ohne* 'alif (S. 96) spricht man „'ibn"; gebunden wird nur beim Rezitieren: „bnu" (G/A: „bni/a").
2 Formel für die Umrechnung von Hidschra-Jahren (H) in christl. Jahreszahlen: H - (H/33) + 622 = christl. Jahr.
3 Bis etwa ins 10. Jh. wurde *ğīm* ج wie dt. *g* gesprochen – diese Aussprache hat sich aber nur in Ägypten erhalten.

L10 – Übungen — الدَّرْسُ العاشِرُ - التَّمارِينُ

Ü 1: Wie wird das geschrieben? Wie wird das ausgesprochen?
التَّمْرِينُ الأَوَّلُ: كَيْفَ يُكْتَبُ هٰذا؟ كَيْفَ يُنْطَقُ هٰذا؟

dieses Wort ➢ *Wie wird dieses Wort geschrieben?* od. *Wie schreibt man dieses Wort?*
هٰذِهِ ٱلكَلِمةُ ◄ كَيْفَ تُكْتَبُ هٰذِهِ ٱلكَلِمةُ؟

dieser Name ➢ *Wie wird dieser Name ausgesprochen?* od. *Wie spricht man diesen Namen aus?*
هٰذا ٱلاِسْمُ ◄ كَيْفَ يُنْطَقُ هٰذا ٱلاِسْمُ؟

dieser Satz ➢ *Wie wird dieser Satz gelesen?* od. *Wie liest man diesen Satz?*
هٰذِهِ ٱلجُمْلةُ ◄ كَيْفَ تُقْرَأُ هٰذِهِ ٱلجُمْلةُ؟

Ü 2: Soll ich dich *od.* **Sie** *m/f* **dorthin mitnehmen?**
التَّمْرِينُ الثّانِي: هل آخُذُكَ / آخُذُكِ إِلىٰ هُناكَ؟

Flughafen ➢ *Ich fahre zum Flughafen. Soll ich Sie m. dorthin mitnehmen?*
مَطارٌ ◄ أَذْهَبُ إِلىٰ ٱلمَطارِ. هل آخُذُكَ إِلىٰ هُناكَ؟

Bahnhof ➢ *Ich fahre zum Bahnhof. Soll ich Sie f. dorthin mitnehmen?*
مَحَطّةُ القِطارِ ◄ أَذْهَبُ إِلىٰ مَحَطّةِ القِطارِ. هل آخُذُكِ إِلىٰ هُناكَ؟

Innenstadt ➢ *Ich fahre in die Innenstadt. Soll ich Sie m. dorthin mitnehmen?*
مَرْكَزُ المَدِينةِ ◄ أَذْهَبُ إِلىٰ مَرْكَزِ المَدِينةِ. هل آخُذُكَ إِلىٰ هُناكَ؟

Hafen ➢ *Wir fahren morgen zum Hafen. Sollen wir Sie f. dorthin mitnehmen?*
مِيناءٌ ◄ غَداً نَذْهَبُ إِلىٰ ٱلمِيناءِ. هل نَأْخُذُكِ إِلىٰ هُناكَ؟

Ü 3: Er/Sie ist verreist. – Wohin ist er/sie gefahren?
التَّمْرِينُ الثّالِثُ: هُوَ مُسافِرٌ/هِيَ مُسافِرةٌ. - إِلىٰ أَيْنَ سافَرَ/سافَرَتْ؟

Zuhair, Casablanca ➢ *Zuhair ist verreist, er ist nach Casablanca gefahren.*
زُهَيْر، الدّار البَيْضاء ◄ زُهَيْر مُسافِرٌ، سافَرَ إِلىٰ الدّار البَيْضاء.

Ibtisām, Marrakesch ➢ *Ibtisam ist verreist, sie ist nach Marrakesch gefahren.*
إِبْتِسام، مَرّاكِش ◄ إِبْتِسام مُسافِرةٌ، سافَرَتْ إِلىٰ مَرّاكِش.

Mein Freund Isa, Meknes ➢ *Mein Freund Isa ist nach Meknes gefahren.*
صَدِيقي عِيسىٰ، مِكْناس ◄ سافَرَ صَدِيقِي عِيسىٰ إِلىٰ مِكْناس.

Meine Freundin Laila, Fes ➢ *Meine Freundin Laila ist nach Fes gefahren.*
صَدِيقَتي لَيْلىٰ، فاس ◄ سافَرَتْ صَدِيقَتي لَيْلىٰ إِلىٰ فاس.

Ü 4: Was war der Grund? – Ich war krank *m/f***.**
التَّمْرِينُ الرّابِعُ: ماذا كانَ السَّبَبُ؟ - كُنْتُ مَرِيضاً/كُنْتُ مَرِيضةً.

Warum waren Sie m. gestern nicht hier? ➢ *Weil ich krank war.*
لِماذا لَمْ تَكُنْ[1] حَضْرَتُكَ هُنا بِالأَمْسِ؟ ◄ لِأَنَّني كُنْتُ مَرِيضاً.

Warum waren Sie f. gestern nicht hier? ➢ *Weil ich krank war.*
لِماذا لَمْ تَكُونِي[1] حَضْرَتُكِ هُنا بِالأَمْسِ؟ ◄ لِأَنَّني كُنْتُ مَرِيضةً.

Warum haben Sie m. mich nicht angerufen? ➢ *Weil ich mein Telefon nicht dabei hatte.*
لِماذا لَمْ تَتَّصِلْ[1] حَضْرَتُكَ بِي؟ ◄ لِأَنَّ هاتِفِيَ لَمْ يَكُنْ مَعِي.

Warum haben Sie f. mich nicht angerufen? ➢ *Weil ich mein Telefon nicht dabei hatte.*
لِماذا لَمْ تَتَّصِلِي[1] حَضْرَتُكِ بِي؟ ◄ لِأَنَّ هاتِفِيَ لَمْ يَكُنْ مَعِي.

1 od. mā kunta/i ما كُنْتَ/كُنْتِ *du m/f warst nicht* – od. mā 'ittaṣalta/i ما اِتَّصَلْتَ/اِتَّصَلْتِ *du m/f hast nicht angerufen*

L 10 – Die neuen Wörter (Teil 3) الكَلِماتُ الجَدِيدةُ (القِسْمُ الثّالِثُ)

ʿalamun pl. ʾaʿlāmun	*Flagge; Fahne*	عَلَمٌ ج أَعْلامٌ	sūqun f. pl. ʾaswāqun	*Markt; Suk; Einkaufsviertel*	سُوقٌ ج أَسْواقٌ
ramzun pl. rumūzun	*Symbol; Zeichen*	رَمْزٌ ج رُمُوزٌ	dārun f. pl. dūrun, diyārun	*Haus (pl dūr); Gebiet (pl. diyār)*	دارٌ ج دُورٌ، دِيارٌ
ṣalībun – naǧmun	*Kreuz – Stern*	صَلِيبٌ - نَجْمٌ	sinamā pl. dūru sinamā[2]	*Kino*	سِينَما ج دُورُ سِينَما[2]
television – tilfāz	*Fernsehen – Fernseher*	تِلِيفِزيون - تِلْفاز	film(un)[3] pl. ʾaflāmun	*Film*	فِيلْمٌ[3] ج أَفْلامٌ
rādiyo – ʾiḏāʿatun	*Radio – Rundfunk*	راديو - إذاعةٌ	ʾaṣbaḥa IV/ yuṣbiḥu + Akk.	*werden; werden zu; dahin kommen, daß*	أَصْبَحَ / يُصْبِحُ
sīgāratun pl. sagāʾiru[1]	*Zigarette*	سِيجارةٌ ج سَجائِرُ[1]	'al-ʿarabiyyatu 'al-fuṣḥā[4]	*Hocharabisch; die arab. Hochsprache*	العَرَبِيّةُ الفُصْحَى[4]
nāḍiǧun ⇔ ġayru nāḍiǧin	*reif ⇔ unreif*	ناضِجٌ ⇔ غَيْرُ ناضِجٍ	lahǧatun pl. lahaǧātun	*Dialekt; Mundart*	لَهْجةٌ ج لَهَجاتٌ

Übungen zur Aussprache (Teil 1): Schwierige Konsonanten, z.B. ḍād, ʿayn تَمارِينُ فِي ٱلنُّطْقِ (الجُزْءُ الأَوَّلُ): حُرُوفٌ ساكِنةٌ صَعْبةٌ، مَثَلاً ض، ع

schwarzweiß: Wir haben im Fernsehen e-n Film gesehen, e-n Schwarzweißfilm.
أَبْيَضُ أَسْوَدُ: شاهَدْنا فيلْماً[3] في ٱلتّلِيفِزيون، فيلْماً بِٱلأَبْيَضِ وَٱلأَسْوَدِ.

wunderbar: Ich habe auch e-n Film gesehen, aber im Kino, es war ein wunderbarer Film.
رائِعٌ: شاهَدْتُ أَيْضاً فيلْماً، وَلٰكِنْ في ٱلسِّينَما، كانَ فيلْماً رائِعاً.

reif: Was für eine Farbe haben (w: Was [ist] Farbe) reife Oliven? – Sie sind (w: ihre Farbe [ist]) schwarz.
ناضِجٌ: ما لَوْنُ الزَّيْتُونِ النّاضِجِ؟ - لَوْنُهُ أَسْوَدُ.

unreif: Und was für eine Farbe haben (w: Was [ist] Farbe) unreife Oliven? – Sie sind (w: ihre Farbe [ist]) grün.
غَيْرُ ناضِجٍ: وَما لَوْنُ الزَّيْتُونِ غَيْرِ النّاضِجِ؟ - لَوْنُهُ أَخْضَرُ.

Übungen zur Aussprache (Teil 2): Schwierige Konsonanten, z.B. ṣād, qāf تَمارِينُ فِي ٱلنُّطْقِ (الجُزْءُ الثّانِي): حُرُوفٌ ساكِنةٌ صَعْبةٌ، مَثَلاً ص، ق

Markt: Auf dem Schwarzmarkt verkauft man (w: verkaufen sie) oft Alkohol und Zigaretten.
سُوقٌ: في ٱلسُّوقِ السَّوْداءِ كَثِيراً ما يَبِيعُونَ خَمْراً وَسَجائِرَ.

Flagge: Die Flagge der Arabischen Liga ist grün, die Farbe der Schrift ist weiß.
عَلَمٌ: عَلَمُ جامِعةِ الدُّوَلِ العَرَبِيّةِ أَخْضَرُ، وَلَوْنُ الكِتابةِ أَبْيَضُ.

Kreuz: Das Rote Kreuz wurde im Jahr 1859 gegründet.
صَلِيبٌ: أُسِّسَ الصَّلِيبُ الأَحْمَرُ في عامِ ١٨٥٩ (أَلْفٍ وَثَمانِيمِئةٍ وَتِسْعةٍ وَخَمْسِينَ).

Symbol: Auch der Rote Halbmond wurde im 19. Jh. gegründet. Die Mondsichel ist Symbol des Islams.
رَمْزٌ: أُسِّسَ أَيْضاً الهِلالُ الأَحْمَرُ في ٱلقَرْنِ التّاسِعَ عَشَرَ. الهِلالُ رَمْزُ الإِسْلامِ.

1 Schreibung auch: سيكارة ج سكائر (Aussprache: sīgāra *pl.* sagāʾir). Früher benutzte man zur Wiedergabe des *dt. g* oft das *pers.* Schriftzeichen für *g* گ, was man zu ک vereinfachte, wie z.B. auch: ڤ ⇨ ف u. پ ⇨ ب (L1, S. 48).
2 *w: Häuser des-Kinos* – im Sing. selten benutzt: dār 'as-sīnamā *w: Haus des Kinos (vgl. Lichtspielhaus)* دار السينما.
3 Mit kurzem *i*, wie dt. *Film*. Zwar schreibt man bei *Fremdwörtern* die *Akk.*-Endg. ا, doch bleibt sie meist stumm.
4 fuṣḥā فصحى = *fem.* Steigerungsform, Grundf. faṣīḥun فصيح *beredt* – ʾafṣaḥu/fuṣḥā أفصح/فصحى *[äußerst] beredt.*

L 10 – Vorletzte Seite: Verschiedenes — الصَّفْحةُ قَبْلَ الأَخِيرةِ: مُتَفَرِّقاتٌ

Namen aus 1001 Nacht: Tragen Sie links die passende Nummer ein.

أَسْماءٌ مِنْ كِتابِ أَلْفِ لَيْلةٍ وَلَيْلة: ضَعْ الرَّقْمَ المُناسِبَ في ٱليَسار.

١ 

٢ 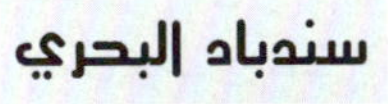

٣ 

٤ 

☐ شَهْرَزاد ☐ شَهرِيار

☐ هارون الرَّشِيد

☐ سِنْدَباد البَحْرِيّ

Wie lautet das Gegenteil dieser Wörter?

ما هُوَ عَكْسُ هٰذِهِ ٱلكَلِماتِ؟

١ غَنِيٌّ ⇔ .... ٢ ضَحِكْتُ ⇔ .... ٣ اِشْتَرَيْتُ ⇔ ....

Die Araber nennen ihre Hochsprache „Dad-Sprache" – was ist der Grund?

يُسَمِّي العَرَبُ لُغَتَهُمْ الفُصْحىٰ «لُغةَ الضّاد» - ما هُوَ السَّبَبُ؟

ض

١ لِأَنَّ حَرْفَ الضّاد يُسْتَعْمَلُ أَكْثَرُ مِنْ حَرْفِ الدّال. ☐ صَحِيح أَمْ ☐ خَطَأ؟

٢ لِأَنَّ الشُّعُوبَ المُجاوِرةَ لا تَعْرِفُ مِثْلَ هٰذا الحَرفِ. ☐ صَحِيح أَمْ ☐ خَطَأ؟

Setzen Sie folg. Wörter an die pass. Stelle: ***vorhanden, es gibt, Dialekte.***

ضَعْ الكَلِماتِ التّالِيةَ في ٱلمَكانِ المُناسِبِ: مَوْجُودةٌ، يُوجَدُ، لَهَجاتٌ.

.... في ٱلبُلْدانِ العَرَبِيّةِ عَدَدٌ كَبِيرٌ مِنَ ٱللَّهَجاتِ وَهُناكَ .... لا تُفْهَمُ بِسُهُولةٍ مِثْل اللَّهَجات .... في ٱلمَغْرِبِ. بٱلمُناسَبة: مُنْذُ عامِ ٢٠١١ (أَلْفَيْنِ وَحادِيَ عَشَر) أَصْبَحَتْ الأَمازِيرِيّةُ اللُّغةَ الرَّسْمِيّةَ الثّانِيةَ في ٱلمَغْرِبِ الأَقْصىٰ وَتُكْتَبُ مِنْ اليَسارِ إلىٰ ٱليَمِينِ.*

Einige Fragen zu Marokko – Kennen Sie die Antwort?

بَعْضُ الأَسْئلةِ حَوْلَ المَغرِبِ الأَقْصىٰ - هَلْ تَعْرِفُ الجَوابَ؟

١ – ما هُوَ الاِسْمُ الرَّسْمِيُّ لِلْمَغْرِبِ الأَقْصىٰ؟

٢ – ما هِيَ أَسْماءُ المُدُنِ المَلَكِيّةِ الأَرْبَعةِ؟

٣ – في أَيّةِ مَدِينةٍ يُوجَدُ أَكبَرُ مَسْجِدٍ في إفْرِيقِيا؟

٤ – ما ٱسْمُ المَضِيقِ ٱلّذِي يَقَعُ بَيْنَ اِسْبانيا وَٱلمَغْرِبِ؟

٥ – ما ٱسْمُ اللُّغةِ ٱلَّتِي هِيَ اللُّغةَ الرَّسْمِيّةَ الثّانِيةَ في ٱلمَغْرِبِ؟*

* Die Berber ('al-barābira(tu) البرابرة) Marokkos sprechen *Tamazight* ('al-ʾamāzīrī الأمازيري). Geschrieben wird es von *links nach rechts*.

TAMAZIĠT
ⵜⴰⵎⴰⵣⵉⵖⵜ

L 10 – Letzte Seite: Wiederholung الصَّفْحَةُ الأَخِيرَةُ: مُراجَعةٌ

Noch einmal:
Der Lektionstext – aber *ohne* Vokalisierung مَرَّةً أُخْرىٰ: نَصُّ الدَّرْسِ – وَلٰكِنْ بِدُونِ تَشْكِيلٍ

الدرس العاشر: في شمال افريقيا (القسم الأوّل) – المغرب الأقصى – جزء من المغرب العربيّ

في هذا الدرس نأخذكم إلى المغرب أو بشكل أدقّ إلى المغرب الأقصى كما هو الاسم الكامل لهذا البلد. أمّا اسمه الرسميّ فهو المملكة المغربيّة. يقع المغرب في أقصىٰ شمال غرب افريقيا وهو جزء من المغرب العربيّ. له دولتان مجاورتان فقط وهما موريتانيا في الجنوب والجزائر في الشرق. أمّا في الشمال فنجد البحر، أو بشكل أدقّ البحر الأبيض المتوسّط. وهناك كذلك مضيق جبل طارق الّذي يشكّل الحدود بين البحر الأبيض المتوسّط والمحيط الأطلسي. أهمّ الموانئ في المغرب هي: ميناء طنجة وميناء الدار البيضاء وأخيراً وليس آخراً ميناء أكادير (أو: أغادير).

معالم كثيرة – سيّاح كثيرون – المغرب الأقصىٰ غنيّ بمعالم سياحيّة رائعة ومنها مثلاً المعالم المعروفة في المدن الملكيّة الأربع أي الرباط ومكناس وفاس ومرّاكش. أمّا الدار البيضاء فيوجد فيها معلم دينيّ مشهور وهو مسجد الحسن الثاني كما هو اسمه الرسميّ. بني هذا المسجِد في نهاية القرن الماضي وهو من أكبر المساجد في العالم. لننتقل الآن إلى هناك ولنستمع إلى أحد المرشدين السياحيّين وهو يشرح بٱلألمانيّة لمجموعة من السيّاح الألمان كيف تمّ بناء هذا المسجد: «ترون أمامكم أكبر مسجد في إفريقيا وهو هديّة من الملك الحسن الثاني لشعبه. أمّا المئذنة فهي أعلى مئذنة في العالم وقد بنيت على الأسلوب الأندلسي أي أنّها مربّعة الشكل – بعكس الأسلوب العثمانيّ الذي نجده في تركيا مثلاً.» يتابع المرشد شرحه هكذا: «يوجد في هذه المئذنة مصعد يتّسع لاثني عشر شخصاً ويصل المصعد إلى أعلاها في أقلّ من دقيقة و... »– في هذه اللحظة يسمع الأذان وكلماته الأولى هي: الله أكبر (أربع مرّات)! لا إله إلّا الله ومحمّد رسول الله ...

Zwei Fragen zum Lektionstext سُؤالانِ حَوْلَ نَصِّ الدَّرْسِ

1. Wieviel Nachbarstaaten hat Marokko?
2. Und wie heißen sie?

١ كَمْ عَدَدُ ٱلدُّوَلِ الـمُجاوِرةِ لِلمَغْرِبِ؟ ٢ وَما هِيَ أَسْماؤُها؟

Zum Auswendiglernen:
Gängige Redewendungen u. bekannte Sprichwörter لِلْحِفْظِ: عِباراتٌ شائِعةٌ وَأَمْثالٌ سائِرةٌ

Dem dt. Sprichwort „*Spare in der Zeit, so hast du in der Not*“ entspricht „ḫabbiʾ (in der Umgangssprache: ḫabbī) qirša-ka ʾal-ʾabyaḍ(a) li-yawmi-ka ʾal-ʾaswaḍ(i)“ *w: Verstecke Groschen-deinen den-weißen für-Tag-deinen den-schwarzen.*

خبئ قرشك الأبيض ليومك الأسود	*Spare in der Zeit, so hast du in der Not*	خَبِّئْ قِرْشَكَ الأَبْيَض لِيَوْمِكَ الأَسْوَد

Hier machen wir Schluß. Danke und auf Wiedersehen! – Auf Wiedersehen in der 11. Lektion! – Lebt wohl!

إلىٰ هُنا وَنَنْتَهِي. شُكْراً وَإلىٰ ٱللِّقاءِ! – إلىٰ ٱللِّقاءِ في ٱلدَّرْسِ الحادِيَ عَشَرَ! – مَعَ ٱلسَّلامةِ!

11. Lektion

الدّرس الحادي عشر

'ad-dars(u) 'al-ḥādiya ʿašar(a)
die-Lektion die-elfte

Herzlich willkommen!
Herzlich willkommen in der 11. Lektion!

أَهْلاً وَسَهْلاً! أَهْلاً وَسَهْلاً بِكُمْ فِي الدَّرْسِ الحادِي عَشَر!

Die neuen Wörter (Teil 1) الكَلِماتُ الجَدِيدةُ (القِسْمُ الأَوَّلُ)

tabīʿatun – tabīʿiyyun	*Natur – natürlich (Adj.)*	طَبيعةٌ - طَبيعِيٌّ	muḫtalifun ⇔ mutašābihun	*unterschiedlich ⇔ ähnlich; gleich*	مُخْتَلِفٌ ⇔ مُتَشابِهٌ
ġābatun *pl.* -ātun	*Wald*	غابةٌ ج ات	šahādatun *pl.* -ātun	*Zeugnis; Glaubensbekenntnis (muslim.)*	شَهادةٌ ج ات
šağara(tun) *pl.* ʾašğārun	*Baum*	شَجَرةٌ ج أَشْجارٌ	ğaddun *pl.* ʾağdādun	*Großvater; Vorfahre*	جَدٌّ ج أَجْدادٌ
zaytūnun – naḫīlun, ʾarzun	*Olive(n); Ölbaum – Palme(n), Zeder(n)*	زَيْتُونٌ - نَخِيلٌ، أَرْزٌ	ḥafīdun *pl.* ʾaḥfādun	*Enkel; Nachkommen*	حَفِيدٌ ج أَحْفادٌ
ṣaḥrāʾu *pl.* ṣaḥārā[1]	*Wüste*	صَحْراءُ ج صَحارىٰ	māddatun *pl.* mawāddun	*Material; Artikel (jur.); Fach (Schule, Studium)*	مادّةٌ ج مَوادُّ
wāḥatun *pl.* -ātun	*Oase*	واحةٌ ج ات	'ihtamma VIII/ yahtammu bi-	*sich interessieren für*	اِهْتَمَّ / يَهْتَمُّ بِـ
sāḥilun[2] *pl.* sawāḥilu[3]	*Küste; Randgebiet, -zone*[2]	ساحِلٌ ج سَواحِلُ	mutaqāʿidun *pl.* -ūna	*im Ruhestand; Ruheständler*	مُتَقاعِدٌ ج ونَ
zirāʿatun – ṣināʿatun	*Anbau; Landwirtschaft – Herstellung; Industrie*	زِراعةٌ - صِناعةٌ	ḥarāratun – ḥārrun	*Hitze; Wärme – heiß; scharf (Essen)*	حَرارةٌ - حارٌّ
nasamatun *pl.* -ātun	*Person(en), Einwohner („Seelen" = Zählwort i. d. Statistik)*	نَسَمةٌ ج ات	taḥammala V/ yataḥammalu	*vertragen (z.B. Essen, Klima)*	تَحَمَّلَ / يَتَحَمَّلُ
nisbatun – nisbiyyan	*Verhältnis; Zugehörigkeit – verhältnismäßig; relativ*	نِسْبةٌ - نِسْبِيّاً	darağātu 'al-ḥarārati	*Temperatur (w: Stufen der-Wärme)*	دَرَجاتُ الحَرارةِ
ʾa-lā wa-huwa/hiya	*und zwar; nämlich (w: [ist] denn-nicht er/sie?)*	أَلَا وَهُوَ / أَلَا وَهِيَ	'iqtaraḥa VIII/ yaqtariḥu	*vorschlagen*	اِقْتَرَحَ / يَقْتَرِحُ
riḥlatun *pl.* riḥlātun	*Ausflug; Reise; Fahrt; Flug*	رِحْلةٌ ج رِحْلاتٌ	daḫala/ yadḫulu	*eintreten; betreten; hineingehen*	دَخَلَ / يَدْخُلُ
mutḥafun *pl.* matāḥifu	*Museum*	مُتْحَفٌ ج مَتاحِفُ	fawran ⇔ fī-mā baʿdu	*sofort; sogleich ⇔ später; nachher*	فَوْراً ⇔ فِيما بَعْدُ
masraḥun *pl.* masāriḥu	*Theater; Bühne*	مَسْرَحٌ ج مَسارِحُ	waṭanun – waṭaniyyun	*Vaterland; Heimat(land) – national; patriotisch*	وَطَنٌ - وَطَنِيٌّ
ḍaʿīfun ⇔ šadīdun	*schwach ⇔ heftig; stark*	ضَعِيفٌ ⇔ شَدِيدٌ	raʾyun – mā raʾyu-ka/i?	*Meinung – was meinst du?*	رَأْيٌ - ما رَأْيُكَ/كِ؟

1 davon: *Sahara* – im Arab. heißt diese weltgrößte Wüste jedoch *Große Wüste* 'aṣ-ṣaḥrāʾu 'al-kubrā الصحراء الكبرىٰ
2 davon: *Sahel-Zone* = das vom *Atlantik* bis zum *Roten Meer* reichende Band zwischen Sahara u. Feuchtsavanne.
3 davon: *Suaheli* ar. 'as-sawāḥilī السواحلي (w: Küstensprache) = Verkehrssprache Ostafrikas, stark vom Arab. beeinflußt.

Einige Satzzeichen (w: einige [der] Zeichen des Numerierens) بَعْضُ عَلاماتِ التَّرْقِيمِ

nuqṭatun *pl.* nuqaṭun	*Punkt (auch als Bewertung, z.B. Sport)*	نُقْطَةٌ ج نُقَطٌ	ˁalāmatun *pl.* -ātun	*Zeichen; Markierung; Note, Zensur (z.B. Schule)*	عَلامَةٌ ج اتٌ
nuqṭatāni – šaḥṭatun	*Doppelpunkt – Bindestrich*	نُقْطَتَانِ - شَحْطَةٌ	ˁalāmatu 'al-'istifhāmi	*Fragezeichen (w: Zeichen des-sich-Erkundigens)*	عَلامَةُ الاِسْتِفْهامِ
fāṣilatun *pl.* fawāṣilu	*Komma 12*	فاصِلَةٌ ج فَواصِلُ	ˁalāmatu 'at-taˁağğubi	*Ausrufezeichen (w: Zeichen des-sich-Wunderns)*	عَلامَةُ التَّعَجُّبِ

Sonne, Regen, Schnee? – Wie wird das Wetter? شَمْسٌ، مَطَرٌ، ثَلْجٌ؟ - كَيْفَ يَكُونُ الطَّقْسُ؟

maṭarun *pl.* ˀamṭārun	*Regen pl. Regenfälle*	مَطَرٌ ج أَمْطارٌ	bardun, bāridun ⇔ difˀun, dāfiˀun	*Kälte, kalt ⇔ Wärme, warm*	بَرْدٌ، بارِدٌ ⇔ دِفْءٌ، دافِئٌ
ṯalğun *pl.* ṯulūğun	*Schnee; pl. Schneefälle*	ثَلْجٌ ج ثُلُوجٌ	munāḫun – ṭaqsun	*Klima – Wetter; Klima*	مُناخٌ - طَقْسٌ
ṣaqīˁun – ḍabābun	*Frost – Nebel*	صَقِيعٌ - ضَبابٌ	fawqa ⇔ taḥta 'aṣ-ṣifri	*über ⇔ unter (w: der) Null*	فَوْقَ ٱلصِّفْرِ ⇔ تَحْتَ ٱلصِّفْرِ

Heute ist es sehr kalt (w: Kälte starke), es sind unter Null Grad. (w: [die] Grade der-Wärme [sind] unter der-Null)	اليَوْمَ بَرْدٌ شَدِيدٌ: دَرَجاتُ الحَرارَةِ تَحْتَ الصِّفْرِ.
Im Winter gibt es oft Regen, Schnee und Nebel. (w: im Winter oft was wir finden den-Regen u. den-Schnee u. den-Nebel)	فِي الشِّتاءِ كَثِيراً ما نَجِدُ المَطَرَ وَٱلثَّلْجَ وَٱلضَّبابَ.

Lektion 11: Im Norden Afrikas (Teil 2)

Grünes Tunesien – Land des Ölbaums und der Palme In der letzten Lektion haben Sie einige touristische Sehenswürdigkeiten (w: vorhanden) in Marokko kennengelernt. In dieser Lektion nun nehmen wir Sie in ein verhältnismäßig kleines Land mit, das auch im Norden Afrikas liegt, das aber kein Königreich ist, sondern eine Republik – und zwar nach Tunesien (w: ist es denn nicht?) bzw. (w: oder) in die Tunesische Republik, wie der Name offiziell lautet (w: wie Name-ihr der offizielle [ist]). Auch Tunesien hat nur zwei Nachbarstaaten: Libyen im Südosten und Algerien im Westen. Im Norden und Osten finden wir (w: was ... betrifft, so-wir finden) das Mittelmeer mit seinen schönen Küsten. Übrigens: Die Länge der tunesischen Küste (w: Pl.) beträgt (w: ist) ungefähr 1100 km, (w: und) das ist länger als die Entfernung zwischen dem nördlichsten u. südlichstem Punkt Deutschlands (w: vorhanden zwischen dem Äußersten des Nordens Deutschlands und des Äußersten seines Südens), d.h. von der dänischen Grenze (w: Plural) bis zu den (w: Bergen der) Alpen. – Und wie hoch ist die Einwohnerzahl der Tunesischen Republik? – Sie beträgt rund 11 Mio Einwohner, von denen die meisten in den großen Städten wie Tunis (w: der Hauptstadt), Sfax, Sousse und Bizerte wohnen. Tunesien hat eine sehr schöne Natur (w: die Natur Tunesiens [ist] schön sehr): Wälder im Norden und Nordwesten, Olivenbäume in der Mitte und Palmen im Süden, wo die Sahara (w: die Große Wüste) mit ihren großen und für den Anbau von Datteln wichtigen Oasen beginnt.

Phönizier, Römer, Araber – Reise in die Geschichte Tunesiens Wir beginnen unsere Reise an einem berühmten Ort, nämlich in Karthago (w: ist er nicht K.), was (w: welches) die Phönizier im 9. Jh. v. Chr. gründeten. Wenden wir uns nun dem Museum zu, das mit vollem Namen „Nationales Museum Karthago" heißt (w: u. sein Name voller [ist] ...). Wir sehen dort Touristen aus verschiedenen Ländern, und unter ihnen sind zwei Deutsche: eine Großmutter u. ihre Enkelin Ruth. Diese Reise ist ein Geschenk für Ruth, die vor zwei Monaten ihr Abitur gemacht hat (w: sie erhielt das Zeugnis des Abiturs). Ruth interessiert sich sehr (w: viel) für Geschichte, u. sie will dieses Fach an einer dt. Universität (w: in e-r der dt. Universitäten) studieren. Auch ihre Großmutter interessiert sich für Geschichte; sie war Lehrerin für die beiden Fächer Geschichte u. Französisch, und seit zwei Jahren ist sie im Ruhestand (w: Ruheständlerin). Sie reist sehr gern (w: sie liebt das-Reisen viel), und das ist ihre zweite Reise nach Tunesien. Auch ihr Mann – der Großvater von Ruth – ist im Ruhestand (w: [ist] Ruheständler), und auch er (w: er der-andere) reist gern. Trotzdem ist er dieses Mal zu Hause geblieben, weil er die Hitze nicht mag und auch nicht verträgt (w: sie). Tatsächlich, die Temperatur ist in diesen Tagen (w: diese Tage) hoch, über 35 Grad (w: sie erreicht mehr als ...), also im Vergleich zu Deutschland sehr viel höher (w: und-sie [ist] im Vergleich mit Dtschld. höher um-vieles). Die Großmutter sagt: „Ich schlage vor, daß wir als erstes ins Museum gehen (w: daß wir treten ein in ...), und dann später das Römische Theater und den alten Hafen besichtigen. Was meinst du dazu? (w: was [ist] Meinung-dein in [Bezug auf] jenes)" Ruth antwortet: „Ja, perfekt ... Es ist jetzt wirklich zu heiß (w: die Hitze [ist] ... heftig)."

L 11: Im Norden Afrikas (Teil 2) الدَّرْسُ الحادِيَ عَشَرَ: في شَمالِ اِفْرِيقِيا (القِسْمُ الثّانِي)

Grünes Tunesien – Land des Ölbaums und der Palmen
تُونِسُ الخَضْراءُ – بلد الزَّيْتُونِ وَٱلنَّخِيلِ

عَلىٰ السّاحِلِ التُّونِسِيّ

لَقَدْ تَعَرَّفْتُمْ في ٱلدَّرْسِ السّابِقِ عَلىٰ بَعْضِ المَعالِمِ السِّياحِيّةِ المَوْجُودةِ في ٱلمَغْرِبِ الأَقْصىٰ. أَمّا في هٰذا الدَّرْسِ فَسَنأْخُذُكُمْ إلىٰ بَلَدٍ صَغِيرٍ نِسْبِيّاً يَقَعُ أَيْضاً في شَمالِ اِفْرِيقِيا وَلٰكِنَّهُ لَيْسَ مَمْلَكةً بَلْ جُمْهُورِيّةٌ أَلا وَهِيَ تُونِسُ أَوْ الجُمْهُورِيّةُ التُّونِسِيَّةُ كَما هُوَ اِسْمُها الرَّسْمِيُّ. أَيْضاً لِتُونِسَ دَوْلَتانِ مُجاوِرَتانِ فَقَطْ وَهُما لِيبيا في ٱلجَنوبِ الشَّرْقِيِّ وَٱلجَزائِرُ في ٱلغَرْبِ. أَمّا في ٱلشَّمالِ وَٱلشَّرْقِ فَنَجِدُ البَحْرَ الأَبْيَضَ المُتَوَسِّطَ مَعَ سَواحِلِهِ الجَمِيلةِ. بِٱلمُناسَبةِ: طُولُ السَّواحِلِ التُّونِسِيّةِ حَوالَيْ ١١٠٠ كم (أَلْف وَمِئة كِيلومِتر) وَهٰذا أَطْوَلُ مِنَ ٱلمَسافةِ بَيْنَ أَقْصىٰ شَمالِ أَلْمانِيا وأَقْصىٰ جَنُوبِها، أَيْ مِنَ ٱلحُدُودِ الدَّنْمارْكِيّةِ إلىٰ جِبالِ الأَلْب. – وَكَمْ عَدَدُ سُكّانِ الجُمْهُورِيّةِ التُّونِسِيّةِ؟ – عَدَدُهُمْ حَوالَيْ ١١ (أَحَدَ عَشَر) مَلْيُون نَسَمَةٍ وَأَكْثَرُهُمْ يَعِيشُونَ في ٱلمُدُنِ الكَبِيرةِ مِثْلِ تُونِسَ العاصِمةِ وَصْفاقِس وَسُوسة وَبِنْزِرْت. الطَّبِيعةُ في تُونِسَ جَمِيلةٌ جِدّاً: غاباتٌ في الشَّمالِ الغَرْبِيِّ وَأَشْجارُ ٱلزَّيْتُونِ في ٱلوَسَطِ وَٱلنَّخِيلُ في ٱلجَنُوبِ حَيْثُ تَبْدَأُ الصَّحْراءُ الكُبْرىٰ مَعَ واحاتِها الكَبِيرةِ وَٱلمُهِمّةِ لِزِراعةِ التَّمْرِ.

Phönizier, Römer, Araber – Reise in die Geschichte Tunesiens
الفِينِيقِيُّونَ وَٱلرُّومانُ وَٱلعَرَبُ - رِحْلةٌ في تارِيخِ تُونِس

مُتحَف قَرْطاج الوَطَنِيّ

نَبْدَأُ رِحْلَتَنا في مَكانٍ مَشْهُورٍ أَلا وَهُوَ قَرْطاج اَلَّتِي أَسَّسَها الفِينِيقِيُّونَ في ٱلقَرْنِ التّاسِعِ قَبْلَ ٱلمِيلادِ. لِنَنْتَقِلْ الآنَ إلىٰ ٱلمُتْحَفِ هُناكَ وَٱسْمُهُ الكامِلُ مُتْحَفُ قَرْطاج الوَطَنِيُّ. نَرىٰ أَمامَهُ سُيّاحاً مِنْ بُلْدانٍ مُخْتَلِفةٍ وَبَيْنَهُمْ أَلْمانِيَّتانِ: جَدَّةٌ وَحَفِيدَتُها رُوت. هٰذِهِ ٱلرِّحْلةُ هَدِيّةٌ لِرُوت اَلَّتِي حَصَلَتْ عَلىٰ شَهادةِ البَكالُوريا مُنْذُ شَهْرَيْنِ. تَهْتَمُّ رُوت كَثِيراً بِٱلتّارِيخِ وَتُرِيدُ أَنْ تَدْرُسَ هٰذِهِ ٱلمادّةَ في إِحْدىٰ ٱلجامِعاتِ الأَلْمانِيّةِ. أَيْضاً جَدَّتُها تَهْتَمُّ بِٱلتّارِيخِ، كانَتْ مُدَرِّسةً لِمادَّتَيْ التّارِيخِ وَٱللُّغةِ الفَرَنْسِيّةِ، هِيَ مُتَقاعِدةٌ مُنْذُ سَنَتَيْنِ. تُحِبُّ السَّفَرَ كَثِيراً وَهٰذِهِ هِيَ رِحْلَتُها الثّانِيةُ لِتُونِسَ. أَمّا زَوْجُها - جَدُّ رُوت - فَهُوَ مُتَقاعِدٌ كَذٰلِكَ وَيُحِبُّ السَّفَرَ هُوَ الآخَرُ. مَعَ ذٰلِكَ لَمْ يُسافِرْ مَعَهُما هٰذِهِ ٱلمَرّةَ لِأَنَّهُ لا يُحِبُّ الطَّقْسَ الحارَّ وَلا يَتَحَمَّلُهُ. فِعْلاً، دَرَجاتُ الحَرارةِ عالِيةٌ هٰذِهِ ٱلأَيّامَ، تَصِلُ لِأَكْثَرَ مِنْ ٣٥ (خَمْسٍ وَثَلاثِين) دَرَجةً وَهِيَ بِٱلمُقارَنةِ[1] مَعَ طَقْسِ أَلْمانِيا أَعْلىٰ بِكَثِيرٍ. تَقُولُ الجَدّةُ: أَقْتَرِحُ أَنْ نَدْخُلَ إلىٰ ٱلمُتْحَفِ أَوَّلاً، ثُمَّ نَزُورَ المَسْرَحَ الرُّومانِيَّ وَفِيما بَعْدُ المِيناءَ القَدِيمَ. ما رَأْيُكِ في ذٰلِكَ؟ تُجِيبُ رُوت: نَعَمْ، تَمام ... الحَرارةُ فِعْلاً شَدِيدةٌ الآنَ.

1 Durch ein Versehen fehlt in den Wortlisten: muqāranatun مُقارَنةٌ *Vergleich* (vgl. qārana/yuqārinu قارَنَ/يُقارِنُ *vergleichen*).

L 11 – Grammatik und Sprache الدَّرْسُ الحادِي عَشَر - القَواعِدُ وَٱللُّغةُ

§ 1. Defektive Verben: Wurzelkonsonant 3 = wāw od. yāʾ (Teil 1)

Bei **Typ-1a-Grundverben** (vgl. L 5 §3) mit **Wk 3** = **w** schreibt man das auslautende **-ā** in der **3. P. mask. Sg. Perf.** mit **ʾalif**, z.B. rağā/yarğū (aus: °rağawa/yarğuwu) *bitten; erhoffen* – in allen anderen Fällen schreibt man **ʾalif maqṣūra**, z.B. mašā/yamšī (aus: °mašaya/yamšī) – *er ging/geht.* Es gibt feste **Lautregeln**, z.B. 3. P. Sg. Perf. /-awa/, /-aya/ ⇨ /-**ā**/ – /-awat/, /-ayat/ ⇨ /-**at**/.

رَجا / يَرْجُو
مَشَى / يَمْشِي

Tafel 1: mašā/yamšī (m-š-y) *gehen* – Perfekt مَشَى/يَمْشِي .

mašaytu	*ich ging*	مَشَيْتُ
mašayta	*du m. gingst*	مَشَيْتَ
mašayti	*du f. gingst*	مَشَيْتِ
mašā	*er ging*	مَشَى
mašat	*sie ging*	مَشَتْ

mašaynā	*wir gingen*	مَشَيْنا
mašaytum	*ihr m. gingt*	مَشَيْتُمْ
mašaytunna	*ihr f. gingt*	مَشَيْتُنَّ
mašaw	*sie m. gingen*	مَشَوْا
mašayna	*sie f. gingene*	مَشَيْنَ

Partizip:
māšin / māšiyatun *gehend m/f* ماشٍ/ماشِيةٌ

mašaytumā	*ihr (2) gingt*	مَشَيْتُما
mašayā	*sie (2) m. gingen*	مَشَيا
mašatā	*sie (2) f. gingen*	مَشَتا

Tafel 2: mašā/yamšī (m-š-y) *gehen* – Präsens مَشَى/يَمْشِي

ʾamšī	*ich gehe*	أَمْشِي
tamšī	*du m. gehst*	تَمْشِي
tamšīna	*du f. gehst*	تَمْشِينَ
yamšī	*er geht*	يَمْشِي
tamšī	*sie geht*	تَمْشِي

namšī	*wir gehen*	نَمْشِي
tamšūna	*ihr m. geht*	تَمْشُونَ
tamšīna	*ihr f. geht*	تَمْشِينَ
yamšūna	*sie m. klagen*	يَمْشُونَ
yamšīna	*sie f. gehen*	يَمْشِينَ

Imperativ:
'imši/'imšī! *geh m/f!* اِمْشِ/اِمْشِي!

tamšiyāni	*ihr (2) geht*	تَمْشِيانِ
yamšiyāni	*sie (2) m. gehen*	يَمْشِيانِ
tamšiyāni	*sie (2) f. gehen*	تَمْشِيانِ

Das **Partizip** *gehend* „māšin (p: māšī)/māšiyatun *pl.* mušātun“ heißt auch: *Fußgänger*. In der Umgangssprache ist häufig zu hören: „māšī‿l-ḥāl“ *Es geht gut (w: gehend [ist] der-Zustand)*. Man benutzt „māšī‿l-ḥāl?“ auch als Frage bzw. eine Art Begrüßungsformel, *Geht's gut?* bzw. *Alles in Ordnung?* (hier schreibt man ماشِي statt: ماشٍ)

ماشٍ ج مُشاةٌ - ماشِي ٱلحال؟

Genauso konjugiert wie „mašā/yamšī“ *gehen* werden z.B.

1. raʾā/yarā (Wurzel: r-ʾ-y)[1] *sehen; meinen* – mādā tarā? mādā tarayna? *Was siehst* od. *meinst du m/f?* – mādā tarawna? *Was seht* od. *meint ihr?*
2. ʾatā/yaʾtī (Wurzel: ʾ-t-y) *kommen* – ʾātī[2], sa-ʾātī fawran. *Ich komme, ich werde sofort kommen.*

١) رَأَى/يَرَى - ماذا تَرَى؟
ماذا تَرَيْنَ؟ - ماذا تَرَوْنَ؟
٢) أَتَى/يَأْتِي - آتِي، سَآتِي فَوْراً.

1 Das in der Wurzel enthaltene Hamza fehlt in Präsens, Konjunktiv, Apokopat, vgl. Konjugationstafel im Anhang.

§ 2. Zum Gebrauch von „lākin" bzw. „wa-lākin" *aber*

Folgt nach „(wa-)lākin" ein **Substantiv**, so verlängert es sich zu „(wa-)lākinna" (+ **Akk.**), auch mit **Personalsuffix**, z.B. lākinna-nī لَكِنَّنِي (Kurzform: lākin-nī لَكِنِّي) *aber ich*, lākinna-ka/i *aber du* *m/f* usw. Zwei Beispiele:

ʾaradtu ʾan ʾusāfira wa-lākinna* ʾumm-ī mariḍat.	*Ich wollte verreisen, aber meine Mutter wurde krank.*	أَرَدْتُ أَنْ أُسافِرَ وَلٰكِنَّ أُمِّي مَرِضَتْ.
ʾaradtu ʾan ʾusāfira wa-lākin-nī* mariḍtu.	*Ich wollte verreisen, aber ich bin krank geworden.*	أَرَدْتُ أَنْ أُسافِرَ وَلٰكِنِّي مَرِضْتُ.

* Mündlich zieht man meist das einfache „(wa-)lākin" vor, d.h. hier: wa-lākin ʾumm-ī … – wa-lākin ʾanā …

§ 3. Zum Gebrauch von „ʾinna" *siehe*, „ʾanna" *daß*, „li-ʾanna" *weil*

Soll ein **Substantiv**, das am Satz**anfang** steht, *hervorgehoben* werden, so stellt man ihm „**ʾinna**" *siehe* voran, das Substantiv selbst folgt im **Akkusativ**. Als Beispiel zwei fast gleichlautende Verse aus dem Koran[1]:

wa-llāhu maʿa‿ṣ-ṣābirīn(a) (= *ohne* Hervorhebung von „'allāh")	*„Und Gott ist mit den Geduldigen"* (Koran, Sure 2, Vers 249)	﴿وَاللّٰهُ مَعَ الصَّابِرِينَ﴾
ʾinna llāha maʿa‿ṣ-ṣābirīn(a) (= *mit* Hervorhebung von „'allāh")	*„Gott ist mit den Geduldigen"* (w: siehe [den] Gott ...) (Koran, Sure 2, Vers 153 u. Sure 8, Vers 46)	﴿إِنَّ اللّٰهَ مَعَ الصَّابِرِينَ﴾

An „ʾinna" (+ Akk.) *siehe* lassen sich **Personalsuffixe** anfügen, z.B. **ʾinna-nī** (Kurzform: **ʾin-nī**) w: *siehe mich.*

… ʾin-nī ʾuḥibbu-ki … (Nizār Qabbānī)	*Ich (w: siehe-mich) liebe dich f.* *(Nizar Qabbani)*	… إِنِّي أُحِبُّكِ … (نِزار قَبّاني)

Anmerkung: Daß der bekannte syrische Dichter Nizār Qabbānī (192398) hier eine *Frau* anredet, ist an „-ki" erkennbar: ʾuḥibbu-ki *ich liebe dich* (⇨ *weibl. Pers.*). An einen *Mann* gerichtet, müßte es heißen: ʾuḥibbu-ka *ich liebe dich* (= *männl. Pers.*). أُحِبُّكَ / أُحِبُّكِ

ʾan *daß* bzw. **li-ʾan** *weil* werden zu **ʾanna** (+ **Akk.**) bzw. **li-ʾanna** (+ **Akk.**), wenn ein **Substantiv** folgt. Auch an **(li-)ʾanna** lassen sich **Personalsuffixe** anfügen, z.B. *daß* bzw. *weil ich* (li-)ʾanna-nī *od.* (li-)ʾan-nī (= Kurzform).

ʾaʿrifu ʾanna ʾaḫā-hu kāna hunā.	*Ich weiß, daß sein Bruder hier war.*	أَعْرِفُ أَنَّ أَخاهُ كانَ هُنا.
ʾaʿrifu ʾanna ʾuḫta-hu kānat hunā.	*Ich weiß, daß seine Schwester hier war.*	أَعْرِفُ أَنَّ أُخْتَهُ كانَتْ هُنا.
zamīlat-ī laysat hunā, li-ʾanna-hā musāfiratun.	*Meine Kollegin ist nicht hier, weil sie verreist ist.*	زَمِيلَتِي لَيْسَتْ هُنا لِأَنَّها مُسافِرَةٌ.

Ausnahme: Nach dem Verb qāla/yaqūlu *sagen* wird ʾinna *daß* (w: siehe [daß]) (anstelle von „ʾanna") benutzt. Durchgehend beachtet wird diese Besonderheit allerdings nur bei gehobenem Sprachgebrauch.

qultu la-hu ʾinna ʾaḫā-hu kāna hunā.	*Ich habe ihm gesagt, daß (w: siehe [daß]) sein Bruder hier war.*	قُلْتُ لَهُ إِنَّ أَخاهُ كانَ هُنا.
qultu la-hā ʾinna-ʾuḫta-hā kānat hunā.	*Ich habe ihr gesagt, daß (w: siehe [daß]) ihre Schwester hier war.*	قُلْتُ لَها إِنَّ أُخْتَها كانَتْ هُنا.
qultu la-kum ʾinna-hā kānat hunā.	*Ich habe euch gesagt, daß sie (w: siehe-sie) hier war.*	قُلْتُ لَكُمْ إِنَّها كانَتْ هُنا.

1 Im Koran gibt es zahlreiche *Verse*, die *mehrfach* vorkommen, manchmal leicht *variiert*, manchmal *wortgleich*.

L 11 – Die neuen Wörter (Teil 2) الكَلِماتُ الجَدِيدةُ (القِسْمُ الثّانِي)

ṣāḥibun *pl.* ˀaṣḥābun	*Inhaber, Besitzer* *(z.B. Laden, Restaurant)*	صاحِبٌ ج أَصْحابٌ	ẓanna/ yaẓunnu	*meinen; glauben; denken; annehmen*	ظَنَّ / يَظُنُّ
maṭˁamun *pl.* maṭāˁimu	*Restaurant; Gastwirtschaft*	مَطْعَمٌ ج مَطاعِمُ	kuratun – kuratu 'al-yad(i)	*Kugel; Ball – Handball*	كُرةٌ - كُرَوِيٌّ
ġālin (p: ġālī) ⇔ raḫīṣun	*teuer* ⇔ *billig*	غالٍ ⇔ رَخِيصٌ	qadamun *f.* *pl.* ˀaqdāmun	*Fuß* *(auch als Längenmaß)*	قَدَمٌ ج أَقْدامٌ
mašā/yamšī – māšin (p: māšī)	*gehen – gehend*	مَشىٰ / يَمْشِي - ماشٍ	laˁiba/yalˁabu – luˁbatun	*spielen – Spiel*	لَعِبَ/يَلْعَبُ - لُعْبةٌ
ṭarīqun *meist m.* *pl.* ṭuruqun	*Weg; Straße (zwischen Orten)*	طَرِيقٌ ج طُرُقٌ	riyāḍatun – fannun *pl.* funūnun	*Sport – Kunst*	رِياضةٌ - فَنٌّ ج فُنُونٌ
taqāṭuˁun *pl.* -ātun	*Kreuzung* *(von Straßen od. Wegen)*	تَقاطُعٌ ج اتٌ	ˀadabun – šiˁrun, naṯrun	*Literatur – Lyrik, Prosa*	أَدَبٌ - شِعْرٌ، نَثْرٌ
murūrun – naqlun	*Verkehr; Transit – Transport; Transfer*	مُرُورٌ - نَقْلٌ	ˀafḍalu ⇔ ˀaswaˀu	*besser* ⇔ *schlechter*[1]	أَفْضَلُ ⇔ أَسْوَأُ[1]
fi‿l-hawāˀi 'at-ṭalqi	*im Freien* *(w: in der-Luft der-freien)*	في ٱلهَواءِ الطَّلْقِ	ˁāda (ˁudtu)/ yaˁūdu	*wieder-kommen*	عادَ (عُدْتُ) / يَعُودُ
yā la-l-ḫasāra(ti)	*oh wie schade* *(w: oh gewiß-des-Schadens)*	يا لَلْخَسارةِ	nazala/ yanzilu	*herabkommen; aus-, steigen; fallen (Regen)*	نَزَلَ / يَنْزِلُ

Rechts, links, geradeaus (w: nach vorn) – **Wie kommt man dorthin?**

إلىٰ ٱليَمِينِ، إلىٰ اليَسار، إلىٰ ٱلأَمامِ - كَيْفَ الطَّرِيقُ إلىٰ هُناكَ؟

Wie kommt man (w: Wie [ist] der-Weg?) zum Museum? – Am besten geht ihr zu Fuß (w: das-beste, daß ihr geht auf den-Füßen), zuerst geradeaus, bis ihr an die Kreuzung kommt, dort geht ihr nach rechts, bis zur ersten Verkehrsampel, danach geht ihr nach links, und dann seht ihr das Museum vor euch. Es ist nicht weit, nur etwa10 Minuten.

كَيْفَ الطَّرِيقُ إلىٰ ٱلمُتْحَفِ؟ - الأَفْضَلُ أَنْ تَذْهَبُوا عَلىٰ ٱلأَقْدامِ، أَوَّلاً إلىٰ ٱلأَمامِ حَتّىٰ تَصِلُوا إلىٰ التَّقاطُعِ، هُناكَ تَذْهَبُونَ إلىٰ ٱليَمِينِ حَتّىٰ إشارةِ المُرُورِ الأُولىٰ، ثُمَّ تَمْشُونَ إلىٰ ٱليَسارِ وَبَعْدَ ذٰلِكَ تَرَوْنَ المُتْحَفَ أَمامَكُمْ. هُوَ لَيْسَ بَعِيداً، تَقْرِيباً ١٠ (عَشْر) دَقائِقَ فَقَطْ.

Zwei kleine Witze

نُكْتَتانِ قَصِيرَتانِ: طَقْسٌ دافِئٌ بِدُونِ مَطَرٍ

Warmes Wetter – kein Regen (w: mit-ohne Regen)

Ein kleines Mädchen hört, wie ihr älterer Bruder zu ihrem Vater sagt (w: hört das-Mädchen das-kleine [den] Bruder-ihren den-älteren u.-er sagt zu ...): „Oh wie schade! Heute gibt es keinen Fußball (w: nicht sie spielen [den] Ball des-Fußes) im Fernsehen!“ Darauf sagt die Kleine: „Natürlich, Papa, die (w: sie) spielen doch im Freien, wenn es so warm ist u. nicht regnet (w: fällt der-Regen).“

تَسْمَعُ البِنْتُ الصَّغِيرةُ أَخاها الأَكْبَرَ وَهُوَ يَقُولُ لِأَبِيها: «يا لَلْخَسارة! اليَوْمَ لا يَلْعَبُونَ كُرةَ القَدَمِ في التِّلِيفِزْيون!» فَتَقُولُ الصَّغِيرةُ: «طَبْعاً، يا بابا، هُمْ يَلْعَبُونَ في ٱلهَواءِ الطَّلْقِ عِنْدَما يَكُونُ الطَّقْسُ دافِئاً وَلا يَنْزِلُ المَطَرُ.»

In einem teuren Restaurant

في مَطْعَمٍ غالٍ

Tourist zum Restaurantbesitzer: „Ich habe schon besseren Fisch gegessen als diesen.“ Restaurantbesitzers: „Das mag sein, mein Herr, aber nicht hier!

السّائِحُ لِصاحِبِ المَطْعَمِ: «لَقَدْ أَكَلْتُ سَمَكاً أَفْضَلَ مِنْ هٰذا.»
صاحِبُ المَطْعَمِ: «هٰذا مُمْكِنٌ، يا سَيِّدِي وَلٰكِنْ لَيْسَ هُنا!»

1 Mit Artikel im Sinne der Absolutheit: 'al-ˀafḍalu الأَفْضَل *am besten* ⇔ 'al-ˀaswaˀu الأَسْوَأ *am schlechtesten, am schlimmsten.*

L11 – Übungen — الدَّرْسُ الحادِيَ عَشَر - التَّمارِينُ

Ü 1: Ich kann heute nicht kommen. – Was ist der Grund?
التَّمْرِينُ الأَوَّلُ: لا أَسْتَطِيعُ أَنْ آتِيَ اليَوْمَ. - ما هُوَ السَّبَبُ؟

ich komme nicht ➢ Ich kann heute nicht kommen, weil ich zu tun habe m/f.
لا آتِي ➢ لا أَسْتَطِيعُ أَنْ آتِيَ اليَوْمَ لِأَنَّنِي مَشْغُولٌ / لِأَنَّنِي مَشْغُولَةٌ.

er kommt nicht ➢ Unser Dozent kann heute nicht kommen, weil er krank ist.
لا يَأْتِي ➢ مُدَرِّسُنا لا يَسْتَطِيعُ أَنْ يَأْتِيَ اليَوْمَ لِأَنَّهُ مَرِيضٌ.

sie kommt nicht ➢ Meine Kollegin kann heute nicht kommen, weil sie verreist ist.
لا تَأْتِي ➢ زَمِيلَتِي لا تَسْتَطِيعُ أَنْ تَأْتِيَ اليَوْمَ لِأَنَّهَا مُسافِرَةٌ.

Ü 2: Wann kommst du od. **kommen Sie** m/f **wieder? Wann kommt ihr** od. **kommen Sie** m. pl. **wieder?**
التَّمْرِينُ الثّانِي: مَتَىٰ تَعُودُ / تَعُودِينَ؟ مَتَىٰ تَعُودُونَ؟

Ende dieser Woche ➢ Ich glaube, daß ich Ende dieser Woche wiederkomme.
فِي نِهايَةِ هٰذا ٱلْأُسْبُوعِ ➢ أَظُنُّ أَنَّنِي سَأَعُودُ فِي نِهايَةِ هٰذا ٱلْأُسْبُوعِ.

Ende dieses Monats: Er glaubt, daß er Ende dieses Monats wiederkommt.
فِي نِهايَةِ هٰذا ٱلشَّهْرِ ➢ يَظُنُّ أَنَّهُ سَيَعُودُ فِي نِهايَةِ هٰذا ٱلشَّهْرِ.

Anfang nächsten Monats ➢ Sie glaubt, daß sie Anfang nächsten Monats wiederkommt.
فِي بِدايَةِ الشَّهْرِ القادِمِ ➢ تَظُنُّ أَنَّهَا سَتَعُودُ فِي بِدايَةِ الشَّهْرِ القادِمِ.

Ü 3: Ich vertrage dieses Essen leider nicht.
التَّمْرِينُ الثّالِثُ: لِلأَسَفِ، لا أَتَحَمَّلُ هٰذا ٱلأَكْلَ.

Pepperoni (w: Paprika scharfer) *➢ Ich vertrage keine Pepperoni und auch keine Zwiebeln.*
فِلْفِلٌ حارٌّ ➢ لا أَتَحَمَّلُ الفِلْفِلَ الحارَّ وَلا البَصَلَ.

Knoblauch – mein Sohn ➢ Mein Sohn verträgt keinen Knoblauch, und er mag ihn auch nicht.
ثُومٌ - اِبْنِي ➢ لا يَتَحَمَّلُ اِبْنِي الثُّومَ وَلا يُحِبُّهُ أَيْضاً.

Milch – meine Tochter ➢ Meine Tochter verträgt keine Milch, und sie mag sie auch nicht.
حَلِيبٌ - بِنْتِي ➢ لا تَتَحَمَّلُ بِنْتِي الحَلِيبَ وَلا تُحِبُّهُ أَيْضاً.

Ü 4: Ist das richtig? od. **Stimmt das? Was glauben Sie** m/f**?**
التَّمْرِينُ الرّابِعُ: هَلْ هٰذا صَحِيحٌ؟ ماذا تَظُنُّ/ ماذا تَظُنِّينَ؟

Geht es Rim (f.) *gut? ➢ Ich weiß es nicht genau, aber ich glaube, daß es ihr gut geht.*
هَلْ رِيم بِخَيْرٍ؟ ➢ لا أَعْرِفُ بِٱلضَّبْطِ وَلٰكِنْ، أَظُنُّ أَنَّها بِخَيْرٍ.

Interessiert sich Ibtisam (f.) *für* (w: die) *Literatur? ➢ Ja, ich glaube, daß sie sich dafür interessiert.*
هَلْ تَهْتَمُّ اِبْتِسام بِٱلأَدَبِ؟ ➢ نَعَمْ، أَظُنُّ أَنَّها تَهْتَمُّ بِهِ.

Interessiert sich Faris (m.) *für* (w: die) *Kunst? ➢ Nein, ich glaube nicht, daß er sich dafür interessiert.*
هَلْ يَهْتَمُّ فارِس بِٱلفَنِّ؟ ➢ لا، لا أَظُنُّ أَنَّهُ يَهْتَمُّ بِهِ.

Ü 5: Wofür interessierst du dich m/f od. **interessieren Sie sich? Für Sport?**
التَّمْرِينُ الخامِسُ: بِماذا تَهْتَمُّ؟ بِٱلرِّياضَةِ؟/بِماذا تَهْتَمِّينَ؟ بِٱلرِّياضَةِ؟

Fußball, Handball ➢ Ich interessiere mich besonders für Fußball und Handball.
كُرَةُ القَدَمِ، كُرَةُ اليَدِ ➢ أَهْتَمُّ خاصَّةً بِكُرَةِ القَدَمِ وَكُرَةِ اليَدِ.

Literatur[1]*, Lyrik (*od. *Dichtung) ➢ Ich interessiere mich fürLiteratur, vor allem für Dichtung.*
أَدَبٌ، شِعْرٌ ➢ أَهْتَمُّ بِٱلأَدَبِ، وَقَبْلَ كُلِّ شَيْءٍ بِٱلشِّعْرِ.

Musik, Gesang[2] *➢ Wir interessieren uns für Musik, und vor allem für Gesang.*
مُوسِيقىٰ، غِناءٌ: نَهْتَمُّ بِٱلمُوسِيقىٰ، وَقَبْلَ كُلِّ شَيْءٍ بِٱلغِناءِ.

1 1988 erhielt der Ägypter *Naguib Maḥfuz* نجيب محفوظ (1911-2006), als bisher einziger arab. Literat, den Nobelpreis.
2 „Ikonen“ des Gesangs: die Ägypterin *Umm Kulthum* أُمّ كلثوم (1908-75) u. die Libanesin *Feiruz* فيروز (geb. 1934).

L 11 – Die neuen Wörter (Teil 3) الكَلِماتُ الجَدِيدةُ (القِسْمُ الثّالِثُ)

fiḍḍatun, ḏahabun, ʿāǧun	*Silber, Gold, Elfenbein*	فِضَّةٌ، ذَهَبٌ، عاجٌ	mā yusammā bi-	*sogenannt* *(w: was benannt wird mit ...)*	ما يُسَمّىٰ بِ
ḥadīdun, maʿdinun, zuǧāǧun	*Eisen, Metall, Glas*	حَدِيدٌ، مَعْدِنٌ، زُجاجٌ	dāḫilun ⇔ ḫāriǧun	*Inneres; Inland ⇔ Äußeres; Ausland*	داخِلٌ ⇔ خارِجٌ
ṣūfun, ḫašabun, waraqun	*Wolle, Holz, Papier*	صُوفٌ، خَشَبٌ، وَرَقٌ	ḥammāmun *pl.* -ātun[1]	*Bad; Dampfbad; Toilette, WC*	حَمّامٌ ج اتٌ
waraqatun *pl.* ʾawrāqun	*Papier (einzelnes Blatt)* *pl. Papiere, Dokumente*	وَرَقةٌ ج أَوْراقٌ	qaṣrun *pl.* quṣūrun	*Schloß; Palast* *(vgl. L9, S. 127 Anm. 3)*	قَصْرٌ ج قُصُورٌ
zamīlun *pl.* zumalāʾu	*Kollege; Schulkamerad*	زَمِيلٌ ج زُمَلاءُ	kalāmun ⇔ sukūtun	*Rede; Reden ⇔ Schweigen*	كَلامٌ ⇔ سُكُوتٌ

Übungen zur Aussprache (Teil 1): ḥāʾ, ʿayn, qāf am Wortende

تَمارِينُ فِي ٱلنُّطْقِ (الجُزْءُ الأَوَّلُ): حاء، عَيْن، قاف فِي آخِرِ الكَلِمةِ

geöffnet: Ist das Bardo-Museum[2] in Tunis sonntags (w: an den Tagen des-Sonntags) geöffnet?

مَفْتُوحٌ: هَلْ مُتْحَفُ باردو فِي تُونِسَ مَفْتُوحٌ فِي أَيّامِ الأَحَدِ؟

geschlossen: Ist die Amen-Bank (w: Bank der-Sicherheit) freitags offen od. geschlossen?

مُغْلَقٌ: هَلْ مَصْرِفُ الأَمانِ مَفْتُوحٌ أَمْ مُغْلَقٌ فِي أَيّامِ الجُمْعةِ؟

Frühling: Der sogenannte „Arab. Frühling" begann in der tunesischen Stadt Sidi Bouzid.

رَبِيعٌ: بَدَأَ ما يُسَمّىٰ بِٱلرَّبِيعِ العَرَبِيِّ فِي مَدِينةِ سِيدِي بُوزِيد التُّونِسِيّةِ.

Papiere: Ach je, wir müssen ins Hotel zurück, wir haben die Papiere vergessen.

أَوْراقٌ: يا سَلامُ، عَلَيْنا أَنْ نَرْجِعَ إِلىٰ ٱلفُنْدُقِ، نَسِينا الأَوْراقَ.

Übungen zur Aussprache (Teil 2): ḥāʾ, ʿayn, qāf im Wortinneren

تَمارِينُ فِي ٱلنُّطْقِ (الجُزْءُ الثّانِي): حاء، عَيْن، قاف فِي داخِلِ الكَلِمةِ

Oase: Ist das Hotel „Oase" teuer? – Nein, es ist verhältnismäßig billig.

واحةٌ: هَلْ فُنْدُقُ الواحةِ غالٍ؟ - لا، هُوَ رَخِيصٌ نِسْبِيّاً.

Sfax: Ich habe meinen Bruder in Sfax und meine Verwandten auf der Insel Djerba besucht.

صْفاقِس: زُرْتُ أَخِي فِي صْفاقِس وَأَقْرِبائِي فِي جَزِيرةِ الجِرْبة.

Kairouan: Die Sidi-Oqba Moschee in Kairouan wurde im 7. Jh. erbaut.

القَيْرَوانُ: بُنِيَ جامِعُ سِيدِي عُقْبة فِي القَيْرَوان فِي القَرْنِ الـ٧ (السّابِع).

Vergleich: Im Vergleich zum letzten Jahr regnete es in diesem Jahr oft.

مُقارَنةٌ: بِٱلْمُقارَنةِ مَعَ السَّنةِ الماضِيةِ فَقَدْ أَمْطَرَتْ كَثِيراً فِي هٰذِهِ السَّنةِ.

Übungen zur Aussprache (Teil 3): Achten Sie auf das Verdoppelungszeichen!

تَمارِينُ فِي ٱلنُّطْقِ (الجُزْءُ الثّالِثُ): لاحِظُوا الشَّدّةَ!

Silber: Silber, Gold und Elfenbein sind teure Materialien, doch Papier ist billig.

فِضّةٌ: ٱلفِضّةُ وَٱلذَّهَبُ وَٱلعاجُ مَوادُّ غالِيةٌ، أَمّا ٱلوَرَقُ فَهُوَ رَخِيصٌ.

mein Großvater: Mein Großvater ist im Ausland, ich glaube, daß er in zwei Wochen wiederkommt.

جَدِّي: جَدِّي فِي ٱلخارِجِ، أَظُنُّ أَنَّهُ سَيَرْجِعُ بَعْدَ أُسْبُوعَيْنِ.

meine Großmutter: Meine Großmutter ist in Hammamet[1], ich glaube, daß sie übermorgen wiederkommt.

جَدَّتِي: جَدَّتِي فِي ٱلحَمّاماتِ، أَظُنُّ أَنَّها سَتَرْجِعُ بَعْدَ غَدٍ.

1 Ohne Verdoppelung: ḥamām *Taube(n)* حَمام – 'al-ḥammāmāt *Hammamet* (= Tunes. Badeort) bedeutet also: *die Bäder*.

2 *Bardo-Museum* (offiziell: 'al-mutḥaf 'al-waṭaniyy bi-bārdo المُتحَف الوَطَنِيّ بباردو): weltgrößte Sammlung röm. Mosaiken

L 11 – Vorletzte Seite: Verschiedenes

الصَّفْحةُ قَبْلَ الأَخيرة: مُتَفَرِّقاتٌ

Sechs nützliche Verkehrsmittel:
Tragen Sie rechts die passende Nr. ein!

سِتّةُ وَسائِلِ نَقْلٍ مُفيدّةٌ: ضَعْ الرَّقْمَ المُناسِبَ إلىٰ ٱليَمين.

☐ قِطارٌ ☐ سَفينةٌ

☐ طائِرةٌ ☐ سَيّارةٌ

☐ دَرّاجةٌ ☐ حافِلةٌ أو: باص

١ 

٢ 

٣ 

٤ 

٥ 

٦ 

„Grünes Tunesien", „Grüner Libanon":
Einige nützliche Informationen

لُبْنانُ الأَخْضَرُ، تُونِسُ الخَضْراء: بَعْضُ المَعْلُوماتِ المُفيدةِ

أُسِّسَتْ الجُمْهُورِيّةُ التُّونِسِيّةُ عامَ ١٩٥٦ (أَلْفٍ وتِسْعِ مِئةٍ وَسِتَّةٍ وَخَمسين) وَتَتأَلَّفُ اليَوْمَ من ٢٤ (أَرْبَعٍ وعِشْرينَ) وِلايةً. لَوْنُ العَلَمِ أَحْمَرُ وَفيهِ هِلالٌ وَنَجْمٌ بِنَفْسِ اللَّوْنِ. حَصَلَتْ تُونِس عَلىٰ لَقَبٍ جَميلٍ أَلا وَهُوَ تُونِس الخَضْراء. رُبَّما لا تَعْرِفُونَ أَنَّ هُناكَ بَلَداً عَرَبِيّاً ثانِياً بِنَفْسِ اللَّقَبِ أَلا وَهُوَ لُبْنانُ الأَخْضَرُ. يَنْبُتُ في جِبالِهِ شَجَرُ الأَرْزِ المَشْهُورُ مُنْذُ عَصْرِ المَلِكِ سُلَيْمان. نَقْرَأُ في ٱلإِنْجيلِ أَنَّهُ اِسْتَعْمَلَ خَشَبَ الأَرْزِ اللُّبْنانِيِّ لِبِناءِ قَصْرِهِ وَسُفُنِهِ.أَصْبَحَتْ شَجَرةُ الأَرْزِ رَمْزَ لُبْنانَ وَنَراها في عَلَمِهِ. بَيْرُوتُ أَكْبَرُ مُدُنِهِ وَطَرابُلُس ثاني أَكْبَرُ مَدينةٍ وَبِشَكْلٍ أَدَقَّ طَرابُلُس الشَّرْقِ. أَمّا طَرابُلُس الغَرْبِ فَهِيَ عاصِمةُ لِيبيا وَأَكْبَرُ مَدينةٍ فيها.

Schauen Sie auf die Karte und ergänzen
Sie die Sätze mit den passenden Namen.

أُنْظُرْ إلىٰ الخَريطةِ وَأَكْمِلْ الجُمَلَ بِٱلأَسْماءِ المُناسِبةِ.

١ - جامِعُ الزَّيْتُونةِ هُوَ أَقْدَمُ جامِعٍ في .... العاصِمةِ.

٢ - يَقَعُ الرَّأْسُ .... في أَقْصىٰ الشِّمال الشَّرْقِيِّ لِتُونِس.

٣ - جامِعُ عُقْبة بن نافِع في .... هُوَ أَقْدَمُ جامِعٍ في ٱلمَغْرِب.

٤ - تَقَعُ مَدينةُ .... الجَميلةُ عَلىٰ خَليج ....

٥ - مَدينةُ .... هِي ميناءٌ مُهِمٌّ وَثانِي أَكْبَرُ مَدينةٍ في تُونِس.

٦ - جَزيرةُ .... طَقْسُها جَميلٌ وَفي كُلِّ سَنةٍ يَزُورُها سُيّاحٌ كَثيرُونَ.

1 Bank in Beirut, 3 Banken in Tunis:
Können Sie deren Namen lesen?

بَنْك في بَيْرُوت، ثَلاثةُ بُنُوكٍ في تُونِس: هَلْ تَسْتَطيعُ قِراءةَ أَسْمائِها؟

مَصرف لبنان

البنك التونسي

البنك المركزي التونسي

بنك الأمان

L 11 – Letzte Seite: Wiederholung الصَّفْحَةُ الأَخِيرَةُ: مُراجَعَةٌ

Noch einmal:
Der Lektionstext – aber *ohne* Vokalisierung مَرَّةً أُخْرىٰ: نَصُّ الدَّرْسِ – وَلٰكِنْ بِدُونِ تَشْكِيلٍ

الدرس الحادي عشر: في شمال افريقيا (القسم الثاني): تونس الخضراء - بلد الزيتون والنخيل - لقد تعرفتم في الدرس السابق على بعض المعالم السياحيّة الموجودة في المغرب الأقصى. أمّا في هذا الدرس فسنأخذكم إلى بلد صغير نسْبيّاً يقع أيضاً في شمال افريقيا ولكنّه ليس مملكة بل جمهوريّة ألا وهي تونس أو الجمهوريّة التونسية كما هو اسمها الرسمي. أيضاً لتونس دولتان مجاورتان فقط وهما ليبيا في الجنوب الشرقيّ والجزائر في الغرب. أمّا في الشمال والشرق فنجد البحر الأبيض المتوسّط مع سواحله الجميلة. بِالمناسبة: طول السواحل التونسيّة حوالي ١١٠٠ كم وهذا أطول من المسافة بين أقصى شمال ألمانيا وأقصى جنوبها، أي من الحدود الدنماركيّة إلى جبال الألب. - وكم عدد سكان الجمهورية التونسية؟ - عددهم حوالي ١١ مليون نسمة وأكثرهم يعيشون في المدن الكبيرة مثل تونس العاصمة وصفاقس وسوسة وبنزرت. الطبيعة في تونس جميلة جدّاً: غابات في الشمال الغربِيّ وأشجار الزيتون في الوسَطِ وَالنخيلُ في الجنوب حيث تبدأ الصحراء الكبرى مع واحاتها الكبيرة والمهمّة لزراعة التمر.

الفينيقيّون والرومان والعرب – رحلة في تاريخ تونس – نبدأ رحلتنا في مكان مشهور ألا وهو قرطاج الّتي أسّسها الفينيقيّون في القرن التاسعِ قبل الميلاد. لننتقل الآن إلى المتحف هناك واسمه الكامل متحف قرطاج الوطنِيّ. نرى أمامه سيّاحاً من بلدان مختلفة وبينهم ألمانيّتان: جدّة وحفيدتها روت. هذه الرحلة هديّة لروت الّتي حصلت على شهادة البكالوريا منذ شهرين. تهتمّ روت كثيراً بالتاريخِ وتريد أن تدرس هذه المادّة في إحدى الجامعات الألمانيّة. أيضاً جدّتها تهتمّ بالتاريخِ، كانت مدرّسة لمادّتي التارِيخِ واللغة الفرنسيّة، هي متقاعدة منذ سنتين. تحبّ السفر كثيراً وهذه هي رحلتها الثانية لتونس. أما زوجها - جدّ روت - فهو متقاعد كذلك ويحبّ السّفر هو الآخر. مع ذلك لم يسافر معهما هذه المرّة في البيت لأنّه لا يحبّ الطقس الحارّ ولا يتحمّله. فعلاً، درجات الحرارة عالية هذه الأيّام، تصل لأكثر من ٣٥ درجة وهي بالمقارنة مع طقس ألمانيا أعلى بكثير. تقول الجدّة: أقترح أن ندخل إلىٰ المتحف أوّلاً، ثمّ نزور المسرح الروماني وفيما بعد الميناء القديم. ما رأيك في ذلك؟ تجيب روت: نعم، تمام ... الحرارة فعلا شديدة الآن.

Zum Auswendiglernen:
Gängige Redewendungen und bekannte Sprichwörter لِلْحِفْظِ: عِباراتٌ شائِعَةٌ وَأَمْثالٌ سائِرَةٌ

Reden ist Silber, Schweigen ist Gold zitiert man meist in Form eines „Wenn-dann"-Satzes: 'iḏā kāna‿l-kalāmu min fiḍḍa(tin) fa-s-sukūtu min ḏahab(in) *Wenn (w:das) Reden (w:von) Silber ist (w: war), dann ist (w:das) Schweigen (w:von) Gold.*

إذا كان الكلام من فضّة،	*Reden ist Silber,*	إذا كانَ ٱلْكَلامُ مِنْ فِضّة،
فالسكوت من ذهب	*Schweigen ist Gold*	فَٱلسُّكُوتُ مِنْ ذَهَب

Hier machen wir Schluß. Danke und auf Wiedersehen! – Auf Wiedersehen in der 12. Lektion! – Lebt wohl!

إلىٰ هُنا وَنَنْتَهِي. شُكْراً وَإلىٰ ٱللِّقاء! – إلىٰ ٱللِّقاءِ في ٱلدَّرْسِ الثّانِيَ عَشَر! – مَعَ ٱلسَّلامةِ!

12. Lektion

الدّرس الثّاني عشر

'ad-dars(u) 'aṯ-ṯānīya ˁašar(a)
die-Lektion die-zwölfte

Herzlich willkommen!
Herzlich willkommen in der 12. Lektion!

أَهْلاً وَسَهْلاً! أَهْلاً وَسَهْلاً بِكُمْ فِي الدَّرْسِ الثّانِيَ عَشَرَ!

Die neuen Wörter (Teil 1) — الكَلِماتُ الجَدِيدةُ (القِسْمُ الأَوَّلُ)

siyāsatun – siyāsiyyun	*Politik – politisch; Politiker*	سِياسةٌ - سِياسِيٌّ
ˀidāratun *pl.* -ātun	*Verwaltung; Behörde; Leitung*	إدارةٌ ج اتٌ
tiǧāratun – 'iqtiṣādun	*Handel – Wirtschaft; Ökonomie*	تِجارةٌ - اِقْتِصادٌ
tāǧirun *pl.* tuǧǧārun	*Kaufmann; Händler*	تاجِرٌ ج تُجّارٌ
qāfilatun *pl.* qawāfilu	*Karawane*	قافِلةٌ ج قَوافِلُ
biḍāˁatun *pl.* baḍāˀiˁu	*Ware; Handelsgut*	بِضاعةٌ ج بَضائِعُ
lubānun – baḫūrun	*Weihrauch – Räucherwerk; Weihrauch*	لُبانٌ - بَخُورٌ
ˁaṣrun *pl.* ˁuṣūrun	*Zeitalter; Epoche*	عَصْرٌ ج عُصُورٌ
ˁan ṭarīqi – ˁabra	*über (örtlich), via – mittels; [hin]durch*	عَنْ طَرِيقِ - عَبْرَ
nabātun[1] ⇔ ḥayawānun[1]	*Pflanze ⇔ Tier*	نَباتٌ ⇔ حَيَوانٌ
ǧamalun *pl.* ǧimālun	*Kamel; Dromedar*	جَمَلٌ ج جِمالٌ[1]
ˀasadun *pl.* ˀusūdun	*Löwe*	أَسَدٌ ج أُسودٌ
baˀsun – lā baˀs(a)[2]	*Übel; Unglück – nicht schlimm*	بَأْسٌ - لا بَأْسَ[2]
lā baˀsa bi-hi/bi-hā	*beträchtlich; ziemlich (w: kein Übel an-ihm/ihr)*	لا بَأْسَ بِهِ/بِها
ṣādirātun ⇔ wāridātun	*Exportgüter ⇔ Importgüter*	صادِراتٌ ⇔ وارِداتٌ
taqlīdun *pl.* taqālīdu	*Nachahmung; Tradition*	تَقْلِيدٌ ج تَقالِيدُ
taqlīdiyyun ⇔ ˁaṣriyyun	*traditionell ⇔ modern*	تَقْلِيدِيٌّ ⇔ عَصْرِيٌّ
ġāz – bitrōl, nafṭ	*Gas; Erdgas – Erdöl*	غاز - بِتْرُول، نَفْط
ˀunbūbun *pl.* ˀanābību	*Rohr; Röhre*	أُنْبُوبٌ ج أَنابِيبُ
sibāqun *pl.* -ātun	*Wettkampf; Wettlauf; Wettrennen*	سِباقٌ ج اتٌ
wāqiˁun – fī_l- wāqiˁi	*liegend; Realität – in Wirklichkeit*	واقِعٌ - فِي ٱلْواقِعِ
sifāratun *pl.* -ātun	*Botschaft (e-s Staates)*	سِفارةٌ ج اتٌ
ṯaqāfatun – ṯaqāfiyyun	*Bildung; Kultur – Bildungs-; Kultur-*	ثَقافةٌ - ثَقافِيٌّ
ḥākimun *pl.* ḥukkāmun	*herrschend; Herrscher*	حاكِمٌ ج حُكّامٌ
tazawwaǧa V/ yatazawwaǧu min	*heiraten j-n*	تَزَوَّجَ / يَتَزَوَّجُ مِنْ
ṭufūlatun – šabābun	*Kindheit – Jugend*	طُفُولةٌ - شَبابٌ
minṭaqatun *pl.* manāṭiqu	*Gebiet; Region*	مِنْطَقةٌ ج مَناطِقُ
muḥāfaẓatun *pl.* -ātun	*Gouvernement; Provinz; Bundesland*	مُحافَظةٌ ج اتٌ
ḫabarun *pl.* ˀaḫbārun	*Nachricht; Mitteilung*	خَبَرٌ ج أَخْبارٌ
ka-mā yalī – fī-mā yalī[3]	*wie folgt – im folgenden*	كَما يَلِي - فِيما يَلِي[3]

1 Der *Plural* endet jeweils auf -ātun: ḥayawānātun حَيَواناتٌ *Tiere* – nabātātun نَباتاتٌ *Pflanzen*

2 In den Maghreb-Ländern benutzt man „lā baˀs(a)“– ähnlich wie im ostarab. Raum „māšī l-ḥāl“ – auch als informelle Begrüßungsformel; dialektale Aussprache wie „lā bās?“, d.h. mit *langem „ä“* (wie dt. „*sägen*“) u. *ohne* Hamza.

3 von: waliya/yalī (Wurzel: w-l-y) وَلِيَ / يَلِي *folgen* (meist unpersönlich, wiel. z.B. ˀamkana/yumkinu أمكن يمكن *möglich sein*).

wāsiˁun ⇔ ḍayyiqun	*weit(räumig) ⇔ eng; schmal*	واسِعٌ ⇔ ضَيِّقٌ	ḥisābun – riyāḍiyyātun	*Rechnung; Konto – Mathematik*	حِسابٌ - رِياضِيّاتٌ
qalˁatun *pl.* qilāˀun	*Festung; Fort; Zitadelle, Burg*	قَلْعةٌ ج قِلاعٌ	muˁaddalun – mutawaṣṣiṭun	*Durchschnitt – Mittelwert (w: mittlerer/s)*	مُعَدَّلٌ - مُتَوَسِّطٌ
nisbatun miˀawiyyatun	*Prozentsatz (w: Verhältnis „hundertliches")*	نِسْبةٌ مِئَوِيّةٌ	waḥīdun ⇔ maˁan	*einzig; allein; einsam ⇔ miteinander; gemeinsam*	وَحِيدٌ ⇔ مَعاً

Ein wenig Mathematik: Wie liest man diese Zahl? قَلِيلٌ مِنَ ٱلرِّياضِياتِ – كَيْفَ يُقْرَأُ هٰذا ٱلعَدَدُ؟

1. **Prozent**: Zahl + bi-l-miˀa(ti) بِٱلْمئة *Prozent (w: pro 100)*, z.B. *50 %* ḫamsūna bi-l-miˀa(ti), *100 %* miˀa(tun) bi-l-miˀa(ti) — ١) خَمْسُونَ بِٱلْمِئة، مِئةٌ بِٱلْمِئةِ
2. **Kommazahlen**: Zahl + fāṣila(tun) *Komma* + Zahl, z.B. *2,8 Prozent* 'iṯnāni fāṣila(tun) sitta(tun) bi-l-miˀa(ti) — ٢) اِثْنانِ فاصِلةٌ سِتَّةٌ بِٱلْمِئةِ
3. **Bruchzahlen von 3 – 10**: Form „budlun" *pl.* ˀabdālun, z.B. *Drittel* ṯulṯ(un), *Viertel* rubˁ(un), *Fünftel* ḫums(un), *Zehntel* ˁušr(un) – ṯulṯān(i) *zwei Drittel*, ṯalāṯatu ˀarbāˁ(in) *drei Viertel* — ٣) ثُلْثٌ، رُبْعٌ، خُمْسٌ، عُشْرٌ - ثُلْثانِ، ثَلاثةُ أَرْباعٍ
4. **Bruchzahlen ab 11**: Zahl + bi- + Zahl, z.B. *1/100 Sekunde* wāḥid(un) bi-l-miˀa(tin) mina‿ṯ-ṯāniya(ti), *2/100 Sekunden* 'iṯnāni bi-l-miˀa(ti) min a‿ṯ-ṯāniya(ti), *1/1000 Gramm* wāḥid(un) bi-l-ˀalf(i) min ġrām — ٤) واحِدٌ بِٱلْمِئةِ مِنَ ٱلثّانِيةِ، اِثْنانِ بِٱلْمِئةِ مِنَ ٱلثّانِيةِ، واحِدٌ بِٱلأَلْفِ مِنْ غرام

Der Unterschied beträgt (w: ist) nur 1/10 Sekunden. – Dreiviertel der Einwohner sind Araber.	الفَرْقُ عُشْرُ ثانِيةٍ فَقَطْ. - ثَلاثةُ أَرْباعِ ٱلسُّكانِ هُمْ عَرَبٌ.
Etwa 87 Prozent der Einwohner Indonesiens sind Muslime.	حَوالَيْ ٨٧ (سَبْعةٍ وَثَمانِينَ) بِٱلْمِئة مِنَ سُكّانِ اِنْدُونيسِيا مُسْلِمُونَ.
Hier liegt (w: ist) die Durchschnittstemperatur im Juli bei ca. 22 Grad.	هُنا مُعَدَّلُ دَرَجاتِ الحَرارةِ في يُولْيو حَوالَيْ ٢٢ (اِثْنَتَيْنِ وَعِشْرِينَ).
Und wie hoch (w: wieviel) ist die Durchschnittstemperatur in eurem od. Ihrem Land im Sommer?	وَكَمْ مُعَدَّلُ دَرَجاتِ الحَرارةِ في ٱلصَّيْفِ في بِلادِكُمْ؟

Lektionstext 12 – Übersetzung: Auf der arabischen Halbinsel

Karawanen u. Handelswege – „Schwarzes Gold" u. Traditionen – In unserer letzten Lektion nehmen wir Sie mit auf die Arabische Halbinsel oder, wie man abgekürzt sagt (w: oder in Form abgekürzter), auf die „Arabische Insel". Wußten Sie schon (w: wisst ihr), daß es (w: sie) die größte Halbinsel der Welt ist? Auf ihr (w: in-ihr) liegen 7 Staaten, und zwar Saudi-Arabien, Kuwait, Bahrein, Qatar, die Emirate, Oman u. der Jemen. Seit der Römerzeit spielte der Handel eine große Rolle, und der Weihrauch gehörte zu [war von] den wichtigsten Waren, die durch die ausgedehnten Wüsten der Arab. Halbinsel bis nach Gaza u. von dort nach Europa transportiert wurden (w: es geschah ihr Transport durch ...). Bis zur 1. Hälfte des 20. Jahrhunderts war in dieser Region das Kamel das wichtigste Transportmittel, denn es ist das einzige Tier, das für einige (e-e Zahl von) Wochen ohne Wasser und Nahrung auskommen (w: bleiben) kann. Heute aber gehört (w: wurde) das „Schwarze Gold", d.h. Erdöl (w: das Petrol) bzw. „Naphthalin", ebenso wie auch Erdgas zu (w: von) den wichtigsten Exportgütern, und der Transport geschieht mittels Pipelines (w: hindurch Leitungen der-Rohre) und Schiffen. Doch das Kamel spielt immer noch (w: was betrifft das Kamel, so hörte es nicht auf es spielt) eine beträchtliche Rolle, denn in vielen arab. Ländern gibt es einen traditionellen Volkssport, nämlich Kamelrennen.

Oman – Land des Weihrauchs und der Datteln Im 2. Teil (w: von) dieser Lektion stellen wir Ihnen einen Deutschen (e-e dt. Pers.) vor, der seit anderthalb Jahren in Masqat, der Hauptstadt von Oman, lebt. Tim Ott, so lautet (w: u.-dies [ist]) sein Name, arbeitet in der dt. Botschaft, in der Kulturabteilung. – Gefällt ihm seine Arbeit? – Ja, sie gefällt ihm, und ihm gefällt auch das Land. Er hat viel (w: das-viele) über dessen (w: seine) Geschichte gelesen, und er hat natürlich auch von Prinzessin Salma gelesen, die im Jahre 1844 in Sansibar geboren wurde. Ihr Vater war Sultan von Masqat u.Oman und gleichzeitig auch noch Herrscher von Sansibar. Sie (w: was betrifft sie, so) heiratete einen dt. Kaufmann und schrieb – in dt. Sprache – über ihre Kindheit in Sansibar und auch über ihr Leben in Deutschland. Doch kehren wir zurück zu Tim Ott. Vor einer Woche sind seine Eltern und sein Bruder nach Masqat gekommen, und er hat mit ihnen schon eine Fahrt in den Süden unternommen, in die Provinz Dhofar, ins „Weihrauchland". – Waren sie auch schon im Norden? – Nein, noch nicht, aber sie fahren noch dorthin, weil sie die berühmte Straße von Hormuz sehen wollen. – Und wo sind sie jetzt? – Sie sind auf dem Weg nach Nizwa, der früheren Hauptstadt des Oman. Sie werden dort das weiträumige Fort und die Altstadt mit ihren traditionellen Suks besichtigen. Danach wollen sie sich mit einem Freund von Tim treffen, der seit anderthalb Jahren als Dozent für das Fach (w: der) „Übersetzung" in der Abteilung für Deutsch (w: der-Sprache der-dt.) an der Universität Nizwa arbeitet.

L 12: Auf der Arabischen Halbinsel — الدَّرْسُ الثّانِيَ عَشَر: في شِبْهِ الجَزيرةِ العَرَبِيّةِ

Karawanen und Handelswege – Schwarzes Gold und Traditionen — القَوافِلُ وَطُرُقُ التِّجارة – الذَّهَبُ الأَسْوَدُ وَٱلتَّقالِيدُ

الجَمَلُ
سَفِينةُ الصَّحْراءِ

نَأْخُذُكُمْ في دَرْسِنا الأَخِيرِ إلىٰ شِبْهِ الجَزِيرةِ العَرَبِيّةِ أَوْ كَما يُقالُ بِشَكْلٍ مُخْتَصَرٍ إلىٰ ٱلجَزِيرةِ العَرَبِيّةِ. هَلْ تَعْرِفُونَ أَنَّها أَكْبَرُ شِبْهِ جَزِيرةٍ في ٱلعالَمِ؟ أَمّا الدُّوَلُ الواقِعةُ فِيها فَعَدَدُها سَبْعٌ أَلا وَهِيَ السَّعُودِيّةُ وَٱلكُوَيْتُ وَٱلبَحْرَيْن وَقَطَر وَٱلإماراتُ وَعُمانُ وَٱليَمَنُ. مُنْذُ ٱلعَصْرِ الرُّومانِيِّ لَعِبَتْ التِّجارةُ دَوْراً كَبِيراً وَكانَ البَخُورُ مِنْ أَهَمِّ البَضائِعِ اَلَّتي تَمَّ نَقْلُها عَبْرَ الصَّحارىٰ الواسِعةِ في ٱلجَزِيرةِ العَرَبِيّةِ إلىٰ غَزّة وَمِنْها إلىٰ أُورُبّا. وَحَتّىٰ النِّصْفِ الأَوَّلِ مِنَ ٱلقَرْنِ الـ ٢٠ (العِشْرين) كانَ الجَمَلُ أَهَمَّ وَسِيلةٍ لِلنَّقْلِ[1] في هٰذِهِ ٱلمِنْطَقةِ فَهُوَ الحَيَوانُ الوَحِيدُ اَلَّذي يَسْتَطِيعُ أَنْ يَبْقىٰ بِدُونِ ماءٍ وَأَكْلٍ لِعَدَدٍ مِنَ ٱلأَسابِيعِ. أَمّا اليَوْمَ فَأَصْبَحَ الذَّهَبُ الأَسْوَدُ أَيْ البِتْرول أَوْ النَّفْط وَكَذٰلِكَ أَيْضاً الغاز مِنْ أَهَمِّ الصّادِراتِ. وَيَتِمُّ نَقْلُها عادةً عَبْرَ خُطُوطِ الأَنابِيبِ وَٱلسُّفُنِ الكَبِيرةِ. أَمّا الجَمَلُ فَما زالَ يَلْعَبُ دَوْراً لا بَأْسَ بِهِ، إذْ تُوجَدُ في كَثِيرٍ مِنَ ٱلبُلْدانِ العَرَبِيّةِ رِياضةٌ شَعْبِيّةٌ تَقْلِيدِيّةٌ أَلا وَهِيَ سِباقُ الجِمالِ.

Oman – Land des Weihrauchs und der Datteln — عُمانُ – بِلادُ البَخُور وَٱلتَّمْر

في ٱلجُزْءِ الثّانِي مِنْ دَرْسِنا الأَخِيرِ نُقَدِّمُ لَكُمْ شَخْصاً أَلْمانِيّاً يَعِيشُ مُنْذُ سَنةٍ وَنِصْفٍ في مَسْقَط عاصِمةِ عُمان. يَعْمَلُ تيم أوت وَهٰذا اِسْمُهُ، في ٱلسِّفارةِ الأَلْمانِيّةِ، في ٱلقِسْمِ الثَّقافِيِّ.

– هَلْ يُعْجِبُهُ عَمَلُهُ؟ – نَعَمْ، يُعْجِبُهُ وَيُعْجِبُهُ أَيْضاً البَلَدُ. لَقَدْ قَرَأَ الكَثِيرَ عَنْ تارِيخِهِ وَطَبْعاً قَرَأَ أَيْضاً عَنِ ٱلأَمِيرةِ سالِمة اَلَّتي وُلِدَتْ عامَ ١٨٤٤ (أَلْفٍ وثَمانِيمِئةٍ وَأَرْبَعةٍ وَأَرْبَعِينَ) في جَزِيرةِ زَنْجَبار. كانَ والِدُها سُلْطانَ مَسْقَط وَعُمان وَفي نَفْسِ الوَقْتِ أَيْضاً الحاكِمَ لِزَنْجَبار. أَمّا هِيَ فَقَدْ تَزَوَّجَتْ مِنْ تاجِرٍ أَلْمانِيٍّ وَكَتَبَتْ بِٱللُّغةِ الأَلْمانِيّةِ عَنْ طُفُولَتِها في زَنْجَبار وَأَيْضاً عَنْ حَياتِها في أَلْمانيا. وَلٰكِنْ لِنَرْجِعْ إلىٰ تيم أوت. فَقَدْ جاءَ والِداهُ وأَخُوهُ مُنْذُ أُسْبُوعٍ إلىٰ مَسْقَط وَقامَ مَعَهُمْ بِرِحْلةٍ إلىٰ ٱلجَنُوبِ، إلىٰ مُحافَظةِ ظُفار بِلادِ البَخُورِ. – وَهَلْ كانُوا أَيْضاً في ٱلشِّمالِ أَيْ في مُحافَظةِ مُسَنْدَم؟ – لا، لَيْسَ بَعْدُ، وَلٰكِنَّهُمْ سَيَذْهَبُونَ إلىٰ هُناكَ لِأَنَّهُمْ يُرِيدُونَ أَنْ يَرَوْا مَضِيقَ هُرْمُز المَشْهُورَ. – وَأَيْنَ هُمُ ٱلآنَ؟ – هُمْ في ٱلطَّرِيقِ إلىٰ نِزْوىٰ العاصِمةِ السّابِقةِ لِعُمان. سَيَزُورُونَ أَوَّلاً القَلْعةَ الواسِعةَ وٱلمَدِينةَ القَدِيمةَ مَعَ أَسْواقِها التَّقْلِيدِيّةَ. ثُمَّ يُرِيدُونَ أَنْ يَلْتَقُوا بِصَدِيقٍ لِتيم يَعْمَلُ مُنْذُ سَنةٍ وَنِصْف مُدَرِّساً لِمادّةِ التَّرْجَمةِ في قِسْمِ اللُّغةِ الأَلْمانِيّةِ في جامِعةِ نِزْوىٰ.

1 Durch ein Versehen fehlt in den Wortlisten: naqlun نَقْلٌ *Transport* (vgl. naqala/yanqulu نَقَلَ/يَنْقُلُ *transportieren*) – wasīlatun *pl.* wasāʔilu وَسِيلةٌ ج وَسائِلُ *(Hilfs-)Mittel* – wasīlatu naqlin وَسِيلةُ نَقْلٍ *Transportmittel; Verkehrsmittel.*

L 12 – Grammatik und Sprache القَواعِدُ وَٱللُّغة

§ 1. Defektive Verben: 3. Wurzelkonsonant ist „wāw“ od. „yāʾ“ (Teil 2)

Bei **Typ-2-Grundverben** mit **Wk 3** = **y** schreibt man auslautendes **-ā** stets mit **ʾalif maqṣūra**, z.B. nasiya/yansā (aus: yansayu) نَسِيَ / يَنْسى *vergessen*. Prägen Sie sich die nachfolgenden Formen gut ein – als Muster für Verben mit gleicher Wurzelstruktur, wie z.B. laqiya/yalqā (aus: yalqayu) *treffen, finden* لَقِيَ / يَلْقى.

Tafel 1: nasiya/yansā[1] (n-s-y) *vergessen* – Perfekt نَسِيَ/يَنْسى[1]

nasītu	*ich habe vergessen*	نَسِيتُ
nasīta	*du m. hast vergessen*	نَسِيتَ
nasīti	*du f. hast vergessen*	نَسِيتِ
nasiya	*er hat vergessen*	نَسِيَ
nasiyat	*sie hat vergessen*	نَسِيَتْ

nasīnā	*wir haben vergessen*	نَسِينا
nasītum	*ihr m. habt vergessen*	نَسِيتُمْ
nasītunna	*ihr f. habt vergessen*	نَسِيتُنَّ
nasū	*sie m. haben vergessen*	نَسُوا
nasīna	*sie f. haben vergessen*	نَسِينَ

mā nasītu *ich habe es nicht vergessen* ما نَسِيتُ

nasītumā	*ihr (2) habt vergessen*	نَسِيتُما
nasiyā	*sie (2) m. haben vergessen*	نَسِيا
nasiyatā	*sie (2) f. haben vergessen*	نَسِيَتا

Tafel 2: nasiya/yansā[1] (n-s-y) *vergessen* – Präsens نَسِيَ/يَنْسى[1]

ʾansā	*ich vergesse*	أَنْسى
tansā	*du m. vergißt*	تَنْسى
tansayna	*du f. vergißt*	تَنْسَيْنَ
yansā	*er vergißt*	يَنْسى
tansā	*sie vergißt*	تَنْسى

nansā	*wir vergessen*	نَنْسى
tansawna	*ihr m. vergeßt*	تَنْسَوْنَ
tansayna	*ihr f. vergeßt*	تَنْسَيْنَ
yansawna	*sie m. vergessen*	يَنْسَوْنَ
yansayna	*sie f. vergessen*	يَنْسَيْنَ

mansiyyun/mansiyyatun *vergessen* (= Partizip II) مَنْسِيٌّ/مَنْسِيَّةٌ

tansayāni	*ihr (2) vergeßt*	تَنْسَيانِ
yansayāni	*sie (2) m. vergessen*	يَنْسَيانِ
tansayāni	*sie (2) f. vergessen*	تَنْسَيانِ

Beispiele für den Konjunktiv:	lan ʾansā – lan nansā	*ich werde [es] nie vergessen – wir werden [es] nie vergessen*	لَنْ أَنْسى - لَنْ نَنْسى
	qabla ʾan ʾansā …	*bevor ich [es] vergesse …*	قَبْلَ أَنْ أَنْسى ...
Beispiele für den Apokopat:	lam ʾansa – lam yansa/lam tansa	*ich habe [es] nicht vergessen – er/sie hat [es]S nicht vergessen*	لَمْ أَنْسَ - لَمْ يَنْسَ/ لَمْ تَنْسَ
	lā tansa!/lā tansay! – lā tansaw!	*vergiß [es] nicht m./f.! – vergeßt es nicht!*	لا تَنْسَ!/لا تَنْسَيْ! - لا تَنْسَوْا!

1 Denken Sie daran, das /s/ von nasiya/yansā *vergessen* stets „scharf“ auszusprechen, wie dt. *ß* naßiya/yanßā.

§ 2. Zusammengesetzte Zeiten: kāna + Präsens, kāna + Perfekt

kāna + **Präsens** drückt *sich wiederholende* od. *länger andauernde* Handlungen in der **Vergangenheit** aus[1].

ˤādatan kunnā naltaqī fī ˀayyāmi‿l-ǧumˤa(ti).	*Gewöhnlich trafen wir uns freitags.* *(w: wir waren wir treffen uns in den-Tagen des F.)*	عادةً كُنّا نَلْتَقِي فِي أَيّامِ الجُمْعةِ.
ˤinda-mā kuntu ˀantaẓiru-hu badaˀa‿l-maṭaru yanzilu.	*Während ich auf ihn wartete (w: ich war ich erwarte-ihn), begann es zu regnen (w: [es] begann der-Regen er kommt herunter).*	عِنْدَما كُنْتُ أَنْتَظِرُهُ بَدَأَ المَطَرُ يَنْزِلُ.

kāna + **qad** + **Perfekt** drückt die *Vorzeitigkeit* einer *abgeschlossenen* Handlung aus[2].

kuntu qad ˀintaẓartu-hu li-muddatin ṭawīla(tin).	*Ich hatte schon lange auf ihn gewartet.* *(w: ich war bereits ich erwartete-ihn für lange Zeit)*	كُنْتُ قَدْ اِنْتَظَرْتُهُ لِمُدّةٍ طَوِيلةٍ.

yakūnu od. sa-**yakūnu** + **qad** + **Perfekt** drückt die *Abgeschlossenheit* eines *zukünftigen* Geschehens aus.

sa-yakūnu‿l-ˤamalu qad 'intahā qarīban.	*Die Arbeit wird bald fertig sein.* *(w: [es] wird sein die-Arbeit bereits beendet bald)*	سَيَكُونُ العَمَلُ قَدْ اِنْتَهى قَرِيباً.
sa-takūnu‿l-ˀaˤmālu qad 'intahat qarīban.	*Die Arbeiten werden bald fertig sein.* *(w: [es] wird sein die-Arbeiten bereits beendet bald)*	سَتَكُونُ الأَعْمالُ قَدْ اِنْتَهَتْ قَرِيباً.

§ 3. Doppelter Akkusativ

An Verben darf nur jeweils *ein* Personalsuffix angefügt werden. Ist ein *zweites* nötig, muß man die Partikel „ˀiyyā-“ *w: siehe + Personalsuffix* benutzen, wie z.B. bei: ˀaˤṭā/yuˤṭī + doppelter Akk. أَعْطى/يُعْطِي *geben j-d etw.*

ˀaˤṭā-nī kitāba-hu. ⇨ ˀaˤṭā-nī ˀiyyā-hu.	*Er gab mir (w: [an] mich) sein Buch.* ⇨ *Er gab es mir. (w:er gab-[an] mich siehe-es)*	أَعْطانِي كِتابَهُ ⇦ أَعْطانِي إِيّاهُ.
ˀaˤṭat-nī kitāba-hā. ⇨ ˀaˤṭat-nī ˀiyyā-hu.	*Sie gab mir (w: [an] mich) ihr Buch.* ⇨ *Sie gab es mir. (w:sie gab-[an] mich siehe-es)*	أَعْطَتْنِي كِتابَها ⇦ أَعْطَتْنِي إِيّاهُ.

§ 4. Zum Gebrauch von kullun *(w: Gesamtes)* *jeder; ganz; alle*

Das **Substantiv** folgt stets im **Genitiv**.
1. **kull**u + Substantiv im **Singular**, *ohne* Artikel = *jeder/jede/jedes*
2. **kull**u + Substantiv im **Singular**, *mit* Artikel = *ganzer/ganze/ganzes*
3. **kull**u + Substantiv im **Plural**, *mit* Artikel = *alle*
4. **kull**u + Personalsuffix im Plural = *alle*

In der Bedeutung *ganz* oder *alle* kann „**kull**u“ auch nachgestellt sein, dann muß man das passende Personalsuffix anfügen:
'al-**balad**u **kull**u-hu *das ganze Land* – 'al-**buldān**u **kull**u-hā *alle Länder*

1.	**kull**u **balad**in *jedes Land* **kull**u **madīna**tin *jede Stadt*	١ كُلُّ بَلَدٍ - كُلُّ مَدِينةٍ
2.	**kull**u‿l-**balad**i *das ganze Land* **kull**u‿l-**madīna**ti *die ganze Stadt*	٢ كُلُّ البَلَدِ - كُلُّ المَدِينةِ
3.	**kull**u‿l- **buldān**i *alle Länder* ˀaw: 'al-**buldān**u **kull**u-hā	٣ كُلُّ البُلْدانِ أَوْ: البُلْدانُ كُلُّها
	kullu‿l-**mudun**i *alle Städte* ˀaw:'al-**mudun**u **kull**u-hā	كُلُّ المُدُنِ أَوْ: المُدُنُ كُلُّها
	kullu‿n-**nās**i *alle Menschen* ˀaw: 'an-**nās**u **kull**u-hum	كُلُّ النّاسِ أَوْ: النّاسُ كُلُّهُمْ
4.	kullu-nā *wir alle*, **kull**u-kum *ihr alle*, **kull**u-hum *sie alle*	٤ كُلُّنا، كُلُّكُمْ، كُلُّهُمْ

Mit dem Ausdruck „**kull**u **ˤām**(in) wa-ˀ**an**tum bi-**ḫayr**(in)! *Alles Gute zum Fest!* *(w: Jedes Jahr und-ihr [mögt sein] in-Gutem!)* begrüßt man sich zu *Beginn* jährlich wiederkehrender Feste *(z.. Geburtstag, Weihnachten, Neujahr, Ostern, Zuckerfest, Opferfest)* oder beim ersten Wiedersehen *danach.* Man erwidert: wa-ˀ**an**ta/i od. ˀ**an**tum min ˀ**ah**li-hi! *Alles Gute auch dir/euch od. Ihnen!*
(w: Und-ihr [mögt sein] von Leuten-dessen, d.h. ihr sollt zu denen gehören, denen es gut geht)

كُلَّ عامٍ وَأَنْتُمْ بِخَيْرٍ! – وَأَنْتَ/أَنْتِ مِنْ أَهْلِهِ! وَأَنْتُمْ مِنْ أَهْلِهِ!

1 Im Dt. gibt es für *wiederholte* Handlungen das Verb *„pflegen (zu)“*, z.B. *Abends pflegten sie Karten zu spielen.*
2 Im Dt. drückt man die *Vorzeitigkeit* durch das *Plusquamperfekt* aus, z.B. *er hatte gewartet, er war gegangen.*

L12 – Die neuen Wörter (Teil 2) الكَلِماتُ الجَدِيدةُ (القِسْمُ الثّانِي)

šaḫṣiyyatun *pl.* -ātun	*Persönlichkeit*	شَخْصِيّةٌ ج اتٌ	ʕadda/yaʕuddu – ʕadīdun	*zählen –* *zahlreich*	عَدَّ / يَعُدُّ – عَدِيدٌ
maʕriḍun *pl.* maʕāriḍu	*Ausstellung;* *Messe; Schau*	مَعْرِضٌ ج مَعارِضُ	šayṭānun[1] *pl.* šayāṭīnu	*Satan; Teufel*	شَيْطانٌ ج شَياطِينُ
maġūlun – manġūliā	*Mongolen –* *Mongolei*	مَغُولٌ – مَنْغُوليا	raǧmun – raǧīmun	*Steinigung –* *zu steinigend; verflucht*	رَجْمٌ – رَجِيمٌ
ʔaḫbara IV/ yuḫbiru +Akk.	*benachrichtigen;* *Bescheid sagen*	أَخْبَرَ / يُخْبِرُ	ḥalālun[2] ⇔ ḥarāmun[2]	*(religiös) erlaubt* ⇔ *(religiös) verboten; tabu*	حَلالٌ ⇔ حَرامٌ
'iqtirāḥun *pl.* -ātun	*Vorschlag*	اِقْتِراحٌ ج اتٌ	'aʕǧaba IV/ yuʕǧibu +Akk.	*gefallen* *(w: j-n in Erstaunen setzen)*	أَعْجَبَ / يُعْجِبُ
muṯīrun li-l- 'ihtimāmi	*interessant (w: er-* *regend für-das-Interesse)*	مُثِيرٌ لِلْاِهْتِمامِ	qaṣdun – maqṣūdun bi-	*Absicht – beabsich-* *tigt; gemeint mit*	قَصْدٌ – مَقْصُودٌ بِ
'ittaḫaḏa VIII/ yattaḫiḏu	*annehmen* *(z.B. Kind, Namen,)*	اِتَّخَذَ / يَتَّخِذُ	yadaʕu – daʕū-nā naḏhabu	*er läßt –* *laßt uns gehen*	يَدَعُ – دَعُونا نَذْهَبُ
laqabun *pl.* ʔalqābun	*Beiname; Titel;* *Nachname*	لَقَبٌ ج أَلْقابٌ	daʕ-nī/daʕī-nī ʔufakkiru	*laß mich m/f über-* *legen (w: ich überlege)*	دَعْنِي / دَعِينِي أُفَكِّرُ
nāsaba III/ yunāsibu +Akk.	*entsprechen;* *passend sein*	ناسَبَ / يُناسِبُ	nafsun *f.* – nafsu 'aš-šayʔi	*Seele; Selbst –* *dieselbe Sache*	نَفْسٌ – نَفْسُ الشَّيْءِ
ʔaʕūḏu bi-llāh(i)	*Gott bewahre! Behüte!* *(w: ich suche Schutz bei Gott)*	أَعُوذُ بِٱللّٰهِ	nafsu 'al-yawmi *pl.* 'al-'ayyāmi[3]	*derselbe Tag* *pl. dieselben Tage*	نَفْسُ اليَوْمِ ج الأَيّامِ

Dschuḥā – der arabische Till Eulenspiegel

Heute stellen wir Ihnen eine Persönlichkeit vor, die in der ganzen arabischen Welt bekannt ist, und zwar *Dschuḥā*. Nachfolgend eine der zahlreichen Geschichten über ihn:
Eines Tages sagte der Mongolenherrscher *Timur Lenk*[4] zu Dschuḥā: Viele Abbassidenkalifen[5] gaben sich selbst (w. nahmen an für-Seelen-ihre) Beinamen wie *„Der auf Gott Vertrauende“* ('al-wāṯiq bi-llāh) od. *„Der Gott um Beistand Bittende“* ('al-mustanṣir bi-llāh). Sag mir, Dschuḥa, welcher Beiname ist passend für mich? Dschuḥa antwortete: Gib dir den Beinamen *„Gott bewahre!“* (w: Nimm an den ...)
Übrigens: Gewöhnlich beginnen die Muslime die Koranrezitation mit folgenden (w: diesen) Worten: *„Gott bewahre mich vor dem verfluchten Satan! / Im Namen Gottes, des barmherzigen Erbarmers“*[6].

جُحا – ‹تيل أُويلنشبيغل› العَرَبِيُّ

نُقَدِّمُ لَكُمْ اليَوْمَ شَخْصِيّةً مَعْرُوفةً في كُلِّ العالَمِ العَرَبِيِّ
أَلا وَهِيَ جُحا. فِيما يَلِي إِحْدىٰ ٱلقِصَّصِ العَدِيدةِ عَنْهُ:
في يَوْمٍ مِنَ ٱلأَيّامِ قالَ تِيمُور لِنْك حاكِمُ المَغُولِ لِجُحا:
لَقَدْ اِتَّخَذَ كَثِيرٌ مِنَ ٱلخُلَفاءِ العَبّاسِيِّينَ لِأَنْفُسِهِمْ أَلْقاباً
مِثْلَ ‹الواثِق بِٱللّٰهِ› أَوْ ‹المُسْتَنْصِر بِٱللّٰه›. فَقُلْ لي يا جُحا: أَيُّ
لَقَبٍ يُناسِبُنِي؟ فَأَجابَ جُحا: اِتَّخِذْ لَقَبَ ‹أَعُوذُ بِٱللّٰه›!
بِٱلمُناسَبةِ: عادةً يَبْدَأُ المُسْلِمُونَ قِراءةَ القُرْآنِ بِهٰذِهِ ٱلكَلِماتِ:
‹أَعُوذُ بِٱللهِ مِنَ ٱلشَّيْطانِ ٱلرَّجِيم / بِسْمِ ٱللهِ ٱلرَّحْمٰنِ الرَّحِيم›.

1 „šayṭān“ ist, wie *dt.* *Satan, griech.* Herkunft (*griech.* „satanos“), dasselbe gilt für „ʔiblīs“ إبليس *Teufel* (*griech.* „diabolos“).
2 „ḥalāl“ (auch: *„ rein“*), z.B. auch zur *Zertifikation* religiös erlaubter *Speisen (vgl. „koscher“)* ⇔ „ḥarām“ (auch: *„unrein“*), *ugs.* auch im Sinne von *(moralisch) verwerflich,* z.B. māl ḥarām مال حرام *unrecht erworbenes Geld od. Gut.*
3 od. nachgestellt (= eleganter): *derselbe Tag* 'al-yawmu nafsu-hu *pl.* 'al-ʔayyāmu nafsu-hā اليوم نفسه ج الأيّام نفسها
4 *Timur Lenk* od. *Tamerlan* (1336-1405) gilt als skrupelloser Eroberer, gefürchtet in Europa u. in der arab.Welt; z.B. ließ er nach der Einnahme von *Isfahan* (1387) die Schädel der ca. 70.000 Getöteten zu Pyramiden aufschichten.
5 Die *Abbassiden-Kalifen* (ab 750 n.Chr. – am bekanntesten: *Hārūn ar-Rašīd*, reg. 786-809) – machten *Bagdad* zur Hauptstadt. Die hier genannten Kalifen sind: *al-Wāthiq bi-llāh* (reg. 842-47) u. *al-Mustanṣir bi-llāh* (reg. 1226-42).
6 Das Aussprechen dieser *Schutzformel* soll fehlerhaftes Koranrezitieren, wie z.B. „Versprecher“, verhindern.

L12 – Übungen — الدَّرْسُ الثّانِيَ عَشَر - التَّمارِينُ

Ü 1: Gefällt es dir od. Ihnen *m/f*? Hat es dir od. Ihnen *m/f* gefallen?	التَّمرينُ الأوَّل: هَلْ يُعجِبُكَ / يُعجِبُكِ؟ هَلْ أَعْجَبَكَ / أَعْجَبَكِ؟
unser Land ➢ Gefällt dir od. Ihnen m/f unser Land? – Ja, es gefällt mir gut (w:viel).	بَلَدُنا ◂ هَلْ يُعْجِبُكَ / يُعْجِبُكِ بَلَدُنا؟ - نَعَمْ، يُعْجِبُني كَثيراً.
unsere Stadt ➢ Gefällt dir od. Ihnen m/f unsere Stadt? – Ja, sie gefällt mir gut.	مَدينَتُنا ◂ هَلْ تُعْجِبُكَ / تُعْجِبُكِ مَدينَتُنا؟ - نَعَمْ، يُعْجِبُني كَثيراً.
dieser Vorschlag ➢ Gefällt euch od. Ihnen dieser Vorschlag? – Nein, er gefällt uns nicht.	هٰذا ٱلاِقتِراحُ ◂ هَلْ يُعْجِبُكُمْ هٰذا ٱلاِقْتِراحُ؟ - لا، لا يُعْجِبُنا.
dieses Gedicht ➢ Gefällt euch od. Ihnen dieses Gedicht? – Ja, es ist wunderbar.	هٰذِهِ ٱلقَصيدةُ ◂ هَلْ تُعْجِبُكُمْ هٰذِهِ ٱلقَصيدةُ؟ - نَعَمْ، هِيَ رائِعةٌ.
die Ausstellung ➢ Die Ausstellung im Louvre Abu Dhabi hat mir gut gefallen.	المَعْرِضُ: أَعْجَبَني المَعْرِضُ في ‹لوفر أَبو ظَبي› كَثيراً.
der Ausflug ➢ Der Ausflug nach Nizwa und Bahla hat uns gut gefallen.	الرِّحْلةُ ◂ أَعْجَبَتْنا الرِّحْلةُ إلىٰ نِزْوىٰ وبَهلاء كَثيراً.
der Film ➢ Der Film, den ich gestern gesehen habe, hat mir nicht gefallen.	الفِيلْم ◂ ما أَعْجَبَني (أَوْ: لَمْ يُعْجِبْني) الفِيلْم ٱلَّذي شاهَدْتُهُ بِٱلأَمْسِ.

Ü 2: Ich werde es nie vergessen … – Ich habe es leider vergessen …	التَّمرينُ الثّاني: لَنْ أَنْسىٰ ... مَعَ ٱلأَسَفِ نَسيتُ ...
ich werde dir m. Bescheid sagen ➢ Nimm es mir nicht übel m., aber ich habe vergessen, dir Bescheid zu sagen.	سَأُخْبِرُكَ ◂ لا تُؤاخِذْني ولٰكِنْ، نَسيتُ أن أُخْبِرَكَ.
ich werde dir f. Bescheid sagen ➢ Nimm es mir nicht übel f., aber ich habe vergessen, dir Bescheid zu sagen.	سَأُخْبِرُكِ ◂ لا تُؤاخِذيني ولٰكِنْ، نَسيتُ أن أُخْبِرَكِ.
dieser schöne Tag ➢ Ich werde diesen schönen Tag nie vergessen.	هٰذا ٱليَوْمُ الجَميلُ ◂ لَنْ أَنْسىٰ هٰذا ٱليَوْمَ الجَميلَ.
dieser schöne Ausflug ➢ Wir werden diesen schönen Ausflug nie vergessen.	هٰذِهِ ٱلرِّحْلةُ الجَميلةُ ◂ لَنْ نَنْسىٰ هٰذِهِ ٱلرِّحْلةَ الجَميلةَ.

Ü 3: Laß od. Lassen Sie *m/f* mich überlegen … Laßt od. Lassen Sie *pl.* uns überlegen …	التَّمرينُ الثّالِث: دَعْني / دَعيني أُفَكِّرُ ... - دَعُونا نُفَكِّرُ ...
Paßt Ihnen m. dieser Termin? ➢ Lassen Sie m. mich überlegen … Ja, er paßt mir.	هَل يُناسِبُكَ هٰذا ٱلمَوْعِدُ؟ ◂ دَعْني أُفَكِّرُ ... نَعَمْ، يُناسِبُني.
Paßt Ihnen f. dieser Termin? ➢ Lassen Sie f. mich überlegen … Nein, er paßt mir nicht.	هل يُناسِبُكِ هٰذا ٱلمَوْعِدُ؟ ◂ دَعيني أُفَكِّرُ ... لا، لا يُناسِبُني.
Treffen wir uns morgen? ➢ Ich weiß noch nicht, ich rufe euch später an.	هل نَلْتَقي غداً؟ ◂ لا أَعْرِفُ حَتّىٰ الآنَ، سَأَتَّصِلُ بِكُمْ فيما بَعْدُ.

Ü 4: Dieselben Fragen, Probleme – dieselbe Bedeutung	التَّمرينُ الرّابِع: نَفْسُ الأَسْئِلةِ، نَفْسُ المَشاكِلِ - نَفْسُ المَعْنىٰ
Was ist mit dem Wort „ḥarām“ gemeint? Gibt es ein Wort mit derselben Bedeutung?	ما ٱلمَقْصودُ بِكَلِمةِ ‹حَرام›؟ هَلْ هُناكَ كَلِمةٌ بِنَفْسِ المَعْنىٰ؟
Ich kann diesen Namen nicht lesen. ➢ Ich habe dasselbe Problem.	لا أَسْتَطيعُ أَنْ أَقْرَأَ هٰذا ٱلاِسْمَ. - لَدَيَّ نَفْسُ المُشْكِلةِ.
Ich kann mir manche Wörter nicht merken. ➢ Ich habe dasselbe Problem.	لا أَسْتَطيعُ أَنْ أَحْفَظَ بَعْضَ ٱلكَلِماتِ. - لَدَيَّ نَفْسُ المُشْكِلةِ.
Ich habe ein Problem mit der Aussprache von ʿayn u. qāf. ➢ Ich habe dasselbe Problem.	لَدَيَّ مُشْكِلةٌ في نُطْقِ ٱلعَيْنِ وَٱلقاف. - لَدَيَّ نَفْسُ المُشْكِلةِ.

L12 – Die neuen Wörter (Teil 3) — الكَلِماتُ الجَدِيدةُ (القِسْمُ الثّالِثُ)

ǧadīrun bi-l-maʿrifati	*wissenswert (w: wert bezüglich-des-Wissens)*	جَدِيرٌ بِٱلْمَعْرِفَةِ	waṣafa/ yaṣifu	*beschreiben*	وَصَفَ / يَصِفُ
ruknun *pl.* ʾarkānun	*Stützpfeiler; Stütze; Rubrik (z.B. in e-r Zeitung)*	رُكْنٌ ج أَرْكانٌ	nawʿun *pl.* ʾanwāʿun	*Art; Sorte; Typ*	نَوْعٌ ج أَنْواعٌ
ḥağğun, ṣawmun, zakātun	*Pilgerfahrt, Fasten, Armenspende*	حَجٌّ، صَوْمٌ، زَكاةٌ	luġzun *pl.* ʾalġāzun	*Rätsel*	لُغْزٌ ج أَلْغازٌ
sunnatun – 'ahlu 'as-sunnati	*Brauch; Tradition – Sunniten*	سُنَّةٌ - أَهْلُ السُّنَّةِ	ḥallun *pl.* ḥulūlun	*Lösung (z.B. Problem), Auflösung*	حَلٌّ ج حُلُولٌ
šīʿatun – 'ahlu 'aš-šīʿati	*Anhänger [von Ali] – Schiiten*	شِيعةٌ - أَهْلُ الشِّيعةِ	ḥallun wasaṭun	*Kompromiß (w: Lösung mittlere)*	حَلٌّ وَسَطٌ
mamlūʾun bi- ⇔ ḫālin (p: ḫālī) min	*voll; gefüllt mit ⇔ leer, frei von*	مَمْلُوءٌ بِ ⇔ خالٍ مِنْ	naẓīru-hu/ naẓīru-hā	*seinesgleichen/ ihresgleichen*	نَظِيرُهُ / نَظِيرُها
muḏakkiratun *pl.* -ātun	*Notiz; Notizbuch pl. auch: Memoiren*	مُذَكِّرَةٌ ج اتٌ	taʿallaqa V/ yataʿallaqu bi-	*herabhängen; abhängen von*	تَعَلَّقَ / يَتَعَلَّقُ بِ
rağā/yarğū – rağāʾun	*hoffen; wünschen – Hoffnung; Wunsch*	رَجا/يَرْجُو - رَجاءٌ	rafīqun *f.* *pl.* rifāqun	*Gefährte; Kamerad; Genosse*	رَفِيقٌ ج رِفاقٌ
ʿādatun – ʿādiyyun	*Gewohnheit; Sitte – gewöhnlich; normal*	عادةٌ - عادِيٌّ	mabdaʾun *pl.* mabādiʾu	*Prinzip; Grundlage*	مَبْدَأٌ ج مَبادِئُ

Übungen zur Aussprache (Teil 1): Achten Sie auf das Verdoppelungszeichen!

تَمارِينُ فِي ٱلنُّطْقِ (الجُزْءُ الأَوَّلُ): لاحِظُوا الشَّدَّةَ!

Daressalam (w: Haus des Friedens) ist die Hauptstadt von Tansania, es liegt am Ind. Ozean.
دارُ السَّلامِ هِيَ عاصِمةُ تَنْزانِيا وَتَقَعُ عَلَىٰ ٱلْمُحِيطِ الهِنْدِيِّ.

Doha: Der saudische Minister für Gesundheit besuchte seinen Amtskollegen (w: seinesgleichen) in Doha.
الدَّوحةُ: زارَ وَزِيرُ الصِّحّةِ السَّعُودِيُّ نَظِيرَهُ فِي ٱلدَّوْحة.

Dschidda: Dschidda, Port Said u. Hodeida sind Häfen am Roten Meer:
جِدّة: جِدّة وبُور سَعِيد والحُدَيْدة مَوانِئُ عَلَىٰ البَحْرِ الأَحْمَرِ.

Mekka: Die Pilgerfahrt nach Mekka ist eine der fünf Säulen des Islams.
مَكّةُ: الحَجُّ إِلَىٰ مَكَّةَ رُكْنٌ مِنْ أَرْكانِ الإِسْلامِ الخَمْسةِ.

Sunniten: Etwa 90% der Muslime sind Sunniten.
أَهْلُ السُّنّةِ: حَوالَيْ ٩٠ ٪ (تِسْعِينَ بِالمِئةِ) مِنَ ٱلْمُسْلِمِينَ هُمْ مِنْ أَهْلِ السُّنّةِ.

Übungen zur Aussprache (Teil 2): Achten Sie auf alle schwierigen Laute!

تَمارِينُ فِي ٱلنُّطْقِ (الجُزْءُ الثّانِي): لاحِظُوا كُلَّ الأَصْواتِ الصَّعْبةِ!

Ich schlage vor, diesen Bus zu nehmen. – Ein guter Vorschlag! Steigen wir also ein!
أَقْتَرِحُ أَنْ نَأْخُذَ هٰذا ٱلباص. - اِقْتِراحٌ جَيِّدٌ! لِنَصْعَدْ إِذَنْ!

Die Wüste im Südosten der Ar. Halbinsel heißt Rub al-Khali (w: Leeres Viertel).
الصَّحراءُ الواقِعةُ فِي ٱلجَنُوبِ الشَّرْقِيِّ لِلْجَزِيرةِ العَرَبِيَّةِ اسْمُها الرُّبْعُ الخالِي.

Ich weiß nicht, ob unser Ausflug dorthin möglich ist, das hängt vom Wetter ab.
لا أَعْرِفُ ما إِذا كانَتْ رِحْلَتُنا إِلَىٰ هُناكَ مُمْكِنةً، هٰذا يَتَعَلَّقُ بِٱلطَّقْسِ.

Ich hoffe, daß wir bald eine Lösung für dieses Problem finden ... oder einen Kompromiß.
أَرْجُو أَنْ نَجِدَ حَلّاً لِهٰذِه ٱلْمُشْكِلةِ قَرِيباً ... أَوْ حَلّاً وَسَطاً.

L 12 – Vorletzte Seite: Verschiedenes — الصَّفْحةُ قَبْلَ الأَخِيرة: مُتَفَرِّقاتٌ

Ein Staat in Europa u. drei Staaten in Afrika: Wie heißen sie auf deutsch? دَوْلةٌ في أَوْرُبّا وَثلاثُ دُوَلٍ في إفْريقيا: ما هِيَ أَسْماؤُها بِٱلأَلْمانِيّةِ؟

الدَّوْلةُ في أُورُبّا: الجَبَلُ الأَسْوَدُ - الدُّوَلُ الثّلاثُ في إفْريقيا: ساحِلُ العاجِ وَٱلرَّأْسُ الأَخْضَر وَجُزُرُ القَمَر

Interessant und wissenswert: Ergänzen Sie die folgenden Sätze. مُثيرٌ لِلِاهْتِمامِ وجَديرٌ بِٱلمَعْرِفةِ: أَكْمِلْ الجُمَلَ التّالِيةَ.

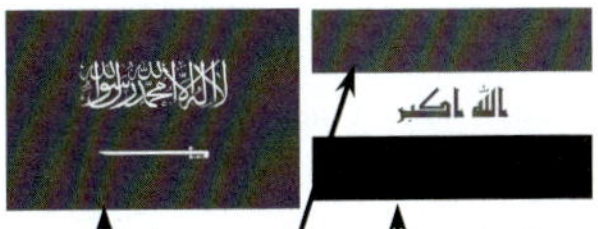

الأَلْوانُ: الأَسْوَدُ، الأَحْمَرُ، الأَخْضَرُ

١) في ٱلعَلَمِ العِراقي مَكْتوبٌ «اللّٰهُ أَكْبَرُ» وَفي .... السَّعُودِيِّ مَكْتُوبٌ الشَّهادةُ أَيْ «لا إِلٰهَ إِلّا اللّٰهُ وَمُحَمَّدٌ رَسُولُ اللّٰه».

٢) المَقْصُودُ بِعِبارةِ الذَّهَبُ .... هُوَ البِتْرول أَوْ النَّفْط.

٣) مُنْذُ عامِ ١٩٨٦ يُوجَدُ جِسْرٌ بَيْنَ المَمْلَكَتَيْنِ .... وَٱلبَحْرَين وَٱسْمُهُ جِسْرُ المَلِك فَهْد.

٤) كَتَبَتْ الأَميرةُ سالْمة بِنْتُ سُلْطانِ مَسْقَط وَ.......... كِتاباً تَصِفُ فِيها طُفُولَتَها وَشَبابَها في .... تُرْجِمَ الكِتابُ إِلىٰ ٱلعَرَبِيّةِ بِعُنْوانِ «مذَكِّراتُ أَميرةٍ عَرَبِيّةٍ».

أَمّا الجُزْءُ الثّاني «Briefe nach der Heimat» فَتَرىٰ عُنْوانَهُ العَرَبِيَّ إِلىٰ ٱليَسار.

Zwei alte Rätsel, die wirklich schwierig sind: Versuchen Sie, die Lösung zu finden. لُغْزانِ قَديمانِ وَهُما فِعْلاً صَعْبانِ: حاوِلْ أَنْ تَجِدَ الحَلَّ.

اللُّغْزُ الأَوَّلُ: يَراهُ الإِنْسانُ العادِي كُلَّ يَوْمٍ. يَراهُ المَلِكُ نادراً. أَمّا اللّٰهُ فَلا يَراهُ أَبَداً.

اللُّغْزُ الثّاني: هُوَ أَكْبَرُ مِنَ ٱللّٰهِ وَأَسْوَأُ مِنَ ٱلشَّيْطانِ، هُوَ مَوْجُودٌ لَدىٰ ٱلفَقيرِ، وَيَحْتاجُ إِلَيْهِ الغَنِيُّ، وَمَنْ يَأْكُلُهُ يَمُوتُ.

Derselbe Ausdruck, aber in vier Schriftarten: Können Sie ihn lesen? نَفْسُ العِبارةِ وَلٰكِنْ بِأَرْبَعةِ أَنْواعٍ مِنَ ٱلخَطِّ: هَلْ تَسْتَطيعُ قِراءَتَها؟

Ein arabischer Satz, den man auch von *links nach rechts* lesen kann جُمْلةٌ عَرَبِيّةٌ تُقْرَأُ مِنَ ٱليَسارِ إِلىٰ اليَمينِ أَيْضاً

Dt. Beispiel: LESEN ESEL? مِثالٌ أَلْمانِيٌّ: فِيما يَلِي اِقْتِراحٌ: بَلَحٌ تَعَلَّقَ تَحْتَ قَلْعةِ حَلَب. رُبَّما تَجِدُ جُمْلةً ثانِيةً؟

Richtig oder falsch? – Ja oder nein? صَحِيحٌ أَمْ خَطَأٌ؟ - نَعَمْ أَمْ لا؟

١ يَقَعُ الرُّبْعُ الخالِي — في شِمالِ السُّعُودِيّةِ.

٢ تَقَعُ مُحافَظةُ مُسَنْدَم — خارِجَ سَلْطَنةِ عُمان.

٣ الشَّهادةُ وَٱلصَّلاةُ وٱلزَّكاةُ وَٱلصَّوْمُ وَٱلحَجُّ — هِيَ أَرْكانُ الإِسْلامِ الخَمْسةُ.

L 12 – Letzte Seite: Wiederholung الصَّفْحةُ الأَخِيرةُ: مُراجَعةٌ

Noch einmal:
Der Lektionstext – aber *ohne* Vokalisierung مَرَّةً أُخْرىٰ: نَصُّ الدَّرْسِ – وَلٰكِنْ بِدُونِ تَشْكِيلٍ

الدرس الثاني عشر: في شبه الجزيرة العربيّة – القوافل وطرق التجارة، الذهب الأسود والتقاليد
نأخذكم في درسنا الأخير إلىٰ شبه الجزيرة العربيّة أو كما يقال بشكل مختصر إلى الجزيرة العربيّة. هل تعرفون أنّها أكبر شبه جزيرة في العالم؟ أمّا الدول الواقعة فيها فعددها ٧ ألا وهي السعوديّة والكويت والبحرين وقطر والإمارات وعمان واليمن. منذ العصر الروماني لعبت التجارة دوراً كبيراً وكان البخور من أهمّ البضائع الّتي تمّ نقلها عبر الصحارى الواسعة في الجزيرة العربيّة إلى غزّة ومنها إلى أوربّا. وحتّى النصف الأوّل من القرن الـ٢٠ كان الجمل أهمّ وسيلة للنقل في هذه المنطقة فهو الحيوان الوحيد الذي يستطيع أن يبقى بدون ماء وأكل لعدد من الأسابيع. أمّا اليوم فأصبح الذهب الأسود أي البترول أو النفط وكذلك أيضاً الغاز من أهمّ الصّادرات. ويتمّ نقلها عادة عبر خطوط الأنابيب والسفن الكبيرة. أمّا الجمل فما زالَ يلعب دوراً لا بأْس به، إذ توجد في كثير من البلدان العربيّة رياضة شعبيّة تقليديّة ألا وهي سباق الجمال.

عمان - بلاد البخورِ والتمرِ: في الجزء الثاني من درسنا الأخيرِ نقدّم لكم شخصاً ألمانيّاً يعيش منذ سنة ونصف في مسقط عاصمة عمان. يعمل تيم أوت وهذا اسمه، في السفارةِ الألمانيّة، في القسمِ الثقافي. - هل يعجبه عمله؟ - نعم، يعجبه ويعجبه أيضاً البلد. لقد قرأ الكثير عن تاريخه وطبعاً قرأ أيضاً عنِ الأميرةِ سالِمة الّتي ولدت عام ١٨٤٤ (ألف وثمانيمئة وأربعة وأربعين) في جزيرة زنجبار. كان والدها سلطان مسقط وعمان وفي نفسِ الوقت أيضاً الحاكِم لزنجبار. أمّا هي فقد تزوّجت مِن تاجر ألمانيّ وكتبت - باللغة الألمانيّة - عن طفولتها في زنجبار وأيضاً عن حياتها في ألمانيا. ولكن لنرجع إلى تيم أوت. فقد جاء والداه وأخوه منذ أسبوعٍ إلى مسقط وقام معهم برحلة إلى الجنوب، إلى محافظة ظفار بلاد البخور. - وهل كانوا أيضاً في الشمال أي في محافظة مسندم؟ - لا، ليس بعد، ولكنّهم سيذهبون إلى هناك لأنّهم يريدون أن يروا مضيق هرمز المشهور. - وأين هم الآن؟ - هم في الطريق إلى نزوى العاصمة السابقة لعمان. سيزورون أوّلاً القلعة الواسعة والمدينة القديمة مع أسواقها التقليديّة. ثمّ يريدون أن يلتقوا بصديق لتيم يعمل منذ سنة ونصف مدرّساً لمادّة الترجمة في قسم اللغة الألمانيّة في جامعة نزْوى.

Zum Auswendiglernen:
Gängige Redewendungen und bekannte Sprichwörter لِلْحِفْظِ: عِباراتٌ شائِعةٌ وَأَمْثالٌ سائِرةٌ

Unser letztes Sprichwort besagt, daß es vor allem auf den jeweiligen *Menschen* ankommt: 'al-ǧār(u) qabla ̮ d-dār(i) / wa-r-rafīq(u) qabla ̮ ṭ-ṭarīq(i) *wörtl. der Nachbar [hat Vorrang] vor dem-Haus, und der Gefährte [hat Vorrang] vor dem-Weg*

الجار قَبْلَ الدّار وَٱلرَّفِيق قَبْلَ الطَّرِيق	*Wähl' erst den Nachbarn, dann das Haus, / wähl' erst den Weggefährten, dann den Weg dir aus*	الجار قبل الدار والرفيق قبل الطريق

Sie haben nun (*w: bis jetzt*) *die Grundlagen des Arabischen od. der „Ḍad-Sprache", wie die Araber sie nennen, gelernt. Wir wünschen Ihnen viel Erfolg beim* (*w: im*) *Weiterlernen dieser schönen Sprache!*

لَقَدْ تَعَلَّمْتُمْ حَتَّى الآنَ مَبادِئَ اللُّغةِ العَرَبِيّةِ أَوْ لُغةِ الضّادِ كَما يُسَمِّيها العَرَبُ. نَتَمَنّىٰ لَكُمْ كُلَّ التَّوْفِيقِ فِي مُتابَعةِ الدِّراسةِ لِهٰذِهِ اللُّغةِ الجَمِيلةِ.

Anhang

Schlüssel zu „Schrift und Aussprache“

Teil 1	Übung 1	1. fahimtu. ⇔ mā fahimtu (w: nicht [ich] verstand). 2. hal fahimtum? 3. lā, mā fahimtu. 4. hum min lubnān(a) 5. man min-kum min lubnān(a)?
	Übung 2	*Nachsprechübung*
	Übung 3	1. zaynab(u) 2. salām(un) 3. tūnis(u) 4. hamza(tun) 5. mumtāz(un) 6. māḏā? 7. maṯalan
	Übung 4	1. baġdād(u) 2. kurdistān(u) 3. ˀafġānistān(u) 4. binġāzī 5. mabrūk(un) 6. šukran
	Übung 5	1. hum fī makka. 2. wa-hunna hunā. 3. ˀilā matā? 4. ˀillā matā 5. ğayyid(un), ğayyidun ğiddan!
	Übung 6	*Nachsprechübung*
Teil 2	Übung 1	1. Zeile: Drittel – Sprichwort – Papa – Mama – wer – von; aus 2. Zeile: Nachtigall – Tür; Tor – Sohn – Tochter; Mädchen – Libanon – Sauermilch
	Übung 2	1. Zeile: Fahd ist hier. – Maha ist hier. – Dana ist hier. – Papa ist hier. – Wie bitte? 2. Zeile: Wer ist das *m.*? – Das ist Fahd. – Wer ist das *f.*? – Das ist Dana. 3. Zeile: Wer ist von hier? – Fahd ist von hier. – Machen wir Schluß! Machen wir hier Schluß!
	Übung 3	1. Zeile: Widad ist aus dem Libanon, und Hilal ist aus Libyen. – Und Hadi ist von hier. 2. Zeile: Wer ist aus dem Libanon, und wer ist das Libyen? –Und wer ist von hier? 3. Zeile: Wer ist das *m.*? – Das ist Bilal. – Wer ist das *f.*? – Das ist Widad. 4. Zeile: Hier ist Sauermilch, und hier ist Knoblauch. – Und hier ist Paprika. – Machen wir hier Schluß!
Teil 3	Übung 1	1. Zeile: Mein Name ist Malik. – Und *mein* Name ist Hana'. (w: Und-ich Name-mein [ist] Hana') – Schreiben wir das! – In Ordnung! 2. Zeile: Fahd ist in Tunis, und Salam ist in Fes, und Tamam ist hier in Deutschland. 3. Zeile: Dort ist Tee und ein Glas Wasser. – Habt ihr verstanden? – Ich habe verstanden.
	Übung 2	1. Zeile: Wir haben Hoffnung. (w: Bei-uns [ist] Hoffnung). – Wir haben Unterricht. (w: Bei-uns [ist] U.) – Bis wann? – Ich weiß [es] nicht. – Das ist besorgniserregend. 2. Zeile: Ramzi ist in Beirut. – Leila, Zeinab u. Iman sind in Damaskus. – Das ist ausgezeichnet. 3. Zeile: Ich sehe Amal nicht. Wo ist sie? – Sie ist in Fes. – Und Bilal? – Er ist hier. – Perfekt! 4. Zeile: Das Hotel ist dort. – Wo? – Glückwunsch, Taufiq, Gratulation! – Schreiben wir das!
	Übung 3	1. Zeile: Fes, Tunis, Al Ain, Bagdad, Damaskus, Beirut, Benghasi 2. Zeile: Marokko, Tunesien, Libyen, Oman, Irak, Iran, Afghanistan 3. Zeile: Wo ist Mariam, und wo ist Badiˁ? – Sie ist hier, und er ist in Bagdad. – Wir haben Arbeit. (w: Bei uns [ist] Arbeit.) 4. Zeile: Ja oder nein? – Ich weiß [es] nicht. – Das ist verboten. – Wir machen weiter. – Ja, machen wir weiter!
	Übung 4	1. Zeile: Das ist Zeinab, das ist Hana' und das ist Taufiq. – Sie sind aus dem Jemen. 2. Zeile: Und jetzt sind sie hier in Deutschland. – Ist Zeinab in den Emiraten? 3. Zeile: Nein, sie ist in Kuweit. – Indien ist ein Land in Asien. – Ja.
Teil 4	Übung 1	1. Zeile: Wer ist das *m.* (w: dieser)? Das (w: dieser) ist mein Dozent *od.* Professor. – Und wer ist das *f.* (w: diese)? – Das (w: diese) ist meine Dozentin *od.* Professorin. 2. Zeile: Sie ist krank. – Ramaḍan ist ein Student aus dem Jemen. Jetzt ist er in Italien. 3. Zeile: Niḍal ist eine Studentin aus Marokko, sie kommt aus Fes. Jetzt ist sie in Abu Dhabi. 4. Zeile: Ist Niẓam krank? – Nein, er ist in Berlin. – Und wo ist Nazif? – Ich weiß [es] nicht.
	Übung 2	1. Zeile: Normalerweise ist das Wasser sauber. – Die Kartoffeln sind aus Italien. – Maha ist aus Aleppo. 2. Zeile: Marokko ist ein Land, und Fes ist eine Stadt. – Wo sind wir? – Wir sind in Deutschland. 3. Zeile: Ṣamit ist in Ägypten. – Ich sehe Papa, und ich sehe eine Tür. – Danke! – Bitte! 4. Zeile: Normalerweise sind wir abends zu Hause. – Entschuldigung, ich habe das nicht verstanden (w: nicht [ich] verstand dieses).
	Übung 3	1 Zeile: Fangen wir an? – Ja, fangen wir an! – Entschuldigung, ich habe nicht verstanden, ich habe gar nichts verstanden (w: nicht [ich] verstand Sache). 2. Zeile: Ja, jetzt habe ich verstanden. Ich habe nach und nach (w: Sache u. dann Sache) verstanden. – „'al-ğazāˀir“ (= Algier *od.* Algerien) ist eine Stadt und ein Land. 3. Zeile: Wo ist Fu'ad? – Er ist im Oman oder in Ägypten. – Machen wir jetzt Schluß! Danke!

Schlüssel zu den Lektionen 1 -12

L 1 S. 49	Haupt-städte	1 aus Rabat 2 aus (w: der Stadt) Algier* 3 aus Tripolis 4 aus Kairo 5 aus Khartoum * 'al-ǧazā'ir *Algerien; Algier* – Ist die *Stadt* gemeint, stellt man meist „madīna" voran.	١ مِنَ ٱلرِّبَاط ٢ مِنْ مَدِينَةِ ٱلْجَزَائِر ٣ مِنْ طَرَابُلُس ٤ مِنَ ٱلْقَاهِرَة ٥ مِنَ ٱلْخَرْطُوم
L 2 S. 59	Haupt-städte	1 in Riyad 2 in Doha 3 in Masqat 4 in Sanaa	١ فِي ٱلرِّيَاض ٢ فِي ٱلدَّوْحَة ٣ فِي مَسْقَط ٤ فِي صَنْعَاء
	Richtig od. falsch?	1. Zwei Städte in Syrien: Damaskus u. Bagdad – *falsch* 2. Zwei Städte in Marokko: Fes u. Marrakesch – *richtig* 3. Zwei Städte in Jordanien: Amman u. Aqaba – *richtig*	١ خَطَأٌ ٢ صَحِيحٌ ٣ صَحِيحٌ
L 3 S. 69	Zeitungen und Zeit-schriften	Al-Ahram *Die Pyramiden* = Name e-r Zeitung (3), Al-Sabah *Der Morgen* = Name e-r Zeitung (4), Al-Masa *Der Abend* = Name e-r Zeitung (6), Al-Magreb *Marokko* = Name e-r Zeitung (2), Al-Arabi *Der Arabi* = Name e-r Zeitschrift (5), Al-Ustadh *Der Lehrer* = Name e-r Zeitschrift (1)	
L 4 S. 79	Arab. Länder	Die Länder: Algerien (5), Tunesien (4), Libyen (3), Marokko (6), Sudan (2), Ägypten (1) Die Hauptstädte: Kairo (1), Tripolis (3), Rabat (6), Algier (5), Khartoum (2), Tunis (4)	
	Schrei-bung		١ بِسْمِ ٱللّٰه ٢ بِٱسْمِ ٱلشَّعْب ٣ الحَمْدُ لِلّٰه ٤ إِنْ شَاءَ ٱللّٰه
	Wichtige Dinge		١ حَقِيبَتَانِ ٢ هاتِفٌ أَوْ: تِلِفُون ٣ رِسالَةٌ ٤ قَلَمٌ ٥ كُتُبٌ ٦ مِفْتاحٌ ٧ شَنْطَةٌ
	Gegen-teile	1 klein ⇔ *groß* 2 richtig ⇔ *falsch* 3 leicht ⇔ *schwierig* 4 hinter ⇔ *vor* 5 vor ⇔ *nach* 6 Ende ⇔ *Anfang* 7 langsam ⇔ *schnell* 8 Morgen ⇔ *Abend* 9 Himmel ⇔ *Erde*	١ كَبِيرٌ ٢ خَطَأٌ ٣ صَعْبٌ ٤ أَمامَ ٥ بَعْدَ ٦ بِدايَةٌ ٧ بِسُرْعَة ٨ مَساءٌ ٩ أَرْضٌ
	Richtig od. falsch?	1. Zwei Länder in Afrika: Mali u. Äthiopien – *richtig* 2. Zwei Länder in Asien: Indien u. Madagaskar – *falsch* 3. Zwei Länder in Europa: Malta u. Griechenland – *richtig*	١ صَحِيحٌ ٢ خَطَأٌ ٣ صَحِيحٌ
L 5 S. 89	Arab. Staaten in Asien u. Israel	Syrien (1), Irak (5), Saudi-Arabien (8) , Bahrein (12), Qatar (6), Jemen (3), Kuwait (7), Oman (4), Jordanien (2), Emirate (10), Libanon (9), Israel und Palästina (11). Und nun die Namen der Hauptstädte: Doha (6), Abu Dhabi (10), Jerusalem (11), Sanaa (3), Manama (12), Bagdad (5), Riyad (8), Damaskus (1), Amman (2), Musqat (4), Beirut (9).	
	Richtige Antwort	1 Der Koran hat 114 Suren. 2 Die 1. Sure heißt „'al-Fātiḥa". 3 Die letzt Sure heißt „'an-Nās". 4 Es gibt 99 „Schöne Namen".	١ فِي القُرْآنِ ١١٤ (مِئَةٌ وأَرْبَعَ عَشْرَةَ) سُورَةً. ٢ السُّورَةُ الأُولَى اِسْمُها الفاتِحَةُ. ٣ اَلسُّورَةُ الأَخِيرَةُ اِسْمُها النّاسُ. ٤ عَدَدُ الأَسْماءِ الحُسْنَى ٩٩ (تِسْعَة وتِسْعُون).
	7 Dinge	Kalender (6), Uhr (7), Brille (2), Bibel (5), Koran (4), Reisepaß (1), Arab.-dt. Wörterbuch (3)	
	Richtig oder nicht?	1 Amman liegt an diesem Fluß: Jordan – *nicht richtig* 2 Bagdad liegt an diesem Fluß: Tigris – *richtig* 3 Jerusalem liegt an diesem Fluß: Euphrat – *nicht richtig*.	١ غَيْرُ صَحِيح ٢ صَحِيحٌ ٣ غَيْرُ صَحِيح
L 6 S. 99	Getränke-namen	1. Kaffee 2. Tee 3. Milch	١ قَهْوَة ٢ شاي ٣ حَلِيب
	Was paßt nicht?	(eine) Tasse Kaffee – (ein) Becher Milch – (ein) Glas Tee – (ein) Reisepaß – (ein) Zitronensaft – (ein) Glas Wasser – (ein) Schlafzimmer	

L 6 **S. 99**	Gegen- teile	1 links ⇔ *rechts* 2 schnell ⇔ *langsam* 3 pessimistisch ⇔ *optimistisch* 4 unwichtig ⇔ *wichtig* 5 manchmal ⇔ *immer* 6 kurz ⇔ *lang* 7 ohne Zucker ⇔ *mit Zucker* 8 alt ⇔ *neu* 9 er geht od. fährt los ⇔ *er kommt an* ١ إلى اليَمِين ٢ بِبُطْءٍ ٣ مُتَشائِمٌ ٤ مُهِمٌّ ٥ دائماً ٦ طَوِيلٌ ٧ بِسُكَّر ٨ جَدِيدٌ ٩ يَصِلُ
	Fremd- wörter	Zeile 1: Mikrophon – Kamera – Porträt – Selfie – Computer – Internet – e-Mail – Studio Zeile 2: Demokratie – Liberalismus – Strategie – Taktik – Szenario – Agenda – ideologisch – akademisch
	Was steht rechts?	1 Sprachenzentrum 2 Bibliothek 3 Tausend Dank 4 Herzlichen Glückwunsch (w: tausend [des] gesegnet) 5 Ende der Seite
L 7 **S. 109**	Wieviel Schiffe?	١ أَرْبَعُ سُفُنٍ ٢ ثَلاثُ سَيّاراتٍ ٣ دَرّاجتانِ ٤ حافِلَتانِ أَوْ: باصانِ
	Sätze ergänzen	ein wichtiger Termin – Tomatensuppe – die vier Jahrszeiten – mein Geburtstag 1 – Ich mag *Tomatensuppe*. 2 – Ich habe keine Zeit, ich habe *einen wichtigen Termin*. 3 – *Mein Geburtstag* ist nicht im November, sondern im Dezember. 4 – Meine Freundin, ihre Mutter u. ihre Tante wohnen in der Nähe des Hotels *Vier Jahreszeiten*. ١ شُورْبة الطَّماطِم ٢ مَوْعِدٌ مُهِمٌّ ٣ عِيدُ مِيلادِي ٤ فُصُول السَّنَةِ الأَرْبَعة
	Früchte	١ لَيْمُون ٢ بُرْتُقال ٣ تُفّاح ٤ مِشْمِش ٥ عِنَب ٦ مَوْز
	Fremd- wörter	Technologie – Code – Katalog – Kakao – Schokolade – Baseball – Tennis – Yoga – Virus – Corona
	Richtig od. falsch	١ هٰذا لَيْسَ صَحِيحاً، هٰذا خَطَأٌ ٢ هٰذا لَيْسَ صَحِيحاً، هٰذا خَطَأٌ ٣ هٰذا صَحِيح.
L 8 **S. 119**	Arab. Wäh- rungen	2 Lira – 5 Pfund – 10 Dirham – 50 Rial – 100 Dinar – 1000 Dinar ٢ ل. = لِيرَتانِ اِثْنتان – ٥ ج. = خَمْسةُ جُنَيْهات – ١٠ د. = عَشْرةُ دَراهم – ٥٠ ر. = خَمْسُونَ رِيالاً – ١٠٠ د. = مِئةُ دِينار – ١٠٠٠ د. = أَلْفُ دِينار
	Welche Währung?	Supermarkt Petra – *Jordanischer Dinar* سوبِرْماركت البِتْراء – الدينار الأُرْدُنِي
	Was steht rechts?	Meine liebe Leila = Anfang eines Briefes (2) – Tausend Dank (4) – Herzlichen Glückwunsch (w: 1000 [des] gesegnet) (3) – Schön, daß Sie gut angekommen sind (w: Gottlob für die Sicherheit) (1)
L 9 **S. 129**	Was steht rechts?	Tausendundeine Nacht (1) – Ali Baba und die 40 Räuber (2) – Sindbad der Seefahrer (3) – Aladin und die Wunderlampe (4)
	Sesam öffne dich	Wer von den folgenden (w: diesen) Personen hat „Sesam öffne dich“ gesagt? – Ali Baba – *Aladin (= richtig)* – Scheherezade
	Gegen- teile	1 niedrig ⇔ *hoch* 2 Länge ⇔ *Breite* 3 der Tod ⇔ *das Leben* 4 ich esse ⇔ *ich trinke* 5 ich verkaufe ⇔ *ich kaufe* 6 ich weine ⇔ *ich lache* ١ عالٍ ٢ أَرْضٌ ٣ الحَياةُ ٤ أَشْرَبُ ٥ أَشْتَرِي ٦ أَضْحَكُ
	Schilder	Ministerium für Gesundheit (2) – Fakultät für Pharmazie (4) – Bibliothek von Alexandria (1) – Azhar-Universität (3) وِزارةُ الصِّحّةِ (٢) – كُلِّيّةُ الصَّيْدَلةِ (٤) – مَكْتبةُ الإسْكَنْدَرِيّة (١) – جامِعةُ الأَزْهَر (٣)
	Städte in Ägypten	1. Die Stadt (w: des) *Kairo* liegt am (w: Fluß des) Nil, (w: und) sie ist die Hauptstadt Ägyptens. 2. Die Stadt (w: des) *Alexandria* liegt im Norden Äg., sie ist wegen ihrer Bibliothek bekannt. 3. Die kleine Stadt (w: des) *Scharm el-Scheich* liegt im Süden der Halbinsel Sinai. 4. Die Stadt (w: des) *Suez* liegt am Suez-Kanal.

L 10
S. 139

1001 Nacht

Scheherezad (1) – Schahriar (3) – Harun Ar-Raschid (4) – Sindbad der Seefahrer (2)

شَهْرَزاد (١) – شَهْرِيار (٣) – هارُون الرَّشِيد (٤) – سِنْدَباد البَحْرِي (٢)

1 reich ⇔ *arm* 2 ich lachte ⇔ *ich weinte*
3 ich kaufte ⇔ *ich verkaufte*

١ فَقِيرٌ ٢ بَكَيْتُ ٣ بِعْتُ

Ḍād-Sprache

1. Weil Ḍād (w: [der] Buchstabe des-Ḍād) mehr benutzt wird als Dāl (w: [der] Buchst des Dāl) – *falsch.*
2. Weil die benachbarten Völker einen solchen Buchstaben nicht kennen – *richtig.*

Einfügen von drei Wörtern

Es gibt in den arab. Ländern eine große Anzahl von Dialekten, und darunter sind *Dialekte*, die nicht leicht zu verstehen sind, wie z.B. die Dialekte, die in Marokko *vorhanden* sind.

يُوجَد - لَهَجات – المَوْجُودة

Übrigens: Seit 2011 ist Tamazirt zweite Amtsprache in Marokko (w: seit Jahr des 2011 wurde Tamazirt [zur] Sprache Marokkos der-offiziellen der-zweiten), und es wird von rechts nach links geschrieben.

Fragen zu Marokko

1. Wie lautet der amtliche Name von Marokko? – *Königreich Marokko*
2. Wie heißen die 4 Königsstädte? – *Rabat, Meknes, Fes, Marrakesch*
3. In welcher Stadt befindet sich die größte Moschee Afrikas? – *Casablanca*
4. Wie heißt die Meerenge, die zwischen Spanien und Marokko liegt? – *Straße von Gibraltar*
5. Wie heißt die Sprache, die zweite Amtssprache in Marokko ist? – *Tamazirt*

١ المَمْلَكة المَغْرِبِيّة ٢ الرِّباط، مِكْناس، فاس، مَرّاكِش

٣ الدّارِ البَيْضاء ٤ مَضِيق جَبَلِ طارِق ٥ الأَمازِيِّة

L 11
S. 149

Verkehrsmittel

قِطار (١) – سَفِينة (٢) – طائِرة (٣) – سَيّارة (٥) – دَرّاجة (٦) – حافِلة أَوْ: باص (٤)

„Grünes Tunesien" und „Grüner Libanon"

Die Tunes. Republik wurde im Jahr 1956 gegründet. Sie besteht heute aus 24 Gouvernements. Die Farbe der Fahne ist rot, u. innen (w: in-ihr)ist ein Sichelmond u. ein Stern in derselben Farbe. Tunesien hat (w: bekam) einen schönen Beinamen, u. zwar „Grünes Tunesien". Möglicherweise wissen Sie nicht, daß es ein zweites arabisches Land mit demselben Beinamen gibt – es ist der „Grüne Libanon". In seinen Bergen wachsen seit dem Zeitalter von König Salomo die berühmten Zedern (w: [die] Bäume der Zedern die-berühmten). In der Bibel ist zu lesen (w: wir lesen in der B.), daß er das Holz libanes. Zedern für den Bau seines Palastes und seiner Schiffe benutzte. Die Zeder (w: [der] Baum der-Zedern) wurde zum Symbol des Libanon, und sie ist in dessen Fahne zu sehen (w: wir sehen sie in Fahne-sein). Beirut ist die größte Stadt (w. größte [der] Städte sein), und die zweitgrößte Stadt ist Tripolis, genauer gesagt Tripolis des Ostens. Tripolis des Westens hingegen (w: was betrifft Tripolis des-W.) ist die Hauptstadt Libyens und die größte Stadt dort (w: in-ihr, d.h. in Libyen).

Orte in Tunesien

1. Die Zaituna-Moschee ist die älteste Moschee in der Hauptstadt *Tunis.*
2. *Cap Bone* liegt im äußersten Nordosten von Tunesien.
3. Die ʿUqba Ibn Nafiʿ-Moschee in *Kairouan* ist die älteste Moschee im Maghreb.
4. Die schöne Stadt *Hammamet* liegt am Golf von Hammamet.
5. *Sfax* ist ein wichtiger Hafen und die zweitgrößte Stadt in Tunesien.
6. Die Insel *Djerba* hat ein gutes Klima, und jedes Jahr besuchen sie viele Touristen.

١ تُونِس العاصِمة ٢ الرَّأْس الطَّيِّب ٣ القَيْرَوان ٤ الحَمّامات ٥ صْفاقِس ٦ جَربة

Banken

Bank des Libanon, Tunesische Bank, Tunesische Zentralbank, Amen Bank (Bank der Sicherheit)

مَصْرِف لُبْنان، البَنْك التُّونِسِيّ، البَنْك المَرْكَزِي التُّونِسِي، بَنْك الأمان

L 12
S. 159

Staaten – Namen

Der Staat in Europa: *Montenegro* *(w: der schwarze Berg)* – die drei Staaten in Afrika: *Elfenbeinküste*, *Capverden* *(w: das grüne Cap)* und die *Komoren* *(w: Inseln des Mondes)*

Interessant und wissenswert

1. Auf der irakischen Fahne steht: „Gott ist groß“, u. auf der saudischen *Fahne* steht das muslimische Glaubensbekenntnis, nämlich „Es gibt keinen Gott außer Gott (w. außer dem [*einen*] Gott)“.
2. Mit dem Ausdruck „*Schwarzes* Gold“ ist das Erdöl gemeint.
3. Seit 1986 gibt es einen Damm (w: Brücke) zwischen den beiden Königreichen *Saudi-Arabien* und Bahrein, er heißt „König-Fahd-Damm“.
4. Prinzessin Salma, die Tochter des Sultans von Musqat u. *Oman*, hat ein Buch geschrieben, in dem sie ihre Kindheit und Jugend in *Sansibar* beschreibt. Das Buch wurde unter dem Titel „Erinnerungen einer arab. Prinzessin“ ins Arabische übersetzt. Sie sehen den arab. Titel links. „Briefe nach der Heimat – Zweiter Teil der (w: von den) Erinnerungen einer arab. Prinzessin“.

Abbildung links: رَسائِل إِلىٰ الوَطَن – الجُزْءُ الثّانِي – مِنْ مُذَكِّرات أَميرةٍ عَرَبِيّة

١ فِي ٱلعَلَم ٢ ٱلذَّهَبُ الأَسْوَدُ ٣ السَّعُودِيّة ٤ عُمان ... زَنْجبار

Zwei alte Rätsel

Erstes Rätsel: Der gewöhnliche Mensch sieht es jeden Tag. Der König sieht es selten. Gott aber sieht es nie. – *seinesgleichen* — نَظِيرُهُ

Zweites Rätsel: Es ist größer als Gott und schlimmer als der Teufel. Der Arme hat es, und der Reiche braucht es, und wer es ißt, [der] stirbt. – *nichts* — لا شَيْءَ

Viermal dasselbe

Im Namen Gottes, des barmherzigen Erbarmers – dreimal in der Schriftart Thulth, einmal in der Schriftart Kufi — بِسْمِ ٱللّٰهِ ٱلرَّحْمٰنِ ٱلرَّحِيمِ

Lesbar von links?

Im folgenden ein Vorschlag: Datteln hängen unterhalb der Zitadelle von Aleppo. Vielleicht finden Sie einen zweiten Satz?

Richtig oder falsch?

1. Die [Wüste] „Rubʿ al-Khali“ (w: das „Leere Viertel“) liegt im Norden Saudi-Arabiens – *falsch.*
2. Die Provinz „Musandam“ liegt außerhalb des Omans – *richtig.*
3. Das Glaubensbekenntnis, das Gebet [nach festem Ritus, 5mal am Tag], die Armenspende, das Fasten [im Ramadan] u. die Pilgerfahrt [nach Mekka] sind die fünf Säulen des Islams – *richtig.*

S. 160 **Die Kalligraphien**

Thulth-Schrift – Kalligraphie links: *Die arab. Sprache* — اللُّغةُ العَرَبِيّةُ

Kufi-Schrift – Kalligraphie rechts: *Die arab. Sprache* — اللُّغةُ العَرَبِيّةُ; *Die Ḍād-Sprache* — لُغةُ الضاد

Zum Schluß noch einmal die **Redewendungen** u. **Sprichwörter** der Lektionen **1-12**, aber in unvokalisierter Form. Können Sie alle lesen? Und wissen Sie noch, was sie bedeuten?

١) المهمّ والأهمّ – ٢) أخيراً وليس آخراً – ٣) العلم نور والجهل ظلام –

٤) اليوم خمر و غداً أمر – ٥) النوم سلطان – ٦) لكلّ سؤال جواب –

٧) الحركة بركة – ٨) اطلب العلم ولو في الصين – ٩) اضحك تضحك لك الدنيا –

١٠) قرش أبيض ليوم أسود – ١١) إذا كان الكلام من فضّة فالسكوت من ذهب –

١٢) الجار قبل الدار والرفيق قبل الطريق

Bildemuster und typische Bedeutungen der Stämme I – X

Die folgende Übersicht zeigt die Ausgangsformen der **Stämme I – X**, jeweils anhand der leicht aussprechbaren **Musterwurzel b-d-l** und dem zugehörigen Grundverb „badala/yabdulu" *ersetzen*. Es empfiehlt sich, diese Formen auswendigzulernen. Zur leichteren Orientierung ist für den I. Stamm auch die dt. Übersetzung angegeben.

	Perfekt Aktiv	Präsens Aktiv	Imperativ	Perfekt Passiv	Präsens Passiv	Partizip Aktiv	Partizip Passiv	Verbalsubstantiv = Verbalnomen[1]
	er ersetzte	er ersetzt	ersetze!	er wurde ersetzt	er wird ersetzt	ersetzend	ersetzt	[das] Ersetzen
I. Stamm	بَدَلَ badala[2]	يَبْدُلُ yabdulu[2]	اُبْدُلْ! 'ubdul!	بُدِلَ budila	يُبْدَلُ yubdalu	بَادِلٌ bādilun	مَبْدُولٌ mabdūlun	بَدْلٌ badlun[3]
II. Stamm	بَدَّلَ baddala	يُبَدِّلُ yubaddilu	بَدِّلْ! baddil!	بُدِّلَ buddila	يُبَدَّلُ yubaddalu	مُبَدِّلٌ mubaddilun	مُبَدَّلٌ mubaddalun	تَبْدِيلٌ tabdīlun
III. Stamm	بَادَلَ bādala	يُبَادِلُ yubādilu	بَادِلْ! bādil!	بُودِلَ būdila	يُبَادَلُ yubādalu	مُبَادِلٌ mubādilun	مُبَادَلٌ mubādalun	بِدَالٌ bidālun[4]
IV. Stamm	أَبْدَلَ ʾabdala	يُبْدِلُ yubdilu	أَبْدِلْ! ʾabdil!	أُبْدِلَ ʾubdila	يُبْدَلُ yubdalu	مُبْدِلٌ mubdilun	مُبْدَلٌ mubdalun	إِبْدَالٌ ʾibdālun
V. Stamm	تَبَدَّلَ tabaddala	يَتَبَدَّلُ yatabaddalu	تَبَدَّلْ! tabaddal!	تُبُدِّلَ tubuddila	يُتَبَدَّلُ yutabaddalu	مُتَبَدِّلٌ mutabaddilun	مُتَبَدَّلٌ mutabaddalun	تَبَدُّلٌ tabaddulun
VI. Stamm	تَبَادَلَ tabādala	يَتَبَادَلُ yatabādalu	تَبَادَلْ! tabādal!	تُبُودِلَ tubūdila	يُتَبَادَلُ yutabādalu	مُتَبَادِلٌ mutabādilun	مُتَبَادَلٌ mutabādalun	تَبَادُلٌ tabādulun
VII. Stamm	اِنْبَدَلَ 'inbadala	يَنْبَدِلُ yanbadilu	اِنْبَدِلْ! 'inbadil!	اُنْبُدِلَ 'unbudila	يُنْبَدَلُ yunbadalu	مُنْبَدِلٌ munbadilun	مُنْبَدَلٌ munbadalun	اِنْبِدَالٌ 'inbidālun
VIII. Stamm	اِبْتَدَلَ 'ibtadala	يَبْتَدِلُ yabtadilu	اِبْتَدِلْ! 'ibtadil!	اُبْتُدِلَ 'ubtudila	يُبْتَدَلُ yubtadalu	مُبْتَدِلٌ mubtadilun	مُبْتَدَلٌ mubtadalun	اِبْتِدَالٌ 'ibtidālun
IX. Stamm	اِبْدَلَّ 'ibdalla	يَبْدَلُّ yabdallu	اِبْدَلِلْ! 'ibdalil!	*Form kommt nicht vor*	*Form kommt nicht vor*	مُبْدَلٌّ mubdallun	*Form kommt nicht vor*	اِبْدِلَالٌ 'ibdilālun
X. Stamm	اِسْتَبْدَلَ 'istabdala	يَسْتَبْدِلُ yastabdilu	اِسْتَبْدِلْ! 'istabdil!	اُسْتُبْدِلَ 'ustubdila	يُسْتَبْدَلُ yustabdalu	مُسْتَبْدِلٌ mustabdilun	مُسْتَبْدَلٌ mustabdalun	اِسْتِبْدَالٌ 'istibdālun

Für die Stämme II bis X gibt es *typische* Bedeutungen. Da das aber immer nur für einen eher kleinen Teil der Verben zutrifft, entbindet die Kenntnis dieser typischen Bedeutungen *nicht* vom Lernen der Bedeutung(en) eines bestimmten Verbs, aber es kann Ihnen helfen, die Bedeutung eines bis dahin unbekannten Verbs zu erschließen.

---

1 Verbalnomen sind als *Substantiv* benutzte Verben, z.B. mir macht *das Lesen* Freude (= mir macht es Freude zu lesen). Im Dt. dient stets der *Infinitiv* als Verbalnomen, auch bei abgeleiteten Verben, z.B. *[das] Lesen, [das] Vorlesen*. Im Arab. wird das Verbalnomen hingegen in jedem „Stamm" anders gebildet – dies ist jeweils mitzulernen.

2 Für den I. Stamm gibt zwei weitere, jedoch seltenere Bildemuster: badila/yabdalu, badula/yabdulu, vgl. L5 §3.

3 Für das Verbalnomen des I. Stammes gibt es mehrere Bildemuster – neben „badlun" (z.B. „fahm" *[das] Verstehen*) am häufigsten: „bidālatun" بدالة, z.B. qirāʾatun *[das] Lesen; Lesung* – kitābatun *[das] Schreiben; Schreibung*.

4 Für das Verbalnomen des III. Stammes („bidālun") gibt es ein zweites, deutlich häufiger gebrauchtes Bildemuster: „mubādalatun" مبادلة, z.B. mutābaʿatun *[das] Fortsetzen; Fortsetzung* – muḥāwalatun *[das] Versuchen; Versuch*.

Die einzelnen Stämme haben auch *strukturelle* Gemeinsamkeiten, z.B. können einige ein **Akkusativ-Objekt** annehmen, d.h. sie sind **transitiv**, andere können das *nicht*, d.h. sie sind **intransitiv**[1]. Zu manchen Verben gibt es kein Grundverb – ihre Formen leiten sich von einem Substantiv od. Adjektiv ab, z.B. takallama V (zu: kalimatun *Wort*).

II. Stamm, transitiv: etwas veranlassen; etwas bewirken („machen")

kabbara/yukabbiru (II) *groß machen; vergrößern*	كَبَّرَ/يُكَبِّرُ	ʿallama/yuʿallimu (II) *lehren; j-m etw. beibringen*	عَلَّمَ/يُعَلِّمُ
zu: kabura/yakburu (I) *groß sein od. werden*	كَبُرَ/يَكْبُرُ	zu: ʿalima/yaʿlamu (I) *wissen*	عَلِمَ/يَعْلَمُ

III. Stamm, transitiv: auf j-n od. etwas gerichtet sein („Ziel"-Stamm)

kātaba/yukātibu (III) *mit j-m korrespondieren*	كاتَبَ/يُكاتِبُ	bādala/yubādilu (III) *e-n Tausch machen; etw. austauschen*	بادَلَ/يُبادِلُ
zu: kataba/yaktubu (I) *schreiben*	كَتَبَ/يَكْتُبُ	zu: badala/yabdulu (I) *ersetzen*	بَدَلَ/يَبْدُلُ

IV. Stamm, transitiv: etwas veranlassen; etwas bewirken („machen")

ʾafhama/yufhimu (IV) *verständlich machen*	أَفْهَمَ/يُفْهِمُ	ʾasʿada/yusʿidu (IV) *glücklich machen*	أَسْعَدَ/يُسْعِدُ
zu: fahima/yafhamu (I) *verstehen*	فَهِمَ/يَفْهَمُ	zu: saʿida/yasʿadu (I) *glücklich sein*	سَعِدَ/يَسْعَدُ

V. Stamm, intransitiv: oft rückbezüglich (reflexiv[2])

taʿallama/yataʿallamu (V) *sich etw. beibringen; lernen*	تَعَلَّمَ/يَتَعَلَّمُ	tadaḫḫala/yatadaḫḫalu (V) *dazwischentreten; sich einmischen*	تَدَخَّلَ/يَتَدَخَّلُ
zu: ʿalima/yaʿlamu (I) *wissen*	عَلِمَ/يَعْلَمُ	zu: daḫala/yadḫulu (I) *eintreten; hineingehen*	دَخَلَ/يَدْخُلُ

VI. Stamm, intranisitiv: etw. tun, was auf Gegenseitigkeit beruht („Miteinander"- od. „Reziprok"-Stamm)

tafāhama/yatafāhamu (VI) *sich miteinander verständigen*	تَفاهَمَ/يَتَفاهَمُ	tabādala/yutabādalu (VI) *sich miteinander austauschen*	تَبادَلَ/يَتَبادَلُ
zu: fahima/yafhamu (I) *verstehen*	فَهِمَ/يَفْهَمُ	zu: badala/yabdulu (I) *ersetzen*	بَدَلَ/يَبْدُلُ

VII. Stamm, intransitiv: fast immer rückbezüglich (reflexiv[2]) od. passivisch

'inkasara/yankasiru (VII) *zerbrochen werden; kaputt gehen*	اِنْكَسَرَ/يَنْكَسِرُ	'infataḥa/yanfatiḥu (VII) *sich öffnen; aufgeschlossen sein*	اِنْفَتَحَ/يَنْفَتِحُ
zu: kasara/ yaksiru (I) etw. *zerbrechen*	كَسَرَ/يَكْسِرُ	zu: fataḥa/ yaftaḥu (I) etw. *öffnen; erobern*	فَتَحَ/يَفْتَحُ

VIII. Stamm, teils transitiv, teils intransitiv: meist rückbezüglich (reflexiv[2])

'iqtaraba/yaqtaribu (VIII) *sich nähern*	اِقْتَرَبَ/يَقْتَرِبُ	'iġtasala/yaġtaṣilu (VIII) *sich waschen*	اِغْتَسَلَ/ يَغْتَسِلُ
zu: qaruba/yaqrubu (I) *nahe sein*	قَرُبَ/يَقْرُبُ	zu: ġasala/yaġsilu (I) *etw. waschen*	غَسَلَ/يَغْسِلُ

IX. Stamm, immer intransitiv: Farben und körperliche Besonderheiten („Farb"-Stamm)

'iḥmarra/yaḥmarru (IX) *rot werden; erröten*	اِحْمَرَّ/يَحْمَرُّ	'iṣfarra/yaṣfarru (IX) *gelb od. bleich werden*	اِصْفَرَّ/يَصْفَرُّ
zu: ʾaḥmaru (Farbadjektiv) *rot*	أَحْمَرُ	zu: ʾaṣfaru (Farbadjektiv) *gelb; bleich*	أَصْفَرُ

X. Stamm, meist transitiv: etwas für … halten; etwas … finden; j-n bitten, etwas zu tun

'istaḥsana/yastaḥsinu (X) *etw. schön od. gut finden*	اِسْتَحْسَنَ/يَسْتَحْسِنُ	'istafhama/yastafhimu (X) *um Auskunft bitten; sich erkundigen*	اِسْتَفْهَمَ/يَسْتَفْهِمُ
zu: ḥasuna/yaḥsunu (I) *schön od. gut sein*	حَسُنَ/يَحْسُنُ	zu: fahima/yafhamu (I) *verstehen*	فَهِمَ/يَفْهَمُ

1 Auch im Dt. gibt es bei abgeleiteten Verben solche strukturellen Gemeinsamkeiten. Beispielsweise sind Verben mit der Vorsilbe „be-" meist transitiv, z.B. *siegen* (= Grundverb, intransitiv) ⇨ *besiegen* (j-n = transitiv).

2 Im Dt. erkennt man reflexive Verben am rückbezüglichen Pronomen, z.B. *ich wasche mich, du wäschst dich* etc.

Konjugationstafeln ausgewählter unregelmäßiger Verben

In den folgenden Übersichten finden Sie die Konjugationstafeln, die aus Platzgründen im Lektionsteil fehlen.

Hohle Verben (**zu L7 §3**): kāna/yakūnu كانَ/يَكُونُ *sein* – **Konjunktiv**

ʔan ʔakūna	*daß ich bin*	أَنْ أَكُونَ
ʔan takūna	*daß du bist m.*	أَنْ تَكُونَ
ʔan takūnī	*daß du f. bist*	أَنْ تَكُونِي
ʔan yakūna	*daß er ist*	أَنْ يَكُونَ
ʔan takūna	*daß sie ist*	أَنْ تَكُونَ

ʔan nakūna	*daß wir sind*	أَنْ نَكُونَ
ʔan takūnū	*daß ihr seid m.*	أَنْ تَكُونُوا
ʔan takunna	*daß ihr seid f.*	أَنْ تَكُنَّ
ʔan yakūnū	*daß sie sind m.*	أَنْ يَكُونُوا
ʔan yakunna	*daß sie sind f.*	أَنْ يَكُنَّ

Wurzel: k-w-n ك - و - ن

ʔan takūnā	*daß ihr (2) seid*	أَنْ تَكُونَا
ʔan yakūnā	*daß sie (2) m. sind*	أَنْ يَكُونَا
ʔan takūnā	*daß sie (2) f. sind*	أَنْ تَكُونَا

Hohle Verben (**zu L7 §3**): kāna/yakūnu كانَ/يَكُونُ *sein* – **Apokopat** (= **Jussiv**)

lam ʔakun	*ich war nicht*	لَمْ أَكُنْ
lam takun	*du m. warst nicht*	لَمْ تَكُنْ
lam takūnī	*du f warst nicht*	لَمْ تَكُونِي
lam yakun	*er war nicht*	لَمْ يَكُنْ
lam takun	*sie war nicht*	لَمْ تَكُنْ

lam nakun	*wir waren nicht*	لَمْ نَكُنْ
lam takūnū	*ihr m. wart nicht*	لَمْ تَكُونُوا
lam takunna	*ihr f. wart nicht*	لَمْ تَكُنَّ
lam yakūnū	*sie m. waren nicht*	لَمْ يَكُونُوا
lam yakunna	*sie f. waren nicht*	لَمْ يَكُنَّ

Wurzel: k-w-n ك - و - ن

lam takūnā	*ihr (2) wart nicht*	لَمْ تَكُونَا
lam yakūnā	*sie (2) m. waren nicht*	لَمْ يَكُونَا
lam takūnā	*sie (2) f. waren nicht*	لَمْ تَكُونَا

Genauso konjugiert wird z.B.	1. qāla/yaqūlu (I) – ʔaqūlu – qultu	*sagen – ich sage – ich sagte*	قالَ/يَقُولُ – أَقُولُ – قُلْتُ
	2. nāma/yanāmu (I) – ʔanāmu – nimtu	*schlafen – ich schlafe – ich schlief*	نامَ/يَنامُ – أَنامُ – نِمْتُ

Geminierte Verben (**zu L8 §3**): marra/yamurru مَرَّ/يَمُرُّ *vorbeigehen* – **Perfekt**

marrartu	*ich ging vorbei*	مَرَرْتُ
marrarta	*du gingst vorbei m.*	مَرَرْتَ
marrarti	*du gingst vorbei f.*	مَرَرْتِ
marra	*er ging vorbei*	مَرَّ
marrat	*sie ging vorbei*	مَرَّتْ

marrarnā	*wir gingen vorbei*	مَرَرْنَا
marrartum	*ihr gingt vorbei m.*	مَرَرْتُمْ
marrartunna	*ihr gingt vorbei f.*	مَرَرْتُنَّ
marrū	*sie gingen vorbei m.*	مَرُّوا
marrarna	*sie gingen vorbei f.*	مَرَرْنَ

Wurzel: m-r-r م - ر - ر

marrartumā	*ihr (2) gingt vorbei*	مَرَرْتُمَا
marrā	*sie (2) gingen vorbei m.*	مَرَّا
marratā	*sie (2) gingen vorbei f.*	مَرَّتَا

Geminierte Verben (zu L8 §3): marra/yamurru مَرَّ/يَمُرُّ *vorbeigehen* – **Präsens**

ʔamurru	*ich gehe vorbei*	أَمُرُّ
tamurru	*du m. gehst vorbei*	تَمُرُّ
tamurrīna	*du f. gehst vorbei*	تَمُرِّينَ
yamurru	*er geht vorbei*	يَمُرُّ
tamurru	*sie gehen vorbei*	تَمُرُّ

tamurru	*wir gehen vorbei*	نَمُرُّ
tamurrūna	*ihr m. geht vorbei*	تَمُرُّونَ
tamrurna	*ihr f. geht vorbei*	تَمْرُرْنَ
yamurrūna	*sie m. gehen vorbei*	يَمُرُّونَ
yamrurna	*sie f. gehen vorbei*	يَمْرُرْنَ

Wurzel: m-r-r م - ر - ر

tamurrāni	*ihr (2) geht vorbei*	تَمُرَّانِ
yamurrāni	*sie (2) m. gehen vorbei*	يَمُرَّانِ
tamurrāni	*sie (2) f. gehen vorbei*	تَمُرَّانِ

Geminierte Verben (zu L8 §3): marra/yamurru مَرَّ/يَمُرُّ *vorbeigehen* – **Konjunktiv**

ʔan ʔamurra	*daß ich vorbeigehe*	أَنْ أَمُرَّ
ʔan tamurra	*daß du m. vorbeigehst*	أَنْ تَمُرَّ
ʔan tamurrī	*daß du f. vorbeigehst*	أَنْ تَمُرِّي
ʔan yamurra	*daß er vorbeigeht*	أَنْ يَمُرَّ
ʔan tamurra	*daß sie vorbeigeht*	أَنْ تَمُرَّ

ʔan namurra	*daß wir vorbeigehen*	أَنْ نَمُرَّ
ʔan tamurrū	*daß ihr m. vorbeigeht*	أَنْ تَمُرُّوا
ʔan tamrurna	*daß ihr f. vorbeigeht*	أَنْ تَمْرُرْنَ
ʔan yamurrū	*daß sie m. vorbeigehen*	أَنْ يَمُرُّوا
ʔan yamrurna	*daß sie f. vorbeigehen*	يَمْرُرْنَ

Wurzel: m-r-r م - ر - ر

ʔan tamurrā	*daß ihr (2) vorbeigeht*	أَنْ تَمُرَّا
ʔan yamurrā	*daß sie (2) m. vorbeigehen*	أَنْ يَمُرَّا
ʔan tamurrā	*sie (2) f. vorbeigehen*	أَنْ تَمُرَّا

Geminierte Verben (zu L8 §3): marra/yamurru مَرَّ/يَمُرُّ *vorbeigehen* – **Apokopat** (= **Jussiv**)

lam ʔamrur	*ich ging nicht vorbei*	لَمْ أَمْرُرْ
lam tamrur	*du m. gingst nicht vorbei*	لَمْ تَمْرُرْ
lam tamurrī	*du f. gingst nicht vorbei*	لَمْ تَمُرِّي
lam yamrur	*er ging nicht vorbei*	لَمْ يَمْرُرْ
lam tamrur	*sie ging nicht vorbei*	لَمْ تَمْرُرْ

lam namrur	*wir gingen nicht vorbei*	لَمْ نَمْرُرْ
lam tamurrū	*ihr m. gingt nicht vorbei*	لَمْ تَمُرُّوا
lam tamrurna	*ihr f. gingt nicht vorbei*	لَمْ تَمْرُرْنَ
lam yamurrū	*sie m. gingen nicht vorbei*	لَمْ يَمُرُّوا
lam yamrurna	*sie f. gingen nicht vorbei*	لَمْ يَمْرُرْنَ

Wurzel: m-r-r م - ر - ر

lam tamurrā	*ihr (2) gingt nicht vorbei*	لَمْ تَمُرَّا
lam yamurrā	*sie (2) m. gingen nicht vorbei*	لَمْ يَمُرَّا
lam tamurrā	*sie (2) f. gingen nicht vorbei*	لَمْ تَمُرَّا

Genauso konjugiert wird z.B.

1. malla/yamallu (I) – ʔamallu – maliltu — *etw. satt haben – ich habe es satt – ich hatte es satt* — مَلَّ/يَمَلُّ – أَمَلُّ – مَلِلْتُ
2. ʔaḥabba/yuḥibbu (IV) – ʔuḥibbu – ʔaḥbabtu — *lieben; mögen – ich liebe – ich liebte* — أَحَبَّ/يُحِبُّ – أُحِبُّ – أَحْبَبْتُ

Defektive Verben (zu L11 §1): mašā/yamšī مَشَى/يَمْشِي *gehen* – **Konjunktiv**

ˀan ˀamšiya	*daß ich gehe*	أَنْ أَمْشِيَ
ˀan tamšiya	*daß du m. gehst*	أَنْ تَمْشِيَ
ˀan tamšī	*daß du f. gingst*	أَنْ تَمْشِي
ˀan yamšiya	*daß er ging*	أَنْ يَمْشِيَ
ˀan tamšiya	*daß sie ging*	أَنْ تَمْشِيَ

ˀan namšiya	*daß wir gehen*	أَنْ نَمْشِيَ
ˀan tamšū	*daß ihr m. geht*	أَنْ تَمْشُوا
ˀan tamšīna	*daß ihr f. geht*	أَنْ تَمْشِينَ
ˀan yamšū	*daß sie m. gehen*	أَنْ يَمْشُوا
ˀan yamšīna	*daß sie f. gehen*	أَنْ يَمْشِينَ

Wurzel: m-š-y م - ش - ي

ˀan tamšiyā	*daß ihr (2) geht*	أَنْ تَمْشِيَا
ˀan yamšiyā	*daß sie (2) m. gehen*	لَمْ يَمْشِيَا
ˀan tamšiyā	*daß sie (2) f. gehen*	لَمْ تَمْشِيَا

Defektive Verben (zu L11 §1): mašā/yamšī مَشَى/يَمْشِي *gehen* – **Apokopat** (= **Jussiv**)

lam ˀamši	*ich ging nicht*	لَمْ أَمْشِ
lam tamši	*du m. gingst nicht*	لَمْ تَمْشِ
lam tamšī	*du f. gingst nicht*	لَمْ تَمْشِي
lam yamši	*er ging nicht*	لَمْ يَمْشِ
lam tamši	*sie ging nicht*	لَمْ تَمْشِ

lam namši	*wir gingen nicht*	لَمْ نَمْشِ
lam tamšū	*ihr m. gingt nicht*	لَمْ تَمْشُوا
lam tamšīna	*ihr f. gingt nicht*	لَمْ تَمْشِينَ
lam yamšū	*sie m. gingen nicht*	لَمْ يَمْشُوا
lam yamšīna	*sie f. gingen nicht*	لَمْ يَمْشِينَ

Wurzel: m-š-y م - ش - ي

lam tamšiyā	*ihr (2) gingt nicht*	لَمْ تَمْشِيَا
lam yamšiyā	*sie (2) m. gingen nicht*	لَمْ يَمْشِيَا
lam tamšiyā	*sie (2) f. gingen nicht*	لَمْ تَمْشِيَا

Genauso konjugiert wird z.B.

1. ˀatā/yaˀtī (I) – ˀātī – ˀataytu	*kaufen – ich komme – ich kam*	أَتَى/يَأْتِي - آتِي - أَتَيْتُ
2. ʾištarā/yaštarī (VIII) – ˀaštarī – ʾištaraytu	*kaufen – ich kaufe – ich kaufte*	اِشْتَرَى/يَشْتَرِي – أَشْتَرِي – اِشْتَرَيْتُ

Defektive Verben (zu L11 §1): raˀā/yarā *sehen* رَأَى/يَرَى – **Perfekt**

raˀaytu	*ich sah*	رَأَيْتُ
raˀayta	*du m. sahst*	رَأَيْتَ
raˀayti	*du f. sahst*	رَأَيْتِ
raˀā	*er sah*	رَأَى
raˀat	*sie sah*	رَأَتْ

raˀaynā	*wir sahen*	رَأَيْنَا
raˀaytum	*ihr m. saht*	رَأَيْتُمْ
raˀaytunna	*ihr f. saht*	رَأَيْتُنَّ
raˀaw	*sie m. sahen*	رَأَوْا
raˀayna	*sie f. sahen*	رَأَيْنَ

Wurzel: r-ˀ-y ر - أ - ي

raˀaytumā	*ihr (2) saht*	رَأَيْتُمَا
raˀayā	*sie (2) m. sahen*	رَأَيَا
raˀatā	*sie (2) f. sahen*	رَأَتَا

Defektive Verben (zu L11 §1): raʾā/yarā رَأَى/يَرَى *sehen* – **Präsens**

ʾarā	*ich sehe*	أَرَى
tarā	*du m. siehst*	تَرَى
tarayna	*du f. siehst*	تَرَيْنَ
yarā	*er sieht*	يَرَى
tarā	*sie sieht*	تَرَى

narā	*wir sehen*	نَرَى
tarawna	*ihr m. seht*	تَرَوْنَ
tarayna	*ihr f. seht*	تَرَيْنَ
yarawna	*sie m. sehen*	يَرَوْنَ
yarayna	*sie f. sehen*	يَرَيْنَ

Wurzel: r-ʾ-y ر - أ - ي

tarayāni	*ihr (2) seht*	تَرَيَانِ
yarayāni	*sie (2) m. sehen*	يَرَيَانِ
tarayāni	*sie (2) f. sehen*	تَرَيَانِ

Defektive Verben (zu L11 §1): raʾā/yarā رَأَى/يَرَى *sehen* – **Konjunktiv**

ʾan ʾarā	*daß ich sehe*	أَنْ أَرَى
ʾan tarā	*daß du m. siehst*	أَنْ تَرَى
ʾan taray	*daß du f. siehst*	أَنْ تَرَيْ
ʾan yarā	*daß er sieht*	أَنْ يَرَى
ʾan tarā	*daß sie sieht*	أَنْ تَرَى

ʾan narā	*daß wir sehen*	أَنْ نَرَى
ʾan taraw	*daß ihr m. seht*	أَنْ تَرَوْا
ʾan tarayna	*daß ihr f. seht*	أَنْ تَرَيْنَ
ʾan yaraw	*daß sie m. sehen*	أَنْ يَرَوْا
ʾan yarayna	*daß sie f. sehen*	أَنْ يَرَيْنَ

Wurzel: r-ʾ-y ر - أ - ي

ʾan tarayā	*daß ihr (2) seht*	أَنْ تَرَيَا
ʾan yarayā	*daß sie (2) m. sehen*	لَمْ يَرَيَا
ʾan tarayā	*daß sie (2) f. sehen*	لَمْ تَرَيَا

Defektive Verben (zu L11 §1): raʾā/yarā رَأَى/يَرَى *sehen* – **Apokopat** (= **Jussiv**)

lam ʾara	*ich sah nicht*	لَمْ أَرَ
lam tara	*du m. sahst nicht*	لَمْ تَرَ
lam taray	*du f. sahst nicht*	لَمْ تَرَيْ
lam yara	*er sah nicht*	لَمْ يَرَ
lam tara	*sie sah nicht*	لَمْ تَرَ

lam tara	*wir sahen nicht*	لَمْ نَرَ
lam taraw	*ihr m. saht nicht*	لَمْ تَرَوْا
lam tarayna	*ihr f. saht nicht*	لَمْ تَرَيْنَ
lam yaraw	*sie m. sahen nicht*	لَمْ يَرَوْا
lam yarayna	*sie f. sahen nicht*	لَمْ يَرَيْنَ

Wurzel: r-ʾ-y ر - أ - ي

lam tarayā	*ihr (2) saht nicht*	لَمْ تَرَيَا
lam yarayā	*sie (2) m. sahen nicht*	لَمْ يَرَيَا
lam tarayā	*sie (2) f. sahen nicht*	لَمْ تَرَيَا

Genauso konjugiert wird z.B.

1. tamannā/yatamannā (V) – natamannā – tamannaynā — *wünschen – wir wünschen – wir wünschten* — تَمَنَّى/يَتَمَنَّى - أَتَمَنَّى - تَمَنَّيْتُ
2. talāqā/yataġannā (VI) – natalāqā – talāqaynā — *sich treffen – wir treffen uns – wir trafen uns* — تَلاقَى/يَتَلاقَى - تَلاقَى - نَتَلاقَى

Regeln der Hamza-Schreibung

Für die drei möglichen Positionen des Hamza im Wort (Anfang, Inneres, Ende) gelten unterschiedliche Regeln.

I. Hamza am Wortanfang: Trägerbuchstabe = ˀalif

Kleine Schreibunterschiede ergeben sich aus der Art des Stimmabsatzes und dem *nachfolgenden* Vokal.

1. Bei *Verbindungs-Hamza* benutzt man ˀalif ohne Hamza-Zeichen: ا
2. Bei *festem Hamza* und nachfolgendem /a/, /u/ od. /ū/ benutzt man ˀalif mit Hamza-Zeichen oben: أ
3. Bei *festem Hamza* und nachfolgendem /i/ od. /ī/ benutzt man ˀalif mit Hamza-Zeichen unten: إ

Beispiele:

1. 'ismun *Name*	اِسْمٌ	2 a) 'amalun *Hoffnung*	أَمَلٌ	b) ˀurīdu *ich will, ich möchte*	أُرِيدُ	3. ˀīmānun *Glaube*	إِيمانٌ

II. Hamza im Wortinneren: Trägerbuchstabe = ˀalif, wāw, yāˀ od. Hamza auf der Zeile

Der Trägerbuchstabe wird durch die Art der beiden *Nachbarlaute* bestimmt.

1. Sind beide Nachbarlaute *kurzes* /a/, so benutzt man als Trägerbuchstaben ˀalif: ـأ
2. Ist ein Nachbarvokal *langes* /ā/ und der andere *kurzes* /a/, so benutzt man „Hamza auf der Zeile“: ء
3. Ist einer der beiden Nachbarlaute *kurzes* od. *langes* /u/, so benutzt man als Trägerbuchstaben wāw: ـؤ
4. Ist einer der beiden Nachbarlaute *kurzes* od. *langes* /i/, so benutzt man yāˀ als Trägerbuchstaben: ـئـ

Beispiele:

1. saˀaltu *ich fragte*	سَأَلْتُ	2. tasāˀaltu *ich fragte mich*	تَساءَلْتُ	3. masˀūlun *verantwortlich*	مَسْؤُولٌ	4. suˀiltu *ich wurde gefragt*	سُئِلْتُ

III. Hamza am Wortende: Trägerbuchstabe = ˀalif, wāw, yāˀ od. Hamza auf der Zeile

Der Trägerbuchstabe wird durch die Art des *vorhergehenden* Lautes bestimmt.

1. Nach *kurzem* /a/ benutzt man als Trägerbuchstaben ˀalif: ـأ
2. Nach *kurzem* /u/ benutzt man als Trägerbuchstaben wāw: ـؤ
3. Nach *kurzem* /i / benutzt man als Trägerbuchstaben yāˀ: ـئ
4. Nach Konsonanten, /ay/, /aw/ und nach *langem* /ā/, /ī /, /ū / benutzt man „Hamza auf der Zeile“: ء

Beispiele:

1. mabdaˀun *Prinzip*	مَبْدَأٌ	2. danuˀa *er war niedrig*	دَنُؤَ	3. mabādiˀu *Prinzipien*	مَبادِئُ	4 a) šayˀun *Sache; Ding*	شَيْءٌ	b) badˀun *Beginn*	بَدْءٌ

Für die Positionen I., II. und III. (siehe oben) **gilt außerdem:**

Am Wort*anfang*, im Wort*inneren* und am Wort*ende* benutzt man – statt *zweimal* اا – ˀalif mamdūda: آ

Beispiele:

zu I. ˀāmulu *ich hoffe*	آمُلُ	zu II. malˀānun *gefüllt; voll*	مَلْآنٌ	mabdaˀāni *zwei Prinzipien*	مَبْدَآنِ	zu III. badaˀā *sie (2) begannen*	بَدَآ

Vornamen und ihre Bedeutung (nach dt. Alphabet geordnet)

Aḥmed *m.* *hochgelobt* أَحْمَد

ʿĀʾischa *f.* *lebendig* عائشة

Amal *f.* *Hoffnung* أَمَل

Anwar *m.* *hell leuchtend* أَنْوَر

Ayman *m.* *rechtschaffen* أَيْمَن

Azīz *m.* عَزيز

Azīza *f.* *lieb* عَزيزة

Badīʿ *m.* *wundervoll* بَديع

Badr *m.* *Vollmond* بَدْر

Bilāl *m.* *(1. Gebetsrufer)* بِلال

Bulbul *f.* *Nachtigall* بُلْبُل

Dānā *f.* دانا

Dschamāl *m.* *Schönheit* جَمال

Dschamīl *m.* جَميل

Dschamīla *f.* *schön* جَميلة

Fahd *m.* *Gepard* فَهْد

Fahmī *m.* *verständig* فَهْمِي

Faraḥ *m.* *Freude* فَرَح

Fāris *m.* *Reiter; Ritter* فارِس

Farīd *m.* فَريد

Farīda *f.* *einzigartig* فَريدة

Fāṭima *f.* *Tochter Mohammeds)* فاطِمة

Fuʾād *m.* *Herz* فُؤاد

Ghālī *m.* غالِي

Ghālia *f.* *teuer* غالِية

Hādī *m.* *ruhig* هادِي

Hanāʾ *f.* *Wohlbefinden* هَناء

Hiba *f.* *Geschenk, Gabe* هِبة

Hilāl *m.* *Sichelmond* هِلال

Hischām *m.* هِشام

Ibtisām *f.* *Lächeln* اِبْتِسام

Īmān *f.* *Glaube* إيمان

Īsā *m.* *(Jesus, koran., Namensform)* عِيسىٰ

Kamāl *m.* *Vollkommenheit* كَمال

Kāmil *m.* *vollkommen* كامِل

Karīm *m.* *edelmütig* كَرِيم

Khadīdscha *f.* *(1. Ehefrau Mohammeds)* خَدِيجة

Khālid *m.* *ewig* خالِد

Lailā od. **= Leilā** *f.* لَيْلىٰ

Mabrūk *m.* مَبْرُوك

Mabrūka *f.* *gesegnet* مَبْرُوكة

Mahā *f.* *Antilope* مَها

Maḥmūd *m.* *gelobt* مَحْمُود

Malik *m.* *König/* مَلِك

Malika *f.* *Königin* مَلِكة

Maria *f.* **= Maryam** مَرْيَم

Michael *m.* مِيخائِيل

Moḥammed *m.* *gelobt* مُحَمَّد

Mumtāz *f.* *ausgezeichnet* مُمْتاز

Mūsā *m.* **= Mose** مُوسىٰ

Muṣṭafā *m.* *auserwählt.* مُصْطَفىٰ

Nabīl *m.* *vornehm* نَبِيل

Naẓīf *m.* *sauber* نَظِيف

Niḍāl *m/f* *Kampf* نِضال

Niẓām *m.* *Ordnung* نِظام

Nizār *m.* *Kleinheit* نِزار

Nūr *m/f* *Licht* نُور

Omar *m.* *(2. Kalif)* عُمَر

Raghad *f.* *Fülle des Lebens* رَغَد

Ramaḍān *m.* *(= Fastenmon.)* رَمَضان

Ramzī *m.* *symbolisch* رَمْزِي

Rīm *f.* *weiße Antilope* رِيم

Ṣābir *m.* *geduldig* صابِر

Saʿīd *m.* سَعِيد

Saʿīda *f.* *glücklich* سَعِيدة

Ṣalāḥ *m.* *Gedeihen* صَلاح

Salām *m.* *Friede* سَلام

Sālim *m.* سالِم

Sālima *f.* *unversehrt* سالِمة

Salmā *f.* سَلْمىٰ

Ṣāmit *m.* *schweigend* صامِت

Saʿīd *m.* سَعِيد

Saʿīda *f.* *glücklich* سَعِيدة

Schams *f.* *Sonne* شَمْس

Sulaimān *m.* **= Salomo** سُلَيْمان

Ṭāhā *m.* (Titel von Sure 20) طٰهٰ

Tamām *m.* *perfekt* تَمام

Taufīq *m.* *Erfolg* تَوْفِيق

Thābit *m.* *stabil* ثابِت

Uthmān *m.* **= Osman** عُثْمان

Walīd *m.* *neugeboren* وَلِيد

Widād *f.* *Zuneigung* وِداد

Yaḥiā *m.* *(Johannes d. Täufer, koran. Namensform)* يَحْيىٰ

Yūḥannā *m.* *(Johannes d. Täufer, bibl. Namensform)* يُوحَنّا

Yūsuf *m.* **= Joseph** يُوسُف

Zaid *m.* *Mehrung* زَيْد

Zainab *f.* *(Tochter Mohammeds)* زَيْنَب

Zuhair *m.* *kleine Blume* زُهَيْر

Zusammengesetzte Namen (vgl. L3, S. 66 und L5, S. 86)

Abdallah od. **Abdullah** *m.* *Knecht Gottes* عَبْدُ اللّٰه

Abdelmalik *m.* *Knecht des Königs (d.h. Gottes)* عَبْدُ المَلِك

Abdelsalam *m.* *Knecht des Friedens (d.h. Gottes)* عَبْدُ السَّلام

Abdelkarim *m.* *Knecht des Freigiebigen (d.h. Gottes)* عَبْدُ الكَرِيم

Abderrahim *m.* *Knecht des Barmherzigen (d.h. Gottes)* عَبْدُ الرَّحِيم

Abderrahman *m.* *Knecht des Erbarmers (d.h. Gottes)* عَبْدُ الرَّحْمٰن

Aladin *m.* *hoher Rang der Religion* عَلاءُ الدِّين

Badreddin *m.* *Vollmond der Religion* بَدْرُ الدِّين

Khaireddin *m.* *Wohl der Religion* خَيْرُ الدِّين

Nureddin *m.* *Licht der Religion* نُورُ الدِّين

Salāḥeddin (= Saladin) *m.* *Sonne der Religion* صَلاحُ الدِّين

Schamseddin *m.* *Sonne der Religion* شَمْسُ الدِّين

Personen- und Sachregister

ʿAbbassiden
L08, S. 120; L10, S. 131 Anm. 1; L12, S. 156 Anm. 5

ʿAbdelmalik (Kalif)
L09, S. 128 Anm. 3

Abraham (= **Ibrāhīm**)
L09, S. 128 Anm. 2

Abū Bakr (2. Kalif)
L09, S. 121 Anm. 2

Al-Ahrām (äg. Zeitung)
L03, S. 65 §3 u. Anm. 2

Al-Qāʿida
L01, S. 42 Anm. 1

Āl Saʿūd, Āl Thānī
3.J, S. 30 Anm. 3

ʿAladin (= **ʿAlāʾ ad-Dīn**)
L03, S. 66 Anm. 3; L09, S. 129

ʿAlī (4. Kalif)
L09, S. 128 Anm. 2; L12

ʿAli Bābā
L09, S. 129

Aljazeera (arab. TV-Sender)
4.G, S. 37 Anm. 1 u. Logo

Allāh (s. auch Gott)
L04, S. 76 u. Anm. 6; L5, S. 86

Alphabet
1.H, S. 10 Anm. 1

Altersangaben
L05, S. 87, Ü3 u. Anm. 1; L09, S. 125 §3, S. 127 Ü4

Anrede
1.G, S. 9 Anm. 4, 5; 3.F, S. 25 Anm. 2; L01, S. 42

Aqṣā-Moschee (Jerusalem)
L09, S. 125 ÜzA (2) u. Anm. 3

Araber
L11, S. 143 LT

Arabische Liga
L10, S. 138

arabische Namen
L03, S. 66; L05, S. 86; L06, S. 96

Assuan-Staudamm
L09, S. 127 Ü1

Atatürk
L01, S.41, Anm. 3

Azhar-Moschee (Kairo)
L09, S. 123 LT, S. 128 ÜzA (2, 3)

Banū Hilāl
L06, S. 96 Anm. 5

Bardo-Museum
L11, S. 148 Anm. 1

Baustile
L10, S. 133 LT

Beduinen
L06, S. 96 Anm. 5

Berber
L10, S. 139

Bibel
L04, S. 76; L08, S. 118 ÜzA (2) u. Anm. 3; L09, S. 130

Bilāl
2.J, S. 20 Anm. 1,

Buch der Lieder
L04, S. 72 Anm. 1

Christen
L04, S. 76

Ḍād-Sprache
L10, S. 139; L12, S. 160 u. Kalligraphie

Datum
L07, S. 106; L08, S. 116

Dialekt
L10, S. 139

Dschinn
4.A, S. 31 Anm. 2

Dschuḥā
L12, S. 156

Fairūz
L11, S. 147 Anm. 2

Farben
L10, S. 134 §2, S. 136; L12, S. 159

Farīd Aṭrache
L10, S. 134 Anm. 2

Faṭimiden
L01, S. 49, Anm. 4

Fastenbrechen-Fest
L09, S. 122

Felsendom
L09, S. 128 ÜzA (2) u. Anm. 2

Feste
4.C, S. 33 Anm. 2; L05, S. 83 LT; L09, S. 122; L12, S. 5 §4

Flaggen
L10, S. 138 ÜzA (2); L11, S. 149; L12, S. 159

Freitagsmoschee, -predigt
L09, S. 126 Anm. 1; L11, S. 149

Früchte
L07, S. 109

Gebetsruf
L10, S. 133 LT

Gebetsrufer (= **Muezzin**)
2.J, S. 20 Anm. 1

Geld
L08, S. 118 Anm. 1, S. 119

Getränke
L06, S. 93 LT

Glaubensbekenntnis (= **Schahāda**)
1.B, S. 2 Anm. 3; 1.F, S. 8; L10, S. 133 LT; L12, S. 159

Gott, Gottheit, Gottesbild
L04, S. 76; L05, S. 86 u. Anm. 2

Gottesnamen
L04, S. 76 Anm. 6; L05, S. 86 u. Anm. 5

Gruß- und Abschiedsformeln
1.A, S. 1 Anm. 1; 4.F, S. 36; 4.J, S. 40; L02, S. 52; L04, S. 76; L07, S. 106; L11, S. 144 §1; L12, S. 151, Anm. 2

ḥalāl *(religiös) erlaubt* ⇔
ḥarām *(religiös) verboten*
L12, S. 156 Anm 2

Hārūn ar-Raschīd (Kalif)
L08, S. 120; L12, S. 156 Anm 5

Ḥassan II.
L10, S. 132 u. Anm. 3

Haus der Weisheit
L08, S. 120

Heilige
L04, S. 72 Anm. 3

Hidschra
L09, S. 122; L10, S. 136

Hocharabisch, -sprache
L10, S. 139

Höflichkeit
1.G, S. 9 Anm. 4, 5; 3.B, S. 22 Anm. 4

Hubal und Allāt
L04, S. 76, Anm. 2

Ibn Khaldoun
L06, S. 96 Anm. 5

Ibn Saʿūd
3.J, S. 30 Anm. 3; L06, S. 96 Anm. 4

Imām
3.B, S. 22 Anm. 2

Imrulqais
L4, S. 70; L08, S. 116 Anm. 1

ʿĪsā (s. auch Jesus)
L09, S. 127 Anm. 1

Islam
3.B, S. 22; L01, S. 42 Anm. 1; L10, S. 138 ÜzA (2); L12, S. 158 ÜzA (1), S. 159

Jahreszahlen
L08, S. 116

Jahreszeiten
L07, S. 106

Jesus
4.B, S. 32 Anm. 6; L7, S. 106 Anm.2; L09, S. 127 Anm. 1

Johannes (der Täufer)
4.B, S. 32 Anm.4

Juden
L04, S. 76

Kaaba (Mekka)
L09, S. 125 Anm. 3

Kaffee, Kardamom
4.B, S. 32 Anm. 6

Kalif
L01, S. 44 Anm. 1; L08, S. 120; L10, S. 131 Anm. 1 u. 2; L12, S. 156 Anm. 5

Königstädte (Marokko)
L10, S. 133 LT, S. 139 u. Karte

Koran (s. auch **Suren**)
4.B, S. 32 Anm. 5; L04, S. 76 u. Anm. 6; L05, S. 86, 88, 89; L06, S. 96 Anm. 5; L09, S. 127 Anm. 1; L11, S. 145 §3 u. Anm. 1; L12, S. 156
Koranrezitation
L12, S. 156 u. Anm. 6
Madschnūn Leilā
4.A, S. 31 Anm. 2
maktūb
L01, S. 45 §5 Anm. 4
Maria (= **Maryam**)
L09, S. 127 Anm. 1
Mathematik
L12, S. 152
Minarett
L10, S. 133 LT
Moḥammed
1.B, S. 2, Anm. 3; 2.J, S. 20 Anm. 1; 4.E, S. 35 Anm. 3; L01, S. 42 Anm. 1, S. 44 Anm. 1; L09, S. 122, S. 125 Anm. 3
Monatsnamen
L07, S. 102
Mongolen
L12, S. 156
Moschee
L09, S. 126 Anm. 1, S. 127 Anm. 1; L10, S. 133 LT; L11, S. 148 ÜzA (2), S. 149
Mose (= **Mūsā**)
L09, S. 128 Anm. 2
Muezzin
2.J, S. 20 Anm. 1
Mumtāz Maḥal (indische Prinzessin)
4.A; S. 31 Anm. 3
Muslime, Christen
L04, S. 76 u. Anm. 4; L09, S. 122, S. 127 Anm. 1
Nagīb Maḥfūẓ
L11, S. 147, Anm. 1
Nationalgrammatik
L03, S. 65 §5
Nizār Qabbānī
L11, S. 145 §3
Noah (= **Nūḥ**)
4.B, S. 32 u. Anm. 3
ʿOmar (2. Kalif)
L09, S. 121 Anm. 2
Omayyaden
L09, S. 128 Anm. 2; L10, S. 131 Anm. 1
Opferfest
L09, S. 122
Osmanen
1.A, S. 1 Anm. 4; L10, S. 131 Anm. 2
persisch
L01, S. 48 u. Anm. 3; L02, S. 51 Anm. 3; L10, S. 138 Anm. 1
Phönizier
1.H, S. 10 Anm. 1; L11, S. 143 LT
Pilgerfahrt (= **Ḥadsch**)
L09, S. 122
Prophet
4.B, S. 32 Anm. 3; L09, S. 122, S. 127 Anm. 1, S. 128 Anm. 2
Ramaḍān
4.C, S. 33 Anm. 2; L09, S. 122
Römer
L11, S. 143 LT
Roter Halbmond, Rotes Kreuz
2.J, S. 20 Anm.2; L10, S. 138
Safari
L05, S. 81 Anm. 1
Saladin (= **Ṣalāḥ ad-Dīn**)
L03, S. 66 Anm. 4
Salmā (arab. Prinzessin)
L12, S. 153 LT, S. 159
Salomo (= **Suleimān**)
L11, S. 149
Satan
L12, S. 156
Schach, Schachmatt
3.A, S. 21
Schāh Dschāhān
4.A; S. 31 Anm. 3
Schahriār, Scheherezade
L10, S. 139
Schiiten
3.B, S. 22, Anm. 2; L12, S. 158
Schön(st)e Namen
L04, S. 76 Anm. 1; L5, S. 86 Anm. 5
Schriftstile
Naskhi, Thulth, Diwani, Ruqaa, Kufi, Farisi
1.A, S. 1 Anm. 4
Sesam öffne dich!
L09, S. 129
Sīdī-ʿOqba-Moschee (Kairouan)
L11, S. 148 ÜzA (2), S. 149
Sindbad (der Seefahrer)
L09, S. 129; L10, S. 139
Speisen
L07, S. 103 LT
Sprachen (semitische, indoeurop.)
1.A, S. 1 Anm. 1; 1.E, S. 7
Stopp-Schild
L09, S. 4 Anm. 2 u. Abb.
Suaheli
L05, S. 81; L11, S. 141 Anm. 3
Sulṭān
L12, S. 153 LT, S. 159
Sunniten
3.B, S. 22, Anm. 2; L06, S. 96 Anm. 5; L12, S. 158 ÜzA (1)
Suren
- **allgemein**
  L05, S. 86, 88, 89
- **Sure 1** („Die Eröffnung“)
  L05, S. 88
- **Sure 2** („Die Kuh“)
  L11, S. 145 §3
- **Sure 5** („Der Tisch“)
  L04, S. 76 Anm. 1
- **Sure 17** („Die Nachtreise“)
  L09, S. 125 Anm. 3
- **Sure 19** („Maria“)
  4.B, S. 32 Anm. 5; L09, S. 127 Anm. 1
- **Sure 29** („Die Spinne“)
  L04, S. 76
- **Sure 53** („Der Stern“)
  L04, S. 76 Anm. 2
- **Sure 59** („Das Zusammenscharen“)
  L05, S. 86
- **Sure 114** („Die Menschen“)
  L05, S. 88

Tādsch Maḥal (Indien)
4.A; S. 31 Anm. 3
Ṭāhā Ḥussein
L04, S. 72 Anm. 3
Ṭalibān
4.D, S. 34 Anm. 1
Tamazirt (= **Amāzīrī**)
L10, S. 139 u. Anm.
Ṭāriq ibn Ziyyād
L10, S. 132 Anm. 1; S. 136
Tausendundeine Nacht
L09, S. 129; L10, S. 139
Tempelberg (Jerusalem)
L09, S. 125 Anm. 3
Timur Lenk (= **Tamerlan**)
L12, S. 156 Anm. 4
türkisch
L01, S. 41, Anm. 3; L07, S. 101 Anm. 2
Uhrzeit
L06, S. 92, 96
Umm Kulthoum
L11, S. 147 Anm. 2
Umschrift
1.A, S. 1 u. Anm. 1
ʿUthmān (3. Kalif)
L09, S. 121 Anm. 2
Verkehrsmittel
L07, S. 109; L11, S. 149
Wahhabiten
L06, S. 96 Anm. 5
Währungen
L08, S. 119
Weihnachten
L12, S. 5 §4
Wetter
L11, S. 142
Wissen, Wissenschaften
L08, S. 120
Wochentage
L04, S. 72
Wörterbücher
L05, S. 84 Anm. 3
Zahlwörter s. Gramm.-Register
Zedern (des Libanon)
L11, S. 149
Zeitungen, Zeitschriften
L03, S. 69
Zuckerfest
L09, S. 122

Grammatik- und Sprachregister

Abgeschlossenheit (e-r Handlung)
L02, S. 55 §3; L12, S. 155 §2
Absolutheit (e-r Eigenschaft)
L09, S. 125 §3
Adjektiv
allgemein
2.A, S. 11 Anm. 1;
L01, S. 45 §4, §5; L02, S. 44 §1
Steigerung
L01, S. 48 Anm. 1; L09, S. 125 §3;
L10, S. 134 Anm. 1
Wk 2 = **Wk 3, Wk 3** = **wāw**
L09, S. 125 §3
Adverb
2.A, S. 11 Anm. 1; 4.F, S. 36;
L02, S. 54 §1
Akkusativ s. auch **Fall-Endungen**
doppelter Akkusativ
L12, S. 155 §3
Endung -an
4.F, S. 36; L10, S. 138 Anm. 3
nach „ʾinna" *siehe*, **„ʾanna"** *daß*
L07, S. 103 Anm. 1; L11, 145 §2, §3
nach „kam" *wieviel*
L05, S. 86
nach „kāna" *sein*
L07, S. 104 §2
nach „laysa" *nicht sein*
L07, S. 105 §3
nach „lā" *kein*
1.F, S. 18
'aḷḷāh(u) *Gott*
L04, S. 76
Alphabet
1.H, S. 10 u. Anm. 1; 4.I, S. 39
Altersangaben
L05, S. 87, Ü3 u. Anm. 1;
L09, S. 125 §3
Anrede u. Anredepartikel
1.G, S.9 Anm. 4 u. 5;
3.F, S. 25 Anm. 2;
L01, S. 42; L07, S. 101 u. LT
Apokopat (= Jussiv) s. **Verb**
Artikel
1.D, S. 14 Anm. 1; 3.B, S. 22 Anm. 3;
3.F, S. 26 Anm. 3; L2 §1
Assimilation
1.F, S. 8; 4.I, S. 39; L09, S. 124 §1
Aufzählungen
2.I, S. 19; L02, S. 12
Aussprachebesonderheiten
ǧīm:
4.A, S. 31 Anm. 1; L02, S. 51 Anm. 2;
L 10, S. 136 Anm. 3
ṣād: 4.B, S. 32 Anm. 1
kāf: 3.D, S.24 Anm. 1;
L01, L02, S. 51 Anm. 2;
L10, S. 138 Anm. 1
qāf: 3.E, S. 25 Anm. 3
Betonungsregeln
1.B, S. 2; 4.H, S. 38
Bindung
3.B, S. 22; 4. H (?); L02, S. 55 §3
L04, S. 6; L05, S. 84 §1 Anm. 1;
L10, S. 135 Anm. 1; S. 136 Anm. 1
Buchstaben
ʾalif mamdūda: 3.J, S. 10
ʾalif maqṣūra:3.G, S. 26
Anordnung (im Alphabet)
1.H, S. 10 Anm. 1
Namen:
1.H, S. 10; 4.I, S. 39 u. Anm. 1
persisch: L01, S. 48 u. Anm. 3;
L02, S. 51 Anm. 3; L10, S. 138 Anm. 1
Sonnen- u. **Mondbuchstaben**
4.I, S. 39 u. Anm. 2
stummes ʾalif
L02, S. 55 §3**; L05, S. 85 §5;
L06, S. 94 §2, S. 95, §3
tāʾ marbūṭa
4.E, S. 35 u. Anm. 1 u. 2;
L01, S. 44 §1 u. §2; L02, S. 54 §1;
L03, S. 65 §3
Zahlenwert: 1.H, S. 10 Anm. 1
Datum, Jahreszahlen
L07, S. 106; L08, S. 116
Deklinationstafeln
L02, S. 54 §1; L10, S. 135 §5
determiniert, indeterminiert
2.A, S. 11; L02, S. 54 §1;
L03, S. 85 §3; L08, S. 115 §4
diakritische Punkte
2.F §1; L09 §3
Diphthonge: 1.D, S. 4; 2.I, S. 19
diptotisch
2.E, S. 15 Anm. 1;
L02, S. 54, §1; L09, S. 125 §3
Dual
4.H, S. 38, L01, S. 44 §2; L02, S. 54 §1;
L05, S. 86 Anm. 3; L06, S. 94 §1
Eigennamen
1.B, S.2; 2.E Anm. 1; L01, S. 44 Anm. 1;
L02, S. 54 §1 u. Anm. 2
Endungen (Substantiv, Adjektiv)
allgemein:
L02, S. 54 §1
-an/-an/-an u. **-ā**
(N/G/A: indet u. det.)
L04, S. 71 Anm. 1; L05, S.84 §2
-atun/-atin/-atan u. **-atu/-ati/-ata**
(N/G/A: tript., fem., indet. u. det.)
2.A, S. 11 u. Anm. 1; L02, S. 54 §1
-ātun/-ātin/-ātin u. **-ātu/-āti/-ātn**
(N/G/A: äußerer Pl., fem., indet. u. det.)
L02, S. 54 §1
-an u. **-atan**
(Akk. u. Adverb: mask. u. fem.)
2.A, S. 11 Anm. 1; 4.F, S. 36; L02 §1
-āni/-ayni/-ayni
(N/G/A: Dual, mask.)
L01, S. 44 §2
-atāni/-atayni/-atayni
(N/G/A: Dual, fem.)
L01, S. 44 §2
-in/-in/-iyan u. **-ī/-ī/-ī**
(N/G/A: indet u. det.)
L01, S. 41 Anm. 2; L05, S. 84 §2;
L10, S. 135 §5
-u/-a/-a u. **-atu/-ata/-ata**
(N/G/A: diptot., mask. u. fem.)
2.A, S. 11; 2.E, S. 15 Anm. 1;
L01, S. 44 §1; L02, S. 54 §1
-un/-in/-an u.**-u/-i/-a**
(N/G/A: triptot. mask., indet. u. det.)
2.A, S. 11; L01, S. 44 §1;
L02, S. 54 §1
-ūna/-īna/-īna
(N/G/A: äußerer Plural, mask.:)
L01, S. 44 §2
Endungen (Verb)
Präsens: L02, S. 55 §3
Perfekt: L03, S. 65 §4
Konjunktiv: L05, S. 85 §5
Apokopat (= **Jussiv**): L06, S. 95, §3
Imperativ: L05, S. 85 §2
Farb-Adjektive: L10, S. 134 §2
Feminin-Bildung
-ā (Steigerung): L10, S. 134
-āʾu (Farben): L10, S. 134 §2
tāʾ marbūṭa: 3.J, S. 30;
Fragepartikel
1.B, S. 2 Anm. 2; 3.H, S. 28 Anm. 4;
3.J, S. 30 Anm. 6; L01, S.44 §3
Fremdwörter
L02, S. 54, §1 Anm. 1; L10, S. 138 Anm. 3
Futur s. **Verb**
Futurpartikel
L05, S. 88 Anm. 1; L06, S. 95 §4
Genitiv
nach Präpositionen
L03, S. 65 §2
nach „wa" *bei* (Schwurpartikel)
L04, S. 66
nach Zahlwörtern
L05, S. 82
Genitiv-Verbindung
L03, S. 65 §3; L05, S. 84 §1, §2;
L06, S. 94 §1; L08, S.114 §1;
L09, S. 124 §2
grammatisches Geschlecht
L01, S. 44 §1
Hamza s. auch Spezialanhang
1.G, S. 7, S,9; 3.B, S. 22;
4.G, S. 37; L10, S. 4 §1
Imperativ s. **Verb**
Komparativ
L09, S. 125 §3

Konjugation siehe **Verb**
Konjunktionen (wa-, fa-, ʔan, li-ʔan)
2.I, S. 9; L03, S. 61 Anm. 1;
L05, S. 85 §5; L11, S. 145 §3
Konjunktiv s. **Verb**
Konsonanten
1.E, S. 6, 7, 8
emphatische Konsonanten
1.E, S. 7
Halbkonsonanten
1.D, S. 4; 2.I, S 19
Kehlkonsonanten
1.E Abschn. b, S. 7
verdoppelte Konsonanten
1.F, S. 8; 2.A, S. 21; 4.I, S. 39
Lautverfärbungen
1.C, S. 3, 1.E, S.7; 3.H, S. 28
man (unpersönliche Redeweise)
L04, S. 8 Anm. 1
müssen
L05, S. 88
Namen (arab., nichtarabische)
2.I, S. 19; L01, S.48, 49 Anm. 1;
L05, S. 86; L06, S. 96
Nisben-Endung
L01, S.45 §5
Numerierung
L01, S. S. 46
Nunation
2.A, S. 11 Anm. 1;
L02, S. 54, §1; L03, S. §3
Ordnungszahlen
1.-10.
L02, S. 52
11.-100., 1000.
L06, S. 92
Partikel
(ʔinna, lam, lan, sa-, sawfa)
L05, S. 85 §5; L11, S. 145 §3
Partizip
L01, S. 45 §5 Anm.2; L06, S. 93 Anm. 1;
L10, S. 135 §3; L11, S. 145 §2
Passiv s. **Verb**
Pausalform
1.B, S. 2; 4.H, S. 38
Perfekt s. **Verb**
Personalsuffix s. **Pronomen**
Pluralbildung
L01, S. 44 §2; L02, S. 54 §1
Prädikatsnomen
L07, S. 105 §3
Präpositionen
L03 §2
Präsens s. **Verb**
Pronomen
Demonstrativpronomen
L04, S. 5 §2, §3
Personalpronomen
1.G, S. 39 Anm. 2 u. 5 ; L02, S. 55 §3
L03, S. 64 §1; L04, S. 74 §1
Personalsuffix (= Verbundpron.)
L03, S. 64 §1; L04, S. 74 §1;
L06, S. 94 §1; L09, S. 124 §2
Relativpronomen: L08, S. 115 §4
Relativsatz: L08, S. 115 §4
Sammelbegriffe
L01, S. 45 §4 Anm. 1; L07, S. 101 Anm. 1
Satz
Aussagesatz, Fragesatz
L01 §3
Nominalsatz, Verbalsatz
L03, S.65 §5; L04, S. 75 §3; L07 §3
Satzzeichen: 2.H, S. 18; L11 S. 132
Schreibbesonderheiten
2.G, S. 17; 4.J, S. 40 Anm. 2;
L01, S. 48 u. Anm. 3; L02, S. 51 Anm. 2
Schreibregeln
2.A, S. 11; L07, S. 105 §3
Schriftzeichen siehe **Buchstaben**
Singular, Dual, Plural
L01, S. 44 §2; L02, S. 54, §1
Sonnen- u. **Mondbuchstaben**
1.F, S. 8; 4.I, S. 39 u. Anm. 2
Steigerung
L02, S. 4 Anm. 2; L02, S. 64 Anm. 2
L09, S. 125 §3; L10, S. 134 Anm. 1
Stimmabsatz siehe **Hamza**
Substantive
2.A, S. 11 Anm. 1;
L01, S. 44 §1 u. §2, S. 45 §4 u. §5;
L02, S. 54 §2
Trägerbuchstaben: 4.G, S. 37
triptotisch: L02, S. 54 §1
Verb s. auch „Grammatik-Anhang"
allgemein
1.G, S. 39 Anm. 2; L02, S. 55 §3
Apokopat (= Jussiv)
1.G, S. 9 Anm. 3; L06, S. 95 §3
Futur: L06, S. 95 §4
Imperativ: L06, S. 94 §2;
L06, S. 95 §3; L09, S. 130
Konjunktiv: L05, S. 85 §5
Partizip
L10, S. 135 §3; L11, S. 145 §2
Passiv:
L10, S. 135 §3
Perfekt:
L02, S. 55 §3 u. Anm. 2
Präsens:
1.C, S. 3 Anm. 1; L03, S. 65 §4
Stämme: L05, S. 85 §4
Stellung im Satz: L03, S. 65 §5
unregelmäßige Verben
(defektiv, geminiert, hohl, mit Hamza)
L07, S. 104 §1 u. §2; L08, S. 115 §3;
L09, S. 124 §1; L10, S. 134 §1
L11 §1; L12 §1
zusammengesetzte Zeiten
L12, S. 155 §2
Verbtafeln
badaʔa *anfangen*
L10, S. 4, 5 §1
kāna (Perfekt, Präsens) *(sein*
L07, S. 104, 105 §2
kāna (Apokopat = Jussiv)
L07, S. 105 §2
kataba (Perfekt) *schreiben*
L02, S. 55 §3
kataba (Präsens)
L03, S. 65 §4
kataba (Konjunktiv)
L05, S. 85 §5
kataba (Imperativ)
L06, S. 94, §3, S. 95 §3
kataba (Apokopat = Jussiv)
L06, S. 95, §3
laysa *nicht sein*
L07, S. 105, §3
mašā *gehen*
L11 §1
nasiya (Perf., Präsens) *vergessen*
L12 §1
waǧada *finden*
L09, S. 124 §1
Vergleiche
L09, S. 125 §3
Verneinung
L02, S. 55 §3 u. Anm. 3; L03, S. 65 §3;
L06, S. 95 §3, §4; L07, S. 105, §3
Vokale
Halbvokale
1.D, S. 4; 2.I, S 19
Umschrift
1.B, S. 2; 1.C, S. 3; 1.H, S. 10 Anm. 2
Verfärbungen
1.C, S. 3, 1.E, S.7; 3.H, S. 28
Vokalisierung
2.D, S. 14; 3.B, S. 22;
3.J, S.25 Anm. 5; 4.I, S. 39
Vorzeitigkeit
L02, S. 55 §3; L12, S. 155 §2
Wortbildung
L05, S. 84 §3
Wurzel, Wurzelkonsonant
L05, S. 84 §3 u. Anm. 2 u. 3, §4; L07 §1
Zahlwörter
0-10: L01, S. 42
11-19: L03, S. 62
21-99: L05, S. 82
20-100 (Zehnerzahlen): L03, S. 62
ab 100: L08, S. 112
Komma-, Prozentzahlen, Brüche
L12, S. 112
Gebrauch der Zahlwörter
L05, S. 82

Geographisches Register

Abu Dhabi (Emirate)
4.D, S. 34 u. Anm. 2; L02, S. 59; L05, S. 89; L09, S. 127 Ü1 u. Anm. 1

Aden (Jemen)
4.B; S. 32

Afghanistan
1.E, S. 6 Ü4; 3.I, S. 29

Afrika
L1 (3); L01, S. 119

Agadir (Marokko)
L10, S. 133 LT; S. 139 Karte

Agra (Indien)
4.A; S. 31 Anm. 3

Ägypten
4.A, S. 31 Anm. 1; L01, S. 49; L05, S. 89; L08, S. 113 Anm. 1; L08, S. 119; L09, S.123 LT, S. 128, S. 129 u. Karte

Aïn Draham (Tunesien)
1.H, S. 10 Anm. 3

Al-Ain (Emirate)
1.H, S. 10 Anm. 3; 3.H, S. 28 u. Anm. 1

Aleppo (Syrien)
L06, S. 103 Karte; L12, S. 159

Alexandria (Ägypten)
L09, S. 123, S.129 u. Karte

Algerien, Algier
4.G, S. 37 u. Anm. 1; L01, S. 49; L04, S. 79; L09, S. 128 Anm. 2

Amerika
L1, S. 38

Amman (Jordanien)
L05, S. 89; L07, S. 103 LT u. Karte; L08, S. 118 ÜzA (2)

Andalusien
L10, S. 133 LT, S. 136

Aqaba (Jordanien)
L07, S. 103 LT u. Karte, S. 109

arabische Halbinsel
4.A; S. 31 Anm. 1; L12, S. 153 LT

Argentinien
L09, S. 126

Asien
3.J, S. 30; L01, S.38

Assuan (Ägypten)
L09, S. 127 Anm. 2

Atlantischer Ozean
L10, S. 132 u. Anm. 3; S. 133 LT

Bab el-Mandeb
L10, S. 132 u. Anm. 3

Bagdad (Irak)
1.E, S. 6; 3.I, S. 29; L02, S. 59; L05, S. 89; L08, S. 120; L09, S. 128 Anm. 2; L10, S. 131 Anm. 1; L12, S. 156 Anm 5

Bahrein
L02, S. 59; L05, S. 89; L08, S. 118 Anm. 1, S. 119

Beirut (Libanon)
3.F, S. 26; L02, S. 59; L05, S. 89; L11, S. 149

Benghasi (Libyen)
1.E, S. 6 Ü4; 3.I, S. 29

Berg Nebo (Jordanien)
L07, S. 103 LT

Bizerte (Tunesien)
L11, S. 143 LT

Cap Bone (Tunesien)
L11, S. 149 u. Karte

Casablanca (Marokko)
L10, S. 133 LT u. Anm. 1

Damaskus (Syrien)
3.E, S. 25 Anm. 2; L2, 59; L05, S. 89; L06, S. 93 Karte; L08, S. 118 ÜzA (2); L09, S. 128 Anm. 2; L10, S. 131 Anm. 1

Daressalam (Tansania)
L12, S. 158 ÜzA (1)

Deir Ez-Zor (Syrien)
L06, S. 93 LT u. Karte; L07, S. 109

Deutschland
4.J, S. 40; L01, S. 49

Dhofar (Oman)
L12, S. 153 LT

Djerba (Tunesien)
L11, S. 148 ÜzA (2), S. 149 u. Karte

Doha (Katar)
L02, S. 59; L05, S. 89; L12, S. 158 ÜzA (1);

Dschebel Musa (Berg Mose)
L09, S. 128 ÜzA (2) u. Anm. 2

Dschidda (Saudi-Arabien)
4.I , S. 39; L12, S. 158 ÜzA (1)

Dubai
2.I, S. 19 Anm. 1

Emirate
3.J, S. 30 Anm. 4; 4.D, S. 34 Anm. 2; L02, S. 59; L05, S. 89; L08, S. 118 Anm. 1, S. 119

England
L02, S. 59

Euphrat
L05, S. 89; L06, S. 93 LT u. Karte; L07, S. 109

Europa (wichtige Länder u. Städte)
L01 (3), S. 49; L02, S. 59

Fao (Irak)
1.D, S. 4 Ü2

Fes (Marokko)
3.A, S. 21; L10, S. 133 LT; S. 139 Karte

Frankreich
L01, S. 59

Gaza (Palästina)
L12, S. 153

Gibraltar
L10, S. 132 u. Anm. 1, S. 136, S. 139

Golf von Aden
L10, S. 132

Golf von Hammamet
L11, S. 149 u. Karte

Golf von Oman
L10, S. 132

Griechenland
L02, S. 57 Anm. 2; L03, S. 29

Guadalquivir (Spanien)
L05, S. 86, Anm. 1

Hammamet (Tunesien)
L11, S. 148 ÜzA (2) u. Anm. 1; S. 149 u. Karte

Hodeida (Jemen)
L12, S. 158 ÜzA (1)

Hormuz (Iran)
L12, S. 153 LT

Indien
3.J, S. 30

Indischer Ozean
L12, S. 158 ÜzA (1)

Indonesien
L12, S. 152

Irak
3.I, S. 29; L02, S. 59; L05, S. 89; L07, S. 109; L08, S. 118 Anm. 1, S. 119

Iran
3.I, S. 29

Isfahan (Iran)
L12, S. 156 Anm. 4

Israel
L05, S. 89

Italien
4.D, S. 34; L01, S. 49

Jemen
L02, S. 59; L05, S. 89; L08, S. 118 Anm. 1

Jerusalem
L08, S. 118 ÜzA (2) u. Anm. 3; L09, S. 125 Anm. 3

Jordan
L05, S. 89; L07, S. 109; L08, S. 118 ÜzA (2)

Jordanien
4.H, S. 39; L02, S. 59; L05, S. 83, S. 89; L07, S. 103 LT; L08, S. 119

Kairo (Ägypten)
L01, S. 49 u. Anm. 4; L05, S. 89; L09, S. 123 LT, S. 128 ÜzA (2), S. 129

Kairouan (Tunesien)
L11, S. 148 ÜzA (2), S. 149 u. Karte

Karthago (Tunesien)
L11, S. 143 LT

Katar
3.J, S. 30 Anm. 3; L02, S. 59; L05, S. 89

Khartoum (Sudan)
L01, S. 49 u. Anm. 5; L04, S. 79

Kufa (Irak)
1.A, S.1 Anm.6,

Kurdistan
1.E, S. 6 Ü4

Kuweit
3.J, S. 30; L02, S. 59; L05, S. 89; L08, S. 118 Anm. 1; S. 119

Lateinamerika
L09, S. 126

Libanon
4.A; S. 31 Anm. 1; L02, S. 59; L05, S. 89; L08, S. 119; L11, S. 149
Libyen
2.I, S. S. 19; L01, S. 49; L04, S. 79 L08, S. 119; L11, S. 149
Luxor (Ägypten)
L09, S. 127 Anm. 3; L08, S. 119
Madagaskar
L04, S. 139; L10, S. 132
Maghreb
L07, S. 102
Mali
3.C, S. 23
Malta
L10, S. 132
Manama (Bahrein)
L02, S. 59; L05, S. 89
Marokko
L1, S.49; L04, S. 79; L08, S. 119; L10, S. 133 LT; S. 139 u. Karte
Marrakesch (Marokko)
L10, S. 133 LT; S. 139 Karte
Maskat (Oman)
L02, S. 50 u. Anm. 3; L05, S. 89
Mauretanien
L01, S. 9
Medina (Saudi-Arabien)
2.J Anm. 1, S. 20; 4.E, S. 35 Anm. 3; L09, S. 128 Anm. 2
Mekka (Saudi-Arabien)
1.E, S. 5; 1.F, S. 8; 2.J, S. 20 Anm. 1; 4.E, S. 35 Anm. 3; 4.I, S. 39; L09, S. 125 Anm. 3; L12, S. 158 ÜzA (1)
Meknes (Marokko)
L10, S. 133 LT; S. 139 Karte
Mittelmeer
L10, S. 132; L10, S. 133 LT, S. 139 Karte
Mongolei
L10, S. 136
Musandam (Oman)
L12, S. 160
Nouakchott (Mauretanien)
L01, S. 49
Nil
L09, S. 23 LT, S.129
Nizwa (Oman)
L12, S. 153 LT
Oberägypten
L09, S. 5
Oman
L02, S. 59; L05, S. 89; L08, S. 119; L12, S. 153 LT, S. 159
Österreich
4.J, S. 40; L01, S. 119
Persischer Golf
L10, S. 132
Petra (Jordanien)
L07, S. 103 LT u. Karte, S. 109
Port Said (Ägypten)
L12, S. 158 ÜzA (1)
Rabat (Marokko)
L01, S. 49 u. Anm. 2; L02, S. 59; L04, S. 79; L10, S. 133 LT; S. 139 Karte
Riad (Saudi-Arabien)
L02, S. 59; L05, S. 89
Rotes Meer
L10, S. 132 u. 136; L12, S. 158 ÜzA (1)
Rub al-Khalī
L12, S. 158 ÜzA (2)
Sahara
L11, S. 141 Anm. 1
Sahel-Zone
L11, S. 141 Anm. 3
Sanaa (Jemen)
L02, S. 59; L05, S. 89
Sansibar (Tansania)
L10, S. 132; L12, S. 153 LT
Saudi-Arabien
3.J, S. 30 Anm. 3; L02, S. 59; L05, S. 89; L06, S. 96 Anm. 4; L08, S. 119; L12, S. 153 LT; S. 159
Schweiz
4.J, S. 40; L01, S. 119
Sfax (Tunesien)
L01, S. 43 Anm. 1; L11, S. 148 ÜzA (2); S. 149
Sharm El Sheikh (Ägypten)
L09, S. 127 Anm. 2, S. 129 Karte
Sidi Bou Said (Tunesien)
L04, S. 72 Anm. 3
Sinai
L09, S. 128 ÜzA, S. 129 u. Karte
Sizilien
L10, S. 132
Sokotra (Jemen)
L10, S. 132
Sousse (Tunesien)
L11, S. 143
Sudan
L01, S. 49 u. Anm. 2; L04, S. 79; L10 §2, S. 134
Suez, Suezkanal (Ägypten)
L09, S.129 u. Karte
Syrien
3.E, S. 25 Anm. 2; 4.A, S. 31 Anm. 1; 4.H, S. 39; L02, S. 59; L05, S. 89; L06, S. 93 Karte
Tigris
L05, S. 89
Totes Meer
L10, S. 132, S. 136
Tripolis od. **Tripoli** (Libanon)
L11, S. 149
Tripolis od. **Tripoli** (Libyen)
L01, S. 49; L04, S. 79; L11, S. 149
Tunesien, Tunis
1.E, S. 6 Ü3; L01, S. 49; L04, S. 79; L11, S. 143 LT, S. 149 u. Karte
Türkei
L10, S. 133 LT
Venedig (Italien)
L01, S. 49 u. Anm. 6
Wadi Musa (Jordanien)
L07, S. 103 LT, S. 109
Yathrib (= **Medina**)
4.E, S. 35 Anm. 3

Himmelsrichtungen

Geographische Begriffe

1	Berg; Gebirge	جَبَلٌ ج جِبالٌ	10	See	بُحَيْرَةٌ ج بُحَيْراتٌ
2	Stadt	مَدِينَةٌ ج مُدُنٌ	11	Meer	بَحْرٌ ج بِحارٌ
3	Dorf	قَرْيَةٌ ج قرىً	12	Ozean	مُحِيطٌ ج مُحِيطاتٌ
4	Fluß; Strom	نَهْرٌ ج أَنْهُرٌ	13	Golf	خَلِيجٌ ج خُلجانٌ
5	Kanal	قَناةٌ ج قَنَواتٌ	14	Insel	جَزِيرَةٌ ج جُزُرٌ
6	Wadi; Flußtal	وادٍ ج وِدْيانٌ	15	Hafen	مِيناءٌ ج مَوانِئُ
7	Quelle	عَيْنٌ ج عُيُونٌ	16	Brücke	جِسْرٌ ج جُسُورٌ
8	Wüste	صَحْراءُ ج صَحارىٰ	17	Straße	شارِعٌ ج شَوارِعُ
9	Oase	واحَةٌ ج واحاتٌ	18	Weg	طَرِيقٌ ج طُرُقٌ

ARABISCH-DEUTSCHES WÖRTERVERZEICHNIS

Die Angabe nach einem Wort od. Ausdruck bezieht sich auf dessen erstmaliges Vorkommen, z.B.
4.E (= „Schrift u. Aussprache – Teil 4“, Abschnitt E) – **L12 (3)** (= Lektion 12, „Die neuen Wörter – Teil 3“).
Das Paragraphensymbol (§) verweist auf den Grammatikteil, d.h. jeweils Seite 4 od. 5 der angegebenen Lektion.
Alle Wörter sind nach dem arabischen Alphabet angeordnet, außerdem gilt:

1. **ʾalif mamdūda** آ folgt nach ʾalif ا, أ, إ , **ʾalif maqṣūra** ى folgt nach yāʾ ي , **tāʾ marbūṭa** ة folgt nach **hāʾ** ه.
2. **Hamza auf der Zeile** ء folgt nach **ʾalif maqṣūra** ى.
3. **Verben** sind in der **3. Pers. mask. Sg. Perfekt/Präsens** angegeben.
4. **Zahlwörter** sind in den Übersichtstafeln der Lektionen 1, 2, 3, 5, 6, 7, 8 (jeweils zweite Seite) zu finden.
5. **Personennamen** und viele **geographische Namen** sind nur in den jeweiligen Spezial-Anhängen zu finden.

ا (ألف)

Fragepartikel	L1 §3	أ
Vater	3.B; 4.D; L6, S. 96; L9 §2	أَبٌ ج آباءٌ
Kanne	L6 (3)	إبْرِيقٌ ج أَبارِيقُ
Teufel	L12 (2), Anm. 1	اِبْلِيسُ
Sohn	1.E; 2.E; L6, S. 96	اِبْنٌ ج أَبْناءٌ
Tochter	L3 (2)	اِبْنَةٌ ج بَناتٌ
Abu Dhabi	4.D u. Anm. 2; L5, S. 89	أَبُو ظَبِي
weiß	L10 § 2	أَبْيَضُ
Union; Verband, Bund	L3 (1)	اِتِّحادٌ
annehmen (z.B. Namen)	L12 (2); L10 §1	اِتَّخَذَ / يَتَّخِذُ
groß (genug) *sein*	L10 (1)	اِتَّسَعَ / يُتَّسِعُ
telefonieren; anrufen	L9 §1	اِتَّصَلَ / يُتَّصِلُ
kommen	L7 (1); L11 §1	أَتىٰ / يَأْتِي
zwei	L1, S. 42	اِثْنانِ / اِثْنَتانِ
antworten auf	L3 (1)	أَجابَ / يُجِيبُ عَنْ
gut können; beherrschen	L6 (1)	أَجادَ / يُجِيدُ
fremd; Ausländer	L5 (1)	أَجْنَبِيٌّ ج أَجانِبُ
lieben; mögen	L4 (1)	أَحَبَّ / يُحِبُّ
brauchen	L6 (2)	اِحْتاجَ / يَحْتاجُ إلىٰ
rot	L10 § 2	أَحْمَرُ
manchmal	L5 (2)	أَحْياناً
Bruder	4.A; L9 §2	أَخٌ ج إِخْوَةٌ
benachrichtigen	L12 (2)	أَخْبَرَ / يُخْبِرُ
Schwester	4.A	أُخْتٌ ج أَخَواتٌ
Abkürzung	L8 (1)	اِخْتِصارٌ
nehmen	L6 (1) u. §2	أَخَذَ / يَأْخُذُ
grün	L10 § 2	أَخْضَرُ
letzter	L1 (3)	أَخِيرٌ
zuletzt; zum Schluß	L1 (3)	أَخِيراً
Verwaltung; Behörde	L12 (1)	إدارَةٌ ج ات
Literatur	L11 (2)	أَدَبٌ ج آدابٌ
genauer; sehr genau	L9 (2)	أَدَقُّ
(äußerst) *nah; niedrig*	L9 (2) u. §3	أَدْنىٰ / دُنْيا
denn	L 9 (1)	إذْ
wenn; als	L7 (1)	إذا
also; folglich	L9 (1)	إذاً = إذَنْ
Rundfunk, Radio	L10 (3)	إذاعَةٌ
Gebetsruf	L10 (1)	أَذانٌ
wollen (etw.)	L5 (2)	أَرادَ / يُرِيدُ
Zeder(n)	L11 (1)	أَرْزٌ
schicken; senden	L8 (1)	أَرْسَلَ / يُرْسِلُ
Erde, Boden	L4 (2)	أَرْضٌ ج أَراضٍ
blau	L10 § 2	أَزْرَقُ
Woche	L4 (1)	أُسْبُوعٌ ج أَسابِيعُ
Professor; Dozent	3.B	أُسْتاذٌ ج أَساتِذَةٌ
Professorin; Dozentin	4.E	أُسْتاذَةٌ ج ات
Ausnahme	L1 (1)	اِسْتِثْناءٌ ج ات
können (Fähigkeit)	L10 (2)	اِسْتَطاعَ/يَسْتَطِيعُ
benutzen	L10 (2)	اِسْتَعْمَلَ / يَسْتَعْمِلُ
nachfragen	L5 §4	اِستَفْهَمَ / يَستَفْهِمُ
zuhören j-m	L4 (1)	اِستَمَعَ / يَستَمِعُ إلى
aufwachen	L7 (1)	اِسْتَيْقَظَ / يَسْتَيْقِظُ
Löwe	L12 (1)	أَسَدٌ ج أُسُودٌ
gründen; errichten	L9 (1)	أَسَّسَ / يُؤَسِّسُ
Israel	L5, S. 89	إسْرائِيلُ
Bedauern	L3 (2)	أَسَفٌ
unter(st)er	L8 (1)	أَسْفَلُ
Islam	3.B	إسْلامٌ
Stil; Methode	L10 (1)	أُسْلُوبٌ ج أَسالِيبُ

Name; Nomen	3.C	اِسْمٌ ج أَسْماءٌ
schlechter; schlimmer	L11 (2)	أَسْوَأُ
schwarz	L10 § 2	أَسْوَدُ
Zeichen; Signal; Ampel	L06 (3)	إشارةٌ ج ات
kaufen	L9 (3)	اِشْتَرىٰ / يَشْتَرِي
werden zu	L10 (3)	أَصْبَحَ / يُصْبِحُ
kleiner; jünger	L9 §3	أَصْغَرُ
gelb	L10 § 2	أَصْفَرُ
Ursprung; Herkunft	L6 (1)	أَصْلٌ ج أُصُولٌ
ursprünglich, eigentlich	L6 (1)	أَصْلاً
taub	L10 § 2	أَطْرَشُ
gefallen	L12 (2)	أَعْجَبَ / يُعْجِبُ
geben	L6 (1) u. §2; L12 §3	أَعْطىٰ / يُعْطِي
ober(st)er; äußerst hoch	L8 (1); L9 §3	أَعْلىٰ
Gott bewahre!	L12 (2)	أَعُوذُ بِٱللّٰهِ
schließen; ausschalten	L8 (1)	أَغْلَقَ / يُغْلِقُ
Lied	L4 (1)	أُغْنِيّةٌ ج أَغانٍ
Afrika	L1 (3)	إفْرِيقِيا
äußerst beredt	L10, S. 138 Anm.4	أَفْصَحُ/فُصْحىٰ
besser; am besten	L11 (2)	أَفْضَلُ
Aufenthalt	L8, S. 113 Anm. 1	إقامةٌ ج ات
Vorschlag	L12 (2)	اِقْتِراحٌ ج ات
sich nähern	L8 (1)	اِقْتَرَبَ/يَقْتَرِبُ
vorschlagen	L11 (1)	اِقْتَرَحَ/يَقْتَرِحُ
Wirtschaft; Ökonomie	L12 (1)	اِقْتِصادٌ
(äußerst) entfernt	L9 (2)	أَقْصىٰ
weniger	L7 (1)	أَقَلُّ
größer; älter; (äußerst) groß	L9 §3	أَكْبَرُ
mehr	L7 (1)	أَكْثَرُ
essen; fressen	L6 (2); L6 § 2	أَكَلَ / يَأْكُلُ
Essen; Futter	L7 (1)	أَكْلٌ
ergänzen	L2 (3)	أَكْمَلَ / يُكْمِلُ
der, die, das	1.A.; 3.B; 3.F	الـ..
wenn nicht; außer	1.F; L6 (2)	إلّا
und zwar; nämlich	L11 (1)	أَلا وَهُوَ/وَهِيَ
Jordan;Jordanien	4.H; L2, S. 59; L5, S. 89	الأُرْدُنُّ
jetzt; nun	3.J u. Anm. 2	الآنَ
gestern	L4 (1)	البارِحةَ
Bahrein	L2, S. 59; L5, S. 89	البَحْرَيْنُ
sich treffen	L4 (1)	اِلتَقىٰ / يَلتَقِي
Algier; Algerien	4.G; L1, S. 49; L4, S. 79	الجَزائِرُ
Gott sei Dank!	L4 (1)	الحَمْدُ لِلّٰهِ
Khartoum	L1, S. 49; L4, S. 79	الخُرطُومُ
Doha	L2, S. 59; L5, S. 89	الدَّوْحةُ
der(jenige); welcher	L8 §4	اَلَّذِي/اَلَّتِي
Rabat	L1, S. 49; L4, S. 79	الرِّباطُ
Riad	L2, S. 59; L5, S. 89	الرِّياضُ
Saudi-Arabien	3.J, Anm. 3; L2, 59; L5, S. 89	السَّعُودِيّةُ
Sudan	L1, S. 49; L4, S. 49; L10 §2	السُّودانُ
Irak	L2, S. 59; L5, S. 89	العِراقُ
Kuwait	L2, S. 59; L5, S. 89	الكُوَيْتُ
tausend	L5, S. 82	أَلْفٌ ج آلافٌ، أُلُوفٌ
Kairo	L1, S. 49 u. Anm. 4; L4, S. 79	القاهِرةُ
das Heiligtum; Jerusalem	L8 ÜzA (2) u. Anm. 2	القُدْسُ
elektronisch	L8 (1)	إلِكْتْرُونِيٌّ
Gott (im Ein-Gott-Glauben)	1.B, Anm. 3; 1.F; L4, S. 76	اللّٰهُ
Gott ist groß	L9 §3	اللّٰهُ أَكْبَرُ
Deutschland	1.G; 3.C	أَلْمانِيا
deutsch; Deutscher	L1 (1)	أَلْمانِيٌّ ج أَلْمانٌ
Marokko; (der) Maghreb	1.E; 3.I; L1, S. 49; L4, S.79	المَغرِبُ
Manama	L2, S. 59; L5, S. 89	المَنامةُ
Gottheit, Gott	1.F; L4 (2)	إلٰهٌ ج آلِهةٌ
Göttin	L4, S 76	إلٰهةٌ ج ات
bis, bis zu; nach (Ort)	1.A; 1.F; 2.B; 3.G; 4.J; L3 §2	إلىٰ
und so weiter (usw.)	L1 (3)	إلىٰ آخِرِهِ (إلخ)
nach vorn; geradeaus	L11, S. 146	إلىٰ ٱلأَمامِ
neben; außer	L5 (1)	إلىٰ جانِبِ
nicht wahr?	L1 §34 (3)	أَلَيْسَ كَذٰلِكَ؟
der Jemen	L02, S. 59; L5, S. 89	اليَمَنُ
heute	L4 (1)	اليَوْمَ
Griechenland	L2, S.17 Anm. 2; L3, S.69	اليُونانُ
oder (bei nur 2 Möglichkeiten)	3.H u. Anm. 3; L1 (1)	أَمْ
Mutter	3.B; L6, S. 96	أُمٌّ ج أُمَّهاتٌ
was ... betrifft; doch,	L3 (1)	أَمّا ... فَ
Fürstentum, Emirat	3.J Anm. 4; L05, S. 89	إمارةٌ ج ات
vor (räuml.)	3.J; L3 (1) u. §2	أَمامَ
Vorbeter; Imam	3.B	إمام ج أَئِمّة
Schutz; Sicherheit	L4 (2)	أَمانٌ
Prüfung	L4 (1)	اِمْتِحانٌ ج اتٌ
Befehl, Pflicht; Sache	L4 (3)	أَمْرٌ ج أُمُورٌ

Befehlsgewalt; Kommando L10 (2)	إِمْرَةٌ
Mann; Mensch L8 (2) Anm. 1	اِمْرُؤٌ
Frau L8 (2)	اِمْرَأَةٌ ج نِساءٌ
gestern L4 (1)	أَمْسِ، بِٱلأَمْسِ
möglich sein L1 (2) u. Anm. 1	أَمْكَنَ/يُمْكِنُ
Hoffnung; Amal f. 3.G; 3.H u. Anm. 2	أَمَلٌ ج آمالٌ
Fürst; Prinz; Emir L5 (3)	أَمِيرٌ ج أُمَراءُ
daß L5 §5; L11 §3	أَنْ، أَنَّ
wenn; so 3.B; L4 (2)	إِنْ
so Gott will L4, S. 56	إِنْ شاءَ ٱللّٰه
siehe L11 §3	إِنَّ
ich 1.G; 3.B u. Anm. 4; L3 §1	أَنا
Rohr; Röhre L12 (1)	أُنْبُوبٌ ج أَنابِيبُ
du m/f, Sie m/f Sg. 1.G u. Anm. 5; 3.B; L3 §1	أَنْتَ /أَنْتِ
warten, erwarten L7 (3)	اِنتَظَرَ / يَنْتَظِرُ
wechseln; umziehen L9 (1)	اِنتَقَلَ / يَنْتَقِلُ
ihr m/f , Sie m/f Pl. L4 §1	أَنتُمْ / أَنتُنَّ
ihr m/f (2) L4 §1	أَنتُما
aufhören; enden 2.G; L2 (2)	اِنْتَهىٰ / يَنْتَهِي
Evangelium; Bibel L5 (3)	إِنْجِيلٌ
andalusisch L10 (1)	أَنْدَلُسِيٌّ
Mensch L5 (3)	إِنْسانٌ ج ناسٌ
Helfer; Anhänger (pl.) L09, S. 122	أَنْصارٌ (ج)
Abfahrt, Abflug L7 (1)	اِنْطِلاقٌ
abfahren; losgehen L6 (1)	اِنْطَلَقَ / يَنْطَلِقُ
sich interessieren L11 (1)	اِهْتَمَّ / يَهْتَمُّ
England L1, S. 49	اِنْكِلْترا

englisch; Engländer L2 (1)	اِنْكِلِيزِيٌّ
Interesse L12 (2)	اِهْتِمامٌ ج ات
(Groß-)Familie 1.A; L1 (1)	أَهْلٌ ج أَهالٍ
Sunniten 3.B Anm.3; L12 (3)	أَهْلُ السُّنّةِ
Schiiten 3.B Anm. 3; L12 (3)	أَهْلُ الشّيعةِ
Willkommen! 1.G; 4.F	أَهْلاً!
Herzlich willkommen! 1.A u. Anm.3; 4.F	أَهْلاً وَسَهْلاً!
wichtiger, am wichtigsten L1 (2)	أَهَمُّ
oder (aufzählend) L1 (1)	أَوْ
Papiere, Dokumente L11 (3)	أَوْراقٌ
Europa L1 (3)	أُورُبّا
zum Stehen bringen; parken (z.B. das Auto) L9 §1	أَوْقَفَ/ يُوقِفُ
erster 4.J; L2 S. 52	أَوَّلُ/ أُولىٰ
erstens; zuerst 1.F; 4.I	أَوَّلاً
vorgestern L4, S. 72	أَوَّلُ أَمْسِ
das heißt; nämlich; zwar L3 (1)	أَيْ
welcher, was für ein(+ Gen.) L4 (3)	أَيُّ / أَيّةُ
auch; auch noch L1 (1)	أَيْضاً
Glaube; Iman f. 3.G	إِيمانٌ
wo? 3.C; 3.H	أَيْنَ؟
kommend L7 (1)	آتٍ
übelnehmen L10 §1	آخَذَ / يُؤاخِذُ
anderer; weiterer L1 (3)	آخَرُ / أُخْرىٰ
letztes; Ende L2 (3)	آخِرُ ج أَواخِرُ
Jenseits L9 §3	آخِرةٌ
bedauernd L3 (2)	آسِفٌ

Sippe, Familie 3.J	آلٌ
sicher; gesichert L4 (2)	آمِنٌ
Zeitraum 3.J Anm. 2	آنٌ ج آوِنةٌ
Fräulein L1 (1)	آنِسةٌ ج ات
Vers (e-s heiligen Buches) L6 (3)	آيةٌ ج ات

ب (باء)

in, an; mit Hilfe, durch 4.J	بِ..
Tür, Tor 2.E	بابٌ ج أَبْوابٌ
Papa; Papst 2.E	بابا
kalt; kühl L11, S. 142	بارِدٌ
Übel; Unglück; Schlimmes L12 (1)	بَأْسٌ
Bus 4.C; L7 (2)	باصٌ ج ات
verkaufen L9 (3)	باعَ / يَبِيعُ
besser gesagt; bzw. L10 (2)	بِٱلأَحْرىٰ
gestern L4, S. 72 Anm. 3	بِٱلأَمْسِ
bestimmt; sicher L5 (3)	بِٱلتَّأْكِيدِ
genau (Adv.) L8 (3)	بِٱلضَّبطِ
in der Nähe von L6 (1)	بِٱلقُرْبِ مِنْ
übrigens L6 (1)	بِٱلمُناسَبةِ
langsam (Adv.) L2 (1)	بِبُطءٍ
Erdöl; Petroleum L12 (1)	بِتْرولٌ
Meer; (die) See L8 (1)	بَحْرٌ ج بِحارٌ
Meeres-, See; Seefahrer L10, S. 139	بَحْرِيٌّ
so daß L9 (1)	بِحَيْثُ
(Binnen-)See L08 (1) Anm. 1	بُحَيْرةٌ ج ات
Räucherwerk; Weihrauch L12 (1)	بَخُورٌ
gut (Adv.) L2 (2)	بِخَيْرٍ

Ausweg بُدٌّ
L5, S. 88

Anfang, Beginn بِدايَةٌ
L3 (2)

anfangen, beginnen بَدَأَ / يَبْدَأُ
1.G; 4.G; L2 (2)

Vollmond; Badr m. بَدْرٌ
4.I; L3 (2)

ersetzen بَدَلَ / يَبْدُلُ
L5 §4

ohne بِدُونِ
L1 (3)

einzigartig; Badi' m. بَدِيعٌ
3.H

Apfelsine(n) بُرْتُقالٌ
L6 (1)

Turm; Sternbild بُرْجٌ ج أَبْراجٌ
L10 (1)

Kälte; Kühle بَرْدٌ
L11, S. 142

Segen; Segenskraft بَرَكَةٌ ج ات
L7 (2)

Post بَرِيدٌ
L7 (3)

postalisch; Post- بَرِيدِيٌّ
L7 (3)

schnell (Adv.) بِسُرْعَةٍ
L2 (1)

im Namen Gottes بِسْمِ ٱللّٰهِ
L4, S. 76 u. Anm. 2

genauer gesagt بِشَكْلٍ أَدَقَّ
L9 §3

Zwiebel(n) بَصَلٌ
L6 (1)

Ware بِضاعَةٌ ج بَضائِعُ
L12 (1)

Kartoffel(n) بَطاطِس، بَطاطا
1.E; 4.D; 7 (1)

Karte (z.B. Visitenkarte) بِطاقَةٌ ج ات
L7 (1)

Langsamkeit بُطْءٌ
L2 (1)

nach بَعْدَ
L2 (3)

danach بَعْدَ ذٰلِكَ
L2 (1)

übermorgen بَعْدَ غَدٍ
L2, S. 72

nachher; noch بَعْدُ
L8 (2)

entfernt sein (von) بَعُدَ / يَبْعُدُ (عَنْ)
L8 (3)

einige, ein paar بَعْضُ ٱلْ
L3 (1) u. Anm. 3

entfernt, weit (von) بَعِيدٌ (عَنْ)
L9 (1)

Bagdad بَغْدادُ
3.I; L2, S. 59; L5, S. 89

Rind; Kuh (koll.) بَقَرٌ
L7 (1)

bleiben; übrigbleiben بَقِيَ / يَبْقَىٰ
L7 (1)

morgen (ugs.) بُكْرا
L4, S. 72 Anm. 3

gern بِكُلِّ سُرورٍ
L4 (1)

weinen بَكَىٰ / يَبْكِي
L9 (3)

sondern; vielmehr بَلْ
L1 (1)

aber ja; gewiß doch بَلا
L10 (2)

ohne بِلا
L1 (3)

Heimat; (Heimat-)Land بِلادٌ (ج)
L8, LT u. Anm. 2

Nachtigall; Bulbul f. بُلْبُلٌ ج بَلابِلُ
2.B

Dattel(n) بَلَحٌ
L4 (2)

Land; Ort(schaft) بَلَدٌ ج بُلْدانٌ
1.B, E; 2.A, G; 4.H

erreichen; betragen بَلَغَ/ يَبْلُغُ
L8 (1)

gewiß! aber ja! doch بَلَىٰ
L10 (2)

Gebäude, Bau بِناءٌ ج ات
L10 (1)

Tochter; Mädchen بِنْتٌ ج بَناتٌ
2.F; L6, S. 96

Bank (Geldinstitut) بَنْكٌ ج بُنُوكٌ
L7 (3)

bauen, erbauen بَنَىٰ / يَبْنِي
L9 (1)

Haus; Tempel بَيْتٌ ج بُيُوتٌ
1.C; 2.I; 4.J

Studentenheim بَيْتُ طَلَبَةٍ
L3 (1) u. Anm. 2

zwischen بَيْنَ
L4 (1)

na ja, es geht so بَيْنَ بَيْنَ
L4 (1)

ت (تاء)

fortsetzen, fortfahren تابَعَ/يُتابِعُ
3.H; L2 (2)

Krone تاجٌ ج تِيجانٌ
4.A u. Anm.3

Kaufmann; Händler تاجِرٌ ج تُجّارٌ
L12 (1)

Datum; Geschichte (Fach) تارِيخٌ
L7 (1)

folgend; nachfolgend تالٍ
L9 (3)

bestehen aus تَأَلَّفَ / يَتَأَلَّفُ مِنْ
L9 (1)

Handel تِجارَةٌ
L12 (1)

unter; unterhalb تَحْتَ
L11, S. 142

unter Befehl von تَحْتَ إِمْرَةِ
L10 (2)

vertragen (z.B. Essen) تَحَمَّلَ/يَتَحَمَّلُ
L11 (1)

Abschluß (z.B. e-s Studiums) تَخَرُّجٌ
L9 (1)

übersetzen تَرْجَمَ/يُتَرْجِمُ
L2 (2)

Übersetzung تَرْجَمَةٌ ج ات
L1 (1)

Numerierung; Punktierung تَرْقِيمٌ
L11, S. 142

verlassen; lassen تَرَكَ / يَتْرُكُ
L9 (1)

Türkei تُرْكِيا
L10, S. 133 LT

heiraten (j-n) تَزَوَّجَ / يَتَزَوَّجُ (مِنْ)
L12 (1)

sich beehren تَشَرَّفَ / يَتَشَرَّفُ
L1 (1)

Angenehm! تَشَرَّفْنا!
L1 (1)

Vokalisierung تَشْكِيلٌ
L1 (3)

müde تَعِبٌ، تَعْبانُ
L6 (1)

Erstaunen تَعَجُّبٌ
L11, S. 142

kennenlernen تَعَرَّفَ / يَتَعَرَّفُ عَلَىٰ
L9 (1)

herabhängen; abhängen von تَعَلَّقَ/يَتَعَلَّقُ بِ
L12 (3)

lernen تَعَلَّمَ / يَتَعَلَّمُ
L2 (1)

Apfel, Äpfel (koll.) تُفّاحٌ
L7 (1)

sich verständigen تَفاهَمَ/يَتَفاهَمُ
L5 §4

sich beehren — تَفَضَّلَ / يَتَفَضَّلُ
L6 §2

bitte! (gewährend) — تَفَضَّلْ / تَفَضَّلِي !
4.C Anm 4; L6 §2

Kreuzung — تَقاطُعٌ ج ات
L11 (2)

ungefähr; etwa — تَقْرِيباً
L8 (1)

Nachahmung; Tradition — تَقْلِيدٌ
L12 (1)

traditionell — تَقْلِيدِيٌّ
L12 (1)

technisch — تِقْنِيٌّ
L 3 (1)

sprechen — تَكَلَّمَ / يَتَكَلَّمُ
L 3 (2)

Fernsehen, Fernseher — تِلْفازٌ، تِلِيفِزيونٌ
L10 (3)

Telefon — تِلِفُونٌ
L1, S. 142

Schüler; Jünger — تِلْمِيذٌ ج تَلامِيذُ
L9 (2)

zustandekommen — تَمَّ / يَتِمُّ
L10 (1)

perfekt; Tamam m. — تَمامٌ
1.A; 3.C

Dattel(n) — تَمْرٌ
L4 (2)

Übung — تَمْرِينٌ ج تَمارِينُ
L 1 (2)

wünschen — تَمَنَّى / يَتَمَنَّى
L 5 (1)

Erfolg; Taufik m. — تَوْفِيقٌ
3.E

Zeitmessung; Zeit(zone) — تَوْقِيتٌ
L8 (1)

Tunis;Tunesien — تُونِسُ
3.A; L1, S. 49; L4, S. 79

Feige(n) — تِينٌ
4.D; L4 (2)

ث (ثاء)

dritter — ثالِثٌ/ثالِثةٌ
L2, S. 52

zweiter — ثانٍ/ثانِيةٌ
L2, S. 52; L10 §5

Sekunde — ثانِيةٌ ج ثَوانٍ
L2, S. 52 Anm. 2

Bildung; Kultur — ثَقافةٌ
L12 (1)

Bildungs-; Kultur-; kulturell — ثَقافِيٌّ
L12 (1)

drei — ثَلاثةٌ
L1, S.42

Drittel — ثُلْثٌ
1.A; 2.F u. Anm. 2; L6 (2)

Schnee pl. *Schneefall* — ثَلْجٌ ج ثُلُوجٌ
L11, S.142

dann — ثُمَّ
L2 (1)

Knoblauch — ثُومٌ
2.I

ج (جاء)

Nachbar — جارٌ ج جِيرانٌ
L1 (1)

Nachbarin — جارةٌ ج ات
L1 (1)

Freitagsmoschee — جامِعٌ ج جَوامِعُ
L9 (2)

Universität; Verband — جامِعةٌ ج ات
L2 (1)

Aspekt; Seite — جانِبٌ
L5 (1)

bereit; fertig — جاهِزٌ
L8 (2)

unwissend — جاهِلٌ
L3 (3)

vorislamische Zeit — جاهِلِيّةٌ
L4 (2)

vorislamisch — جاهِلِيٌّ
L4 (2)

Berg, Gebirge — جَبَلٌ ج جِبالٌ
1.E; 4.A

Käse — جُبْنةٌ
L9 (2)

Großvater — جَدٌّ ج أَجْدادٌ
L11 (1)

Großmutter — جَدّةٌ ج ات
L11 (1)

sehr — جِدّاً
1.F, 4.I

neu — جَدِيدٌ ج جُدُدٌ
L1 (2)

wert, würdig des — جَدِيرٌ بِـ
L12 (3)

wissenswert — جَدِيرٌ بِٱلْمَعْرِفةِ
L12 (3)

Zeitung — جَرِيدةٌ ج جَرائِدُ
L3 (2)

Insel — جَزِيرةٌ ج جُزُرٌ
L 9 (3)

Teil; Bestandteil — جُزْءٌ ج أَجْزاءٌ
L3 (2)

Brücke — جِسْرٌ ج جُسُورٌ
L9 (2)

Geographie, Erdkunde — جُغْرافِيا
L1 (3)

sitzen; sich setzen — جَلَسَ/يَجْلِسُ
L5 (1)

Schönheit; Dschamal m. — جَمالٌ
L1 (1)

Zoll(abfertigung) — جُمْرُكٌ ج جَمارِكُ
L8 (1)

Gesammeltes; Plural (pl.) — جَمْعٌ (ج)
L1 (2)

gesunder Plural — جَمْعٌ سالِمٌ
L1 §2 Anm.3

gebrochener Plural — جَمْعٌ مُكَسَّرٌ
L1 §2 Anm.3

Kamel; Dromedar — جَمَلٌ ج جِمالٌ
L12 (1)

Satz — جُمْلةٌ ج جُمَلٌ
L1 (2)

Republik — جُمْهُورِيّةٌ ج ات
L3 (1)

schön; Dschamil m. — جَمِيلٌ
L1 (1)

Dämon; Dschinn — جِنٌّ
4.A Anm. 2

Süden — جَنُوبٌ
L2 (1)

Guinee; Pfund — جُنَيْهٌ ج ات
L8, S. 119

Unwissenheit — جَهْلٌ
L3 (3)

Luft; Wetter — جَوٌّ ج أَجْواءٌ
L5 (1)

Antwort — جَوابٌ ج أَجْوِبةٌ
L1 (1)

Genehmigung; Paß — جَوازٌ ج ات
L5 (2)

hungrig — جَوْعانُ
L6 (1)

gut — جَيِّدٌ
1.F; 4.I

Geologie — جِيُولُوجِيا
L1 (3)

ح (حاء)

heiß; scharf (Essen) — حارٌّ
L11 (1)

anwesend; Gegenwart — حاضِرٌ
L2 (2)

Omnibus, Bus — حافِلةٌ ج ات
L7 (2)

Herrscher — حاكِمٌ ج حُكّامٌ
L12 (1)

Zustand; Lage 4.B; L4 (1) — حالٌ ج أَحْوالٌ

gegenwärtig; jetzig L9 (1) — حالِيٌّ

zur Zeit; momentan L9 (1) — حالِيّاً

versuchen L6 (2) — حاوَلَ / يُحاوِلُ

bis; sogar L7 (1) — حَتّى

Pilgerfahrt L12 (3) — حَجٌّ

Stein L9 (3) — حَجَرٌ ج أَحْجارٌ

Begrenzung; Grenze L10 (1) — حَدٌّ ج حُدُودٌ

geschehen L8 (2) — حَدَثَ / يَحْدُثُ

Eisen L11 (3) — حَدِيدٌ

Hitze; Wärme 11 (1) — حَرارَةٌ

verboten (religiös); tabu 12 (2) — حَرامٌ

Krieg L8 (2) — حَرْبٌ ج حُرُوبٌ

Buchstabe L2 (3) — حَرْفٌ ج حُرُوفٌ

Konsonant L6 (3) — حَرْفٌ ساكِنٌ

Bewegung; Vokal L6 (3) — حَرَكَةٌ ج ات

Rechnung; Konto 12 (1) — حِسابٌ ج ات

bekommen etw. L9 (1) — حَصَلَ / يَحْصُلُ على

vor-, zubereiten L4 (1) — حَضَّرَ / يُحَضِّرُ

Sie m/f Sg. L7 (1) — حَضْرَتُكَ / حَضْرَتُكِ

Sie m/f Pl. L7 (1) — حَضَراتُكُمْ / حَضَراتُكُنَّ

auswendiglernen L1 (3) — حَفِظَ / يَحْفَظُ

Auswendiglernen L1 (3) — حِفْظٌ

Enkel 11 (1) — حَفِيدٌ ج أَحْفادٌ

Tasche; Koffer L4 (3) — حَقِيبَةٌ ج حَقائِبُ

Weisheit L8, S. 120 — حِكْمَةٌ

Lösung; Auflösung L12 (3) — حَلٌّ ج حُلُولٌ

Kompromiß L12 (3) — حَلٌّ وَسَطٌ

erlaubt (religiös) 12 (2) — حَلالٌ

Aleppo 1.B; 1.E; 4.B — حَلَبُ

Milch L6 (1) — حَلِيبٌ

süß L4 (1) — حِلْوٌ (حِلو)

Schwiegervater L9 §2 — حَمٌ

Taube(n) L11 (3) Anm. 1 — حَمامٌ

Bad; Toilette L11 (3) — حَمّامٌ ج ات

Lobpreis L4 (1) — حَمْدٌ

Gespräch; Dialog L4 (1) — حِوارٌ ج ات

etwa; rund; gegen (Uhrzeit) L1 (3) — حَوالَيْ

um herum; über (Thema) L1 (3) — حَوْلَ

Leben L9 (1) — حَياةٌ

insofern als; wobei, wo L9 (1) — حَيْثُ

Tier L12 (1) — حَيَوانٌ ج ات

خ (خاء)

Schluß; Nachwort L3 (1) — خاتِمَةٌ

Äußeres; Ausland L11 (3) — خارِجٌ

speziell; privat L7 (1) — خاصٌّ

besonders; vor allem L7 (1) — خاصَّةً

leer; frei von L12 (3) — خالٍ مِنْ

Onkel (mütterl. Linie) 1.E; 4.A — خالٌ ج أخوال

Tante (mütterl. Linie) 1.E; 4.A — خالَةٌ ج ات

ewig; Khaled m. 1.E; 4.A — خالِدٌ

Nachricht 12 (1) — خَبَرٌ ج أَخْبارٌ

Brot L9 (3) — خُبْزٌ

Ausgang L9 (1) — خُرُوجٌ

(Land-)Karte L3 (1) — خَرِيطَةٌ ج خَرائِطُ

Herbst L7 (2) — خَرِيفٌ

Schaden; Verlust L11 (2) — خَسارَةٌ ج خَسائِرُ

Holz L11 (3) — خَشَبٌ

Linie; Schrift L6 (3) — خَطٌّ ج خُطُوطٌ

Fehler; falsch L2 (3) — خَطَأٌ ج أَخْطاءٌ

Freitagspredigt L9 (2) u. Anm. 1 — خُطْبَةٌ ج خُطَبٌ

Essig L8 (3) — خَلٌّ

hinter L3 (1) — خَلْفَ

erschaffen; herstellen L4, S. 76 — خَلَقَ / يَخْلُقُ

Bucht; Golf L10 (1) — خَلِيجٌ ج خُلْجانٌ

Kalif; Nachfolger L1 §2; L1 (2) — خَلِيفَةٌ ج خُلَفاءُ

Wein; Alkohol L4 (3) — خَمْرٌ ج خُمُورٌ

Schwein L7 (1) — خِنْزِيرٌ ج خَنازِيرُ

Gurken (koll.) L7 (1) — خِيارٌ

Gutes; Bestes; Wohl L2 (2) — خَيْرٌ

د (دال)

Inneres; Inland L11 (3) — داخِلٌ

Haus; Gebiet L10 (3) — دارٌ ج دِيارٌ

warm L11, S. 142 — دافِئٌ

nah; niedrig L9 §3 — دانٍ / دانِيَةٌ

immer L5 (2) — دائِماً

Dubai 2.I Anm. 1 — دُبَيٌّ

Huhn, Hühner L7 (1) — دَجاجٌ

eintreten 11 (1) — دَخَلَ / يَدْخُلُ

Fahrrad L7 (2) — دَرّاجَةٌ ج ات

Studium L6 (1) — دِراسَةٌ ج ات

Stufe; Grad (Skala)	L11 (1))	دَرَجةٌ ج اتٌ
Temperatur	L11 (1)	دَرَجاتُ الحَرارةِ
Lektion; Unterricht	L1 (1)	دَرْسٌ ج دُرُوسٌ
studieren; lernen	L2 (1)	دَرَسَ/يَدْرُسُ
lehren; unterrichten	L3 (1)	دَرَّسَ/يُدَرِّسُ
Dirham; Drachme	L8, S. 119	دِرْهَمٌ ج دَراهِمُ
wissen	3.F	دَرَى/يَدرِي
laß mich (+ Präsens)	L12 (2)	دَعْنِي / دَعِينِي
Heft	L3 (2)	دَفتَرٌ ج دَفاتِرُ
Wärme	L11, S. 142	دِفْءٌ
zahlen; bezahlen	L8 (3)	دَفَعَ/يَدْفَعُ
fein; zart; genau	L 9 (2)	دَقِيقٌ
Minute; Moment	L6 (1)	دَقيقةٌ ج دَقائِقُ
Damaskus	3.E; L2, S. 59; L5, S. 89	دِمَشقُ
Diesseits; Welt	L9 §3	دُنْيا
Staat	L3 (1)	دَوْلةٌ ج دُوَلٌ
Dollar	L8 (3)	دولار ج ات
Verschuldung	2.I Anm. 1	دَيْنٌ ج دُيُونٌ
Religion; Gottesdienst	2.I Anm. 1; L3 (2)	دِينٌ ج أَدْيانٌ
religiös; Religions-	L10 (1)	دِينِيٌّ
Dinar	L8, S. 119	دِينارٌ ج دَنانيرُ
Kanzlei; Gedichtsammlung	1.A, Anm.4	ديوانٌ

ذ (ذال)

erwähnen; erinnern	L3 (3)	ذَكَرَ / يَذْكُرُ
jener	L2 (1)	ذٰلِكَ
Gold	L11 (3)	ذَهَبٌ
gehen; fahren	L7 (3)	ذَهَبَ / يَذْهَبُ

ر (راء)

Radio	L10 (3)	رادِيو ج رادِيوهاتٌ
wunderbar; herrlich; toll	L7 (1)	رائِعٌ
Kopf; Spitze; Kap	L10 (1)	رَأْسٌ ج رُؤُوسٌ
sehen; meinen	3.G; L5 (1); L11 §1	رَأَى/يَرَى
Meinung; Ansicht	L11 (1)	رَأْيٌ ج آراءٌ
Viertel (Bruchzahl)	L6 (2)	رُبْعٌ ج أَرْباعٌ
vielleicht	L5 (3)	رُبَّما
Frühling	L7 (2)	رَبِيعٌ
hoffen; bitten	L12 (3)	رَجا / يَرْجُو
Hoffnung; Bitte	L12 (3)	رَجاءٌ
Mann	L8 (2)	رَجُلٌ ج رِجالٌ
Steinigung	L12 (2)	رَجْمٌ
zu steinigend; verflucht (Satan)	L12 (2)	رَجِيمٌ
willkommen heißen	L5 (1)	رَحَّبَ/يُرَحِّبُ بـ
Ausflug; Reise	L11 (1)	رِحْلةٌ ج رِحْلاتٌ
Erbarmer (Gott)	L4 (2)	رَحْمٰنٌ
Erbarmen; Gnade	L7 (2)	رَحْمةٌ
barmherzig	L4 (2)	رَحِيمٌ
billig	L11 (2)	رَخِيصٌ
Reis	L7 (1)	رُزٌّ
Kalender	L5 (2)	رُزْنامةٌ ج ات
Brief; Botschaft	L8 (1)	رِسالةٌ ج رَسائِلُ
e-Mail	L8 (1)	رِسالةٌ اِلكْترونِيّةٌ
offiziell; amtlich	L10 (1)	رَسْمِيٌّ
Gesandter; Bote	1.B, Anm. 3; L10 (1)	رَسولٌ ج رُسُلٌ
Gefährte; Kamerad	L12 (3)	رَفِيقٌ ج رِفاقٌ
Tanz	L4 (1)	رَقْصٌ
Ziffer; Nummer	L1 (1)	رَقْمٌ ج أَرْقامٌ
Stützpfeiler	L12 (3)	رُكْنٌ ج أَرْكانٌ
Symbol	L10 (3)	رَمْزٌ ج رُمُوزٌ
Ramadan (Fastenmonat)	1.E; 4.C; L9 S. 122	رَمَضانُ
Roman; Bericht	L7 (3)	رِوايةٌ ج ات
Sport	L11 (2)	رِياضةٌ
Mathematik	L12 (1)	رِيّاضِيّاتٌ
Rial	L08, S. 119	رِيالٌ ج رِيالاتٌ
Zweifel	3.I	رَيْبٌ

ز (زاي)

besuchen	L5 (1)	زارَ (زُرْتُ) / يَزُورُ
immer noch [tun]	L7 (1); L8 §2	زالَ (زِلْتُ) / يَزالُ
Butter	L9 (3)	زُبْدةٌ
Rosine(n)	L7 (1)	زَبِيبٌ
Glas (Material)	L11 (3)	زُجاجٌ
Landwirtschaft	L11 (1)	زِراعةٌ
Thymian	L9 (3)	زَعْتَرٌ
Armenspende	L12 (3)	زَكاةٌ
Zamzam (heilige Quelle, Mekka)	1.E	زَمزَمُ
Kollege	L8 §1; L11 (3)	زَمِيلٌ ج زُمَلاءُ
Kollegin	L8 §1; L11 (3)	زَمِيلةٌ ج ات
Gatte, (Ehe-)Mann	L6 (1)	زَوْجٌ ج أَزْواجٌ
Gattin, (Ehe-)Frau	L6 (1)	زَوْجةٌ ج ات
Besuch; Besichtigung	L7 (1)	زِيارةٌ ج اتٌ
Öl	L8 (3)	زَيْتٌ
Ölbaum; Olive(n)	L11 (1)	زَيْتونٌ

س (سين)

Deutsch	Beleg	Arabisch
Futurpartikel	L6 §4	سَـ...
vorhergehend; früherer	L9 (2)	سابِقٌ
Küste	L5 Anm.1, L11 (1)	ساحِلٌ ج سواحِلُ
Uhr; Stunde	L6 (1)	ساعةٌ ج ات
helfen, unterstützen	L4 (1)	ساعَدَ / يُساعِدُ
reisen; fahren	L9 (2)	سافَرَ / يُسافِرُ
ruhend; Bewohner	L6 (3)	ساكِنٌ ج سُكّانٌ
wohlbehalten; heil; Salim m.	L1 §2 Anm. 3	سالِمٌ
fragen	L3 (1)	سَأَلَ / يَسْأَلُ
Tourist	L10 (1)	سائِحٌ ج سُيّاحٌ
geläufig; bekannt (Sprichw.)	L2 (3)	سائِرٌ
Wettkampf; Wettlauf	L12 (1)	سِباقٌ ج ات
Ursache; Grund	L9 (2)	سَبَبٌ ج أَسْبابٌ
Zauberei; Zauber	L9 (3)	سِحْرٌ
Zauber-; Wunder-	L9 (3); L3 (2) Anm. 2	سِحْرِيٌّ
Sperre; (Stau-)Damm	L9 (2)	سَدٌّ ج سُدودٌ
Geschwindigkeit	L2 (1)	سُرْعةٌ
Freude, Vergnügen	L4 (1)	سُرُورٌ
Zeile	L2 (3)	سَطْرٌ ج سُطُورٌ
Preis (e-r Ware)	L5 (2)	سِعْرٌ ج أَسْعارٌ
glücklich; Sa'id m.	4.B	سَعِيدٌ ج سُعَداءُ
Botschaft (e-s Staates)	L12 (1)	سِفارةٌ ج ات
(das) Reisen; Reise	L5 (1)	سَفَرٌ ج أَسْفارٌ
Schiff	L7 (3)	سَفِينةٌ ج سُفُنٌ
Dach	L9 (3)	سَقْفٌ ج سُقوفٌ
Zucker	L4 (1)	سُكَّرٌ
wohnen; ruhen	L3 (1)	سَكَنَ/يَسكُنُ
Sukūn (= kein Vokal)	2.D	سُكونٌ
Schweigen	L11 (3)	سُكوتٌ
Frieden; Salam m.	1.E; 3.A	سَلامٌ
Unversehrtheit	L2 (1)	سَلامةٌ
Salat	L7 (1)	سَلَطةٌ ج ات
Macht; Sultan	L5 (3)	سُلْطانٌ ج سَلاطِينُ
Sultanat	L3 (1)	سَلْطَنةٌ ج ات
begrüßen (j-n)	L4 (1)	سَلَّمَ / يُسَلِّمُ على
Himmel	L4 (2)	سَماءٌ ج سَمَواتٌ
Sesam	L9 (3)	سِمْسِمٌ
hören	L5 (1)	سَمِعَ / يَسْمَعُ
Fisch (koll.)	L7 (1)	سَمَكٌ ج أَسْماكٌ
benennen; nennen	L10 (2)	سَمّى / يُسَمِّي
Jahr	L4 (1)	سَنةٌ ج سَنَواتٌ
Brauch; Sunna	3.B Anm. 3; L12 (3)	سُنّةٌ
einfach, leicht	L1 (1)	سَهْلٌ
Sure (Korankapitel)	L5 (3)	سُورةٌ ج سُوَرٌ
Syrien	4.H u. Anm.2; L3, S.59	سوريّةُ = سُوريا
Futurpartikel	L6 §4	سَوْفَ
Markt; Suk	3.E; L10 (3)	سُوقٌ ج أَسْواقٌ
Frage	4.G; 4.I; L1 (1)	سُؤالٌ ج أَسْئِلةٌ
Tourismus	L10 (1)	سِياحةٌ
touristisch	L10 (1)	سِياحِيٌّ
Auto	L7 (2)	سَيّارةٌ ج ات
Politik	L12 (1)	سِياسةٌ ج ات
Politiker; politisch	L12 (1)	سِياسِيٌّ ج ساسةٌ
Zigarette	L10 (3)	سِيجارةٌ ج سَجائِرُ
Herr	L1 (1)	سَيِّدٌ ج سادةٌ
Dame; Frau ... (Name)	L1 (1)	سَيِّدةٌ ج ات
Kino	L10 (3)	سِينَما ج دُورُ سِينَما
schlecht	L7 (1)	سَيِّءٌ

ش (شين)

Deutsch	Beleg	Arabisch
wollen	L4 (2)	شاءَ / يَشاءُ
Straße (innerorts)	L3 (3)	شارِعٌ ج شَوارِعُ
Leinwand; Bildschirm	L8 (1)	شاشةٌ ج ات
König, Schah (pers.)	3.A	شاهٌ
ansehen, anschauen	L8 (1)	شاهَدَ / يُشاهِدُ
Tee	1.D; 3.A; L4 (1)	شايٌ
gebräuchlich; gängig	L2 (3)	شائِعٌ
Jugend	L12 (1)	شَبابٌ
ähnlich wie, quasi; Halb-	L9 (3)	شِبْهُ
Winter	L7 (2)	شِتاءٌ
Baum	L11 (1)	شَجَرةٌ ج أَشْجارٌ
Person	L6 (1); L8 (2)	شَخْصٌ ج أَشْخاصٌ
Persönlichkeit	L12 (2)	شَخْصِيّةٌ ج ات
Verdoppelungszeichen	2.A, Anm. 2	شَدّةٌ
heftig; stark	L11 (1)	شَدِيدٌ
trinken	L4 (1)	شَرِبَ / يَشرَبُ
erklären; erläutern	L3 (1)	شَرَحَ / يَشرَحُ
Bindestrich	L11, S. 142	شَحْطةٌ ج شَحَطاتٌ
Osten; Orient	L2 (1)	شَرْقٌ
Bucht	L9, S.127 Anm. 3	شَرْمٌ ج شُرُومٌ
Firma; Betrieb	L7 (2)	شَرِكةٌ ج ات

Deutsch	Fundstelle	Arabisch
Volk	L4 (2)	شَعْبٌ ج شُعوبٌ
volkstümlich; populär	L4 (2)	شَعْبِيٌّ
Lyrik; Dichtung	L11 (2)	شِعْرٌ
danken	L6 (1)	شَكَرَ / يَشْكُرُ
Dank	2.A, Anm.1	شُكْرٌ
danke!	1.E; 2.A, Anm.1; 4.F	شُكْراً!
Form; Art u. Weise	L9 (2)	شَكْلٌ ج أَشْكالٌ
bilden; formen	L10 (1)	شَكَّلَ / يُشَكِّلُ
Norden	L2 (1)	شَمالٌ أو: شِمالٌ
Sonne; Schams f.	4.I	شَمْسٌ ج شُمُوسٌ
Tasche	L4 (3)	شَنْطةٌ ج شُنَطٌ
Zeugnis	L11 (1)	شَهادةٌ ج ات
Monat	L5 (1)	شَهْرٌ ج شُهُورٌ أَوْ: أَشْهُرٌ
Appetit	L7 (1)	شَهِيّةٌ
Guten Appetit!	L7, LT	شَهِيّة طَيِّبة!
Suppe	L7 (1)	شُورْبةٌ
Ding, Sache	3.B; 4.G	شَيْءٌ ج أَشْياءُ
e-e Sache (Akk.); etwas	4.G	شَيْئاً
allmählich	4.G	شَيْئاً فَشَيْئاً
alter Mann; Scheich	1.E; 4.A	شَيْخٌ ج شُيوخٌ
Partei (Alis); Schia	3.B Anm. 2; L12 (3)	شِيعةٌ
Satan; Teufel	L12 (2)	شَيْطانٌ ج شَياطِينُ

ص (صاد)

Deutsch	Fundstelle	Arabisch
geduldig; standhaft	L11 §3	صابِرٌ
Besitzer; Inhaber	L11 (2)	صاحِبٌ ج أَصْحابٌ
Exportgüter, Exporte	L12 (1)	صادِراتٌ
schweigsam; Sāmit m.	1.E; 4.C	صامِتٌ
Morgen	L2 (1)	صَباحٌ
Guten Morgen!	L2 (1)	صَباحُ الخَيْرِ!
– Guten Morgen!	L2 (1)	صَباحُ النُّورِ!
berichtigen	L3 (1)	صَحَّحَ / يُصَحِّحُ
Wüste	L11 (1)	صَحْراءُ ج صَحارىٰ
Teller; Schüssel	L7 (1)	صَحْنٌ ج صُحُونٌ
Gesundheit	L9 (1)	صِحّةٌ
richtig; gesund	L2 (2)	صَحِيحٌ ج أَصِحّاءُ
Fels	L9 (3)	صَخْرةٌ ج صَخَراتٌ
glauben	L8 §2	صَدَّقَ / يُصَدِّقُ
Freund	L4 (1)	صَدِيقٌ ج أَصدِقاءُ
Freundin	L4 (1)	صَدِيقةٌ ج ات
wechseln (Geld)	L8 (3)	صَرَّفَ / يُصَرِّفُ
schwierig, schwer	L1 (1)	صَعْبٌ
einsteigen	L5 (1)	صَعِدَ / يَصْعَدُ
klein; jung	L3 (1)	صَغيرٌ ج صِغارٌ
Reihe; Klasse	L3 (1)	صَفٌّ ج صُفُوفٌ
Seite (Buch)	L1 (3)	صَفْحةٌ ج صَفَحاتٌ
Null	L1 (1); L11, S. 142	صِفْرٌ
Frost	L11, S. 142	صَقِيعٌ
Gedeihen; Heil; Salāh m.	L3, S. 66	صَلاحٌ
Kreuz	L10 (3)	صَلِيبٌ ج صُلْبانٌ
Industrie	L11 (1)	صِناعةٌ
Stimme; Ton; Laut	L8 (1)	صَوْتٌ ج أَصْواتٌ
Bild; Foto	L6 (2)	صُورةٌ ج صُوَرٌ
Wolle	L11 (3)	صُوفٌ
Fasten	L12 (3)	صَوْمٌ
Pharmazie	L9 (1)	صَيْدَلةٌ
Apotheke	L9 (1)	صَيْدَلِيّةٌ ج ات
Sommer	L7 (2)	صَيْفٌ

ض (ضاد)

Deutsch	Fundstelle	Arabisch
schädlich	L 8 (2)	ضارٌّ
Nebel	L11, S. 142	ضَبابٌ
regeln; (Uhr) stellen	L8 (1)	ضَبَطَ / يَضْبِطُ
Genauigkeit	L8 (2)	ضَبْطٌ
lachen	L9 (3)	ضَحِكَ / يَضْحَكُ
schwach	L11 (1)	ضَعِيفٌ
u-Zeichen, Ḍamma	2.D	ضَمّةٌ
Pronomen	L3 §2 Anm. 1	ضَميرٌ ج ضَمائِرُ
Verbundpronomen	L3 §1 Anm. 1	ضَميرٌ مُتَّصِلٌ
Personal-pronomen	L3 §1 Anm. 1	ضَميرٌ مُنفَصِلٌ
eng; schmal	L12 (1)	ضَيِّقٌ

ط (طاء)

Deutsch	Fundstelle	Arabisch
Student; Schüler	4.D	طالِبٌ ج طُلّابٌ
Studentin; Schülerin	1.B; 4.D	طالِبَةٌ ج ات
Flugzeug	L5 (1)	طائِرةٌ ج ات
Medizin (als Fach)	L9 (1)	طِبٌّ
natürlich (Adv.)	L6 (1)	طَبْعاً، بِٱلطَّبْعِ
Arzt	L4 (1)	طَبِيبٌ ج أَطِبّاءُ
Ärztin	L4 (1)	طَبِيبةٌ ج ات
Natur	L11 (1)	طَبِيعةٌ
natürlich (Adj.)	L11 (1)	طَبِيعِيٌّ
Weg; Straße	L11 (2)	طَرِيقٌ ج طُرُقٌ
Speise; Nahrung	L7 (1)	طَعامٌ ج أَطْعِمةٌ
(kleineres) Kind	L9 (1)	طِفْلٌ ج أَطْفالٌ

Kindheit طُفُولةٌ
L12 (1)

Klima; Wetter طَقْسٌ ج طُقوسٌ
L11, S. 142

verlangen; erstreben طَلَبَ / يَطْلُبُ
L8 (1)

Studierende *(koll.)* طَلَبةٌ (ج)
L3 (1)

frei; offen طَلْقٌ
L11 (2)

Tomaten طَماطِم
L6 (1)

Länge طُولٌ
L8 (3)

lang; groß *(Körpergröße)* طَوِيلٌ
L6 (2)

gut; gütig; wohlschmeckend طَيِّبٌ
L7 (1)

Lehm; Ton طِينٌ
4.D

ظ (ظاء)

Gazelle ظَبي
4.D Anm.2

Dunkelheit; Finsternis ظَلامٌ
L3 (3)

meinen; glauben ظَنَّ / يَظُنُّ
L11 (2)

erscheinen; zu sehen sein ظَهَرَ /يَظْهَرُ
L8 (1)

Mittag ظُهْرٌ
L6 (1)

mittags ظُهْراً
L6 (1)

ع (عين)

Elfenbein عاجٌ
L11 (3)

zurückkehren عادَ (عُدْتُ) /يَعُودُ
L11 (2)

Gewohnheit عادةٌ ج ات
4.F; L12 (3)

gewöhnlich *(Adv.)* عادةً
4.F

gewöhnlich; normal عادِيٌّ
L12 (3)

leben عاشَ (عِشْتُ) / يَعِيشُ
L9 (1)

Hauptstadt عاصِمةٌ ج عَواصِمُ
L1 (1)

hoch; laut *(Stimme)* عالٍ
L9 (2)

Welt عالَمٌ ج عَوالِمُ
L8 (1)

weltweit;Welt- عالَمِيٌّ
L8 (1)

Jahr عامٌ ج أَعْوامٌ
L8 (2)

Familie عائِلةٌ ج ات
L3 (2)

Redewendung عِبارةٌ ج ات
L2 (3)

Abbasiden عَبّاسِيونَ
L10 (1) Anm. 1)

Diener; Sklave عَبْدٌ ج عَبِيدٌ، عِبادٌ
L5 (2)

mittels; durch *(hindurch)* عَبْرَ
L12 (1)

osmanisch عُثْمانِيٌّ
L10 (1)

zählen عَدَّ / يَعُدُّ
L12 (2)

Zahl; Anzahl عَدَدٌ ج أَعْدادٌ
L1 (2)

zahlreich عَدِيدٌ
L12 (2)

arabisch; Araber عَرَبِيٌّ ج عَرَبٌ
4.J; L1 (1)

Breite عَرْضٌ
L8 (3)

wissen; kennen عَرَفَ/يَعْرِفُ
L3 (1)

Braut عَرُوسٌ ج عَرائِسُ
L9 (1)

lieb *(auch Briefanrede)* عَزِيزٌ ج أَعِزّاءُ
L8 (3)

Militär عَسْكَرٌ
L10 (2)

militärisch; Militär- عَسْكَرِيٌّ
L10 (2)

Abendessen عَشاءٌ
L7 (1)

Zeitalter; Epoche عَصْرٌ ج عُصُورٌ
L12 (1)

modern عَصْرِيٌّ
L12 (1)

Saft عَصِيرٌ ج عَصائِرُ
L6 (1)

durstig عَطْشانُ
L6 (1)

Ferien; Urlaub عُطْلةٌ ج عُطَلٌ
L5 (1)

Entschuldigung! – bitte! عَفواً!
3.H

Gegenteil; Gegensatz عَكْسٌ
L4 (3)

Erhabenheit; hoher Rang عَلاءٌ
L3, S. 66

Zeichen; Note *(Zeugnis)* عَلامةٌ ج ات
L11, S. 142

Fragezeichen عَلامةُ اِسْتِفْهامٍ
L11, S. 142

Ausrufezeichen عَلامةُ تَعَجُّبٍ
L11, S. 142

Satzzeichen عَلامةُ تَرْقِيمٍ
L11, S. 142

Etui; Schachtel; Dose عُلْبةٌ ج عُلَبٌ
L5 (2)

Flagge; Fahne عَلَمٌ ج أَعْلامٌ
L10 (3)

Wissen, Wissenschaft عِلْمٌ ج عُلُوم
L3 (3)

wissenschaftlich عِلْمِيٌّ
L3 (1)

auf; gemäß; gegen عَلىٰ
L5 (1)

zu Fuß عَلىٰ ٱلأَقْدامِ
L11, S. 146

auf jeden Fall عَلىٰ كُلِّ حالٍ
L7 (1)

auf mir; ich muß عَلَيَّ
L5 (1) u. S. 88

hoch; erhaben *(Gott)* عَلِيٌّ
L9 §3

Onkel *(väterl. Linie)* عَمٌّ ج أَعْمامٌ
L8 (2)

Tante *(väterl. Linie)* عَمّةٌ ج ات
L8 (2)

Amman عَمّانُ
L2, S. 59; L5, S. 89

Oman عُمانُ
3.H; L5, S. 89

Altersstufe, Alter عُمْرٌ ج أَعْمارٌ
L5 (2)

Arbeit; Tun; Tat عَمَلٌ ج أَعْمالٌ
3.H

arbeiten عَمِلَ/يَعْمَلُ
L3 (1)

Währung عُمْلةٌ ج عُمَلاتٌ
L8 (3)

von weg*; über* *(z.B. Thema)* عَنْ
L3 §2

über, via ... عَنْ طَرِيقِ ...
L12 (1)

Weintrauben عِنَبٌ
L7 (1)

bei عِنْدَ
L4 (1)

bei mir; ich habe عِنْدِي
L4 (1)

während; als; wenn عِنْدَما
L7 (1)

Adresse; Titel *(z.B. Buch)*; *Überschrift* عُنْوانٌ ج عَناوِينُ
L2 (3)

bedeuten; heißen عَنىٰ/يَعْني
L4 (1)

(Arzt-)Praxis; Ambulanz — عِيادةٌ ج ات
L9 (1)

Fest; Feiertag — عِيدٌ ج أَعْيادٌ
L5 (1)

Geburtstag; Weihnachten — عِيدُ المِيلادِ
L7 (2)

Fest des Fastenbrechens — عِيدُ الفِطْرِ
L9, S. 122

Opferfest — عِيدُ الأَضْحىٰ
L9, S. 122

Auge; Quelle — عَيْنٌ ج عُيُونٌ
1.H Anm. 3; 3.H

غ (غين)

Wald — غابةٌ ج ات
L11 (1)

Gas; Erdgas — غازٌ
L12 (1)

teuer — غالٍ
L11 (2)

abwesend; nicht da — غائِبٌ
L2 (2)

morgen — غَداً
L4 (1)

Mittagessen — غَداءٌ
L7 (1)

Gramm (g) — غرامٌ (غ)
L12, S. 152

Westen; Okzident — غَرْبٌ
3.I; L2 (1)

Zimmer, Raum — غُرْفةٌ ج غُرَفٌ
L6 (3)

fremd; Fremder — غَرِيبٌ ج غُرَباءُ
L7 (3)

Gesang; Singen — غِناءٌ
L4 (1)

reich; Reicher — غَنِيٌّ
L10 (1)

Abwesenheit; Verborgenes — غَيْبٌ
3.I

anders als; un-; nicht- (+Gen.) — غَيْرُ
L1 (3)

unmöglich — غَيْرُ مُمْكِنٍ
L1 (3)

unreif — غَيْرُ ناضِجٍ
L1 (3)

ف (فاء)

und dann, und so; denn — فَ
L3 (1)

Einleitung; Eröffnung — فاتِحةٌ
L5, S. 88

Komma — فاصِلةٌ ج فَواصِلُ
L11, S. 142

Frucht; pl. Obst — فاكِهةٌ ج فَواكِهُ
L7 (1)

verstehend — فاهِمٌ
L10 § 4

öffnen; erobern; einschalten (el. Gerät). — فَتَحَ / يَفْتَحُ
L8 (1)

suchen etw. — فَتَّشَ / يُفَتِّشُ عن
L5 (1)

a-Zeichen, Fatḥa — فَتْحةٌ
2.D

Kleingeld (ugs.) — فِراطةٌ
L8, S.119

Freude; Faraḥ m. — فَرَحٌ
L3, S. 69

Unterschied — فَرْقٌ ج فُرُوقٌ
L4 (3)

Frankreich — فَرَنْسا
L1, S. 49

französisch; Franzose — فَرَنْسِيٌّ ج ون
L2 (1)

Abschnitt; Jahreszeit — فَصْلٌ ج فُصُولٌ
L7 (2)

beredt; sprachgewandt — فَصِيحٌ
L10, S. 138 Anm. 4

Güte — فَضْلٌ
4.C

bevorzugen — فَضَّلَ/يُفَضِّلُ
L4 (1)

Silber — فِضّةٌ
L11 (3)

Frühstück — فُطُورٌ
L7 (1)

tun, machen, — فَعَلَ/يَفْعَلُ
L3 (1); L5 §4

Tätigkeit; Tat; Verb — فِعْلٌ ج أَفْعالٌ
L2 (2)

wirklich, in der Tat — فِعْلاً أو: بِالْفِعْلِ
L7 (1)

nur, bloß, lediglich — فَقَطْ
L3 (1)

arm; Armer — فَقِيرٌ
L10 (1)

denken (an, über) — فَكَّرَ/يُفَكِّرُ (في)
L9 (2)

Gedanke; Idee — فِكْرةٌ ج أفكارٌ
L3 (2)

Kleingeld; Wechselgeld — فَكّةٌ
L8, S.119

Fils; pl. (ugs.) Geld — فِلْسٌ ج فُلُوسٌ
L8 (3) Anm. 1 u. S. 119

Palästina — فِلَسْطِينُ
L5, S. 89

Pfeffer; Paprika — فِلْفِلٌ ج فَلافِلُ
2.H u. Anm.1

Pepperoni — فِلْفِلٌ حارٌّ
L11, S. 147 Ü3

Arche [Noah] — فُلْكٌ
4.B Anm.3

Kunst — فَنٌّ ج فُنُونٌ
L11 (2)

Tasse — فِنْجانٌ ج فَناجِينُ
L4 (1)

Hotel; Herberge — فُنْدُقٌ ج فَنادِقُ
1.E; 3.E

verstehen — فَهِمَ/يَفْهَمُ
1.B; 3.C; 4.H; 4.J

zu verstehen geben — فَهَّمَ/يُفَهِّمُ
L5 §4

Verstehen; Verständnis — فَهْمٌ
L3 §3

Herz (poet.); Fuad m. — فُؤادٌ
1.E; 4.G

sogleich; sofort — فَوْراً
L11 (1)

über; oberhalb — فَوْقَ
L11, S. 142

in — في
3.C; 4.J; L3 §2

im Haus; zu Hause — في ٱلْبَيْتِ
4.J

morgen — في ٱلْغَدِ
L4, S. 37 Anm. 3

am Tag; tagsüber — في ٱلنَّهارِ
L7 (2)

im Freien — في ٱلْهَواءِ الطَّلْقِ
L11 (2)

in Wirklichkeit — في ٱلواقِعِ
L12 (1)

Film — فِيلْمٌ ج أَفْلامٌ
L10 (3)

später; nachher — فِيما بَعْدُ
L11 (1)

im folgenden — فِيما يَلِي
L12 (1)

ق (قاف)

kommend; nächster — قادِمٌ
L9 (2)

Regel; Basis; pl. auch: Grammatik — قاعِدةٌ ج قَواعِدُ
L1 (1)

Karawane — قافِلةٌ ج قَوافِلُ
L12 (1)

sagen — قالَ (قُلْتُ)/ يَقُولُ
L5 (1); L11 §3

aufstehen — قامَ (قُمْتُ)/ يَقُومُ
L6 (1)

Wörterbuch — قامُوسٌ ج قَوامِيسُ
L5 (1)

Führer — قائِدٌ ج قادةٌ
L10 (2)

sagend; sprechend — قائِلٌ
L6, 93 LT u. Anm. 1; L10 § 4

Deutsch	Verweis	Arabisch
vor	L2 (3)	قَبْلَ
vorletzter	L2 (3)	قَبْلَ ٱلْأَخِيرِ
Kuppel	L9 (3)	قُبَّةٌ ج قِبابٌ
vielleicht (+ Präsens)	L2 §3 Anm. 4; L5 (3) Anm. 1	قَدْ
schon, bereits (+ Perfekt)	L2 §3; L12 §2	قَدْ، لَقَدْ
Heiligtum	L8, S. 118 Anm. 3	قُدْسٌ
Fuß	L11 (2)	قَدَمٌ ج أَقْدامٌ
anbieten; vorstellen	L6 (1)	قَدَّمَ / يُقَدِّمُ
alt (Dinge); *antik*	L1 (2)	قَدِيمٌ
Lesung; Lesart; Lesen	L1 (3)	قِراءَةٌ ج ات
lesen, vorlesen	L2 (2)	قَرَأَ / يَقرَأُ
Koran	L5 (3)	قُرْآنٌ
Nähe	L6 (1)	قُرْبٌ
Piaster; Qirsch	L8, S. 119	قِرْشٌ ج قُرُوشٌ
Zimt	L9 (3)	قِرْفَةٌ
Jahrhundert	L8 (2)	قَرْنٌ ج قُرُونٌ
nahe; Verwandter	L9 (1) u. Anm. 2	قَرِيبٌ ج أَقْرِباءُ
nahe (Adv.); *in der Nähe; bald; demnächst*	L12 §2	قَرِيباً
Dorf; Ansiedlung	L6 (1)	قَرْيَةٌ ج قُرىً
Teil; Abteilung	L1 (1)	قِسْمٌ ج أَقْسامٌ
Absicht	L12 (2)	قَصْدٌ
Schloß; Palast	L11 (3)	قَصْرٌ ج قُصُورٌ
Erzählung	L9 (3)	قِصَّةٌ ج قِصَصٌ
Gedicht	L10 (2)	قَصِيدَةٌ ج قَصائِدُ
kurz; klein (Körpergröße)	L6 (2)	قَصِيرٌ
Zug; Bahn	L7 (3)	قِطارٌ ج ات
Katar.	L2, S. 59; L5, S. 89	قَطَرُ
Stop!	L9 §1 u. Anm. 2	قِفْ!
Herz (Organ)	3.E	قَلْبٌ ج قُلوبٌ
Festung; Zitadelle	L12 (1)	قَلْعَةٌ ج قِلاعٌ
Schreibstift; Feder	L3 (3)	قَلَمٌ ج أَقْلامٌ
wenig; gering	L3 (1)	قَلِيلٌ
ein wenig; ein bißchen	L3 (1)	قَلِيلاً
Mond	4.I; L3 (2)	قَمَرٌ ج أقمارٌ
Kanal	L9 (2)	قَناةٌ ج قَنَواتٌ
Kaffee (Getränk)	L4 (1)	قَهْوَةٌ

ك (كاف)

Deutsch	Verweis	Arabisch
wie, als	L3 (1)	كَ..
schreibend; Schreiber; Schriftsteller	L1 §5; L10 §4	كاتِبٌ ج كُتّابٌ
beinahe etw. tun	L8 (1) u.§2	كادَ (كِدْتُ)/ يَكادُ
Glas; Pokal	1.G; L6 (1)	كَأْس ج كُؤُوس
Cafeteria	L4 (1)	كافِتيريا
vollständig; Kamil	L1 (1)	كامِلٌ
sein; existieren	L2 (2)	كانَ (كُنْتُ)/ يَكونُ
existierend; Lebewesen	L10 § 4	كائِنٌ
groß sein od. *werden*	L5 §4	كَبُرَ / يَكْبُرُ
groß; alt (Pers.)	L3 (1)	كَبِيرٌ ج كِبارٌ
Buch	3.D; L5 §3	كِتابٌ ج كُتُبٌ
Schreibung	L1 (3)	كِتابةٌ ج ات
schreiben	L2 (2)	كَتَبَ / يَكتُبُ
viel	L3 (1)	كَثِيرٌ
vielmals; oft; sehr	L3 (1)	كَثِيراً
wie jenes; ebenfalls, auch	L1 (1) u. Anm. 4	كَذٰلِكَ
wiederholen (Gesagtes)	L3 (2)	كَرَّرَ / يُكَرِّرُ
Kugel; Ball	L11 (2)	كُرَةٌ ج ات
Fußball	L11, S. 146	كُرَةُ ٱلقَدَمِ
Handball	L11 (2)	كُرَةُ اليَدِ
i-Zeichen, Kasra	2.D	كَسْرَةٌ
Würfel; Kaaba	L9,S. 125 Anm. 3	كَعْبَةٌ
Handfläche; Handteller	3.D, Anm.1	كَفٌّ
Gesamtheit; jeder; alle	L2 (1); L12 §4	كُلٌّ
alles	L2 (1)	كُلُّ شَيْءٍ
überhaupt nicht; gar nicht	L10 (2)	كَلّا
Rede; (das) *Reden*	L11 (3)	كَلامٌ
sie beide m/f	L6 (1)	كِلاهُما / كِلْتاهُما
Hund	3.E	كَلْبٌ ج كِلاب
Wort	4.H; 4.J; L1 (1)	كَلِمةٌ ج ات
Gesamtheit; Fakultät	L9 (1)	كُلِّيَّةٌ ج ات
wieviel	L5 (2) u. S. 86	كَمْ
wieviel Mal; wie oft	L5 (2)	كَمْ مَرَّةً
(*genauso*) *wie* (Satzeinleitung)	L3 (1)	كَما
wie folgt	L12 (1)	كَما يَلِي
Vollkommenheit; Kamal m.	L1 (1)	كَمالٌ
Elektrizität; Strom	L9 (1)	كَهْرُباءُ
elektrisch; Elektriker	L8 (1)	كَهْرُبائِيٌّ
Becher	L6 (3)	كُوبٌ ج أَكوابٌ
damit, um zu	L6 (1)	كَيْ، لِكَيْ
auf welche Art? wie?	L4 (1)	كَيْفَ؟
wie geht's?	L4	كَيْفَ ٱلحالُ؟
Kilometer (km)	L8 (1)	كِيلُومِترٌ ج ات (كم)

ل (لام)

Deutsch	Verweis	Arabisch
für, wegen, von (Urheber)	L3 §2; L8 §1	لِ..
auf daß! (+ Apokopat)	1.B; 3.D; L6 §3	لِ..

Deutsch	Beleg	Arabisch
damit (+ Konjunktiv)	L5 §5	لِـ..
nein; nicht (+ Präs.); *kein* (+ Akk.)	1.C; 1.F; 2.J; 3.H; L3 §4	لا
beträchtlich	L12 (1)	لا بَأْسَ بِهِ/بِها
es ist unumgänglich; man muß	L5, S. 88	لا بُدَّ
keine Sache, nichts	4.G	لا شَيْءَ
lateinisch	L9 (2)	لاتِينِيٌّ
beobachten; bemerken; beachten	L2 (2)	لاحَظَ / يُلاحِظُ
drahtlos	9 (2) Anm. 2	لاسِلْكِيٌّ
damit, weil	L5 (1) u. §5; L11 §3	لِأَنْ، لِأَنَّ
unendlich; endlos	9 (2) Anm. 2	لانِهائِيٌّ
Weihrauch	L12 (1)	لُبانٌ
Sauermilch	2.B	لَبَنٌ
Libanon	1.B; 2.A; 2.E; 4.H	لُبْنانُ
Moment	L7 (3)	لَحْظَةٌ ج لَحَظاتٌ
Fleisch	L7 (1)	لَحْمٌ
bei	1.F; 3.G	لَدَى
bei mir ist; ich habe	1.F; 4.I; L4 (1)	لَدَيَّ
wohlschmeckend, köstlich	L7 (1)	لَذِيذٌ
Zunge; Sprache	L5 § 3 Anm. 3	لِسانٌ ج أَلْسِنَةٌ
Räuber	L9 (3)	لِصٌّ ج لُصُوصٌ
Freundlichkeit	L8 (1)	لُطْفٌ
nett; freundlich	L8 (1)	لَطِيفٌ
spielen	L11 (2)	لَعِبَ/يَلْعَبُ
Spiel; Spielzeug	L11 (2)	لُعْبَةٌ ج أَلْعابٌ
Rätsel	L12 (3)	لُغْزٌ ج أَلْغازٌ
Sprache	4.E; 4.J Anm. 1; L3 (1)	لُغَةٌ ج اتٌ

Deutsch	Beleg	Arabisch
Dad-Sprache	L10, S. 139	لُغَةُ الضّادِ
Hocharabisch	L10 (3)	لُغَةٌ فُصْحَى
Treffen; Begegnung	4.J; L2 (1)	لِقاءٌ ج اتٌ
Beiname; Nachname	L12 (2)	لَقَبٌ ج أَلْقابٌ
schon, bereits (+ Perf.)	L2 §3; L12 §2	لَقَدْ، قَدْ
treffen; antreffen, finden	L12 §1	لَقِيَ/يَلْقَى
aber	4.J; L1 (1); L11 §2	لٰكِنْ = وَلٰكِنْ
damit, um zu	L6 (1)	لِكَيْ
leider	L3 (2)	لِلْأَسَفِ
nicht (+ Apokopat.)	L2 §3 Anm. 3; L6 §3	لَمْ
warum, weshalb? wieso?	L4 (1)	لِماذا؟
für eine Weile	L5 (1)	لِمُدَّةٍ
für wen? von wem?	1.B; L3 §2	لِمَنْ؟
niemals; nie (+ Konj.)	L5 §5	لَنْ
Dialekt; Mundart	L10 (3)	لَهْجَةٌ ج لَهَجاتٌ
wenn, falls, so	L4 (2)	لَوْ
Tafel; Platte	L3 (1)	لَوْحٌ ج أَلْواحٌ
Farbe; Sorte; Art	L10 (2)	لَوْنٌ ج أَلْوانٌ
Libyen	2.I; L1, S. 49; L5, S. 89	لِيبِيا
Lira; Pfund	L8, S. 119	لِيرَةٌ ج اتٌ
nicht sein	L2 (3); L7 §3	لَيْسَ
noch nicht	L8 (2)	لَيْسَ بَعْدُ
Nacht(zeit)	L6 (1)	لَيْلٌ
nachts	L6 (1)	لَيْلاً
Nacht (einzelne)	L6 (1)	لَيْلَةٌ ج لَيالٍ
Zitrone	L6 (1)	لَيْمُونٌ

م (ميم)

Deutsch	Beleg	Arabisch
1. *nicht* (Perf.) 2. *was* (Kurzf.)	1.B; 3.C; 4.H; L2§3	ما
immer noch	L 7 (1); L8 §2	ما زالَ، ما يَزالُ
sogenannt	L11 (3)	ما يُسَمَّى
sterben	3.A; L9 (1)	ماتَ/يَمُوتُ
Material; Fach	L11 (1)	مادَّةٌ ج مَوادُّ
was? wie bitte?	1.E; 2.G	ماذا؟
scherzend	L9 (2)	مازِحٌ
gehend; Fußgänger	L11 §1	ماشٍ ج مُشاةٌ
vergangen; Vergangenheit	L2 (2)	ماضٍ
Vermögen; Geld	3.C	مالٌ ج أَمْوالٌ
Mama	1.B; 2.E	ماما
Wasser pl. *Gewässer*	1.G; 3.D	ماءٌ ج مِياهٌ
Mineralwasser	L6 (1)	ماءٌ مَعْدِنِيٌّ
Prinzip; Grundlage	L12 (3)	مَبْدَأٌ ج مَبادِئُ
Gratulation! Mabruk m.	1.E; 3.F	مَبْرُوكٌ!
zufrieden	L5 (1)	مَبْسُوطٌ
Fortsetzung	L2 (1)	مُتابَعَةٌ ج اتٌ
verbleibend; übrig; Rest	L8 (1)	مُتَبَقٍّ
vereinigt; vereint; uniert	L3 (1)	مُتَّحِدٌ
Museum	L11 (1)	مُتْحَفٌ ج مَتاحِفُ
Meter	L9 (2)	مِتْرٌ ج أَمْتارٌ
Übersetzer	L5 (1)	مُتَرْجِمٌ ج ونَ
ähnlich; gleich	L11 (1)	مُتَشابِهٌ
pessistisch	L6 (2)	مُتَشائِمٌ
verbunden; Anrufer	L3 §1 Anm. 1	مُتَّصِلٌ

optimistisch L6 (2) — مُتَفائِلٌ

Verschiedenes L4 (3) — مُتَفَرِّقاتٌ

Ruheständler L11 (1) — مُتَقاعِدٌ

mittlerer; Mittelwert L10 (1); 12 (1) — مُتَوَسِّطٌ

wann? 1.F; 3.G — مَتَى؟

Beispiel L2 (3) — مِثالٌ ج أَمْثِلَةٌ

Sprichwort; Gleichnis 2.F; L2 (3) — مَثَلٌ ج أمثالٌ

zum Beispiel 1.E; 4.F — مَثَلاً

genauso wie; wie z.B. L6 (1) — مِثْلَ

genauso wie; so wie L6 (1) — مِثْلَما

zweifach; Zweizahl, Dual L1 (2) — مُثَنًّى

erregend; interessant (Kurzf.) L12 (2) — مُثِيرٌ

interessant L12 (2) — مُثِيرٌ لِلْإهْتِمامِ

benachbart; Nachbar(s)- L10 — مُجاوِرٌ

Zeitschrift L3 (2) — مَجَلَّةٌ ج ات

Gruppe; Sammlung L10 (1) — مَجْمُوعَةٌ ج ات

verrückt, besessen 4.A u. Anm.2 — مَجْنُونٌ

Gouvernement L12 (1) — مُحافَظَةٌ ج اتٌ

Station; Bahnhof L8 (3) — مَحَطَّةٌ ج ات

Brieftasche L9 (2) — مِحْفَظَةٌ ج مَحافِظُ

Geldbeutel L9 (2) — مِحْفَظَةُ نُقُودٍ

gelobt; Machmud m. 4.B — مَحْمُودٌ

tragbar L8 (1) — مَحْمُولٌ

umgebend; Ozean L10 (1) — مُحِيطٌ ج ات

abgekürzt; Kurz- L8 (1) — مُخْتَصَرٌ

unterschiedlich L11 (1) — مُخْتَلِفٌ

Dozent, Lehrer L2 (1) — مُدَرِّسٌ ج ونَ

Dozentin, Lehrerin L2 (1) — مُدَرِّسةٌ ج ات

Schule L2 (1) — مَدْرَسةٌ ج مَدارِسُ

Hochschule L9 §3 — مَدْرَسةٌ عُلْيا

bürgerlich; zivil; weltlich L10 (1) — مَدَنِيٌّ

Zeitspanne; Frist L5 (1) — مُدَّةٌ

Direktor; Leiter L5 (3) — مُدِيرٌ ج ون

Direktor; Leiter L5 (3) — مُدِيرةٌ ج ات

Stadt 4.E; L1 §2 — مَدِينةٌ ج مُدُنٌ

maskulinum, männlich L1 §1 — مُذَكَّرٌ

Notiz; pl. *Memoiren* L12 (3) — مُذَكِّرةٌ ج ات

vorbeigehen an L8 (2) u. §3 — مَرَّ (مَرَرْتُ) / يَمُرُّ بِ

Wiederholung L1 (3) — مُراجَعةٌ ج ات

viereckig; quadratisch L10 (1) — مُرَبَّعٌ

gebunden 4.E u. Anm. 1 — مَرْبُوطٌ

Willkommen! L5 (1) — مَرْحَباً!

Instrukteur; Führer L10 (1) — مُرْشِدٌ ج ون

Krankheit L9 (1) — مَرَضٌ ج أَمْراضٌ

krank werden L11 §2 — مَرِضَ/ يَمْرَضُ

Zentrum; Rang L3 (1) — مَرْكَزٌ ج مَراكِزُ

Sprachenzentrum L3 (1) — مَرْكَزُ اللُّغاتِ

Mal L1 (3) — مَرَّةٌ ج ات

einmal; einst L1 (3) — مَرَّةً

noch einmal; nochmals L1 (3) Anm. 1 — مَرَّةً أُخْرىٰ

ein zweites Mal L2 (1) — مَرَّةً ثانِيةً

Verkehr L11 (2) — مُرُورٌ

krank; Kranker 4.C, E; L1 §5 — مَرِيضٌ ج مَرْضىٰ

Scherz; Spaß L9 (3) — مُزاحٌ أَو: مِزاحٌ

Abend 4.F, L2 (1) — مَساءٌ

am Abend, abends 4.F — مَساءً

Guten Abend! L2 (1) — مَساءُ الخَيْرِ!

Guten Abend! (Erwid.) L2 (1) — مَساءُ النُّورِ!

Hilfe; Beistand L6 (2) — مُساعَدةٌ ج ات

verreist; Reisender L10 (2) — مُسافِرٌ ج ونَ

Entfernung; Abstand L8 (1) — مَسافةٌ ج ات

rund; kreisförmig L10 (1) — مُسْتَدِيرٌ

Krankenhaus L4 (1); L5 §2 — مُسْتَشْفىً ج ..فَيات

in Eile; eilig L8 (2) — مُسْتَعْجِلٌ

benutzend; Benutzer L10 § 4 — مُسْتَعْمِلٌ

um Beistand bittend L12, S. 156 — مُسْتَنْصِرٌ

Moschee L9 (2) — مَسْجِدٌ ج مَساجِدُ

Theater L11 (1) — مَسْرَحٌ ج مَسارِحُ

froh, erfreut über L5 (1) — مَسْرُورٌ بـ...

Masqat L2, S. 59; L5, S. 89 — مَسْقَط

Muslim 3.C; L1 §2 — مُسْلِمٌ ج ونَ

erlaubt L8 (1) — مَسْمُوحٌ

verantwortlich für L8 (1) — مَسْؤُولٌ عَنْ

Gesalbter; Christus L7 (2) Anm. 2 — مَسِيحٌ

Ostland; Orient L2 (1) u. Anm. 3 — مَشْرِقٌ

Getränk L6 (1) — مَشْرُوبٌ ج ات

beschäftigt; besetzt L4 (1) — مَشْغُولٌ

Krankenhaus L4 (1), Anm. 1 — مَشْفىً ج مَشافٍ

geformt; vokalisiert L1 (3) — مُشَكَّلٌ

Problem 4.H — مُشْكِلةٌ ج مَشاكِلُ

Aprikose(n) L7 (1) — مِشْمِشٌ

berühmt, bekannt مَشْهورٌ
L2 (1)

gehen مَشى (مَشَيْتُ) / يَمْشي
L11 §1

Geld (ugs.) مَصارِي
L8, S. 118 Anm. 1

Lampe مِصْباحٌ ج مَصابِيحُ
L9 (3)

Ägypten مِصرُ
4.C; L1, S. 49; L5, S. 89

Bank (Geldinst.) مَصْرِفٌ ج مَصارِفُ
L7 (3)

Aufzug; Lift مِصْعَدٌ ج مَصاعِدُ
L10 (1)

Steward مُضِيفٌ ج ون
L5 (1)

Stewardess مُضِيفةٌ ج ات
L5 (1)

Meerenge مَضِيقٌ ج مَضائِقُ
L10, S. 132

Flughafen مَطارٌ ج اتٌ
L5 (1)

Regen, pl. *Regenfälle* مَطَرٌ ج أَمْطارٌ
L11, S. 142

Restaurant مَطْعَمٌ ج مَطاعِمُ
L11 (2)

dunkel; finster; düster مُظْلِمٌ
L3 (3)

(zusammen) mit; bei; trotz مَعَ
3.G, Anm. 3; 3.H; L2 (3)

trotzdem مَعَ ذٰلِكَ
L2 (3)

Leb/Lebt/ Leben Sie wohl! مَعَ ٱلسَّلامةِ!
L2 (1)

gemeinsam; zusammen مَعاً
L12 (1)

Durchschnitt; Mittelwert مُعَدَّلٌ
L12 (1)

arabisiert مُعَرَّبٌ
L6 (3)

Ausstellung مَعْرِضٌ ج مَعارِضُ
L12 (2)

Kenntnis; Wissen مَعْرِفةٌ ج مَعارِفُ
L12 (3)

bekannt مَعْروفٌ
L2 (1)

Nudeln مَعْكَرُونةٌ
L7 (1)

Sehenswürdigkeit; Wahrzeichen مَعْلَمٌ ج مَعالِمُ
L10 (1)

Lehrer; Meister مُعَلِّمٌ ج ون
L9 (2)

Information مَعْلُومةٌ ج ات
L8 (1)

Institut مَعْهَدٌ ج مَعاهِدُ
L2 (1)

Westland; Sonnenuntergang مَغرِبٌ
1.E; 3.I; L2 (1) u. Anm. 3

marokkanisch; Marokkaner مَغْرِبِيٌّ ج مَغارِبُ
L3, LT

geschlossen مُغْلَقٌ
L8 (1)

Mongolen مَغولٌ
L12 (2)

Schlüssel مِفْتاحٌ ج مَفاتِيحُ
L3 (3)

geöffnet; offen مَفْتُوحٌ
L8 (1)

einzeln; Einzahl, Singular مُفْرَدٌ
L1 (2)

verstanden; Begriff مَفْهُومٌ
L1 (2)

nützlich; nutzbringend مُفِيدٌ
L8 (2)

Vergleich مُقارَنةٌ ج اتٌ
L11, LT, Anm. 1

akzeptiert; akzeptabel مَقبولٌ
3.E

gemeint; beabsichtigt مَقْصُودٌ
L12 (2)

Sitz, Sitzplatz مَقْعَدٌ ج مَقاعِدُ
L5 (1)

beunruhigend مُقلِقٌ
3.E

Café, Kaffeehaus مَقْهًى ج مَقاهٍ
L4 (1)

Ort; Platz مَكانٌ ج أَمْكِنةٌ
8 (2)

Büro مَكْتَبٌ ج مَكاتِبُ
L5 (2)

Bibliothek; Buchhandlung مَكْتَبةٌ ج ات
L4, S. 73 Anm. 2

geschrieben; Brief مَكْتُوبٌ
L1 (2)

als Ausruf: *Schicksal!* مَكْتُوب!
L1 §5 u. Anm. 4

ge- od. *zerbrochen; kaputt* مُكَسَّرٌ
L1 §2 Anm. 3

satt haben etw. مَلَّ (مَلِلْتُ) /يَمِلُّ مِنْ
L8 §3

Salz مِلْحٌ
L8 (3)

König; Malik m. مَلِكٌ ج مُلوكٌ
3.D; L5 (2)

königlich; Königs- مَلَكِيٌّ
L10 (1)

Milliarde مِلْيارٌ ج ات
L5 S. 82

Million مِلْيونٌ ج امَلايِينُ
L5 S. 82

ausgezeichnet مُمْتازٌ
3.F

Krankenschwester مُمَرِّضةٌ ج ات
L9 (1)

möglich مُمْكِنٌ
L1 (2)

Königreich مَمْلَكةٌ ج مَمالِكُ
L3 (1)

gefüllt; voll مَمْلُوءٌ
L12 (3)

verboten مَمنوعٌ
3.H, L8 (1)

wer مَنْ
1.B, C; 2.B

von; aus مِنْ
1.A, B; 2.B; L3 §2; L9 §3

bitte (m/f Sg.) مِنْ فَضلِكَ / فَضلِكِ
4.C

Klima مُناخٌ
L11, S. 142

Leuchtturm; Minarett مَنارةٌ ج مَنائِرُ
L9 (1)

passend; geeignet مُناسِبٌ
L3 (3)

Anlaß; Gelegenheit مُناسَبةٌ ج ات
L6 (1)

niedrig; leise (Stimme) مُنْخَفِضٌ
L9 (2)

Totenklage مَنْدَبٌ
L10, S. 132 Anm. 2

seit; vor (zeitl.) مُنْذُ
L5 (1)

seit od. *vor kurzem* مُنْذُ قليلٍ
L5 (1)

seit wann? مُنْذُ مَتى؟
L5 (1)

Stipendium مِنْحةٌ ج مِنَحٌ
L9 (1)

Logik مَنْطِقٌ
L10 (2)

Gebiet; Region مَنْطَقةٌ ج مَناطِقُ
L12 (1)

logisch; vernünftig مَنْطِقِيٌّ
L10 (2)

abgetrennt, isoliert مُنْفَصِلٌ
L3 §2, Anm. 1,2

wichtig مُهِمٌّ
L1 (2)

Ingenieur مُهَنْدِسٌ ج ونَ
L1 (2)

Beruf; berufl. Tätigkeit	L5 (3)	مِهْنَةٌ ج مِهَنٌ
Tod	L9 (1)	مَوْتٌ
gefunden; vorhanden	L10 §4	مَوْجُودٌ
Gebetsrufer, Muezzin	2.J Anm. 1; L10 (1)	مُؤَذِّنٌ ج ون
Banane(n)	3.F	مَوْزٌ
Musik	L4 (1)	مُوسِيقَى
Angestellter	L8 (1)	مُوَظَّفٌ ج ونَ
Termin; Verabredung	L7 (1)	مَوْعِدٌ
Geburt; Geburtsfest	L9, S. 82	مَوْلِدٌ
Geburtstag des Propheten [Moh.]	L9, S. 122	مَوْلِدُ النَّبِيِّ
femininum; weiblich	L1 §1	مُؤَنَّثٌ
tot; Toter	L10, S. 132)	مَيِّتٌ ج أَمْوَاتٌ
Meile	L9 (2)	مِيلٌ ج أَمْيَالٌ
Geburt	L7 (2)	مِيلادٌ
christl. [Jahr, Zeitrechnung]	L7 (2)	مِيلادِيٌّ
Hafen	L10 (1)	مِيناءٌ ج مَوانِئُ
Minarett	L10 (1)	مِئْذَنَةٌ ج مَآذِنُ
hundert	L3, S. 62	مِئَةٌ ج ات

ن (نون)

Menschen	L5 (3); L8 (2) Anm.1	نَاسٌ
passend sein	L12 (2)	نَاسَبَ / يُنَاسِبُ
reif	L10 (3)	نَاضِجٌ
Fenster	L5 (1)	نَافِذَةٌ ج نَوَافِذُ
schlafen	L5 (3)	نَامَ (نِمتُ)/يَنَامُ
Pflanze	L12 (1)	نَبَاتٌ ج ات
Betonung	L2 (2)	نَبْرٌ
Prophet	L9 (1)	نَبِيٌّ ج أَنْبِيَاءُ
Prosa	L11 (2)	نَثْرٌ
Stern	L10 (3)	نَجْمٌ
wir	4.B; L4 §1	نَحْنُ
Palme(n)	L11 (1)	نَخِيلٌ
ab-, aussteigen; fallen	L11 (2)	نَزَلَ / يَنْزِلُ
Frauen	L8 (2)	نِسَاءٌ
Zugehörigkeit; Verhältnis	L1 § 5, Anm. 2; L11 (1)	نِسْبَةٌ
Prozentsatz	L12 (1)	نِسْبَةٌ مِئَوِيَّةٌ
verhältnismäßig; relativ	L11 (1)	نِسْبِيّاً
Person, Einwohner	L11 (1)	نَسَمَةٌ
vergessen	L7 (2); L12 §1	نَسِيَ / يَنْسَى
aufwachsen	L3 (1)	نَشَأَ / يَنْشَأُ
Text	L1 (1)	نَصٌّ ج نُصُوصٌ
halb; Hälfte	L6 (2)	نِصْفٌ
Kampf; Nidāl m/f	4.C	نِضَالٌ
aussprechen	L10 (2)	نَطَقَ / يَنْطُقُ
Aussprache	L2 (2)	نُطْقٌ
Brille	L5 (2)	نَظَّارَةٌ ج ات
Ordnung; Regime	1.E, 4.D	نِظَامٌ
anschauen (etw.)	L5 (1)	نَظَرَ / يَنْظُرُ (إلى)
gleich; ähnlich.	12 (3)	نَظِيرٌ
seinesgleichen; Amtskollege	12 (3)	نَظِيرُهُ
sauber; Nazif m.	4.D	نَظِيفٌ
ja	1.E, 3.H	نَعَمْ
Pfefferminze	L4 (1)	نَعْنَاعٌ أَوْ: نَعْنَعٌ
Seele; Selbst	L6 (1)	نَفْسٌ ج نُفُوسٌ
er pl. sie selbst	L6 (1)	نَفْسُهُ ج أَنْفُسُهُمْ
Erdöl	L12 (1)	نَفْطٌ
Bargeld; pl. Geld	L8 (3)	نَقْدٌ ج نُقُودٌ
bar, in bar	L8 (3)	نَقْداً
Punkt	L11, S. 142	نُقْطَةٌ ج نُقَطٌ
Doppelpunkt	L11, S. 142	نُقْطَتَانِ
Transport	L12, LT u. Anm. 1	نَقْلٌ
transportieren	L12, S. 153 Anm. 1	نَقَلَ / يَنْقُلُ
Geld	L8 (3)	نُقُودٌ
Witz; Anekdote	L9 (2)	نُكْتَةٌ ج نُكَتٌ
Tag (als Gs. zu Nacht)	L7 (2)	نَهَارٌ
Ende, Schluß	L3 (2)	نِهَايَةٌ
Fluß; Strom	L5 (3)	نَهْرٌ ج أَنْهَارٌ
Licht; Nur m/f	L2 (1)	نُورٌ ج أَنْوَارٌ
Art; Sorte; Typ (techn.)	L12 (3)	نَوْعٌ ج أَنْوَاعٌ
Schlaf	1.D; L5 (3)	نَوْمٌ

هـ (هاء)

da [ist]	L6 (1)	هَا
Telefon	2.H; L1 (1)	هَاتِفٌ ج هَوَاتِفُ
Mobiltelefon	L8 (1)	هَاتِفٌ مَحْمُولٌ
Kardamom, Hel	4.B u. Anm. 6	هَالٌ
Gabe; Geschenk	L9 (1)	هِبَةٌ ج ات
Auswanderung; Hidschra	L9, S. 122	هِجْرَةٌ
Hidschra-[Jahr]	L9, S. 122	هِجْرِيٌّ
Geschenk	L10 (1)	هَدِيَّةٌ ج هَدَايَا
dieser/diese; das ist	2.G; L4 §2	هٰذَا / هٰذِهِ
Pyramide	L3 (3)	هَرَمٌ ج أَهْرَامٌ

wie dieses; so — هٰكَذا
L10 (1)

Fragepartikel (Ja/Nein-Fragen) — هَلْ
1.B; 3.C; 3.H. Anm. 4; L1§3

Halb-, Sichelmond — هِلالٌ ج أَهِلّةٌ
2.J; 4.I; L3 (2)

sie (3. Pers. Pl. mask.) — هُمْ
1.C; L4 §1

wichtig sein — هَمَّ / يَهُمُّ
L7 §1

sie (Dual) — هُما
4.H; L4 §1

sie (3. Pers. Pl. fem.) — هُنَّ
1.F; 2.A; 4.I; L4 §1

hier — هُنا
1.F; 2.G

dort — هُناكَ
3.D

Ingenieurwesen — هَنْدَسةٌ
L9 (1)

sie (3. Pers. Sg. mask.) — هُوَ
1.C; 2.A; 2.I; 3.C; L3 §1

Luft — هَواءٌ
L11 (2)

sie (3. Pers. Sg. fem.) — هِيَ
1.D; 2.A; 2.I; 3.C; L3 §1

و (واو)

und — وَ
1.A, Anm. 3; 2.A; 2.I

bei (+ Gen., Schwurformel) — وَ
L4, S. 76

bei Gott! wahrhaftig! — وَٱللّٰهِ
L4, S. 76

vertrauend auf — واثِقٌ بِـ
L12, S. 156

eins; einer — واحِدٌ
L1, S. 42

Oase — واحةٌ ج اتٌ
L11 (1)

Wadi; Flußtal — وادٍ ج وِدْيانٌ
L5 (2); L5 §1; L10 §5

Importgüter — وارِداتٌ
L12 (1)

weiträumig; weit — واسِعٌ
L12 (1)

klar; deutlich — واضِحٌ
L1 (2)

fallend; liegend; Realität — واقِعٌ
L12 (1)

Vater/Mutter (respektvoll) — والِدٌ/والِدةٌ
L5 (2) u. Anm. 3

Eltern (von 1 Pers.) — والِدانِ
L6 §1

erforderlich sein — وَجَبَ/يَجِبُ
L5, S. 85

finden — وَجَدَ/يَجِدُ
L9 (2); L9 §1

einzig; einsam — وَحِيدٌ
L12 (1)

lassen — وَدَعَ / يَدَعُ
L12 (2); L9 §1

hinter — وَراءَ
L3 (1)

Papier (Material) — وَرَقٌ
L11 (3)

Papier (einzelnes) — وَرَقةٌ ج أَوْراقٌ
L11 (3)

Ministerium — وِزارةٌ ج اتٌ
L9 (1)

mittlerer; Mitte — وَسَطٌ ج أَوْساطٌ
L9 (2)

Mittel; Hilfsmittel — وَسِيلةٌ ج وَسائِلُ
L12, LT u. Anm. 1

Transportmittel — وَسِيلةُ نَقْلٍ
L12, LT u. Anm. 1

beschreiben — وَصَفَ / يَصِفُ
L12 (3)

ankommen; erreichen — وَصَلَ / يَصِلُ
L6 (1)

Bindezeichen, Waṣla — وَصْلةٌ
3.J, Anm. 5; 4.J

Ankunft — وُصُولٌ
L7 (1)

legen; setzen; stellen — وَضَعَ / يَضَعُ
L3 (3), L6 § 2

unterstreichen — وَضَعَ خَطًّا تَحْتَ
L6 (3)

Klarheit — وُضُوحٌ
L1 (2)

Vaterland; Heimatland — وَطَنٌ ج أَوْطانٌ
L11 (1)

national; patriotisch — وَطَنِيٌّ
L11 (1)

Zeit — وَقْتٌ ج أَوْقاتٌ
L4 (1)

fallen; liegen (geogr.) — وَقَعَ / يَقَعُ
L4 (3)

stehenbleiben — وَقَفَ / يَقِفُ
L9 §1

Bundesstaat, -land — وِلايةٌ ج اتٌ
L9 (1)

Kind; Junge — وَلَدٌ ج أَوْلادٌ
2.I

geboren werden od. *sein* — وُلِدَ/يُولَدُ
L3 (1)

folgen — وَلِيَ/يَلِي
L12 (1) Anm. 3

und so weiter u. so fort — وَهٰكَذا
L10 (1)

ي (ياء)

oh (Anredepartikel) — يا
1.G, 2.I, 3.F Anm. 2

oh wie schade! — يا لَلْخَسارةِ!
L11 (2)

oh Gott! — يا إِلٰهِي!
L4, S. 76

es ist erforderlich; man muß — يَجِبُ
L5, S. 88

Hand; Pfote; Griff — يَدٌ ج أَيْدٍ
L5 (2)

linke Seite, links — يَسارٌ
1.A

1. *also, äh, na ja* (Füllwort); 2. *das heißt, d.h. ...* — يَعْنِي
L4 (1)

rechte Seite, rechts — يَمِينٌ
1.A; 3.F

es gibt — يُوجَدُ / تُوجَدُ
L10 (1)

Euro — يُورُو ج يُورُوهاتٌ
L8 (3)

Tag — يَوْمٌ ج أَيّامٌ
2.I; L4 (1)

Ferientag; Feiertag; arbeitsfreier Tag — يَوْمُ عُطْلةٍ
L7 (2)

griechisch — يُونانِيٌّ
L2, S.17 Anm. 2

Nabil Osman

Deutsch-Arabisches Wörterbuch

Unter Mitwirkung von Abbas Amin

2015. XVIII, 1598 Seiten, gb
180x250 mm
ISBN 978-3-447-10397-8
€ 98,– (D)

Seit dem Erscheinen von Götz Schregles *Deutsch-Arabischem Wörterbuch* vor über 40 Jahren (Harrassowitz 1974) liegt nun mit Nabil Osmans Nachschlagewerk erstmals wieder ein modernes Großwörterbuch für die arabische Sprache vor. Das *Deutsch-Arabische Wörterbuch* präsentiert den Allgemeinwortschatz der deutschen Gegenwartssprache und des modernen Hocharabisch unter Berücksichtigung der Regionalitäten der Schrift- und der Umgangssprache und enthält zahlreiche Begriffe aus allen Fachgebieten, die für eine adäquate zeitgenössische Kommunikation und für die originalsprachige Rezeption moderner Literatur und Publizistik unerlässlich sind.
Das Wörterbuch verzeichnet rund 70.000 Lemmata, davon ca. 35.000 Substantive sowie je 10.000 Verben und Adjektive/Adverbien. Neben den Einwortbenennungen wurden auch idiomatische Wendungen und Sprichwörter aufgenommen. Zahlreiche Synonyme und Wortkombinationen liefern den entsprechenden Wortkontext, Anwendungsbeispiele verdeutlichen Sprachgebrauch und Stilebene, und ausführliche grammatische Angaben erleichtern die korrekte Verwendung des Wortes. Alle arabischen Einträge wurden erstmals voll vokalisiert und grammatikalisiert.
So bietet das Wörterbuch treffende Übersetzungen in die eigene wie in die Zielsprache und ist für Sprecher beider Sprachen aktiv anwendbar. Das *Deutsch-Arabische Wörterbuch* ist für Studierende wie Lehrende, für den Sprachanfänger wie für den Sprachexperten ein unverzichtbares Arbeitsmittel und Rüstzeug.
Dr. phil. Nabil Osman, Arabist, Germanist und Romanist, ist seit vielen Jahren in Deutschland ebenso zu Hause wie in seiner Heimat Ägypten. Seit drei Jahrzehnten leitet er in München das von ihm gegründete Usrati Sprachinstitut sowie den Usrati Lehrbuchverlag. Er hat sich als Verfasser mehrerer Lehrwerke für Arabisch einen Namen gemacht.

Hans Wehr / Lorenz Kropfitsch

Arabisches Wörterbuch für die Schriftsprache der Gegenwart Arabisch – Deutsch

6., von Lorenz Kropfitsch völlig neu bearbeitete und erweiterte Auflage

2020. XXVIII, 1040 Seiten, gb
170x240 mm
ISBN 978-3-447-11495-0
€ 98,– (D)

Die von Lorenz Kropfitsch deutlich erweiterte und umfassend bearbeitete Neuauflage des „Arabischen Wörterbuchs für die Schriftsprache der Gegenwart" war seit vielen Jahren ein Desiderat. Seit dem Erscheinen der 5. Auflage 1985 hat sich der Wortbestand des Neuhocharabischen signifikant verändert, umso mehr als die letzten Jahrzehnte von einem nie dagewesenen technischen und digitalen Wandel sowie gesellschaftlichen Umbrüchen und kulturellen Paradigmenwechseln geprägt waren. Entsprechend groß ist der Zuwachs der Lemmata. Neben der Erweiterung des Wortschatzes lag das Augenmerk auf der Korrektur und Ergänzung, aber auch der Straffung des bisherigen Bestandes. Es gibt kaum ein Lemma, das der Verfasser nicht redigiert hätte. Entstanden ist letztlich ein neues Wörterbuch, das mit der Vorauflage nur noch den Grundbestand an Lexemen gemeinsam hat. Zudem erscheint das Wörterbuch mit einem völlig neuen Druckbild, der Text ist lesefreundlicher, und das Wörterbuch ist insgesamt kompakter und handlicher geworden und bietet mehr Inhalt bei geringerem Umfang.

Somit liegt nun wieder ein modernes Großwörterbuch für die arabische Sprache vor. Die 6. Auflage des „Wehr" präsentiert den Allgemeinwortschatz des modernen Hocharabisch unter Berücksichtigung der Regionalitäten und enthält zahlreiche Begriffe aus allen Fachgebieten, die für eine adäquate zeitgenössische Kommunikation und für die originalsprachige Rezeption moderner Literatur und Publizistik unerlässlich sind. Nach wie vor ist dieses renommierte und traditionsreiche Standardwerk für Studierende wie Lehrende, für den Sprachanfänger wie für den Sprachexperten ein unverzichtbares Arbeitsmittel und Rüstzeug.

إسبانيا
إيطاليا
جبل طارق
تونس
صقلّية
المحيط
الأطلسي
الرباط
فاس
وهران
الجزائر
القيروان
مالطا
الدار البيضاء
المغرب
صفاقس
جربة
المتوسّط
تونس
مرّاكش
أكادير
طرابلس
الجزائر
ليبيا
الصحراء الكبرى
موريتانيا
نواكشوط
مالي
النيجر
تشاد

حلب
الفرات
قبرص
سوريا
طرابلس
لبنان
البحر الأبيض
بيروت
جبل لبنان
المتوسّط
صيدا
دمشق
صور
بحيرة
طبريّة
حيفا
فلسطين
عمّان
تلّ أبيب
القدس
أريحا
بور سعيد
غزّة
الإسكندريّة
الخليل
البحر
الميّت
قناة السويس
إسرائيل
الأردنّ
القاهرة
الجيزة
السويس
العقبة
سيناء
النيل
مصر
السعوديّة
شرم الشيخ
البحر
الأحمر

الفرات
بغداد
دجلة
بابل
كربلاء
الكوفة
ما بين النهرين
الفرات
العراق
السعوديّة